媒体人类学译丛

媒体人类学译丛

国家戏剧
埃及的电视政治

〔美〕里拉·阿布-卢赫德 著

张静红 郭建斌 译

2016年·北京

Lila Abu-Lughod

DRAMAS OF NATIONHOOD
The Politics of Television in Egypt

Copyright © 2001 by the University of Chicago Press.
Chinese (Simplified Characters) Trade
paperback copyright © 2015 by The Commercial Press.
All Rights Reserved
本书根据芝加哥大学出版社 2001 年英文版译出

媒体人类学译丛编委会成员（以姓氏拼音排序）

何明（云南大学民族研究院院长，云南大学西南边疆少数民族研究中心主任）

黄旦（复旦大学新闻学院教授，复旦大学信息与传播研究中心主任）

郭建斌（云南大学新闻系教授，云南大学传播与民族文化研究所所长）

潘忠党（美国威斯康星大学—麦迪逊传播艺术系教授，浙江大学求实学者）

吴飞（浙江大学传媒与国际文化学院院长，中山大学传播与设计学院副院长）

周永明（美国威斯康星大学—麦迪逊人类学系教授，重庆大学高研院人类学研究中心主任）

本译丛由云南大学西南边疆少数民族研究中心提供部分出版资助

主编的话

2007年，我到美国威斯康星大学（麦迪逊）访学半年，一个朋友给我推荐了《国家戏剧：埃及的电视政治》（*Dramas of Nationhood: The Politics of Television in Egypt*）一书，作者是哥伦比亚大学人类学系的里拉·阿布-卢赫德（Lila Abu-Lughod）。因为此前自己也是用人类学的田野调查方法来研究传媒，读到这样的著述，备感亲切。为了弄清这一领域的整个知识图景，我请威斯康星大学人类学系沙隆·E.哈钦森（Sharon E. Hutchinson）教授相助，帮我联系了阿布-卢赫德教授。阿布-卢赫德教授接受了我这个"不速之客"，在和她联系过程中，我提出了翻译几本"媒体人类学"方面的书籍的想法，并请她推荐几本有代表性的著作。阿布-卢赫德给我推荐了四本书，具体是费耶·D.金斯伯格（Faye D. Ginsburg）、里拉·阿布-卢赫德和布莱恩·拉金（Brian Larkin）主编的《媒体世界：人类学的新领域》（*Media Worlds: An-*

主编的话

thropology on New Terrain)、凯利·阿斯库（Kelly Askew）、理查德·R. 维克（Richard R.Wilk）主编的《媒体人类学读本》(*The Anthropology of Media: A Reader*)，普尔尼马·曼克卡尔（Purnima Mankekar）所著的《观文化，看政治：印度后殖民时代的电视、女性和国家》(*Screening Culture, Viewing Politics: An Ethnography of Television, Womanhood, and Nation in Postcolonial India*) 以及阿布-卢赫德的《国家戏剧》。

2008年，我们就开始着手这套丛书的翻译，选目包括卢赫德教授推荐的三种以及威斯康星大学人类学系周永明教授讨论中国20世纪之交电报与政治的关系的《互联网政治的历史考察：电报、互联网以及中国的政治参与》(*Historicizing Online Politics: Telegraphy, the Internet and Political Participation in China*)。《媒体人类学读本》一书则因版权问题，换成了布莱恩·拉金（Brian Larkin）研究尼日利亚电影放映的专著《信号与噪音：尼日利亚的媒体、基础设施和城市文化》(*Signal and Noise: Media, Infrastructure and Urban Culture in Nigeria*)。

毋庸讳言，译丛包括的五本书，无论从所关注的媒体种类还是所关注的区域来看，难以完整地反映出目前全球媒体人类学研究的总体情况。希望本译丛的出版能对中文读者起到抛砖引玉的作用。

2009年，由云南大学新闻系和复旦大学信息与传播研究中心共建的传播与民族文化研究所在昆明成立，翻译出版这套译丛也是研究所的一项具体工作。感谢云南大学西南边疆少数民族研究中心提供了译丛出版的费用。近年来中国大陆人类学和新闻传播学两个学科之间出现了越来越多的沟通与合作，希望译丛的出版能进一步促进学科间的融合，为媒体人类学在国内的发展作出努力。

郭建斌

2012年10月 于昆明

目 录

前 言 ……………1
致 谢 ……………7

第一部分 人类学和国家媒体

第一章 一个国家的民族志 ……………19
第二章 电视之后的阐释文化论方法 ……………53

第二部分 国家教育

第三章 农村的"无知"以及教育的价值 ……………89
第四章 发展现实主义,"真实的情节剧",以及女性主义问题 ……………123

第三部分 发展主义侵蚀着的霸权

第五章 现代主题? ……………165
第六章 矛盾的真实性 ……………197
第七章 以国家的名义管理宗教 ……………235
第八章 消费及发展主义的侵蚀性霸权 ……………275
结论:明星魔力和国家亲和力的形式 ……………321

主编的话

附录 *349*
注释 *357*
参考文献 *417*
索引 *433*

前　言

本书的构想最早源起于2001年10月里拉·阿布-卢赫德（Lila Abu-Lughod）在罗切斯特大学"利维斯·亨利·摩尔根讲座"上的演讲。那是罗切斯特大学人类学系的每年一次为公众以及该校师生提供的讲座的第39次。第40次讲座于2002年举行，演讲者是黛博拉·吉瓦茨（Deborah Gewertz）和弗雷德里克·厄林顿（Frederick Errington），第41次在2003年由爱丽诺·奥克斯（Elinore Ochs）主讲。保罗·法麦（Paul Farmer）于2004年做第42次演讲。

这个系列讲座的开设应归功于利维斯·亨利·摩尔根，他不仅在现代人类学的创立上扮演了非常重要的角色，还是罗切斯特一位著名律师，一位从罗切斯特大学创建伊始就提供捐助的资助者。在晚年，他把剩余的钱、手稿和图书都捐给了这所大学的一个女子学院。

前言

在《国家戏剧：埃及的电视政治》一书中，里拉·阿布-卢赫德讲述了埃及国家电视台在穆斯林神圣的斋月期间播出流行电视连续剧，考察了此事件的台前幕后所折射出的文化认知，并由此向我们引介出埃及人关于自己作为 20 世纪末期后殖民国家成员的身份认同的种种辩论。

《国家戏剧》因此与雪莉·奥特纳（Sherry Ortner）的《通过仪式的夏尔巴人》形成了一种有趣的关联，因为在《通过仪式的夏尔巴人》中，奥特纳通过对一些关键仪式的考察向我们介绍了有关夏尔巴人*自我认同的观念。当然，无论在主题还是在具体分析上，这两部重要著作都并不完全类同，但是比较两者便于凸显里拉·阿布-卢赫德的贡献。当一种在夏尔巴人小村落中进行的面对面的仪式表演变成了在国家电视频道上播放并被整个埃及的电视观众所观看并讨论的故事连续剧时，参与仪式的人们之间的关系明显地疏远了。并且，埃及人在他们的国民认同问题上分歧巨大，参与者们的观点和参与身份各不相同。再有，这两部研究成果前后相隔四分之一世纪，这期间人类学理论也已发生很多重要变化。奥特纳用广泛共享的重要象征符号来分析夏尔巴人的仪式，而里拉·阿布-卢赫德则关注对话或辩论，提出"反文化"，就如同近期另一位摩尔根讲座的主讲者乌尔夫·汉纳斯

---

* 夏尔巴人，或音译为雪巴人、谢尔巴人，是一支散居在尼泊尔、中国、印度和不丹等国边境喜马拉雅山脉两侧的民族。人口约 15 万人，主要居住在尼泊尔境内，中国西藏境内约有 1200 人，使用藏语族雪巴语，无文字，书面使用藏文。夏尔巴人由于常年生活在高山地带，是天生的登山向导，为各国登山队提供向导和后勤服务已成为夏尔巴人的主要经济来源之一（资料来源：http://zh.wikipedia.org/wiki/%E5%A4%8F%E5%B0%94%E5%B7%B4%E4%BA%BA）。——译者

(Ulf Hannerz)指出的那样,文化方式以及观念是散播的,而不是共享的。这些都对参与观察提出了巨大挑战。

阿布-卢赫德通过引入多点方法论(multi-site methodology)来应对这些挑战。她的一个研究点是制作这些电视连续剧的作者、导演、制片人、演员、政府官员和批评家所构成的连锁网络。第二个研究点是位于上埃及的卢克索(Luxor)附近、处于城市近郊的一个村子。这个社区已经被深深地卷入了旅游业发展中,可以引领游客去往那些古埃及的景点,但是这个村子位于当代埃及国家的边缘地带。在第三个"地点",作者挑选和一些开罗的穷困家政女工谈话,这些妇女,虽然被看作是戏剧性的电视连续剧的典型观众,但她们在乡村里处于边缘地位,她们中的很多人到了城市里打工。阿布-卢赫德在第一个田野点的工作可视作劳拉·纳德(Laura Nader)所说的"虚心学习"(studying up),即游移于那些生产及散布言论的主导者之间、倾听他们对于埃及国家表征的诠释及再诠释。在第二和第三个研究点的细致工作则使得她在精英表述之外又提出了一个附加的视角。这几个视角综合起来,使得她对埃及国家文化的深入描述得到了深化。

电视在1960年进入埃及,它被纳赛尔总统的政府明确地与国家主义和发展主义的目标捆绑在一起。在20世纪90年代,也就是阿布-卢赫德在埃及进行研究的那个动荡的十年里,这一情况发生了很大变化。那个时期,国家发展的话语遭到全球化以及伊斯兰主义的挑战。埃及政府开始支持私有化和市场改革,缩减了对教育、卫生保健以及其他发展项目的支持。伴随着电视广告数量的增加,电视剧的对象变成了某些特定的消费者,而不是一般公民。通过对电视剧生产者应对这些发展变化的方式进行跟踪调查,阿布-卢赫德发现,在埃及人对于他们身份认同的讨论中,国家仍然具有举足轻重的意义。

虽然那些在电视和其他媒体上传播着的文化文本具有强大的力量,但观众并不是被动的接受者,并非注定会被那些信息和思想所影响。阿布-卢赫德认为,她的研究对象,即上埃及的村民以及居住在开罗的家政工作者,已经是久经世故的,能够以他们各自不同的方式熟知不同的文化和观点,甚至明白他们自己与那些有别于他们的制作电视剧的精英们的权力、信息并不对等。如同美国的电视广告一样,埃及的电视剧"往往误传信息,因为其预设的对象和实际的观众并不一致"[1]。如同阿布-卢赫德指出的,这样的信息一旦进入观众的日常生活,就会发生"偏离"。

《国家戏剧》是一本出色的人类学著作,就如同皇家人类学研究所一项近期的研究项目的标题所形容的一样,是"独一无二"的。美国政府的一些部门长期以来致力于埃及以及其他中东地区认同问题方面的讨论。暂且不论埃及的电视连续剧中有美国国际开发署(US Agency for International Development)设计的公共健康信息,世贸中心被毁这一事件本身就足以引发美国对伊斯兰世界的极大关注,而阿布-卢赫德的摩尔根讲座就是在9·11事件发生后的那个月进行的。当《国家戏剧》出版时,美国已经占领了伊拉克,并且介入了伊拉克以及相邻的阿拉伯国家涉及国家认同方面的争论。一个美国陆军"心理行动"(psy-ops)小分队正在帮助位于摩苏尔(Mosul)的一个由美国资助的名为"伊拉克亚"(Iraqia)的电视频道扩大它的观众,具体做法是播放根据美国福克斯电视网的"真人秀"节目《美国偶像》(American Idol)改编的名为《天才》(Talents)的电视片。[2] 2004 年 2 月 4 日，布什总统宣布了 AL Hurra("自由"阿拉伯)的建立，这是一个总部设在弗吉尼亚、使用阿拉伯语对中东全境进行广播的卫星电视台。这个卫星频道主要是同分别位于卡塔尔和迪拜的半岛电视台(Al Jazeera)和阿拉伯电视台(Al Arabiya)两个卫星电视频道进行竞赛。[3]

美国人的国家认同也并非就是固定不变、没有争议的。与其他被想象的国家共同体一样，在美国也有关于美国人是谁、应该什么样的种种争议。比如，就像埃及的评论员对斋月电视剧的价值争论不休一样，美国的评论员们也对诸如《白宫群英》(The West Wing)、《辛普森一家》(The Simpsons)等电视节目以及诸如迈克尔·摩尔(Michael Moore)的《闻风丧胆》(Bowling for Columbine)和梅尔·吉布森(Mel Gibson)的《耶稣受难记》(The Passion of the Christ)等电影的意义进行热烈讨论。

阿布-卢赫德也和《独一无二》(Exotic No More)的作者一样都关注帮助解决社会问题，并对这些社会问题进行描述、分析。她和很多参与埃及电视剧制作的人一样具有社会的、女性主义的关怀，以专家身份参与到交错的社会网络中。她关注上埃及的村民以及城市工人的状况，和他们讨论电视，帮助他们发出声音，并借此希望那些精英对话者意识到他们自身工作之不切实际、居高临下以及与观众对象的交流障碍。

不过，就像科学史家斯蒂文·谢平(Steven Shapin)所观察到的，[4] 如今我们关于世界的许多知识是在非人际交流的情境中从

前言

一些匿名的或远方的专家那里学到的。职业人类学家在专家圈子里具有一些权力,但是,电视连续剧生产者同那些他们可能与之互动的专家之间,以及电视连续剧生产者同大量的电视观众之间的分歧是巨大的,在美国是这样,在埃及也如此。因此,电视观众可以基于对所生活的世界和所居住的地方的广泛认知,保留自己的批判性和防卫性意见,并聊以自慰。

安东尼·T.卡特
《利维斯·亨利·摩尔根讲座》编者

致 谢

我从1989年年底开始着手关于埃及电视的研究,从那时起就欠下了很多人情债。尽管我在这里只能提到其中一些人的名字,但我希望感谢在我写作本书的过程中给予过帮助的所有人。

如果没有那些埃及人与我分享他们的生活并且帮助我了解电视对于他们的意义,我根本不可能写出什么。我特别要感谢两位不同寻常的女性——萨米拉·穆哈迈德(Samira Muhammad)和哈米达·阿布德·奥-玛吉德(Hamida `Abd al-Majid),她们极富活力和智慧,并耐心地指导我。在上埃及,萨利姆(Salim)全家老小;宰纳布·拉玛丹(Zaynab Ramadan)和她的哥哥、姐姐;乌姆·库萨姆·拉姆依(Umm Kulthum Lam'i);纳菲萨·艾伯拉赫姆(Nafissa Ibrahim);亚玛·阿里(Yamna Ali)和她的孩子;萨-哈特·施赫图(Shah-hat Shhittu)全家;曼塔利布斯(Muntalibs);哈桑·穆雷德(Hasan Murad)以及他的家庭;卡伊·穆哈迈德

致谢

（Khayri Muhammad）和他的母亲费特玛（Fatma）；穆哈迈德·阿布德-拉赫（Muhammad`Abdel-lahi）的家庭，以及居住在贝·厄莱特（B'erat）村的其他人，都给予了极大的帮助，使得我和我的家人感觉宾至如归，并启发我理解他们的世界。在开罗，那些务工的妇女，尤其是萨布琳（Sabrine）、扎纳布（Zaynab）、费特玛女士（Madame Fatma）、萨迪亚（Sa'diyya）、纳伊玛（Na'ima）、萨玛赫（Samah）以及萨哈（Sahar），在时间和知识方面慷慨相助。我希望书中的描绘和引述能够表达我对他们的尊重和爱。

为完成本书我一共先后五次到埃及，最长的一次是九个月，最短的一次是三个星期。除了第一次，每次都是我的小孩与我同行，这既是一种特别的挑战，同时也伴随着快乐。我要感谢索拉亚·奥托齐（Soraya Altorki）、艾维·卡普坦（Elwi Captan）、费雷尔·嘎热尔（Ferial Ghazoul）、尼古拉斯·霍普金斯（Nicholas Hopkins）、辛娜·詹金斯（Siona Jenkins）、恒德·卡特（Hind Khattab）、胡德·卢特菲（Huda Lutfi）、萨米尔·梅雷茨（Samia Mehrez）、哈斯纳·迈克达希（Hasna Mekdashi）、辛西尔·尼尔森（Cynthia Nelson）、雷姆·萨阿德（Reém Saad）、奥利弗·西德内伊（Olivier Sidnaoui）、大卫·西姆斯（David Sims）、伊丽莎白·维克特（Elizabeth Wickett），他们为我提供了后勤援助、慷慨的招待、友好的精神陪伴、联络和引导以及剪报和参考资料。有一个特别的朋友，布特罗斯·维迭（Boutros Wedieh）医生，我欠他的债简直无以计量。他和我有过精彩的谈话，他那种奉献精神令人钦佩，他对埃及的情况、从政治经济到乡村历史都具有敏锐的洞识，他还给予了我们全家出色的医疗咨询。

致谢

在一次研究旅途中，我幸运地得到开罗电影高级研究所的法拉克·阿-拉什迪（Faruq al-Rashidi）的指导。他把我介绍给了他的很多同事，让我获得了不少接触电视业界的研究机会。这些忙碌的电视工作者为我的研究付出了很多时间；我十分感激乌萨玛·安瓦尔·乌卡沙（Usama Anwar 'Ukasha）、穆哈迈德·法迪勒（Muhammad Fadil）以及费斯雅·阿-阿索（Fathiyya Al-'Assal），他们接受我的访问，并邀请我坐在排练场观看电影拍摄。我从中不仅了解到这些敬业和聪明的电视人的观点，还接触到电视剧制作中的日常工作。我也从萨尔瓦·巴克（Salwa Bakr）、阿巴斯·法赫米（Abbas Fahmy）、莱拉·卡米尔（Layla Kamil）、瓦菲尔·凯雷（Wafiyya Kheiry）、玛姆杜·阿-莱希（Mamduh al-Laythi）、巴瑟姆·马哈福兹·阿卜杜勒·拉赫曼（Basim Mahfuz 'Abd al-Rahman）、穆斯塔法·穆哈拉姆（Mustafa Muharram）、阿迈勒·莱姆西（Amal Ramsees）、努尔·谢里夫（Nur al-Sharif）以及穆纳·扎基（Muna Zaki）那里学到了很多关于电视剧制作的知识。社会研究中心的唐·海泽尔（Don Heisel）和萨哈尔·埃尔-塔维拉（Sahar El-Tawila）与我分享了他们关于电视剧的研究，这些同样对我有很大帮助。驻埃及的美国研究中心为我的研究许可和长途旅行提供了良好的基础保障，尤其要提到的是阿米拉·凯特邦德（Amira Khattaband）和他的儿子阿米尔（Amir）。富布赖特基金（Fulbright Commission）的主管安·拉德万（Ann Radwan）曾经两次提供住宿并给予了其他方面的协助。

在这些年里我也非常幸运地在开罗和纽约得到了很多人的协助。他们在查找期刊资料、搜索参考文献、翻译方面给予我极大帮助。他们的一些工作实在非常出色，令我受益匪浅。我特别要感谢卡迈勒·阿卜杜勒·马利克（Kamal Abdel Malik）、哈拉·阿布-卡特瓦（Hala Abu-Khatwa）、奥米尼尔·埃尔·沙克利（Omnia El Shakry）、伊曼·法里德·巴斯尤尼（Iman Farid Basyouni）、达莉亚·埃萨姆·瓦当（Dalia Essam Wahdan）、玛哈·马哈福兹·阿卜杜勒·拉赫曼（Maha Mahfouz ʿAbd al-Rahman）、索纳莉·泡哇（Sonali Pahwa）、伊丽莎白·史密斯（Elizabeth Smith）和穆哈迈德·泰比沙特（Mohammad Tabishat）。

我很难想象，如果当时没有宾夕法尼亚大学的阿尔君·阿帕杜莱（Arjun Appadurai）和卡罗尔·布雷肯里奇（Carol Breckenridge），我怎么会有勇气去从事这项研究。1987年我遇到他们的时候，他们正在从事公共文化研究，他们让我意识到我的研究课题可能会是一个不同寻常的尝试。玛格丽特·米尔斯（Margaret Mills）也提供了帮助，我担任宾夕法尼亚大学梅龙研究员（Mellon Fellow）时，从她那里逐渐熟悉了民俗、后殖民研究以及跨国文化研究的新观念。

这项研究也受益于我在纽约大学出色的人类学系以及后来在普林斯顿大学富有成效的学习。在普林斯顿我有幸结识了很多杰出的同事，包括菲·金斯伯格（Faye Ginsburg）、弗雷德·迈尔斯（Fred Myers）、苏珊·罗杰斯（Susan Rogers）以及巴姆比·谢弗林（Bambi Schieffelin），我吸收了他们杰出的建议以及批评。菲·金斯伯格主持的关于文化和媒体的独特研究项目促发了我对电视的思考。我从我所教授的研究生那里也学到了很多东西，对我研究埃及电视尤其有帮助的是阿马尔·比沙拉（Amahl Bishara）、塔吉斯维尼·甘地（Tejaswini Ganti）、沙林·汉姆蒂（Sherine Hamdy）、布莱恩·拉金（Brian Larkin）、艾谢·帕尔拉（Ayse Parla）、伊丽莎白·史密斯（Elizabeth Smith）和杰西卡·温嘎（Jessica Winegar）。在纽约大学的最后几年里，我感到这里中东研究的学术团体十分出色——珍妮·阿布什（Jenine Abboushi）、哈立德·法赫米（Khaled Fahmy）、迈克尔·吉尔森纳（Michael Gilsenan）和扎卡里·洛克曼（Zachary Lockman）是我尤其重要的交谈者，艾拉·沙哈（Ella Shohat）和希瓦·巴拉吉（Shiva Balaghi）帮助组织电影节，我从中获益颇多，在其他方面对我帮助良多的沃尔特·阿姆布鲁斯特（Walter Armbrust）和威勒·沙菲克（Viola Shafik）也参与了组织。

在过去的这些年里，我非常幸运地得到了各个研究机构的支持。1989 至 1990 年，我从驻埃及的美国研究中心以及社会科学研究理事会的近东和中东委员会得到资助；1993 至 1995 年从纽约大学得到支持；1996 至 1997 年从约翰·西蒙·谷根海姆基金会（John Simon Guggenheim Foundation）和国家人文基金会（National Endowment for the Humanities）得到赞助；2000 至 2001 年哥伦比亚大学准许我离开教学岗位一年。这些支持使我能够从事长时间的研究并有时间来写作。我由衷地感谢这些机构和组织，以及那些肯定我的项目价值的审评人。由于我同期还在着手其他几个项目，即：编写关于中东女性和现代化的文集，还有关于媒体人类学的研究，以至于不可避免地拖延了本书的完成。

我深深地感谢安东尼·卡特（Anthony Carter）以及罗切斯特大学人类学系的教员，2001 年我荣幸地被他们邀请参加利维

致谢

斯·亨利·摩尔根讲座,他们给了我机会让我把我的研究整合起来并且放到了国家人类学的概念框架中。向他们陈述我的研究对我非常具有启发,我要特别感谢默哈迈德·贝耶(Mohammad Bamyeh)、丽莎·卡特莱特(Lisa Cartwright)、阿亚拉·艾米特(Ayala Emmet)、罗伯特·福斯特(Robert Foster)以及罗伯特·吉布森(Robert Gibson)对此的贡献。

我在摩尔根讲座上报告过第四、六和七章的早期的版本,第八章也是为了报告而写的,而本书包括了更多的内容。为了让读者对埃及电视剧与国家的关系有一个更充分的认识,我认为这样的一种扩展是需要的。第一、四、七、八、九这五章此前没有发表过;第三、六两章在原来发表过的版本上经过大幅修改;第二、五两章只做了稍微修改。第二章是"电视之后的文化的阐释"一文的微调版[见:*The Fate of "Culture": Geertz and Beyond*, edited by Sherry Ortner, 110–135(Berkeley and Los Angeles: University of California Press,1999). Copyright© 1999, The Regents of the University of California]。重印得到了加利福尼亚大学出版社许可。第五章是"现代主题:埃及情节剧和后殖民差别"一文的微调版[见:*Questions of Modernity*, edited by Timothy Mitchell, 87–114(Minneapolis: University of Minnesota Press,2000). Copyrightt© 2000, The Regents of the University of Minnesota]。重印得到了明尼苏达大学出版社许可。

本书的部分初稿曾在很多连我自己都记不清的座谈会和学术会议上报告过。我感谢所有邀请我并给我提出了很好的问题的机构和团体:位于埃及的美国研究中心、哥伦比亚大学、杜克大学、哈佛大学、伦敦经济学院、密歇根州立大学、麻省理工学院、社会研究新学院、纽约大学、普林斯顿大学、罗格斯大学、圣凯瑟琳学院、史密斯大学、加利福尼亚大学（圣芭芭拉分校、克鲁斯分校、伯克利分校）、艾奥瓦大学、密歇根大学以及该校的人文研究所、明尼苏达大学、北卡罗来纳大学教堂山分校、宾夕法尼亚大学、德克萨斯大学以及耶鲁大学。参加以下会议也让我得到了很多有益的建议，这些会议是：由尼古拉斯·霍普金斯（Nicholas Hopkins）和克尔斯滕·维斯特加德（Kirsten Westergaard）在位于埃及农村的阿斯旺（Aswan）组织的会议，我和提姆·米切尔（Tim Mitchell）一起组织的两次主题为"现代化问题"的会议，在牛津举行的社会人类学者组织十年年会，在布朗大学和加利福尼亚大学洛杉矶分校举行的两次关于民族主义的会议，在阿姆赫斯特菲福学院（Five Colleges, Amherst）和德国卡尔布鲁斯大学举行的关于全球化的会议。

我要特别感谢艾谢·帕尔拉（Ayse Parla）、凯瑟琳·鲁斯（Catherine Lutz）、杰西卡·温加（Jessica Winegar）、雷姆·萨阿德（Reem Saad）、伊丽莎白·史密斯（Elizabeth Smith）和沃尔特·阿姆布鲁斯特（Walter Armbrust），他们毫无保留地对整本书的初稿提出了意见。虽然我不能完全贯彻所有好的建议，但我深受他们的启发。我磨砺了我的观点、改正了错误，并且尽量为本书投入了更多的热情、增添了更多的注释。我相信他们将在书中看到他们宝贵意见的印记。以下学者：珍妮特·阿布-卢赫德（Janet Abu-Lughod）、安·艾里逊（Ann Allison）、塔拉·阿萨德（Talal Asad）、爱丽达·巴苏（Amrita Basu）、卡罗

致谢

尔·布雷肯里奇(Carol Breckenridge)、卡马利·玛克辛·克拉克(Kamari Maxine Clarke)、尼古拉斯·德克斯(Nicholas Dirks)、理查德·福克斯(Richard Fox)、法哈·加内姆(Farha Ghannam)、菲·金斯伯格(Faye Ginsburg)、乔尔·戈登(Joel Gordon)、盖尔·贺萧特(Gail Hershatter)、尼古拉斯·霍普金斯(Nicholas Hopkins)、苏阿德·约瑟夫(Suad Joseph)、布莱恩·拉金(Brian Larkin)、凯瑟琳·鲁斯(Catherine Lutz)、萨巴·马哈茂德(Saba Mahmood)、普尔尼马·曼克卡尔(Purnima Mankekar)、贾斯汀和克莱尔·米切尔(Justine and Claire Mitchell)、阿夫萨奈·纳吉姆巴迪(Afsaneh Najmabadi)、丹尼·米勒(Danny Miller)、托比·米勒(Toby Miller)、蒂姆·米切尔(Tim Mitchell)、雪莉·奥特纳(Sherry Ortner)、吉安·普拉卡什(Gyan Prakash)、阿努帕马·拉奥(Anupama Rao)、雷娜·拉普(Rayna Rapp)、德怀特·雷诺兹(Dwight Reynolds)、苏珊·斯里默维奇(Susan Slyomovics)、特德·斯维登伯格(Ted Swedenberg)以及丽莎·威登(Lisa Wideen),对本书某些具体章节或议题给了杰出的评点或贡献。那些参加我在纽约大学的"文化与国家"讨论班、哥伦比亚大学"国家民族志"讨论班的精明、学识广博的学生,也提供给我某些思考的线索。我要感谢玛丽·克鲁斯(Mary Cross)多年来无私的友好的陪伴,本书中使用了一些她去埃及看望我们时拍摄的精彩的图片。

在准备最后书稿的没完没了的具体工作中,我从一些聪明的朋友和学生那里受益,他们是:洛瑞·艾伦(Lori Allen)、哈姆迪·阿迪(Hamdi Attia)、卡伦·奥斯特里安(Karen Austrian)、詹姆斯·康伦（James Conlon）、伊拉纳·菲舍尔（Ilana Fischer）、梅根·休斯顿（Megan Huston）、海利·奥尔森-艾克（Haley Olsen-Acre）和纳奥米·席勒（Naomi Schiller）。纳迪娅·吉索斯（Nadia Guessous）编制了极好的索引。芝加哥大学出版社的戴维·布伦特（T. David Brent）和伊丽莎白·布兰驰·戴松（Elizabeth Branch Dyson）以极高的效率帮助书稿顺利出版。我也要感谢桑德拉·哈兹（Sandra Hazel）的出色的编辑。

很遗憾的是我的父亲没能见到这本书，他现在安息于他所热爱的巴勒斯坦迦法（Jaffa）。是他和我的母亲把我介绍到埃及，我在那里度过了多年的美好时光。他们鼓励我、支持我，为我树立了致力于学术研究的好榜样。我在书中描写的我所感受到的关于埃及的不公平的道德义愤，很多是来自他们。最后，我感谢蒂姆·米切尔（Tim Mitchell），他与我分享了很多研究，虽然他没有像我一样从电视剧中得到那么多愉悦。是他的项目把我带到了上埃及并且结识了那里的朋友。他是"猫爸爸"，我是"猫妈妈"（"猫"是我们的两个双胞胎Adie和JJ，他们在忍受我们的工作计划的同时也极大地丰富了我们的生活），是他令生活与工作变得不同凡响，虽然我们没有时间去读对方的每一个字。我把这本书献给他。

第一部分

人类学和国家媒体

在迈迪耐特·哈布（Madinet Habu）神庙前的停车场踢足球。上埃及，2001 年。感谢玛丽·克鲁斯（Mary Cross）提供照片。

第一章 一个国家的民族志

在位于上埃及的一个小村子的中心,一天才开始,旅游客车就挤满了法老神庙前面的停车场。在过去的十年间,我在这里从事我的田野工作。欧洲游客穿着短衣裤晒太阳,埃及的学童们穿着他们最好的衣服,大家从交通车辆涌进涌出,来往不息。有的从当地妇女的临时摊点上买土豆片(当地的古迹组织不准在这里新设固定摊点),有的从一个争抢生意的小餐厅那里买饮料,包括瓶装水。有的面对当地青年偷偷向他们兜售的法拉猫和朱鹭的复制品表示怀疑不决。很多人老老实实地参观神庙,这是这一天当中他们要横穿底比斯墓地进行参观的站点中的一个。

下午四点三十分,随着神庙关门时间的临近,身着防弹背心的保安觉得无聊乏味,开始焦躁不安。此时村里的年轻人涌到了停车场。当人影伸长、太阳开始西沉时,吉普车载走了保安。自从伊斯兰武装分子袭击过游客以来,他们就被派驻在这里。年轻

第一部分 人类学和国家媒体

人提起他们的长袍露出短裤,开始踢足球。小村庄恢复为当地人居住往来之地。羊群被赶回来过夜,空空的驴车也回家了,人们穿上外出的衣服去看望病人。在七点三十分第一个晚间电视剧开始之前,马路上、街道上都有很多活动。此后村庄又恢复了平静,只能听到狗叫和电视机的闷响。

这个小社区有别于人口密集的北部。北部人口密集地区有开罗和亚历山大这样的世界性都市。这个国家有时被边缘化,是曾经所谓的第三世界之一,不过现在在它已经被看作是世界的南方。然而这个傍晚时分显露出了关于这个世界的某种东西,工作于其中的人类学家会发现,他们正身处一个和他们的学科建立时完全不同的世界。我们发现这里的人们生活在早期文明的废墟上,但这些东西现在成了人类遗迹的商业化象征。我们发现,从生活节奏到收入状况,当地人的日常生活正被国际信贷机构所主导的结构调整政策所影响,表现就是发展旅游业,包括围绕本地遗迹所组织的那些旅游项目,这是决定性的,但也是国家经济中非常脆弱的一部分。我们看到青年男子在踢足球,他们在停车场、运动场进行这项激烈运动,模仿电视里激烈上演的埃及队和其他国家足球队之间的竞赛,或是世界杯预选赛的角逐。在屋里,我们发现这些青年男子的姐妹们正在电视机前做家庭作业,朴素的校服和传统的白头巾整齐放在一边,取而代之的是舒适的长便服,而母亲会责备孩子没有帮她做家务。如同足球和家庭作业的例子所暗示的,这是一个国家电视在日常生活中占据了重要位置的世界。

这个世界对于人类学家来说意味着什么?对我而言,在20世纪的最后十年从事田野工作,意味着努力去理解在人们的社会生活和想象中无所不在的大众传媒的位置。由此又引出进一步的问题，即国家霸权里的电视文化的作用，还有更宽泛视野里与全球化力量相关联的内容。在埃及，自从20世纪70年代以来，政治转型已经影响到了公共事业、国家支持的社会福利，包括健康和教育，以及相关联的、也可以被称之为发展主义的民族主义者的意识形态。

一个国家的显著机构

或许追问关于国家进程的一系列问题是不可避免的，这也给了我的田野工作一个起点。20世纪80年代后期，在埃及西部沙漠阿拉德-阿里（Awlad 'Ali）的贝都因人社区，以开罗生活为基础的情节广播剧对当地少女颇有感染力，我对这一有争议的现象感到困惑。我从70年代后期就断断续续地在那里从事田野工作。在一个基本无法使用电视（因为父亲认为它堕落）、仅有一个女孩完成了高中学业的家庭里，在一个成年人骄傲地抵制着与"尼罗河谷人"有关联的外来的埃及国家制度和意识形态的社区里，80年代的某个下午通常是这样的：一群年轻女性簇拥着一台收音机，不顾她们的母亲的责难，收听关于某个他者世界的爱情故事，包括以都市语言播送的电脑约会和办公室罗曼司。这些大众传媒故事与她们的生活世界几乎没有什么关联，却具有如此的吸引力，我为此觉得好奇。其父母身处国家教育机制之外，这些女孩却对媒体所传播的国家流行文化（包括广播剧和流行音乐）了如指掌。再后来，她们还追捧电视。当时，在尼罗河西岸的贝都因，电视机已经很普遍，电视剧（正式称为"musalsalat"，当地俗话称为"tamsiliyyat"）被视为广播剧的后继者。

那时，我把阿拉德-阿里的女孩对于广播剧的兴趣看作是一个跨文化遭遇的例子。这些女孩们住在沙漠地区，附近仅有一个商店，社会交往仅限于亲戚之间，沉湎于社区的社会和文化世界，对于家庭给她们安排的婚姻没有什么发言权。可是她们收听很多异域的故事，这些到底意味着什么？难道她们通过收听广播剧来收集埃及邻居的民族志吗？还是她们羡慕那些虚构的人物所代表的都市现代化？消费者对口红和贴身内衣的最初渴望具有一种暗示意味，就像伊斯兰虔诚信仰发展的印记一样。[1]

到底是什么引发了所有这些奇怪的事情？我想知道那些女孩在听些什么，是谁生产了这些广播剧，谁是目标受众。与我以往在阿拉德-阿里地区所研究的那些以社区为基础的口口相传的歌曲和诗歌不同，全国广播以一种文化生产的工业方式来运作，产生于国家首都并且通过国家频道向全国的不同地区广播，拥有它又意味着什么？其实，广播向女孩们所传输的文化已激起了代际冲突。这些女孩的父母把广播剧视为威胁，甚至更为严重。在他们看来，开罗文化，诸如方言、衣着、习惯以及相应的价值观，不仅在社会和道德意义上与阿拉德-阿里的人不同；此外，这些广播剧堂而皇之地进入社区，也被视为想要把某个特定的社区同化进民族-国家政权的一种侵略性企图，而这个国家政权已经主宰着城市中心并且正在将其势力延伸到各种机构，尤其是学校，也延伸到了阿拉德-阿里这样的农村地区。换句话说，在某种程度上，老一辈们是在独立于国家政权的环境中成长起来的。对于他们而言，大众传媒形式不仅来源于一个特定的社会文化环境，而且还与强有力的国家制度有关。

在埃及西部沙漠地区遭遇广播剧之后不久，我的注意力迅速转向了电视，因为在这个国家的其他地区，电视已成为一种更流行的媒体形式：到20世纪90年代中期，几乎所有的埃及家庭据称都有了电视。[2] 我也开始关注在两个主要由国家经营的电视频道上播出的电视剧，因为到90年代末期，虽然陆地频道迅速增加，包括了五个新的地区频道（然而，如同80年代的三个陆地频道一样，这些频道都在埃及广播电视联盟的控制之下）以及卫星传输（其使用仅限于阿拉伯国家），但6900万埃及人中的大多数——包括商业巨头和租种土地的农民、贝都因人和城市贵族、伊斯兰主义和左翼、母亲和电影明星、不法商贩和教授——都还是倾向于每天晚上或多或少地观看电视连续剧。斋月期间尤其如此，那时人们都投入地观看一年中最迷人的电视剧。[3] 这些电视剧比广播剧更为流行，也被证明是最流行的电视样式。它们针对多元的观众，被安排到各地播放，并被出口到其他阿拉伯国家，具有重要的经济意义。不过我也将提出一个观点，即这些电视剧的主要想象的观众是埃及国民。

在有关机构的重要性以及对以色列运用古迹对国家进行塑造的研究中，纳迪亚·阿布·埃尔-哈吉（Nadia Abu El-Haj）认为"特定的领域在特定的国家文化生产中具有重要地位"。[4] 其他一些试图书写国家民族志的人类学家也关注特定的机构。凯瑟琳·露丝（Catherine Lutz）通过对一个南部城市的微观世界的研究，揭示了在这个拥有军事基地的地方，军事以及为了充实军备的强制力,如何造就和扭曲了美国的历史和社会生活。[5]凯瑟琳·福德里(Katherine Verdery)的关于民族主义意识形态的经典研究,吸收了知识分子和学界的洞见,分析了涉及资源竞争及制度争夺的知识分子话语如何呈现为一种奇怪的动态,揭示了民族主义在齐奥塞斯库的社会主义罗马尼亚是如何获得某种力量的。[6]在一个更宽泛的框架内,丽莎·马基(Liisa Malkki)注意到,在某些社会和物质条件的影响下(尤其是难民营与城市生活的对比),坦桑尼亚的胡图(Hutu)族难民倾向于进行具有神秘历史意识的道德思考,这对于民族主义和民族意识来说很重要;而其他人则倾向于接受更加国际化和反民族主义的情感。[7]

出于多重考虑,我在本书里的主要观点是:电视是生产埃及国家文化的一个关键机制;通过对这个机制的仔细探究,我们可以书写关于埃及国家的民族志。从最简单的层面上来说,电视在埃及国家的形成中地位突出,因为电视的独特性把埃及塑造成了阿拉伯地区独特的文化中心。作为阿拉伯世界中最好的电影和电视的生产者,埃及成了1995年第一届阿拉伯电视节的东道主。在那届电视节上,埃及的电影和电视占据了绝大多数奖项。黎巴嫩、叙利亚、约旦以及一些阿拉伯海湾国家也生产优秀的影视剧并且开始呈现竞争态势,但是在规模和资历上,埃及是无敌的。埃及人知道这一点,他们知道出现在时尚杂志上的很多明星是埃及人,知道正在埃及荧屏上放映的内容也正在整个阿拉伯世界热播,知道很多歌手和演员正从外地来到埃及定居和工作。

作为一个刚接触埃及电视不久、沉浸于电视剧的乐趣中只有十年时间的外来者,我能肯定电视对国家的自豪感来说是一个重要因素。国家的支持是一方面,与此同时,最好的电视剧正在用各种方式来吸引观众,如:用道德真理使观众感动得流泪,用冲突和情节来维持观众兴趣,用惹人喜爱的角色来使观众发笑,精彩的台词不断被人们复述,片子中的音乐嵌入了人们的记忆,以及角色与观众建立起了一种持久的依恋。虽然一些人对那些在斋月期间特别播放的暴力的印度电影及其奢华的歌曲表现出极大的兴奋,或是对美国肥皂剧和电影中那些寓言般的生活方式、奇特的道德以及干净的街道入迷(我们即将看到,一些批评家认为本地节目中卷入了过多的社会和政治事件,贬之为"被尼罗河水灌溉过"),但是,对更多人来说,观看本地电视剧可以体验熟悉的家庭场景,而这足以证明这个国家生产高品质电视剧的能力和智慧。

电视之所以可以被看作是埃及的重要的国家机制,可以从本尼迪克特·安德森(Benedict Anderson)的论述中找到第二个原因。在安德森看来,国家是一种"想象的共同体",大众传媒,包括小说、报纸乃至电视广播,在产生国家和国家情感以及塑造对于国家的想象方面均有作用。[8]有学者已经研究过拉丁美洲浪漫小说的力量、巴布亚新几内亚被广泛传播的消费品、魁北克博物馆里展示的文化遗产以及那些可以激发国家情感的保护建筑,那么电视剧同样可以被纳入类似的研究范畴。[9]

在《公共文化》的一个特别章节里,我发表了我关于埃及电视的第一篇长文。在关于"民族-国家中的屏幕政治"的导言中,我认为直到最近,人类学家才较多地涉及民族主义与国家进程方面的问题。[10] 80 年代末期,出现了理查德·福克斯(Richard Fox)关于民族主义意识形态的文集,预示着人类学研究朝此方向的迈进。而在此之前，相关文献之少令人惊讶。[11]我在文章里提到一个例外，即60年代芝加哥大学的新国家课题。克利福德·格尔兹（Clifford Geertz）也参加了这个课题。但是我忽略了一项研究先例，一项跟我的研究非常靠近，同样是关于媒体和国家的研究。第二次世界大战的政治混乱引发了这项早期研究，而去殖民化和独立运动则鼓励研究"新国家"，或者是伴随冷战结束而兴起的族群民族主义——后者激发了当代民族主义浪潮。从40年代晚期起，一系列关于"国民性"（national character）方面的研究，使用各种技能，包括以媒体和电影方法分析"远方文化"（culture at a distance）的研究应运而生，这些学者包括玛格丽特·米德（Margaret Mead）、露丝·本尼迪克特（Ruth Benedict）、格里高利·贝特森（Gregory Bateson）、杰弗利·高尔（Geoffrey Gorer）以及美国人类学界的其他重要人物。[12]

米德等人的研究，现在看来缺陷是非常明显的：一方面，他们对于个体属性的考察，简化和具化了国家和人民；另一方面，他们低估了传媒生产动力的复杂性。和他们不同，我在本书里不想从埃及电视生产中探寻任何永恒的本地文化和国家特征（也不准备采用当地流行使用的那种陈旧的观念，比如"埃及的个性/特征"）。[13]我将考察的是在90年代这个动荡的政治历史时期，埃及的"文化工业"——用阿多诺的话来说——与各种人的社会的和想象的生活之间的关系。[14]

民族-国家可以被视为一种文化产品，其生产和想象的技术可以被分析；它也可以被看作某种日常生活的模式，可以用民族志方法来加以考察。在埃及，这些技术和组织模式包括国家博物馆、军事检阅、旗帜、各个校园里传唱的国歌、建筑、学校的课程表、税收和许可方面的政府机构、征兵、秘密警察、上市公司、清真寺、消费品等等。电视或许是在建构埃及国家方面最丰富、最具吸引力的技术之一，因为电视在文化和社会政治两个层面同时起作用，并且在愉悦和潜意识的建构中编织着它的魔力。

霸权和国家发展

安德森关于国家是"想象的共同体"的著名论断开始不断地受到批评，被认为忽略了国家实体，忽略了那些控制公民、掌控政权的力量，也忽略了那些掩盖了不平等（指纵向阶层之间，而非横向群体内部的紧张关系）以及使国家霸权凌驾于文化差异（包括种族、民族、性别以及其他方面）之上的意识形态。[15] 如同阿拉德-阿里地方的家长对于广播剧的不以为然提醒我的，研究埃及电视剧需要考察一个充斥着张力、不平等以及地域性权力系统的"国家空间"（national space）。用克劳迪奥·龙尼茨-阿德勒（Claudio Lomnitz-Adler）的观点，或者用帕哈·查特吉（Partha Chatterjee）的巧妙的概念来说，是"国家及其组成部分"（the nation and its fragments）。[16] 假如按葛兰西的说法，"霸权的每一种关系必定是一种教育关系，它不仅仅在一个国家内部发生，也不仅仅存在于构成国家的各种力量之间，而是存在于国家之间以及世界范围内，存在于国家的以及各大陆的各种文明的复杂关系之间"，[17] 那么我们的任务就是要追问：在包括埃及在内的这个不平等的世界中，电视剧是如何成为一种有力的教育手段的。葛

第一部分 人类学和国家媒体

兰西关注知识分子，即他（我要增加"她"，因为我认为女性主义的电视生产者同样如此）如何在"权力的生产或再生产或是转型过程中"发挥作用。这是任何关于国家电视的研究都必须涉及的核心层面。因为，那些生产和评论电视节目的人，必定是知识界的一分子，至少在埃及是这样。[18]

在创造国家公民的力量方面，艾蒂安·巴里巴（Etienne Balibar）曾指出，家庭和学校是孕育国家幻象和国民个体社会化的最重要的机构，这比安德森的观点更为妥当。[19]在埃及和其他地方，电视和广播都是摆放在家里，是家庭的中心。作为50年代新的独立国家发展的一部分，在埃及，电视和学校也有直接的关系。纳赛尔（Gamal Abdel Nasser）总统迷人的无线广播讲话以及传奇歌手乌姆·库勒苏姆（Umm Kulthum）迷人的音乐会，仍然是埃及国家和民族主义情结的经典。[20]埃及新政府公开地促进大众传媒的发展，使之成为一种"公民教育"手段和一种"公共信息和教育机构"。政府在50年代末期迅速增加广播时间，给广播听众提供补贴，并且在1960年7月21日开播了电视。[21]纳赛尔政府在电视方面进行投资，以之作为义务教育和传送信息的方式。最初开通的三个电视频道，其观众仅有细微差别。为了让电视进入乡村，政府甚至为合作社和村委会提供电视机。所播放的电视节目的大部分内容是以发展和教育为主题的。[22]

如同很多第三世界国家，埃及电视剧与国家教育有着特定的历史性联合，这是本书的主题，该内容将在本书第二部分的两个章节里详述。这两章内容探讨了电视和自20世纪早期就存在的两个群体的关系。这两个群体，即农民和妇女，如同奥姆尼·埃尔·沙克利（Omnia El Shakry）所揭示的，是埃及社会改革、崛起和现代化进程中的主体。[23]在美国甚至英国这样的第一世界国家，公共广播直到最近才受到控制，而埃及电视的发展轨迹与此不同。和印度一样，在埃及，电视在60年代初期被引进，就处于国家控制之下，然后在80年代由于广告而迅速发展。如同我将在后面的章节中详细探讨的，它在90年代末期被新自由主义改革、私有化以及卫星电视的竞争所改变。

如同很多其他后殖民国家，埃及的国家媒体从不标榜商业化。这些国家媒体与政治和社会的计划结合，即便这些媒体的技术和专家最初是来自美国无线电公司（RCA）。娱乐过去是、现在也仍然是这些国家媒体的一部分。[24]媒体受众是国民，而不是消费者。受众被卷进国家和全球政治意识以及变动的、现代的和文化的提升之中。如同一位自60年代以来就成为资深电视导演的穆罕默德·法迪勒（Muhammad Fadil）所说，（电视的）一个目标是消除文盲。[25]没有受过教育、没有文化的大众被传授知识并由此了解更大的世界。甚至对于足球比赛这种电视转播及其所呈现的地方和国家认同的生动场景，也被著名演员努尔·谢里夫（Nur al-Sharif）辩解为实现现代化的一部分。[26]虽然今天的电视节目包括很多类型，如脱口秀、新闻、体育、宗教节目（以《古兰经》的念诵为每天节目的开场和结束）、儿童节目、喜剧选段、音乐视频、引进的肥皂剧和卡通，以及当地的连续剧和电影、季节性的议会辩论节目、谜语和娱乐界名人的游戏节目，但总的来讲，教育和服务节目仍然是数量最多的。在1986年，每周的电视节目中大约17%是关于发展的，涉及教育（文学、数学、科学、文化）、健康、农业、社会福利（关于青年、法律、家庭、旅游、财富）。[27]尽管电视节目存在着事实上的商业化，媒体的官方教条化意识形态到了90年代仍然维持着。埃及广播电视联盟以及生产、发行的主管马姆杜·阿-莱希（Mamduh al-Laythi）曾经这样对我解释说：

> 埃及是一个发展中国家，并且是一个非常关心我们的人民的文化教育的国家……我们关于国民的最重要目标是帮助个人成为有文化的人。我们必须教育他们，教给他们基本的道德和宗教责任。个体需要引导，他需要信息，我们要反复灌输爱国主义精神、道德、宗教、勇气以及进取心。我们发现戏剧是最好的触动个体的方式，戏剧能产生魔术般的效果。[28]

不过，在这样的语境中，值得想一下霍米·巴巴（Homi Bhabha）关于国家的论断，即人民既是教育的对象，也是表演的主体。[29]受此启发，我把电视和全国观众的关系理解为一系列的邂逅，这些邂逅存在于那些企图去塑造、告知、教育的电视剧与那些被形塑的目标对象之间。不过，我并没有将这种大众传媒与大众之间的邂逅置于来自一些无实质的国家民族的、抽象的教育力量与其对象之间，而是置身于两种表演主体之间——一边是某种精英人士，他们为想象的观众生产了国家电视及其他东西；另外一边是下层人士，他们总是站在他们日常生活的语境，不仅欣赏、享受而且还批评、阐释、选择和评价精英们所生产的电视节目。虽然我认为中产阶级也是电视节目重要的观众，并且我不想人为地把下层的观众与精英分开,但我的方法论——即考察那些生产、评论电视的城市知识分子,同时接触某些社会边缘群体(如那些生活在长期被歧视的埃及的贫困地区的村民,或是被迫到开罗这样的大都市从事雇佣劳动的妇女)——使得我能够明察这种关于教育的邂逅是如何与阶级和性别相关联,以及国家意识形态是如何与权力相关联的。

尤其是在第二部分的章节中,我详细讨论了这些邂逅的各个方面,尽力详述电视剧如何在建构好的国家和公民形象,召唤(用阿尔都塞的话来说)观众进入那种视野,训练他们成为某种角色。从每年生产播出的各种电视剧中,我挑选出那些教育意图特别明显的进行讨论。我根本不需要深挖或选择名不见经传的节目:因为我关注的节目,除一两个之外,都是广受欢迎的。这些节目是由一些埃及的重要电视演员和深受观众喜爱的流行明星编写、导演。很多节目在久负盛名的斋月期间播出。这些节目因此具有重要影响,很多被观众记住,并且会重播多年。

关注由文化产业的某些特定成员所生产的特定的电视剧,使得我不会一味地简单责备媒体只会依从于政体和服从国家的控制,只是心里要明白,媒体必然受到信息部的监控。世界上很多电视和广播是国有的,或是掌握在文化产业的专业人士手中,这些人如同霍尔(1980)曾经讨论过的,倾向于分享民族-国家的"支配性符码"。审查和预见性的自我审查是规范。在诸多领域,例如创造忠诚、影响政治理解、推进国家发展、促成现代化、促进计划生育、灌输私有化和资本主义精神、培育社会主义者或是健康娱乐方面,大众传媒已经被看作社会管理的强有力的工具。但是生产者是关键的中间人,在更大的项目中起着衔接和转译的作用。他们也是具有创造力的个体,不仅凭借他们自己的专业规程和类型化惯例,而且按照他们的职业兴趣和想象进行工作;由于以往在不同的环境中接受过训练,或是变化了的环境或影响使他们成为新的一代,有时候他们身上会表现出某种对抗性。[30]从这种处于中间位置的专业人士身上,可以看到很多不定性。这种不定性值得记录,并且它吻合了这样一个原则,即全体国民都是表演的主体。

如同我所发现的,在埃及,很多电视作家和导演把他们置于制度以及政治的批评者位置,有的试图成为人民的代言人。我极力去尊敬这一群体中进行政治批评的个体,尽管我没有记录到在其他地方出现过的公然针对某个政府和民族利益的反霸权运动——例如,一个玻利维亚电视主持人利用他的节目所创造的公众基础,创建了一个由他领导的政党;本族群体中活跃的影像制作者拒绝国家电视而推崇他们自己的产品,通过记录他们反对国家规划的抗议以表达政治观点;最著名的是70年代末期,伊朗神职人员使用如同录音磁带的"小媒体"(small media)去鼓动人民举行革命反对伊朗国王。[31]我详尽分析了那些电视节目制作者和那些为民族-国家以及体制辩护的人之间的分歧与合作,认识到了知识分子的角色。用葛兰西的话来说,这种角色,在一个社会霸权中,与国家控制既相关联,又相区隔。[32]

与此同时,因为我最主要的田野工作对象和主要的关注点在于电视观看者,所以我尤其关注某个社区及其中的个体是如何屈从于电视以及娱乐电视剧的召唤并作出反应的。在这本书里我要探讨,他们如何基于自己固有的知识和欲望而对电视剧有所反应,以及这些电视节目是如何让他们入迷的:电视戏剧和角色(更不用说明星和那些电视剧所建构的美学特征)如何进入了他们的生活。在埃及,这些就是生活,其中有许多局限是由经济、政治和社会原因造成,生活其中的人期盼实现某种理想,又成为国家教育的对象。想想那些无权接受教育而成为上层公民或是被解放的妇女的人,想想那些生计得不到保障、无从梦想舒适,与艺术、漂亮和现代化相距遥远的人,再想想那些更多是通过政治暴力、官场腐败、安全监视或粗暴征兵,而不是通过公务特权、收入和社会地位与民族-国家相勾连的人,我们要问,发展主义和良好公民的信息从何而来?使用丹尼尔(E. Valentine Daniel)的术语,国家对于这些群体如何成为一种"可能"。[33] 我认为,人们是基于自己最根本的生活经历以及其可以行使的话语方式而对此作出回应的。

历史时代的国家:国家教育的侵蚀

与米德的国家文化研究或近期对于民族主义的很多总体研究不同,我在本书中提出,我不是在研究"国家"或是任何特定的国家,而是必须承认,我们总是在研究某个特定的历史时期的国家。一个国家中的动力和形塑一个国家的力量总是不断变化的,虽然也有相对稳定的时期。90年代在埃及的国家历史上具有特别复杂的历史时刻的意味,在那个时期,国有媒体被当作一种工具,成为霸权侵蚀力的一种表现。那些始于70年代的特定的变化，在90年代期间尤其得到了全面展开。早期教育运动与发展主义密切结合，其严肃的参与者们将这些变化概括为一种当地政治话语，即制造伊斯兰主义和全球化。

因此，本书勾画了一幅埃及国家的肖像，呈现它在特定的政治和经济趋势中被重塑的一面。电视剧和与之相关的争论，无论是短暂还是持续展开的，在我看来，都给我们提供了一扇特别的窗口，从中可以了解在变化的环境中涉及国家制造以及国家文化建构的艰苦过程。我曾经心存猜疑，觉得电视剧不过是逃避现实的娱乐方式。然而通过我第一轮的研究，这种疑虑被迅速打消。至少，一些电视剧是紧密地与当代政治辩论联系在一起的，我从那些吸引了大量观众，并在80年代末期和90年代初期激起全国讨论的斋月电视剧中认识到这一点。《西米亚之夜》（*Layali al-Hilmiyya*）是由埃及最受欢迎的电视作家乌萨玛·安瓦尔·乌卡沙（Usama Anwar ʿUkasha）撰写的。他曾在大学里学习过社会学，写过文学作品，后来意识到通过电视他的作品能够被更多的人知道。这部电视剧具有很多不同寻常的特征，比如它本身就是一部始于40年代的现代埃及的辉煌的历史叙事诗，并把观众带到当下，从1988年开始变为5年一集。它被迅速卷入了公众辩论中。这部电视剧的价值被报纸和杂志讨论。一位知名的知识分子萨耶德·亚辛（Sayed Yassin）把该电视剧优秀的脚本、出色的导演、有才干且投入的演员、观众与当下埃及的政治活动的失败进行比较，甚至把这部电视剧看作"埃及的真实能力"的隐喻。他提出建议，认为埃及需要一部能更好地引导其主管（总统）的教科书，埃及国家需要更加尊重国民，并呼唤出现新的政治行动者。[34]

第一章 一个国家的民族志

并非每个人都给予正面的评价，并且报纸上的争论直接关注的是，为什么政治视角会出现在这个巨大场景中。例如《华夫脱》（*Al-Wafd*）报上的一个标题直率地问道："《西米亚之夜》的作者是否有权从纳赛尔支持者的视角来书写历史？"[35] 这篇文章的作者借用这部电视剧使公众直面埃及第一任总统的执政。在同一份报纸中，这位安瓦尔·萨达特（Anwar al-Sadat）总统任期（该时期在相应的年代分段中被描述）的重要的官方历史学家解释了为什么他没有批评这部电视剧。他指出，那个电视剧编剧仅仅是为经历并了解这个时期的人们介绍了这个时期，说明这些人之所以崇拜萨达特是因为后者为他们实现了很多梦想：一个共和国、土地改革、社会主义、一支强大的军队以及阿拉伯联盟。但他认为，这些人没有意识到，萨达特所创造的是一个军事独裁。由于媒体的弄虚作假，这些人对于有多少埃及的左翼和右翼思想家被萨达特监禁知之甚少。[36] 其他同样的说法也批评电视剧忽视了对1973年与以色列战争，责怪作家不仅贬低了萨达特，同时也贬低了所有参加战争的人的成绩。

这部电视剧也受到了其他政治观点的批评。在左翼报纸《人民报》（*Al-Ahali*）上，乌卡沙被质问，为什么他把资本主义的帕夏（Pasha）塑造成一个值得同情的角色而忽视普通人的日常问题。另一个反对派报纸的编辑阿迪勒·侯赛因（`Adil Husayn）为《西米亚之夜》辩护，并且表扬该剧的作者对日常笃信宗教的描写，但他声明，他早期曾批评这部电视剧像其他所有的电视剧一样，未把伊斯兰宗教实践作为一个部分进行表现。该报纸由于含有穆斯林兄弟会的观点，后来被禁。

《西米亚之夜》剧照:上图,工人阶级的家庭(Sayyid `Azmi 和Magda Zaki);下图,贵族家庭(Hisham Salim 和 Ilham Shahin)。埃及广播电视联盟供图。

第一章 一个国家的民族志

那些同情乌卡沙政治观点的人写文章赞美这部电视剧的才华，援引一种艺术话语支持作者的政治观点。他们公开谴责曾经威胁到该剧作者的上层政治或是公开大量宣传的国家审查制度。这种镇压在埃及以保护公众免受精神上的、政治上的或是宗教上的攻击为名而进行。《西米亚之夜》验证了作为穆哈迈德·侯斯尼·穆巴拉克（Muhammad Hosni Mubarak）总统的公共政策的媒体自由的宽容度。[37]该剧作者与电视节目审查员产生过冲突，电视节目审查员不仅就电视剧本发表评论，在电视节目完成之后还要求剪切。很多被审查官员要求剪切的内容最终未得到信息部以及对影视产品负责的电视部门的许可。

电视剧的第三部分贯穿了20世纪70年代，从关于这一部分冲突的内部记录来看，很多审查者明显反对的是政治方面的内容。[38]虽然审查者也建议剪切一个具有性暗示的镜头，但他们主要还是力求平衡，特别要求去掉那些表现纳赛尔总统被同情者所表扬或辩护的内容。他们同样反对那些对于萨达特总统以及他所实施的政策的建议性批评。例如，对于萨达特总统1977年访问以色列，他们要求剧中角色反映出更多的平衡性。他们要求作者更改一个镜头出现的时机，在这个镜头里与爱国主义者毗邻的咖啡店被卖了；审查者感到这与萨达特的出访相呼应，暗示着埃及被卖了。并且，审查者要求删除在一个清真寺场景中的所有对话，理由是："我们不需要任何宗教以及原教旨主义作用的讨论。"关于此原因，我将在关于媒体和伊斯兰主义的章节中详说。具有讽刺意味的是，审查者却反对某个情节的处理，在该场景中，一个新闻编辑删除了一个新闻记者撰写的部分充满着危险的故事。

审查者坚持认为这样的处理不准确；因为在萨达特时代没有这样的审查。

很明显，《西米亚之夜》陷入了不同体制观点的政治争论中，这种政治争论曾经颠覆了很多纳赛尔主义的政策，又在穆巴拉克总统执政时期仍然继续着。电视剧本作者指责审查者"破坏了作品，因为批评萨达特时期就是反对国家的现行体制"。[39]简而言之，《西米亚之夜》是一部揭示出了在国家层面的政治事件是如何影响个人和社区的生活的电视剧；它所反映的个体的历史、命运以及悲剧直接与政策和事件相关，并直接卷入了当代的政治辩论中。

这部电视剧以及随之而来的大量争论为我提供了线索，即电视剧对于变化着的国家政策具有怎样的意义。在严峻的60年代，被推翻的君主制和过度腐败的贵族阶层遭到诋毁，穷人被承诺会过上好的生活，占主导的意识形态强调世俗主义以及巨大的社会福祉，切合实际的消费被看作是良民的一种表现。埃及的电视工业影射并推动了这种意识形态，如同在那些电视界老手们所生产的教育电视剧，也就是我在第二章要讨论的电视剧中所看到的。在80年代以及90年代，电视的公共服务意识形态被严重削弱。而不可否认，娱乐节目是国家媒体工业理所当然的一部分。据我童年时的记忆，在早期常规的电视节目中，有一部引进的电视系列幽默剧《我爱露西》(*I Love Lucy*)——几乎没有教育色彩。电视总是具有其伟大传统，积压着好多故事片，包括喜剧和音乐剧，可以被用来填充播出时间。[40]但是现在我们可以看到，电视剧在内容和风格上都发生了变化，与之相伴随的是产业组织上的变化

第一章　一个国家的民族志

（包括晚会私有化），这些都预示着重大的转型。

而电视是与萨达特的国有化工业、授权大众公共教育和福利、土地重新分配、不景气的进口以及阿拉伯社会主义的呼唤同时被引进埃及的。从1970年萨达特去世至今，电视运作的制度环境发生了很大变化。当国家向私人、本国和跨国资本开放时，很多政策已经被或是正在被改变。这方面的情况在埃及随处可见：始于70年代的萨达特的"经济自由化"或"开放政策"的过程在逐步升级，借国际货币基金组织（IMF）之便，企业家和跨国公司从中获取财富。

当国家利益复杂化并产生矛盾时，到底会发生什么？和其他很多人类学家如今考察的国家一样，在埃及，新自由主义或是结构调整政策已经被采纳，或者社会主义正在被"改革"或被"转向市场"[41]所替代。私有化以及跨国公司的支持力不会轻易就便于一个精英统治的自我调整，就国家发展的持续言论而言，这种精英统治调整的关键在于社会发展以及宽泛的社会福利。这些政治和经济转型的不一致尤其与消费世界的转型联系在一起。

我认为，电视在国家故事的转变中发挥着作用。在本书第三部分各章，我使用电视情节剧去分析在竞争话语和方案的交汇点上形成的自我的现代形式；去探讨穷人对待电视生产者之拯救行为的矛盾心理，因为那些电视生产者面对来自现代化以及伊斯兰主义的威胁，正试图澄清有关的真实，从而唤醒民族文化；去勾画出在某种意义上被国家媒体以笨拙的方式表现出来的国家面貌，以及知识界为改变宗教极端主义和那些似乎威胁着埃及国家的社会冲突而进行的努力；并且，我要关注那种与新的经济政策相联系的财富和贫穷的极端不一致的发展。在对这些电视情节剧类型的研究中,电视剧试图建构一个民族的文化认同,电视剧聚焦于宗教,广告和炫目的电视剧越来越充斥着电视屏幕,我将极力揭示存在于当今埃及国家的裂痕、排外和动力,以及电视与国内政治的关系。

国家电视的民族志研究方法

即使我们认为电视是一个可以帮助我们理解国家生活的动力的重要机制,但是一个人又如何声称能够去书写一部如此巨大、复杂、处于变动当中的国家民族志呢?在一个民族-国家的世界里,在一个国家是一个作为想象的强有力的框架的世界里,我们如何立足在这个国家或者如何去做一个国家的民族志?作为早期的纲领性声明,劳埃德·法勒斯(Lloyd Fallers)在1974年出版的利维斯·亨利·摩尔根演讲中宣称,民族志是"社会文化的微观世界的科学",当研究民族-国家时,人类学家不得不去关注在此民族-国家界限内从事有意义的行动的人们及其面对面的社区的生活世界。[42]至于阶级或者宗教的分歧,或是其他足以区别出国民身份的"原初团队",法勒斯争辩道:这些将"在微观世界的复杂性结构中出现",并将"在微观世界中体现社会互动,从而呈现其意义"。[43]这种微观世界本身并不是被民族志所界定的。

在坚持民族志的基本方法的同时——接近当地人的日常生活世界并在一个特定的情景中进行参与观察——乔治·马库斯(George Marcus)在最近的一些提纲性声明中已经为那些意欲把

第一章 一个国家的民族志

国家媒体作为研究对象的人清楚地表达了两个有用的新观点。第一，他主张一种新型的流动性的民族志，"变单一地点和对某地的常规考察为对文化的意义、事物的流通以及在弥散时空中的文化认同的考察"。[44]第二，他所说的多点民族志（multi-sited ethnography）取决于在多个场所做"生活世界"的民族志——不是随意的，而是为了在一个更大的系统中展现特定的生活，并揭示各个点之间的逻辑联系。国家，正是这样一个系统。

基于这样的方法论认识，我要对本书所做的田野工作进行一个交代。首先，我在特定的场所中，而非抽象意义上把电视节目的传播作为基本原则。我选择了90年代的电视连续剧，尤其是那些在斋月期间播放（但总是在此后重播）的流行的、高品质的电视剧，去探究电视在关于重要的社会、政治议题的国家辩论中的作用，以及电视对于两类可以被视为生活在国家边缘的人群的生活和想象中的作用，这两类人群是生活在上埃及的农村妇女，以及因为需要到开罗做家庭佣人的妇女。我所思考的不是电视是否作为一种技术在形塑着情感、注意力、脑电波、感知模式或自我感知等，也不是要描绘电视如何重塑社会生活、雾化社会（atomizing society），或是把个体捆绑到一个去地域化（deterritorialized）的社区中，虽然这些是值得研究的主题。[45]我要做的是，沿着观众以及电视剧制作者的线索，去关注电视节目的内容，尤其是剧情、角色以及情感。因为这些是观众自己想象地参与以及电视剧作家和导演投入了巨大创造力的方面，理应得到我们的关注。如同我在下一章中会深入探讨的，我会分析这些讯息如何从开罗的电视录音间分流到各种各样的家庭，如何从特定的生产者流通到特定的观众当中。

出于类似的原因，即受到那些我接触较多的人的影响，我选择集中去关注某个单一类型的埃及电视节目。毫无疑问，作为一种出现于60年代的电视类型，埃及电视剧——不同于在美国、澳大利亚或是英国长期上映的肥皂剧，或者巴西和墨西哥的长达一百多集的浪漫电视肥皂剧——通常有15集（虽然在斋月期间播出时会拉长到30集），每天晚上连续播出，是埃及和阿拉伯世界最流行的电视节目。仅有电影（至今还没有在电视上播出）能够与其竞争。对于男人来说，还有一些零星播放的本国和国际足球比赛能够与这种电视剧形成竞争。在埃及，有数量庞大的人群在收看电视剧，如同世界上其他地方的人收看他们各自的流行剧目一样——美国、英国以及澳大利亚的肥皂剧，拉丁美洲的浪漫电视肥皂剧，印度的电视连续剧——这些电视剧也是报纸、电视以及广播上评论的目标。与欧洲的很多电视节目不同，这些电视剧通过卫星传播，向其他阿拉伯国家输出，并且现在已经超出了阿拉伯国家的范围到达欧洲和美国。在伦敦或是新泽西州，人们可以租到这些电视剧的光碟。

包含着讯息的视觉文本对于我的分析是重要的，如同它们在对电视剧进行过研究的其他人类学家的工作中的位置一样，普尔尼马·曼克卡尔（Purnima Mankekar）曾经做过关于印度电视剧（包括宗教节目）的研究。但我的方法不是文献法，而是民族志的和社会的。[46]我最感兴趣的是这些电视文本如何在某些时候清楚表达出我们需要的某种语境，如同阿温德·雷贾戈帕（Arvind Rajagopal）指出的，这可以被看作是一种相互的"内部激发"。[47]

第一章 一个国家的民族志

这些语境具有不同的秩序,但是所有的这些语境经得起民族志研究的检验。我选择在多个地点做田野工作,这些地点在关于埃及国家的所有讨论中具有深刻意义。我们没有假定诸如世界体系、资本主义或是法西斯主义抽象力量的存在——这些力量或是语境化的,或是决定论的——如同某些像阿多诺一样的人对于文化工业的反思一样的深思熟虑。[48] 相反,我寻找各种各样的更具有地方色彩的、可触及的、可以揭示埃及国家是什么,以及可以阐明电视在其中的位置的语境。这些语境(情景)包括即时的观看场景,在录音棚、知识分子以及文艺界中的电视生产的场景,埃及民族-国家的乡村或都市社会生活场景,以及较少面对面,而是部分存在于想象中的国家生活场景,这些场景通过诸多公共层面,如报纸和其他媒体,人们对于明星或故事的谈论等而得以呈现。

很多媒体民族志学者如勒尔(Lull)、莫利(Morley)和西尔弗斯通(Silverstone)提倡去研究地方性的或是即时的电视观看情景,从而理解这个电视观看情景的地点以及日常生活。[49] 像洪美恩(Ien Ang),一位强烈主张媒体研究中民族志转向的学者所主张的,我们需要通过考察微观情景以及实际存在的观众来发现"人们怎样遭遇、使用、阐释、欣赏、思考以及谈论电视"。[50] 问题在于这些即时的地方性的观看情景是如此多变,没有一个情景能够替代全部,不足以道出像在埃及这样的国家,电视到底意味着什么。在我的田野笔记以及记忆中,有如下一些不同的情景:(1)当傍晚站在尼罗河东岸的卢克索(Luxor)等待渡船时,我看到一艘旅游客轮停泊在那里。上层甲板上,一对年轻的欧洲夫妇凝视着夕阳,手挽手。在船的下层,流行的晚间电视剧《西米亚之夜》

的音乐正吸引着所有的埃及青年男性乘客。一个当地的黑人女性从码头上竭力想看到远处的电视屏幕。（2）在一个冬日的夜晚，我与我们的村民邻居在他们的砖房里看新的电视剧，我发现那些成年的家庭妇女一起坐在地上，筛着刚从磨坊用大麻袋装回的面粉。在电视荧屏的闪烁以及光秃秃的电灯泡的昏暗的灯光下，我看到她们每个人正摇动着一个巨大的筛子。她们围坐在一起沉迷于一个古怪的电视剧，不顾脸上已经满是面粉。某种反差在此观看中发生了，因为这个电视剧中突然出现了一系列上埃及的那些她们向往的地方，电视剧明星卡雷姆·穆塔维（Karam Mutawi`）在剧中刚刚经过那些地方。他的角色是一个教授，他在谈论艺术和美，他所谈论的与这个简陋的观看场景并不协调，如同马戏场里的狮子荡秋千的表演者一样。（3）某个下午，在开罗的一个现代寓所里，屋外有两棵树发出沙沙声，一个在美国受过教育的埃及建筑师从她的现代化的厨房跑到客厅，录一个新的关于上埃及的电视剧，她的儿子则在另一个房间里玩电脑游戏。（4）马斯帕罗（Maspero）的一栋高楼里有广播电视局的办公室以及老式的播音间，负责电视剧和娱乐节目的生产部门的领导在同时观看多个屏幕，并且焦虑地询问走进他办公室的每个人，这个斋月里他们看了哪些电视剧。

　　电视观看的场景似乎没有太多的变化，变化还在于观众的习惯，甚至对于同一观众而言，其观看习惯也会有所改变。我在一个上埃及的村民大家庭里参加看电视时通常看到，他们会大笑并且就电视上的内容发表评论；有时他们完全安静。不时地他们会懒散地跷着脚斜靠着或是坐在地上；在其他时候，比如说当家里有客人时，他们会呆滞地坐在长凳上，年轻的女性连转头也会尽量轻巧以免被觉察到。有时成年人谈话的声音压过了电视的声音，无视电视的存在；有时他们所有人全都静声屏气地观看。

对人们观看电视的社会构造进行概括是不大可能的。在埃及，人们倾向于在家里和家人一起看电视；但是有人也在很多有电视的公共场合看电视：城市里看门的人和他们的街坊邻居一起看电视，店主和他们的顾客一起看电视，餐厅里通常也放电视，朋友们聚在某人家里看电视。与美国的肥皂剧不同，埃及的电视剧不仅仅是主要针对妇女以及被妇女观看；妇女或许更依赖电视节目，更有可能有规律地观看电视。但是男性也是重要受众，主要的斋月电视剧趋向于具有广泛而复杂的追随者，那些刊登在报纸和杂志上的批评性讨论以及争论证实了这一点。一般来说，只有少数人宣称不喜欢看电视，一些是知识分子，另一些是秉持虔诚信仰者。除此而外，只有不好看的电视剧、工作的需要或是组织的社交活动会迫使人们远离电视。据说无论在哪里，都有70%到90%的家庭拥有电视机，虽然这一统计的准确度无从判定。80年代有劳工移民到伊拉克、约旦以及海湾国家，即便是很穷的人也会赊账购买电视机，虽然在90年代早期多半买到的是黑白电视机。

因此，这些即时的观看情景，尽管迷人，但是既不充分，也不够有趣。因此，我尽量更努力地去探索特定电视剧及其与日常生活世界之间的关系，在这种日常生活世界里，人们在观看场景之外，相互讨论或是直接向我评论电视节目。吉利斯佩（Gillespie）曾经把这种情形称为电视谈话。[51]再者，甚至在还没

第一部分　人类学和国家媒体

有一个人对电视节目发表评论时，我就已经毫不犹豫地决定，要在我所观察到的人们的日常生活及其观看电视之间，建立某种关联并且分析两者间的关系。如同安哈斯（Anghas）所说，纵然我们对于现实观众的微观情景感兴趣，我们也不得不认识到电视受制于制度（在埃及，受制于传播和政府）以及她所说的"文化配置和人们'带进来'并在具体情境中实现认同的踪迹……以及当把电视看作一种社会、美学现象时的文化意识形态"。[52]

　　本研究与我以前的研究的最大不同在于工作地点的多样化。我在上埃及居住的那个小村庄和我关系最密切，能让我透彻理解日常生活中的电视，同时我也访问了和这项研究有关的很多其他人。就媒体研究者所说的"接受"方面来讲，我和城市贫民进行交谈，从中获得某种理解；我花了十多年时间与那些居住在开罗的当女佣的妇女接触，有时谈话非常详尽。我在接近这些在社会、经济上处于边缘的村民，并亲身去熟悉电视剧所描写的城市生活时，我发现我接触的这些妇女提供了另外一种重要的窥视国家的"片段"。很多时候我和她们个别交谈，虽然偶尔选择和一小组人交谈。我没有使用焦点组，不论是民族志式的还是其他的。[53] 阅读关于电视剧的全国性报纸为我打开了一扇窗，可以了解全国性的公共空间，这是一个由受过教育的中产阶级以及知识分子构成的空间领域。虽然我没有时间、条件或意向去做一个关于电视生产的民族志，去消除生产过程的神秘化，但是我阅读了一些电视剧本，参加了一些脚本阅读和片段拍摄，访问了在整个开罗的包括官员、作家、导演以及演员等的电视工作者。幸运的是，接触这些具有创造性的产品同样是了解其生产者的方式，因

第一章 一个国家的民族志

此我审视电视剧美学和信息的方法可以视为研究一座城市的知识分子的重要手段,这种知识分子身处复杂情境中,有时对政府采取对抗方式。

我的民族志的"地点"明显不成比例。尽管如此,它们却至少能够说明国家生活的张力,如同我将在第二章中详尽探讨的,它们会在一个环路中标示出关键的节点。虽然我的研究不能与那些极度复杂的、多点的民族志相提并论,如同埃米莉·马丁(Emily Martin)在艾滋病方面以及雷纳·拉普(Rayna Rapp)在羊膜腔穿制术方面的研究,但我希望我的方法会符合马尔库斯(Marcus)所认为的"一个明确的、协作的或是相关联的假定逻辑……它实际上界定了民族志的争论"。[54] 这种争论大致是这样的:国家是多个社区或微观世界的通常的张力交汇点,被各种区域、宗教联系、城市或乡村习惯、阶级、性别以及权力所区分和剪切。国家电视深深地叠加在为使国家成为合法单元的政治努力中,被一些特定的、对于自己以及国民具有特别想象的群体所掌控。

一种国家媒体的民族志

人类学家已经关注,但也只是最近才关注诸如电视这样的媒体,尽管媒体技术已经和人类相伴相当长的时间了,并且已经日益渗透到那些"最遥远"的群体的日常生活世界,例如亚马逊河地区的印第安人或是澳大利亚的土著。[55] 随着遍及世界范围的大众传媒以及小范围媒体的普及,人类学理论、研究知识领域的转换已经提上议事日程。在"当代人类学"[56] 或"当代变化、转型

第一部分 人类学和国家媒体

人类学"[57]的新情境下,早期人类学家对于亲属制度的兴趣已经被性别研究所取代,或是被新的再生产技术所开启的不确定性改变了方向;宗教和宇宙学研究转向了对公共政治或主流意识形态的分析;政治体系的比较研究被对族群的文化建构、暴力(或非暴力)的意义、行政运作方式,或者地方的、全国的、跨国的组织之间相互作用的探索所取代;作为一个整体的文化研究,甚至文化自身,被怀疑为同质化和束缚了群体,否认了人的历史,具体化实践以及具有猎奇倾向。[58]文化开始转向对于内部差异的探索,例如探究那些基于种族或其他形式的认同、历史的转型,或权力与文化、文明形成之间的联系。最后,人们正意识到技术对于全体人民生活的重要性,科学人类学已经开始起步,例如,科学家正在实验室努力工作,原住民们正在与试图从当地环境中获取专利的制药公司进行论争。

媒体人类学拒绝传统/现代的二分法以及人类学研究学科的劳动分工,继承了批评的遗产,准备探索各种新的可能性——基于我们都是"现代的"这样一种认识,同时,用阿尔君·阿帕杜莱(Arjun Appadurai)的话来说,把"媒体景观"(mediascapes)置于学科的范围内,这一学科宣称当代人类社会是自己的研究目标。[59]但是媒体的重要意义何在以及如何用人类学方法去研究媒体,仍然有待探索。本书正是这方面尝试的一种努力,这种努力不是去关注媒体的技术发明或它的跨越国界的传播,而是关于它的国家维度。

通过文本去考察的问题属于效果问题,这些问题也是生产、研究媒体的人不断纠缠的问题,说到底,这些问题是不可能解决的。[60]在我的这项研究中,我要问的是:国家的媒体产品如何达到其影响受众的霸权目标?如何用他们的方式把受众纳入国家生活中?我将通过对电视剧以及日常生活的深入考察来获得对此问题更为清楚的认识。评估电视或任何文化的、意识形态机构的影响是困难的,我们更应该去探究失败和成功发生的多面性,研究构成这些约定的社会领域以及个人和群体涉及媒体的现实方式。人类学家已经揭示了一些事件所具有的讽刺意味,例如,那些未被国家控制或与国家利益没有直接关联的商业广播,同样在有意无意中促成了鼓吹民族认同和自豪感的结果。[61]而这些人类学家也已经探究了特定节目或项目之酿成事与愿违的结果的方式。[62]在本书的最后一章,我将对本书的主题内容,即电视剧这样的国家形式所具有的特殊性质,进行考察——这种国家形式寓教于乐,使用复杂手段的形式,例如运用已经成名的演员来帮助制造幻象、愉悦以及激情,而有时又走得太远而过犹不及。这一关于国家媒体的研究所要做的,是追踪媒体信息如何传播、为何传播,以及这些在埃及十分重要的电视剧是如何塑造生活以及协助创造一个国家惯习的,要承认电视是由复杂的利益生产出来的,要看到观众既不是被歌颂的抵制英雄,也不是值得同情的被欺骗者。我通过多个微观世界的民族志以及一个国家中多种多样的变化着的主体去尽力追踪这些过程,以有助于更好地理解大众传媒以及制造国家和民族主题的过程、权力和反抗。

虽然我承认没有国家是孤立的,或许比以前更为明显的是,国家的边界是易变的,而我在埃及的电视研究使我明白,我们仍然需要关注国家。这不是因为地域的边界是天然的或用特定的特征来定义实体，而是因为"国家"仍然是一个强有力的概念，无论是民族-国家世界的内部还是外部，因为至少在埃及，对于很多人（他们制造媒体并建构他们的观众）的日常生活和想象来说，民族-国家仍然是最重要的语境。即使有人认为他们自己主要属于（以及通过媒体主要相联系于）亚国家的（subnational）或跨国的社区，但这些国家总是与其他国家和跨国实体或观念相联系着［或许，如同人类学家阿尔君·阿帕杜莱（Arjun Appadurai）和乌尔夫·汉纳斯（Ulf Hannerz）以及其他人类学家所主张的，主权和权力正在消失］，所以国家仍然是一个强大的参照系，在政府已经成为媒体产品和规则制造的首要动力的地方，情况尤其如此。[63]

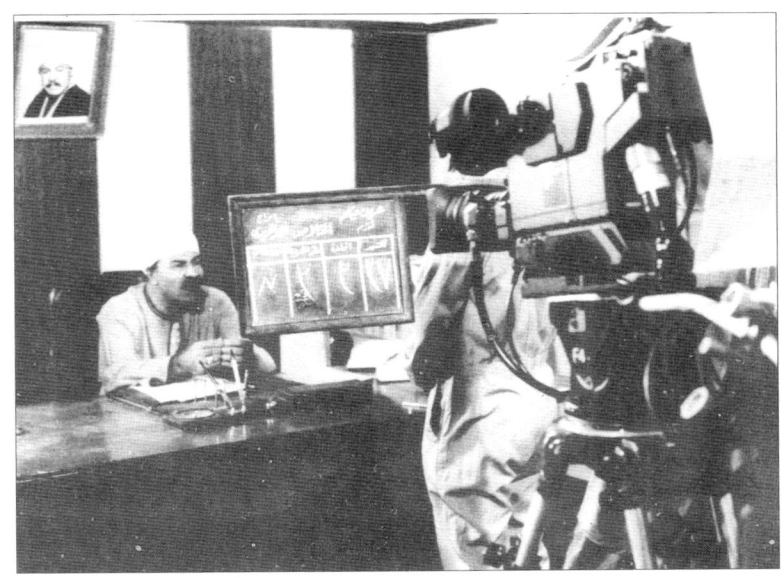

一个私人生产的电视剧《判决》(Al-khalas)的拍摄场景。费斯雅·阿—阿索(Fathiyya al-'Assal)编剧,阿—哈里·扎马雷克(al-Hariri, Zamalek)导演,开罗。里拉·阿布—卢赫德/Anthro摄。

第二章 电视之后的阐释文化论方法

如果我要像格尔兹的一篇非常有名的(更不用说是有争议的)文章一样开头,讲一个我如何开始我的田野工作的故事,那么我的故事将和格尔兹的不同。[1]我得承认我们在上埃及的村子里行走时,当地人没有对我们仿佛是一阵风一样的视而不见,我们夫妇很快被当地人承认并妥善安置在一个当地人熟悉的加拿大人、美国人以及法国学者、新闻记者及考古学家的社会网络中。这个小村庄位于尼罗河西岸,从卢克索可以搭船过来,它处于帕洛尼克神庙之间。这些神庙被考古学家发掘出来已经超过百年了,游客们乘坐有空调的公共汽车,或是骑着毛驴或自行车,对神庙赞不绝口。

我1990年春天到这里时,当地人出于强烈的好奇心对我予以友好的欢迎。他们期待看到的某个人的"妻子"终于出现了。因为我的丈夫随一位美国作家的踪迹先于我来到那里。这位作家在 1978 年发表了有关某位乡村青年的流行故事。这个故事同之前的耶稣会会士和东方主义者笔下记述的"埃及农民"——一个与习惯和暴力有关的永恒的人物主题——非常相似。[2] 我们有一位从开罗来的朋友，是一位民俗学家，其博士论文有关上埃及的葬礼悲伤。经由这位朋友的介绍和打招呼，我丈夫结识了几个人。其中有一位妇女叫扎纳布（Zaynab），她的家成为了我们几个朋友的天堂。[3]

此后，我发现扎纳布认真又和蔼。她的脸因为太阳的暴晒而显得干燥，头发蓬乱，眼睛透过黑色图案的头巾向外窥视。她的丈夫去了城里，她带着六个孩子，独自承受压力。在接下来的十多年里，无论我每次从开罗还是从美国来到村子里，她都向我打听她认识的那位民俗学家朋友的消息。我和她分享我所知道的事情，不过我尽力把自己同她所认识的其他外国人保持距离，这些人的道德和行为在村子里没有得到认可。我强调自己具有一半的巴勒斯坦身份。但是到最后，扎纳布还是知道我是从那些她以前认识的外国人所生活的世界来的，并且利用我们在一起的时间增加她对于奖学金、博士论文、在美国的生活花费、研究、著作以及其他很多欧美生活的诸多烦恼的了解。于是我既是一个信使，也是一个报告人，还是一个研究者。

在格尔兹戏剧性的叙述中，警察打击非法斗鸡，而当地人满怀激情地参与。与之不同，我的和谐的故事讲述的是一种平静的愉悦：如同在其他很多家庭一样，当我声称我对电视的兴趣之后，扎纳布和她的孩子们愉快地接纳了我。我喜欢看电视吗？他们拿出他们的小电视机。他们装上自制的天线，向我致歉，因为那只是一个黑白电视机。他们每个晚上都邀请我和他们一起看电视，可怜我没有自己的电视机。电视把我们联系在一起。这种联系使我有别于其他外国人，因为村里人知道，其他那些外国人不会接受他们喜欢的埃及电视剧。

深描，继续……

人们生活在一个联系更加紧密（而不是不相关）的世界里，与大众传媒相关的主题被人类学家认为有研究价值。尽管如此，我认为格尔兹所倡导的深描的民族志方法仍然具有强大生命力。[4]但是它需要一些创造性的拓展，以适应大众媒介化（mass-mediated）的生活。

对流行文化的很多研究，尤其是我偶然看到的一些关于电视的研究，是令人失望的。它们似乎没有在人类生活状况，甚至没有在一个特定社区的社会、文化以及政治动力中去努力提供深刻的见解。有的自以为是，这是人类学一贯为自己设置的目标。是电视这一客体阻挠了我们吗？我们不是在研究错综复杂的仪式或是复杂的亲属关系系统，甚至不是在研究历史及其殖民时代的危机结构，而这些问题在人类学这个学科中有着深厚的传统。电视带有几分后现代的短命意味，用格尔兹的话来说，不管是在这里（here）还是那里（there），它联系着那些被称为大众的普通人。[5]电视还与通常可疑的商业娱乐、国家宣传有联系。是否是电视低级趣味的污点以及表面上的平庸影响了那些研究电视的人？如同波德里亚（Jean Baudrillard）所说的，在一个模仿和幻影的世界里，电视是一个显著的部分，人类生活状况的观念被无可救药地遗忘了。[6]

我还要表明一些其他想法：我们刚开始找到进入民族志工作的正确入口——在田野工作以及在我们的研究中——它将开始展现电视在现代世界人们的生活和想象中无处不在的意义。在最近一个对于"抵抗"的研究的回顾中，雪莉·奥特纳（Sherry Ortner）诊断了某些研究的弱点是由"民族志的拒绝"（ethnographic refusal）所引起的。这一说法提醒我也要对媒体研究做一个恰当的诊断。在最近 20 年里，如果存在一个控制着媒体（尤其是电视）研究的主题，那就是反抗。是否可以这样说，尽管这些研究在理论上是老练的，但它们只是民族志式的浅描，很少揭示出作为媒体消费者的人们的生活和想法的更多意义。[7]

具有讽刺意味的是，在上个世纪最后十年的文化研究中，呼吁以民族志作为解决困境的办法的声音已经变得很迫切。贾尼斯·雷德威（Janice Radway）关于爱情小说的读者的研究被奉为一个经典，这项研究证明了民族志在分析流行文化中的价值。[8]然而，一些研究者似乎不情愿听从这种劝告。像《电视与日常生活》（*Television and Everyday Life*）这样标题吸引人的书，就聪明地批评了我们所熟知的关于接受和受众研究的最优秀的案例，并且呼吁要从事更多的民族志的（以及心理分析的）个案研究。此书的作者坚决主张："对于观众的质询应该受到质询，不是针对一套再造的个体或是严格界定的社会群体，而是要针对一套日常实践以及话语的批评，在这种话语中，观看电视的复杂行为要与其他方面联系起来，借此该种复杂行为才能被建构。"[9]然而这本书的作者也没有如他所说的去做。对此他进行一种正当的辩解,他之所以避开此种实践,是为了追求一些(受文化制约的)普遍的关于郊区习俗、现代性以及家庭生活的理论。如同一个最具说服力的、狡猾的"民族志转向"的主张所供认的,当研究者从事民族志研究时,他们使用了一种与人类学理念不相符的民族志的观念。[10]

当认真对待电视时,人类学家能够提供什么?黛博拉·斯宾托尼克(Debra Spitulnik)在其早期关于媒体人类学领域的概述中,宣称人类学家"在某种程度上已经绕过了很多媒体研究中的争论……因为他们暗自理论化了媒体过程、产品以及作为社会现实的复杂部分的使用,并且期望把媒体权力和价值置于更加分散的,而不是直接的、具有因果关系的意义上"。[11]费·金斯伯格(Faye Ginsburg)在她的"(温和的)关于同一主题的争论"中,指出人类学家的特别在于他们较少有种族立场,在于他们对于媒体文本的语境的关注,以及他们认识到"人们参与制作、解释媒体作品的复杂方式,而这些媒体作品与他们的文化、社会以及历史环境联系在一起"。[12]

确实,人类学家对于民族志——阐释布莱恩·拉金所谓电视的"社会空间"的民族志——的理论争论是有意义的。[13]在对1991年中国流行的电视肥皂剧的阐释以及深入分析中,丽莎·洛夫(Lisa Rofel)坚持认为,被界定为"对所有社会类别可能出现的方式进行关注的民族志已经自然化,交织在人们自身以及他们的世界中,进而成为对这些类型是如何在日常生活实践中被生产出来的一种强调,"所以研究媒体很必要,因为"特定文化的人造物必在某个时刻与其他社会生活领域中的意义和权力相联系"。[14]普尔尼马·曼克卡尔在文化研究方面进行了更为直接的观察,她的第一篇关于印度新德里的女性电视观众的文章,揭示了"观众的阐释在他们的争论中是如何受到广泛的社会话语(主要在性别、民族主义方面)影响以及他们如何被观看者生活中的事件以及观众自己定义的社会关系所塑造的"。[15]

但是如何去揭示电视在其他社会领域中的复杂关系?[16]我认为,关键是要更合乎逻辑地把电视置于丰富的社会和文化情景中,这种文化情景是自马林诺斯基(Bronislaw Malinowski)独具慧眼地提出来之后一直维持在我们理想中的人类学田野工作的东西。我们面临的挑战在于,电视传播的文化形式没有明显的、简单的社区,并且始终只是人类复杂生活的或大或小的一部分。再者,它们是在各种各样的政治历史条件下为了人而刻意被生产的。

人类学家很可能做好了最好的准备,去研究那种在媒体研究中被狭义地称为接受的方面。但是我们如何能够得到关于日常生活、社会联系以及我们所访问的人们或观看社区的各种各样的想法的非碎片化的意义?[17]我们通常得到的仅仅是一些去情景化的电视观看者的趣闻或碎片化的引语。另一方面,在媒体研究者所做的更为深入的观众研究中,我们如何得到日常生活、社会联系、所关心的事以及人们所引述的复杂内容的部分意义之外更多的东西?且不说那些更大的消费文化以及参与国家或社区的群体了。

我将在整本书中进行讨论的电视信息,正被人们所建构的电视经验的方式以及强大的影响、抵消这些信息的社会现实所扭曲。[18]罗杰·西尔弗斯通(Roger Silverstone)对于把电视观众置于多元

第二章 电视之后的阐释文化论方法

时空中的想象,只会让人觉得,完全情景化的电视只是一个令人失望的工作。他指出,人们"生活在部分重叠但并非总是由多种因素决定着不同的时空中:家庭空间、国家空间、广播和窄播空间、毕生的时间、一天的时间、时间表(无意识的但也是社会-地理的时间)"。[19] 这就意味着我们应该以某种方式在我们对那些看电视的人的深描中努力去囊括这些各种各样的时空。

然而,即便这样也还不够。人类学家不能摒弃"文本的"分析,这等同于对那些被阐释过多次的仪式和神话的象征分析。更为重要的是,人类学家需要做关于生产的民族志。电视节目不仅仅由其社会地位有别于观众的专家所生产,如牧师和诗人,而且是由处于不同阶层的专业人士——通常是城市的,而非农村的,具有国家(有时是国际)认同和社会联系的人——所生产,他们在权力与国家、商业利益相联系的团体的结构之中从事工作。为了实现真正的深描,我们需要设法把"电视的社会生活"[20] 的各个节点相互连接起来。

我坚持认为,部分解决流行文化之薄弱点的办法在于回归格尔兹的"深描"主张。我的意思并不是说我们的目标必须和他一样——去发展一种文化或转型文化的阐释理论——尽管我认同格尔兹的信念,即一个好的分析展示了"引导我们进入陌生人生活的科学想象的力量"。[21] 我认为,我们需要想到格尔兹主张的微型民族志描述,他认为这些对于遥远事件的"延迟的描述"——借用一个他认为过于乖僻的词语——值得思考。他坚持认为,对某个特定地方的社会话语的深描具有普适性,因为"它们通过实体的存在来表现社会的意识"。凭借特有的学识,人类学家能够聪明地、本能地想到这些社会科学（现在或许还要加上人文科学）的宏大概念。[22] 沿着同一路线，格尔兹提醒说，虽然人类学家通常在村庄里做研究，但他们不是在研究村庄。他们和其他的社会科学工作者一样，是在普通的场所和形式中面临同样宏大的现实以及巨大的世界。[23]

顺着这样一些想法，我认为如果我们尽力认真运用一些小的事实和事件——我的个案是特定地方的电视消费，包括上埃及普通的村庄——的情景化处理方法，同样能够有利于我们关注一些大的问题，尤其是那些涉及民族-国家的问题。如果电视被看作是平庸的，那么米歇尔·福柯最经典的一句话可能会给我们启发："我们之所以不得不去处理那些平庸的事实，是为了发现——或是努力去发现——那些与它们相关的、特别的，或许是原创性的问题。"[24]

在这一章里，我将关注一个上埃及村庄中的女性和电视的故事。这个问题可以说成是（或者表述为，如同格尔兹提醒我们的）："文化"的性质，以及很多人所说的后殖民的现代性条件下的"文化"。本章还将更为全面地探讨一种研究国家电视的方法，提供一种恰当的媒体研究的技术。在下一章，焦点将转到埃及国家教育以及变化中的权力、文化的构造方面。在这一章中，我还将说明为什么电视研究——尤其是在埃及这种电视与国家计划紧密联系在一起的地方——不仅激发了学术研究问题，同时还激发了和人类学相关的其他社会领域的问题。

第二章　电视之后的阐释文化论方法

文化文本和"多点"民族志[25]

从 1990 年以来，我就在上埃及的一个村庄断断续续地工作。1996 年 1 月，我对这里进行短暂访问。我和各种各样的朋友观看了当时正在播放的电视剧的片段，这部电视剧名为《爱之屋中的母亲》(*Umniahat fi bayt alhubb*)。故事发生在退休妇女的家里。这个节目的中心剧情是，一个寡妇的不正直的继兄试图占有她的地方，梦想在那里建起一个二十层楼高的宾馆。在一个新目标的驱使下，女性居民联合起来保卫她们遭到威胁的住宅。她们忘记了她们关于看哪个电视节目的争吵，而是发挥她们的聪明才智，攒钱买下她们的股份，与试图占有土地的人进行对抗。

这部电视剧是几年前由费斯雅·阿-阿索（Fathiyya al-`Assal）写的，她是精力充沛且十分自信的作家，也是那个时代撰写电视剧的众多埃及女性之一。她活跃在埃及左翼政党中，曾经意外地被关进监狱，以至于她大量的故事构思被搁置，大量的电视剧创作被电视审查者——供职于国家电视台的公务员——所取消。她写的电视剧因关注社会问题而闻名，并且她认为女性主题十分重要。为了让她的剧本更为真实，她曾经在一家养老院（retirement home）做过一些民族志调查。

如何去研究上埃及农村妇女和电视剧之间的遭遇？就电视节目而言，一个研究者被迫不去多谈作为文本的文化，像格尔兹一样，而是会去讲述一些关于破碎的文化文本如何被生产、传播和消费的内容。如同我前面认为的，电视的深描因此需要多点民族志（multi-sited ethnography）。乔治·马库斯（George Marcus）在论及世界体系中的商品时提出，只有在多点民族志中，我们才能"跟随这些事物"。[26]在这里，这个相关的系统是国家而不是全球。因此，我将以村民和他们对电视剧的反应为起点，通过对一出电视剧的近距离观察来介绍他们，并打开他们生活中根本的结构和意义。然后，我要追踪这些电视剧一直到开罗，在那里，电视剧在一个不同的环境里被一个左翼知识分子和一些城市专业人士所生产。这些专业人士一方面在一个国家控制的媒体中工作，同时又反对这种国家控制的媒体，并在生产作品的过程中对其观众进行想象。最终，这样的研究方法将使我们对国家电视的文化动力有所洞察。

我和我的邻居看过很多集《爱之屋中的母亲》，这些邻居虽然是出于好奇，但总不断地对其进行评头论足，嘲笑被迫去织套衫的人那样滑稽可笑的角色。虽然观众清楚地了解电视角色都是一些虚构的模式化人物，但他们仍然为剧中人的窘境所动，并且通过这些剧情来谈论生活。其中一集讲述一个寡妇最终同意嫁给老情人。看完之后，一名观众开玩笑地说："现在所有六十岁的妇女都要结婚了。"第二天，扎纳布更为现实地评价了这集电视剧，只是和当地人的态度稍有不同："我们说一个女孩超过了30岁就不能结婚了……那是一种耻辱。如果女性超过30岁还要结婚，她应该悄悄地，远离众人，不举行婚礼。"

扎纳布的意见以很多方式表现出来。对我而言，这样的意见在村民（延伸到一般上埃及人）和城市的、富有的亚历山大妇女之间存在差别，如同一个道德框架内的文化的差异。这种差异

第二章 电视之后的阐释文化论方法

部分来自于人类学家自身的教诲。我的民俗学家朋友告诉我，葬礼的悲伤之后，扎纳布长期认真看管着她母亲的财富，同时她经常被游客拍照，这些经历毫无疑问有助于她将自己的文化具体化。几年中她送我礼物，表明她已经学到了很多。她给我的第一件礼物是当地制作的一个粗糙的陶器砂锅盘子。第二件是一块传统的黑布，在当时已经很少见了，她确信我会喜欢这种东西。第三件是一条当地新款的为"传统"妇女设计、用来包头的黑色围巾。每一件礼物都代表着上埃及的某些特别之处，但又是被那些渴望变得更高雅的人——如她的女儿——视之为落伍而遭抛弃的东西。

不过扎纳布是一个大部分时间都待在家里的年长的农村妇女，她的时间和自信都花在了承担非常严格的社会责任方面，这些社会责任包括探望病人、参加葬礼。影响着她对电视剧作出反应的文化差异也是具有个人意义的。像村里的很多妇女一样，她的婚姻是别人安排的——但是，按最接近的实际亲属的线索来说，是母系的，而不是父系和姑表的。扎纳布的母亲是她父亲的第二个妻子（比他的第一个妻子年轻），生下唯一的孩子不久后就守寡了。扎纳布的母亲离开了她丈夫的家族，求助于她的亲戚并且为她的女儿找到了丈夫。扎纳布的母亲从自己父亲那里继承了一些土地，在这块地上她和扎纳布后来建起了一栋两层楼的土坯房。扎纳布的丈夫自从14岁就在开罗工作。他把扎纳布撇下和母亲住，抚养孩子。他偷偷地在开罗和第二个妻子结了婚；扎纳布现在已经知道了这些事情并且坚信他永远不可能再回来村里居住。

第一部分 人类学和国家媒体

随着时间的推移，扎纳布有了更多的孩子，都是她丈夫探家时怀上的，她进入了更加困难的时期。生下一对双胞胎后，她没有了奶水。此后不久，为了抚养孩子，她和她的母亲被迫卖掉了所有的家畜。后来母亲去世，所有的担子都落在扎纳布头上。

我们不能忽视扎纳布评论一个老寡妇结婚那一集电视剧的意义，因为这集电视剧对于她的个人处境来说是有意味的。她孤独操持着一个复杂的家庭，她的孩子通常只是在晚上和她在一起（当所有人在一起看电视时）。没有一个男人帮她决定孩子上学的事情，或在那块狭长的土地上种什么样的庄稼。她不得不去请求壮年的男性亲戚来帮忙，或是花钱雇工。自然地，她没有友谊和爱情。她讲起她丈夫探家时说："他像一个客人，完全不了解我们的生活。"

事实上，我和扎纳布之间谈话的一个经常性主题是关于来自瑞士、德国以及美国的年长妇女的状况，这些妇女与那些她们去度假时遇到的村里的年轻人结了婚——或是产生了关系。扎纳布把我当作关于这些外国人的奇怪行为的报告人，问我这些妇女怎么能够这样做。她对她们的行为如何能被接受感到困惑，尤其是她们的孩子。她不是和我谈论这种现象的唯一的村妇，但是我也在想，她对于这些在爱情或性方面有第二次经历和机会的年长女性的好奇心，是否代表着一种特别的共鸣。尽管如此，作为一个婚姻上做法得体的妇女，她还是让自己和那些有文化差异的人之间，也让上埃及农村和亚历山大、开罗或其他城市之间，保持着距离。

扎纳布根本无法意识到，对于《爱之屋中的母亲》的开罗作

第二章 电视之后的阐释文化论方法

家,一个热衷于与很多保守的知识分子和政客进行辩论的进步的活动家来说,书写面对社会压力的爱的价值这一集电视剧,并不意味着对一个亚历山大社会的中产阶级价值的简单描述,而是一种或可用于提升妇女地位和生活的普遍适用的革命。

阿-阿索(al-`Assal)引以自豪的另一部电视剧,是写一个没有文化而被丈夫抛弃,后来走出去接受教育的女性。当她的丈夫要接她回去时,她拒绝了,尽管他们已经生了一个儿子。阿-阿索在谈到这部电视剧时说:"我的观点是要强调家作为家的价值。也就是说,男人和女人应该做到彼此相爱。"[27] 她主张,婚姻首要的是应该彼此理解和相爱。她把她关于伴侣式的婚姻观念与那种把金钱作为第一位的流行价值进行了比较。她的参照点是城市的中产阶级,她的观点始终处于思想的最前沿。当资产阶级夫妻的理想以及一些关于伴侣婚姻的观念日益被理想化,并且在20世纪被埃及的中产阶级意识到的时候,阿-阿索对于夫妻之间平等的强调就显得比主流中产阶级的看法更为激进。[28] 但是扎纳布的婚姻并不适合普通的中产阶级理想;爱和个人幸福的"权利"这个词与她无关。

在其他一些例子中,电视剧为村里人提供了话题,但因社会处境所决定的视角差异,它们不可能被接收。在和扎纳布一起看电视的第一次谈话中,她向我活灵活现地讲述了刚刚播过的节目。这个几年后被停播的每周特别采访节目,被称为《对抗》(*Al-muwajaha*),内容是采访——更像是审讯——在监狱里服刑的犯人。扎纳布模仿开罗人的方言,详细讲述了一个值得回忆的对一个贩毒妇女的采访。当记者问这个贩毒的妇女将来是否还要贩毒,这个妇女回答:"当然了,只要我一出去,我还要贩毒。"记者问她为什么,她回答:"我总得吃饭。"扎纳布认为这个妇女已经习惯了某种生活方式,因此她不得不那样做。扎纳布还引用那个妇女的话说:"他们还会监禁我,但我也还会出去重操旧业,周而复始。那是我谋生的手段。"

扎纳布发现这个女罪犯如此引人注目,这和她对有关晚婚的电视主题的反应一样重要。努力维生的女毒贩,在不被尊重的侮辱下,也得表现出某种吸引人的伟大的诚实。扎纳布的整个生活就是为了养家糊口——在更大意义上是管理家庭,供给孩子吃穿。她耕种着三小块地(彼此相距很远),还养着羊、水牛、鸡、鸭和鸽子。她要烤面包。工作和经济斗争是她在和别人的谈话中持续不变的主题,也是她在日常生活中的主要担心。

我们在1月份看的电视剧(《爱之屋中的母亲》)同样延续了这个主题。但是它对妇女的工作和作用所采用的表达方式,让扎纳布这样的人有些难以接受。阿-阿索写这部电视剧的一个目标是揭示妇女对于"年迈"、"衰老"的感知,至少部分地,这是由于她们的社会作用在丧失。如她所说:

> 我要为老年妇女塑造一个新的角色……退休居家。她们办了一个英语培训班,因为一个妇女曾经是英文教授;另一个妇女曾经是一个银匠,她办了一个银器讲习班,向妇女们传授银器制作技巧。她们开办扫盲班,教邻居的女孩读写。她们也开设家政、农业夜校等培训班……我的要旨是展现妇女在这个年龄仍然能够学习,我们也能够从那些她

第二章 电视之后的阐释文化论方法

们教我们的东西中受益。

这位充满活力的开罗作家根据她自己的经验来说明,她解释道:

> 我现在已经 60 岁了。过去,一个妇女 60 岁时,儿女都成婚了,她应该是坐在家里等死。我现在有四个孩子和八个孙子,但是因为我的兴趣和野心是成为一个作家、一个政治家,所以我没有感到我已经老了。我要在电视剧中传达这种经验。[29]

阿-阿索的社会主义女性主义信条——提倡妇女对社会有用的角色,提倡她们掌握在家庭以外的技能和活动,具备能够削减男性控制的恶劣影响的经济独立——令人印象深刻。与媒体宣扬的保守主义观点和国会认为妇女应当回归家庭的主张(每次当大量妇女必须解决经济上的需要和专业的职业时都如此)格格不入,这种具有政治动机的立场是阿-阿索自己愤怒的写照。阿-阿索的父亲是一个富有的商人,令人不可思议的是,他在和她的母亲(两人最终离了婚)——一个没有权力反抗的家庭主妇结婚后——还找了 20 个女人。阿-阿索决定使自己成为一个受过良好教育的人,并且她坚信教育是妇女以及社会进步的关键。从历史的角度来看,这是在世纪转折时期有其渊源的政治立场。在这个时候,精英和一些中产阶级改革家(包括男性和女性)开始主张妇女的教育。但是真正的支持来自于纳赛尔主义 60 年代支持大众教育的政策。[30] 正是在那个时代阿-阿索开始成为一个电视剧作家——那时她正教学生读写,结果发现学生们离开教室,去和看门人一起听广播剧。在很多故事情节中,她仍然努力强调识文断字的重要性(还有其他类似情况,例如我在第四章中分析电视电影时要讲到一个佣人对于学校的迷恋)。她自豪地给我讲了一部她写的电视剧,这个电视剧讲的是一个五十岁的妇女,她的丈夫抛弃了生活无着落的她,和另一个女人跑了,阿-阿索这样讲述道:

> 这部电视剧是关于她如何应对生活,如何拒绝再做某个人的太太,如何不得不变成一个自食其力的人,如何在一个印刷厂工作、阅读、拓宽她的视野,最终如何写小说并且获了奖。这部电视剧以此结尾,是为了说明她如何能够凭借自己的努力获奖——她是唯一的胜利者。[31]

诸如识文断字这样的主题是如何影响扎纳布的?仅仅在《爱之屋中的母亲》播放的前一年,政府主导的为妇女扫盲的识字班就已经在她的村子周围开办。像扎纳布这样忙碌的人不可能去参加这样的班。参加扫盲班的妇女有各种各样的原因,但是所有人有两个共同点:她们没有孩子(或是只去一会儿,让别人帮她们照看孩子);而且她们的家境还可以,所以下午有几个小时的时间不需要工作。

有一次我去拜访乌姆·阿哈迈德(Umm Ahmad)——一个我熟悉并喜欢的妇女,我问她是否打算去参加扫盲班。她睁大眼睛，带着满脸的微笑说，她真的很想去；她渴望识字，而且恨自己连自己的名字都不会写（她已经开始想办法去领取她刚去世不久的父亲的养老金）。"但是我能学会吗？"她半信半疑地问我。"不，我太老了，我已经记不住东西了，"她笑道。然后她又说，"一个老妇人——嗨，别人会冷嘲热讽，'为什么她要去学习？'"我问她谁会说她，她说，"男人，男人们会议论的。"[32]

当她的儿子——一个三十出头，而且是两个孩子的父亲的男人——走进屋子时，我朝他开玩笑说："嗨，你应该让你母亲去参加扫盲班。"他回答："很好，很好。她可以去。"他转过身来笑着说："其实，我要给你一个书包。"这只是一个搞笑的主意，因为农村妇女从来不背书包或提提包。如果她们上集市或是串门，她们只是头顶着一个篮子。除此以外，她们需要的东西就折在她们长长的黑色连衣裙里。只有小学生和城里人背书包。

可是就像阿-阿索觉得的那样，乌姆·阿哈迈德不是受压迫的、老弱无能的、缺乏社会作用和技能的年老妇女。她当了祖母，但是她还精力充沛——能下地干活，照顾她的水牛，在当地卖奶酪和黄油。她的处境在某种程度上不同寻常。不过从我的经验来看，村里每个人的故事都是独一无二的。她婚姻不幸，回到她父亲家里生活。她只有一个儿子。同样不同寻常的是，她的儿子和她住在一起，耕种她父亲的田地，同时夜间还在附近的帕洛尼克神庙做保卫。她多年来一直照顾她那身体不好，有时还神志不清的父亲。作为她们居住的那个村庄的创建者之一，她的父亲曾经是一个重要人物。乌姆·阿哈迈德已经接管她父亲的家产和农庄好久了，尤其是家畜。她的儿子长大了，后来不顾一切地为了赚钱而离开家,暂时在亚历山大附近的一个黎巴嫩人的养鸡场工作。

一群富有或曾经富有的妇女,围坐在一个舒适的养老院里,一时间把她们的个人痛苦放在一边,克服了无助感和无用感,对于乌姆·阿哈迈德来说,这有什么意义?妇女获得受教育的权利,得到有意义的职业,或者至少是对社会有用的工作,实现这种现代女性主义的理想,又能怎么样?乌姆·阿哈迈德不得不与一个压迫妇女的性别系统抗争,但是这几乎不是她获得体面生活的主要阻碍。更大的压力来自于其他方面:日益昂贵的肥料导致农业成本增加;政府收购作物的价格很低廉;国际货币基金组织强迫提高对小麦的津贴,使得当地家庭的面包供给趋于紧张;酒店提高了价格,本地区的生活成本也在上升;为了送孩子上学,必须找到一份工作;大地主和多数农户之间存在巨大的不平等。

如果连受过最多教育的当地男子都只能满足于担当考古地点的领班,那么乌姆·阿哈迈德和其他农村妇女又如何可能得到那种能够提供个人满足以及经济上独立自主的职业,以及建立在平等基础上的婚姻呢?或许等上五年或是六年,她们能从师范学院毕业,得到一个政府职位,在当地高中做一名图书馆管理员,每天工作几个小时,挣到仅仅能够买香烟的钱(但是也算得到了好处)?

问题在于阿-阿索为男性和女性确定了某种理想模式——文化高于无知,个人满足和成绩高于家庭,国家发展高于社区的完整。这不仅是因为像阿-阿索一样的文化生产者和观看她的节目的妇女们来自不同的社会阶级,尽管这也是确实存在的;也不是

第二章　电视之后的阐释文化论方法

因为城市和乡村经历方面的差异，尽管这是有道理的。阿-阿索其实已经尽力用另外一部电视剧弥合这种差异，这是一部关于上埃及农村的名为《爱的收获》(Harvest of Love)的电视剧，1993年播出。这部电视剧反映了大地主的残忍和权力，以及不会去共谋大业的农民的无权。但是核心主题是复仇（世仇），这是几代北部埃及作家早就熟悉的内容（如同在第七章要讨论的，暴力现在意味着完全转向穆斯林激进分子和恐怖主义，这些人的强力控制体现在其中）。[33]

阿-阿索出于真心的焦虑而写电视剧。她甚至花了三个月的时间和一个农村家庭一起生活，为剧本写作做准备，她曾经为了写《爱之屋中的母亲》去研究养老院的生活。就像我在结论中所写的，她作为一个落选的激进的政治家，深深关心该地区的社会状况和极端的贫穷。但是她的焦点在于复仇，她所提出的解决办法重复了一个古老而常见的话语，即开明的现代性反对那些仍然侵蚀着埃及的男人和女人的落后习俗。剧中的男女英雄是一对夫妇，一对近代的罗密欧和朱丽叶，现代教育以及开明的思想引导着他们去反对封建（年老的妇女们仍然保持的"落后"传统）以及通过支持农民建立集体制工厂极力打破封建地主（和他们的太太们）的控制。

问题在于阿-阿索的女性主义，和她进步的政治主张一样，是强有力的公共的国家改革话语的一部分，这可以追溯到殖民和反殖民的民族主义者试图将埃及引向现代国家的努力，以及那些尤其是在纳赛尔总统执政的50年代和60年代建立的国家机构所支持的目标。在阿-阿索的个案中，经过民族志的锻造和广泛的同情，这种知晓什么是有利于"社会"（作为一个被某个人的专门知识所操纵的对象）的一般态度构成了很多电视剧作家工作的基础。就像从学校到公共健康的金字塔改革计划一样，很多村民发现他们也被牵涉其中。在埃及这样的地方，电视成为传播专门知识以及国家和城市中产阶级的话语的主要工具。[34]

这种启蒙话语具有灰暗的一面。假设乌姆·阿哈迈德去参加了扫盲班，她就能使用我第三章所描写的那种课本学会读写，那些课本包含了关于小家庭的价值、邻里协作以及国家责任的教条式的故事。在她参加扫盲班之前，她主要是通过看电视接触到这样一些教育话语。这种话语教会了她什么？像那些能够上学的人一样？过着和电视剧描绘的那些人不一样的生活？还是像那些生活在毫无希望的社会底层的人一样？

电视表明了一点，即相同的文化文本在不同的语境中具有不同的意义。扎纳布把一个六十岁老人的婚姻故事解释为文化差异——和宗教、生活方式以及道德相关——这是因为她在阶级和教育方面处于一种十分不利的地位，以至于她不能体会到地位更为优越的电视剧创作者的意图。对于阿-阿索来说——作为一个后殖民国家语境中具有反抗精神的政治家，和那些开罗的以及整个阿拉伯世界的极力去改良民众的知识分子、批评家、政治家进行争辩——这部电视剧要去表现一种革命的、启蒙的女性主义选择。只有一种流动的民族志能够摸清存在于这个国家中的不同的世界。并且这种不同的交汇点必定是电视的深描以及国家民族志的组成部分。

对于农村妇女和电视剧之间的遭遇的延伸性反思已经揭示,那些关于书包、六十岁结婚的故事能说明些什么,正像格尔兹所说的,电视的故事能够将概念放大。重视电视迫使我们思考,"文化"不是一个意义的系统,甚至也不是一种生活方式,而是作为一种其各个部分被生产、审查、支付,并且面向全国、甚至越过国界被播放的东西。作为服务于国家、阶级或商业项目的大众媒体的文化文本,电视的霸权的、意识形态的、与权力相关的性质是不可避免的。相应地,这应该引导我们去思考这样一些方面,即我们过去习惯地认为是地方文化的方面——例如适婚年龄的道德价值,或妇女接受教育的正当权益——其实并非可以被不偏不倚地加以阐释,而是有时与其他更多本地的、值得分析的权力项目相竞争的结果。[35]

从文化到世界性

更为有趣的或许是,电视民族志这种方式——因为它的文化文本在其他地方被生产并且介入了当地家庭、社区以及国家中——告诉我们,需要重新思考独特的、共享意义上的文化概念,这和其他社区所称的复数意义上的"文化"截然不同。这种看法已经成为人类学中的一种老生常谈。乌尔夫·汉纳斯(Ulf Hannerz)使用文化复杂性的术语,发展出了一种文化分布理论,表明文化无需共享。[36] 在针对跨学科读者的导论中,一些学者批评文化概念将社区同质化,并制造了虚假的界线[詹姆斯·克利福德(James Clifford)或许做出了最为雄辩的表达]。例如阿尔君·阿帕杜莱提出,"本地人"——被监禁在一个地方和想象模式中的人——是人类学想象的虚构。[37] 这些学者建构了早期马克思主义的基础,例如艾里克·沃尔夫(Eric Wolf)的关于"没有历史的人类"[38]的观点。我在"反文化的书写"的讨论中,也对文化概念所导致的内部同质化提出了不满。[39] 我在探索新的方式,反对以"文化"来界定社区,我想强调社区内部的话语所具有的竞争性质。[40]

不可否认,拥有一种文化或成为某种文化的观念,对于许多社区来讲已经具有政治上的重要性,这些社区曾被人类学家贴上了"文化"的标签——例如,所罗门群岛的人乞灵于 *kastom*(一种地方风俗);散居世界各地的印度人支持赞美印度文化的原教旨主义组织;加泰罗尼亚人*和约旦人建立了国家的或宗教的民俗博物馆,以之作为所谓遗产工业的组成部分。马歇尔·萨林斯(Marshall Sahlins)追随诺伯特·埃利亚斯(Norbert Elias)和其他学者,指出了文化概念的起源,认为其产生与一种相对的劣势有关。它是从德国发展起来的,那是"一个相对不发达的地区(相对于西欧的帝国和殖民权力来说),是关于相对的落后的表达,或是出于民族主义者的需要。"[41] 今天,在文化观念广泛传播着的地区,状况很显然是相似的。阿帕杜莱把这种现象称为"文化主义",即文化的认同在民族国家、大众传媒、人口迁移以及全球化的语境中流动。[42] 绝非偶然的是,在我所工作的上埃及的村庄里,正是扎纳布,一个在与外国人相处方面具有丰富经验的妇女,知道我喜欢哪种礼物:这些物品正来自于独特的地方"文化"。

---

* 西班牙北部一个族群。——译者

这种"文化"的过程涉及与他人的交往,而这个过程中的人已经具有了文化的观念。

然而,这一反应过程被其他很多动摇文化的边界的东西制衡着。很多人写过旅行或移民方面的内容,这些的确是上埃及现实中一个变化着的部分——比如,在开罗城里长期以来就分布着一些俱乐部,为从某个村庄来的移民提供服务,而扎纳布的丈夫正是生活于此的上埃及人中的一员。很多关于殖民主义和其他政治、经济的相互渗透的形式,也可以被书写。在上埃及,最好的例子是19世纪王室的大庄园转变为甘蔗种植,甘蔗至今还是这个村庄的主要作物。[43]

但是,在打破边界,增加、强化生活世界、识别力以及观念方面,电视是一种非同寻常的技术。电视进入了扎纳布的家里、谈话以及她对一系列幻想、观念、观点的想象中,还包括那些超出她所生活的社区经验的内容,如开罗、亚历山大、好莱坞、孟买,甚至东京等地。同时,电视使她与上述这些方面形成了一种特殊关系。据1993年联合国教科文组织的估计,埃及大约有600万台电视机,从其他方面获得的一些估计是埃及人口中有93%到98%的观看电视,如此看来,扎纳布与电视的接触也不足为奇。[44]

最为关键的是,电视的意义在某些地方被生产——为了其他地方的大多数观众——以及在各种各样的地点上被就地消费。即使电视最终有助于创造出某种"国家惯习"(本书认为的)或预示着某种跨国惯习,最有趣的地方还是因为它提供材料,然后这些材料被安插到不同的地方,与地方文化融合并在地方文化中被诠释,成为各不相同的知识体系、话语和意义系统。[45] 如同媒体理论家已经证明的，电视并不排除积极地使用，或对这些观念进行创造并将其据为己有。我自己在村子里的工作已经揭示出，不同的个体具有不同的介入电视世界的层次，他们对所看到的内容的理解程度也不相同，对所观看的内容也有着不同的反应。

扎纳布能收看埃及电视剧和电影、对罪犯的采访、国会开会的节目、美国肥皂剧、把她带到加勒比海或塞伦格提平原等大自然的进口节目，以及糖果、陶瓷洗手间、鸡肉浓缩固体汤料、可口可乐的广告。这会促使我想到，扎纳布和村里的其他人并不是这个统一的埃及、上埃及和农民文化的一员——在这种文化中，女性超过三十岁结婚、年老的女性外出以及上学等都是不合时宜的——而是代表着一种世界主义。

在这里采用世界主义的概念似乎有些出人意料或是欠考虑，因为这个概念一般与这样一些人有关：他们周游世界、四海为家，属于专业人士。这个概念用在激进的电视剧作家阿-阿索身上似乎更合适。[46]然而，阿-阿索的政治和社会意识强烈地聚焦于埃及，她的政治语汇是国际的；她也很了解外国文学、电影和媒体；她的孩子在芬兰和法国工作；她为很多优秀的埃及女作家的作品没有被翻译成外语而感到沮丧。她从她们的政治视角解读电视文本，批评别的作家太保守或是屈从于政府的期望。她担心电视的社会冲击，不认可诸如《勇士与美人》（*The Bold and The Beautiful*）这样的美国肥皂剧，因为它把不道德的东西也正常化。

然而，像扎纳布的女儿苏迈亚（Sumaya）以及她的邻居费卢丝（Fayruz）这样的农村妇女，能够帮助我们理解财富、教育以及日常生活中的特定经历是如何与电视相联系，从而表明世界主义

第二章　电视之后的阐释文化论方法

的一些其他类型的。在后殖民世界的很多村庄里，我们可以发现这样一种类型的世界主义，它瓦解了文化的概念。比如说，贫穷极大地妨碍着作为后现代世界生活之显著特征的消费文化和商品化符号。扎纳布的生活并非没有被这些世界主义的特征所触及，我讨论消费主义时将会更多涉及这方面内容。埃及电视广告强制性地出售这种符号，他们的广告歌曲——由那些比如名叫阿美里卡纳的广告公司撰写——吸引人们去买名牌香波和酸奶。扎纳布与她的孩子不同，仍然不为广告所动，但是这并不表明扎纳布的想象力不广，或她对世界了解不多。她对于世界的知识不是来自电视而是来自外国朋友。她所居住的这个村庄，有欧洲人和美国民俗学家、新闻记者、政治科学家、旅游者和老年的离婚者，是埃及或其他地方村庄的一个极端代表。移居的丈夫、进口电扇以及电视机（从富裕的劳动力输入国买回来的）同样是不平等的经济、国家和政府的司空见惯的产物。后殖民国家同样出现在国家课表中，由新一代有文化的老师在拥挤的、没有什么摆设的教室里讲述；也出现在宣扬计划生育信息的识字课本中；还出现在反映20世纪上半叶反殖民的民族主义运动所形成的促进现代主义观念的电视剧中。

　　然而，受制于经济方面的约束，扎纳布的生活主要局限于家庭和村子；渴望使孩子受教育是她仅仅能够具备的现代国家的观念。并且，我在后面会讨论到，如同很多村民一样，她为此牺牲了很多东西。为了给孩子治病，扎纳布在开罗待过。在那里，她住在加拿大民俗学家的公寓里——那间公寓用埃及的古董、民间艺术品、贝都因人的小地毯做装饰，同时还有誊印机、盒式磁带播放机以及很多的书。贫穷和未受过教育的扎纳布和这个大都市的其他关系,体现在她在开罗的穿着中。尽管她有多方面的知识,但是她穿着她仅有的衣服——那些衣服表明了她的乡下人身份。

在此,可以把扎纳布的世界主义形式和她富裕的邻居费鲁兹做一个比较。费鲁兹的母亲是村里最大的地主的太太,我从这位母亲那里最先听到费鲁兹。1990年我们第一次到这里时,我曾和费鲁兹的母亲谈起电视剧《白旗》(White Flag),这部电视剧讲述一名退休外交官为保护他的具有历史意义的别墅免遭一个暴发户开发商的破坏而进行的斗争。她告诉我,有时候,这部电视剧开始时,一些埃及的游客还停留在尼罗河西岸,于是他们敲她女儿家的门恳求观看这个电视节目。她自豪地说,她的女儿费鲁兹给这些游客准备了晚餐。她暗示了费鲁兹具备双重品质能力:既易于与来自城市的生活方式打交道,又能按照当地的传统,慷慨地邀请客人共进晚餐。

费鲁兹住在扎纳布家的拐角处,一座看起来与众不同的宅子里。房前开着一个小商店,商店的货架上摆放着埃及农村所有商店中常见的货物——洗衣皂、番茄酱罐头、土耳其碎芝麻蜂蜜糖、食用油、香烟以及糖果。这个商店也是一个巨大的杂货批发中心,兼具农产品和政府定量配给的专卖,费鲁兹的丈夫和兄弟凭此可以巩固他们父亲的财产。

车道下面有一个奇特的建筑,是费鲁兹社会地位的象征。一座砖泥结构的房子毗邻着另一座砖混结构的房子,还有配套的阳台。这是一种有钱人渴望建筑的别墅的类型。我第一次见费鲁兹就在那座宽大而整洁的砖泥结构的房子里。如同所有村里的妇女一样，她在户外的炉子里烤面包。但是她的房子看起来更干净，因为她不需要养牲畜来提高家庭收入。但1996年我返回这里时，她已经搬进了毗邻的那座建筑，有石地砖和浅蓝色瓷砖的盥洗室，包括洗手间和浴盆。她带我参观了房子，我于是得以看清所有家具——床、衣柜、沙发、扶手椅、茶几（相反，扎纳布家仅有几个当地做的条凳，一张吃饭用的矮桌子，一张木制大床，以及用从自家的四棵棕榈树上修剪下来的棕榈片做成的小床）。这座新的"现代化"房子原来是为费鲁兹受过良好教育的同父异母弟弟准备的。但是他找到的新娘是卢克索当地富裕家庭的女儿，她拒绝住在村子里——哪怕是在一个当地人认为高雅的"宫殿"中。她坚持要住在卢克索河对岸的公寓里。

在开罗，富裕的、受过良好教育的世界性的精英能够拥有最好的进口器具、家具，品味的差异以微妙的方式呈现（70年代和80年代，对于有"文化"的人而言，常见的是以阿拉伯式花式家具来装饰至少一个房间，我在第六章中讨论这种象征，涉及一部同名电视剧；90年代流行的则是民间艺术品）。与开罗相比，卢克索这样的省级行政区的品味特征则显得比较粗糙。费鲁兹的家里有家具、一部电话以及一台彩色电视机。这些东西意味着主人有钱，以及具有一种"现代"、世界性的——不是农村以及落后的——倾向。相比之下，她的父亲（老一代，和扎纳布一样，具有更强的地方倾向）十分乐意为了他的农业企业在拖拉机以及收割机方面进行投资，而不会去考虑搬出他的砖泥结构的房子，或是买一个更大的电视机，尽管他最终被说服，为他的小儿子盖了一幢别墅。[47]

第一部分　人类学和国家媒体

　　费鲁兹打开衣柜拿出衣服向我展示时，较之扎纳布的情况，我更加明白了她的财富如何使她能够具有一种不同的世界主义方式。扎纳布没有受过教育，她在这个省里的社会地位把她同参与到电视中的城市专业人士区别开来。费鲁兹向我展示了令人惊讶的雪纺绸和缎子的服装，这些服装配有古威尼斯金币以及黄金纽扣，这些服装都是长衣长袖（只有城市上层阶级以及影星才会穿得比这更暴露）——还有一些令人奇怪的曲线型的紧身胸衣和奢侈的荷叶边。我感到奇怪的是，在村子里她穿戴的只是普通的黑色头巾，以及一件仅仅比村里其他妇女稍微讲究一点的外衣。

　　这个华丽的衣柜装满了不同寻常的衣服，就像《西米亚之夜》（第一章中讨论过的）那样的电视剧里表现的一样，大量展示了城市化、阶级差异以及国家背景，只不过这里是其中某一个省区。当费鲁兹到开罗去治疗她的偏头痛时，不像扎纳布住在城里一个破旧的地方，那里很少有外国人愿意居住。费鲁兹和她丈夫拜会了和费鲁兹的同父异母弟弟有业务联系的人，还访问了由有名的爱资哈尔大学（Al-Azhar）*办的商业学校。在开罗，扎纳布尽管和外国的世界主义者保持联系，却穿着她在村子里穿的衣服。而费鲁兹对于其他地方的知识来自于电视和具有城市经历或强烈愿望的上埃及人，到开罗时，她修了她的眉毛，擦了化妆品，

---

* 爱资哈尔大学，建于公元 972 年，是开罗最古老的建筑之一，也是伊斯兰世界最古老的高等学府。原为爱资哈尔清真大寺，10 世纪时为什叶派教育和学术研究中心；12 世纪末法蒂玛王朝灭亡后，埃及统治者萨拉丁中止了什叶派学术传播，确立了逊尼派教义在该寺教育和研究中的统治地位，并在一些著名宗教学者的倡议下，正式改称爱资哈尔大学。http://class.wtojob.com/class823_44632.shtml。——译者

第二章 电视之后的阐释文化论方法

并且换下了那些过于朴素的衣服,她还用面纱(hijab)——头部用适中的伊斯兰衣服遮着——代替了她的黑头布,因此抹去了她的乡土身份。这种对于面纱的采用并不奇怪。乡下的埃及人,如同自80年代以来处于城市底层和中产阶级的妇女一样,开始变得"现代"和温文尔雅,这意味着她们在外形上、声音上都吸纳了更加容易辨认的"伊斯兰"方式。[48]

从这些差异中我们能够看出一种参照的世界主义:在一种日渐重要的、地方的国家框架和民俗学家、人类学家以及游客的新殖民主义旅行对一个贫穷妇女所产生的尖锐对立之间;后殖民的民族主义现代化项目;以及跨国流通的电视节目。穿着雪纺绸衣服、戴着面纱的费鲁兹,较之纠缠于60岁结婚的道德问题的扎纳布,更容易在埃及的系列情节剧中想象她自己。不过费鲁兹既没有像阿-阿索(一个新面纱的忠诚的反对者)那样的电视剧作家的教育程度,也没有她们那样的真正的城市生活经历,所以她通过置身于以面纱为象征的中产阶级的道德世界来体现她的教养。

如果费鲁兹继续她的扫盲班,她对以城市为权力中心的国家的想象性参与将会增强。但需要指出的是,较之妇女解放的欲望或作为国家正式公民的欲望,她正在遭受更多的自尊的伤害(以及寂寞)。她弟弟的新娘拒绝和她住在一起,这个新娘倚仗所受的教育,明显地在摆架子。给我讲这个故事时,费鲁兹愤怒地说道:"她比我强吗?"看看我父亲是谁,她接着说。这个新娘的优越感部分还有赖于她的文凭。如同我在接下来的两章里要详细讨论的,在那种国家语境中,标准是由城市设定的,电视赞美受过教育和有文化的东西。费鲁兹意识到她不能仅仅依赖于她的财产

第一部分　人类学和国家媒体

和家庭声望去获得社会地位。

至于第三种乡村世界主义的类型，我们来考虑一下扎纳布的20岁的女儿苏玛亚（Sumaya）。她具有费鲁兹不具备的文化程度，但是她没有像费鲁兹一样居住在一个"现代的"房子里，也没有一个装满不可能在村子里穿的衣服的衣橱。因为她所受的教育（她已经从农业中学毕业），所以她会在上学时打扮一下，她也戴着一款面纱，不再穿那套她平时穿的本地剪裁的宽松长外衣，而是穿一套鲜艳的从商店里买来的涤纶套装以及高跟鞋。她省吃俭用去买那些她从电视上看到的面霜，并且她知道如何烤"面包"，因为她参加过家政班。她偶尔看报纸，并如同国家宣传所鼓励的，打算建立一个小家庭。苏玛亚给我的第一个礼物和她妈妈给我的有很大不同，这显示了她这一代的世界主义形式。她羞涩地交给我一个四边上绕着绿色、蓝色纱线的彩色的明信片。这个明信片是过时的，意大利印刷，是埃及广泛流通的那种类型——画着一个欧洲的新娘和新郎，互相凝视着对方的眼睛。绕着线的边框是她自己的手工，毫无疑问这是一种她从家政班上学到的设计，使用的是那个班上老师所提供的材料。这是一个她母亲不会欣赏的礼物，是一种源于不同社区基础和地方的本地生产的混合物，表达了苏玛亚的罗曼蒂克的幻想（被电视所鼓励的），并且代表着她所受到的现代的、国家发起的职业教育。

这三个女性的职业、文化知识、代码转换能力以及想象能力意味着电视之后的文化的阐释——以及使得电视可能成为普遍出现在村子里乃至世界各地的各种东西——不仅仅是文化杂糅的殖民或后殖民的过程，这种文化杂糅已经侵蚀了更加静态的、均质化的文化概念的效用。[49]不仅是这些多种多样的职业、知识以及能力证实了电视的重要性。如同布鲁斯·鲁宾斯（Bruce Robbins）指出的，要考虑到"差异的世界主义"。[50]相反，是那些值得详述的杂糅和世界主义（费鲁兹的、扎纳布的、苏玛亚的以及阿-阿索的，各自不同）以及阿帕杜莱称之为"想象的工作"，还有"自我构造"的媒体效果，值得我们去探究权力、教育、年龄和财富在某个特定地方的特定构成，这个特定地区指的是诸如90年代埃及一个贫穷地区的处于旅游业中心的农业村庄。[51]

人类学为谁？

如上所述，即使电视的深描能够使探讨广泛的议题和概念成为可能，但我们仍然对选择什么样的议题心存疑问，并且怀疑最终是否仅仅是为那些关心这些话题的同行们进行言说。这种左右为难的状况至少回到了马克斯·韦伯的时代。当然，韦伯已经指出，我们关于生命流动的问题是由我们的价值取向设定的。[52]如同洪美恩（Ien Ang）当下所指出的，在主张用彻底的情景化作为评判电视研究的方法时，你很难知道在哪里停留，聚焦何处。[53]格尔兹把人类学家的职业构建为协商式地记录他者予我们深刻问题的答案，但是在后东方主义、后殖民批评人类学、后科学权威危机的时代，这样的构建似乎不再像过去一样完美。[54]进而言之，在批评性的受众研究的发展问题上，洪美恩指出，我们只能承认我们的研究提供了部分的、某个位置上的真实，而不可能走得比这更远。[55]

第一部分 人类学和国家媒体

我自己关于电视的研究仅仅是20世纪末生活的一个方面，如同我研究阿拉德-阿里·贝都因（Awlad ˋAli Bedouin）的诗歌只是作为他们日常生活的一个方面，而不是作为诗歌研究的目标一样。[56]研究电视作为一种生活方式——反之，例如聚焦于诗歌、宗教、亲属制度或政治经济——的好处之一，是这样的研究为批评的介入提供了特定的当代可能性。[57]这种方式能够使我们作为局外人去观察。更为吸引人的是，这样的方式使得我们能够在一个国家框架中保持知识分子的本分，这种国家框架对于今天的大多数人——包括这些上埃及村庄中的男女——来说，是一个至关重要的背景。

在《女性世界的书写》（Writing Women's Worlds）中，我建议我们可以书写批评性的民族志，与全球的不平等"格格不入"，虽然我们对于激进主义的论断和对于这种民族志之影响的现实意义应当留有余地。[58]我相信，电视对于书写的格格不入尤其有用，因为，它迫使我们去言说那些来自遥远村庄的人，他们是这一文化世界中的一分子。我们所栖息的是大众媒体的世界，消费的世界，是由想象的分散社区所构成的世界。在此世界里，国家形象是强大的。书写埃及电视，或印度尼西亚的，或巴西的，就等于是书写国家间的、国家的、地方的以及个人的结合点。当然，电视并非是书写这方面内容的唯一选择；安娜·清（Anna Tsing）对印度尼西亚一个遥远地区的边缘性有她的看法，她还注意到，像乌姆·阿丹（Uma Adang）——一名卓越的女性，她出色地融合了国家、地方以及外国话语，把自己塑造成为一个萨满——这样的人，没有论及电视，但也取得了发展。[59]但是对于电视的书写尤其困难，就像单个或多种文化，尽管"毛病缠身"，却是感知世界的最强有力的方式。[60]

研究电视可以了解更多层面的东西——在国家层面上，有哪些与我们同辈以及地位相当的知识分子。对这样一些人，我们尊敬他们，也可不同意他们的看法。他们能够阅读、批评，对我的工作提出争辩。如果通过对一个特定地方的电视的深描，我可以着手梳理权力结构，这种权力结构存在于次级群体的生活中。而电视现已成为了他们生活的一部分——在他们的家庭中、社区里、想象中——那么或许我也能够和相关的作家进行辩论，例如我在本章分析过其作品的阿-阿索；上一章讨论过的《西米亚之夜》的作者乌萨玛·安瓦尔·乌卡沙，以及后面将要讨论到的其他作品的作者。我将说明，他们通常是民族主义者、现代主义者，并且我关注他们是如何思考他们的受众以及他们的政治方案的。

因为我尊重这些作家对于社会的关注，所以我愿意参与这样的争论。但是从我的田野工作中我也知道，从诸如扎纳布、乌姆·艾哈迈德这样的上埃及村民的情况来看，这些作家对普通人所面临的社会问题所提供的答案，常常明显是不切实际或居高临下的。我将在下面章节中探讨，电视和专家话语相交叉，并且延伸了专家话语。电视所针对的是千篇一律的观众，这和社会改革者的目标对象是一致的。对于这些社区的深描能否加深城市知识分子对上埃及村民的理解？或引导他们更加认真地看待存在于整个埃及的世界主义形式的复杂性？有没有办法去质疑现代主义的民族主义者关于识字、教育以及和谐婚姻作为灵丹妙药的教条？阿-阿索撰写关于上埃及的电视剧的一个目标，如同她指出的，

53 是"真正的报复是［通过发展］帮他们把那种以复仇为首要任务的状况革除掉"。但是通过持续地把更多乡村生活的复杂故事纳入人们绝不陌生的"传统"与"落后"的负面的现代化的修辞之下，阿-阿索和很多埃及知识分子一样，在冒险中重申了像扎纳布这样的妇女以及全国其他贫穷的、没有受过教育的农村男女的边缘化。

第二部分

国家教育

报纸、宗教印刷品、演员、流行明星和足球运动员的招贴画共同出现在村民家卧室的墙上。上埃及,1996年,里拉·阿布-鲁赫德/人类学图片。

第三章 农村的"无知"以及教育的价值

萨伊迪（SA'ID）现象

1997年，一部名为《南方人的梦》（$Hilm\text{-}al\text{-}janubi$）的电视剧首先在尼罗河电视台（在几个主要城市新开的一个免费卫星频道，专为游客播放加字幕的电影和电视剧）播出。几个月后，该剧又在主要的政府频道播出。这部电视剧开始的一些片段以卢克索以及周边地区为中心场景，再现了上埃及农村的普遍形象——萨伊迪人（Sa'idis）。剧中有一些粗暴、愚蠢的农民，他们中的一些人拒绝为他们耕种的土地支付租金，另一些人则是那些重要人物的忠诚追随者。其中有一个富有但没有文化的当地人，他从事旅游业，因为从他的房子底下挖出一些法老时代的古董而变成了一个富翁。有一个贫穷的导游，英语很差，他对那些古代碑文的解说经常误导游客。另一个角色——这部电视剧里真正的恶棍——刚刚从富含石油的海湾国家回来，靠给不道德的学校校长送礼而重新得到了教职。剧中所有演员都努力说萨伊迪（Sa'idi）方言，使用那些极富特征的发音和词汇；而且，大部分人想通过粗暴的说话方式使他们看起来像萨伊迪人。

这些模式化的角色与一个独特的角色形成鲜明对比——纳斯尔（Nasr）。他是当地一个有文化的教师，常为中学生做古埃及的伟大文明史的讲座，虽然这并不在他的课程表范围内。他利用下午的时间在卡纳克神庙（Karnak Temple）——位于尼罗河东岸的卢克索的壮观的法老神庙研读他的考古学书籍。他维护穷人家的孩子受教育的权利，有一次他借钱给一个男孩以支付他的学费。这个男孩宣称："教育在埃及是免费的"，这是纳赛尔时代赋予大众的受教育权利，以此对抗校长发出的开除威胁。

作为埃及最好的电视剧之一，这个片子蕴含着十分复杂的社会主题。在当地拍摄的精彩片段、多彩的角色以及良好的戏剧张力——都反映了真实的社会现实，虽然从新闻记者到商人都不时批评电视剧对于他们所从事的职业或是所属的阶层的刻画并不准确。这部电视剧的作者，穆哈迈德·萨发·阿米尔（Muhammad Safa'`Amir）却自认为刻画了那些他熟知以及亲身经历过的东西。[1]他生于上埃及，靠近乌纳（Qina），然而他的大部分时间生活在亚历山大——《南方人的梦》（Dream of the Southerner）的另一背景地。尽管电视剧中有一些民俗性的东西，包括在一个婚庆场景中使用真实的萨伊迪艺人，但作者也引入了很多表现农村落后以及上埃及人暴力的老套的主题，这些主题在电视、电影以及文学作品中人们并不陌生。其中不仅包含愚蠢的、愤怒的当地人形象，还有陈旧、专横的家长式的权威主题。后者通常被表现为凌驾于妇女之上以及强迫包办婚姻的习俗。这两方面内容都是《南方人的梦》的主要故事情节，就如同该作者早期的另一部成功的电视剧——《山狼》（Dhi'ab al-jabal）所呈现的。[2]

更为老套的主题是把古董卖给外国人的自私的盗墓者和意识到古董是国家传统的一部分的有修养的纳斯尔之间的紧张冲突。而且，该剧作家宣称那个从他的房子下面挖出古董致富的人物是以他小时候听到的一个真实故事为基础的。然而，长期以来，一种常见的观点是把盗墓与卢克索地区的居民，尤其是我马上要讨论的古纳地区（Gurna）居民联系在一起。这在两部重要的摄于60年代，大致基于一些真实事件的民族主义电影中得到重现：1965年的《山》（Al-Jabal），由哈利勒·沙乌奇（Khalil Shawqi）导演，改编自法特希·加尼姆（Fathi Ghanem）的一个故事，这个故事是关于40年代试图把古纳居民移居到一个由当地建筑师哈斯·费斯（Hassan Fathy）建盖的新村；以及《木乃伊之夜》（Yawm an tuhsa al-simn：Al-mumiya），由沙堤·阿卜杜勒-萨拉姆（Shadi `Abd al- Salam）在1967年导演，但是直到1975年才公映。这个故事发生在1881年，揭示了人们提供寻找木乃伊的服务，而这几代人以来一直是古纳地区底比斯山（Theban）上家庭赖以生存的秘密手段。如同《南方人的梦》，这些电影刻画了"无知"、没有文化的上埃及家族参与毁坏法老墓穴，把埃及的文物出售给外国人。与他们对应的是那些爱国的、受过教育的现代人，这些人或是参与文物保护，或是作为工程师建设新城镇。这些外来者被作为当地领导者的榜样，在他们的指导下，当地首领最终与他们祖传的消极传统决裂。[3] 90年代电视剧主题的变化在于，当地一个

59　萨伊迪人变成了一个受过教育的爱国主义者以及国家维护者；来自北部城市的外来者不再参与到当地的争斗中，即使纳斯尔本人后来也与一个住在亚历山大的考古学家和他的女儿（她也是学考古学，难以置信地由流行歌手西蒙扮演）合作并且得到了他们的帮助。

这些电视剧重新塑造的主题也正在成为 90 年代末期的一种常规模式。正如我将在第七章中详细讨论的，就像 1993 年后"直面极端主义"（confronting extremism）的媒体政策实施以来的很多电视剧——包括一群封闭的、心胸狭隘的、粗暴的伊斯兰主义者。他们被我们英雄的对手欺骗，误以为主角在埃及学研究方面为偶像崇拜，因而放火烧了他的房子，烧毁了他的珍贵的学术书籍等收藏品。而其中一份纸莎草纸档案是发现亚历山大失窃墓穴场所的关键。[这种纸莎草代表着无价的国家宝藏，我们的英雄拒绝把他归还给发现这些东西的自私的盗墓者；确切地说，是因为纳斯尔担心这个愚昧的人把它卖给外国人。]当《南方人的梦》的编剧被质疑把卢克索作为这些好战组织的基地的准确性时，作者为他的剧本辩护，认为在这个城市的周围，从阿门特（Armant）到那杰·哈玛蒂（Naj` Hammadi），都是甘蔗地，恐怖分子可以藏在那里；[4] 片中主角也补充说，地理位置不是关键因素，电视剧所强调的是这些组织带来的危险性。这部电视剧因此重新改编并且突出了上埃及边缘地带与宗教暴力活动的关联性。[5]

起初，《南方人的梦》中经常性缺失的元素只是家族世仇，这是上埃及长久以来被人们所熟悉的方面。作者值得赞扬的是，当那个亚历山大的公寓主人不想把房子租给我们高贵的英雄（因为他是一个来自萨伊迪的单身汉），这个形象被自我意识嘲弄了。房东担心他会参与族间仇杀，因而不想惹麻烦。"你知道你是萨伊迪人，"她抱歉地说。但是这个吸引人的并且充满激情的剧情最终回到了复仇上。我们的英雄最危险的仇人竟然是他以前大学的同事，那个娶了盗墓者的外甥女（为了她的钱财）的归侨，起因是他发现她所爱恋的是那个有文化的教师。出于自尊受到伤害，他加入了他的姻亲行列，热衷于为珍贵的纸莎草纸的经济损失而进行复仇。因此，在那里，暴力的家族世仇降格了，不再是源于家庭的悲伤和强烈的爱情，而是出于竞争、傲慢和贪婪。

和很多电视剧不同，《南方人的梦》用正面的萨伊迪人形象来平衡那些负面角色，这些萨伊迪人在泾渭分明的道德剧中能够和诚实、爱国的亚历山大城里人通力合作。以两个单纯但忠心、诚实的仆人为例：一个是乡村里的土包子，另一个则以朋友义气而著称。还有一个年轻的女性——一个被别人爱慕的对象——她反对传统习俗，她的勇气最终令她反败为胜。剧中两个主要的主人公都是上埃及人，他们所受的正确教育挽救了他们。纳斯尔对学习的热爱以及对他信奉的文明和国家的无私奉献使得他凸显于他周围的人。他的主要保护者和朋友是一个睿智的退休法官，这个法官的文化品位和知识由那幅挂在他家的加框的《蒙娜丽莎》的复制品得到印证。

《南方人的梦》在陈述方式上遵循很多电视剧的模式，这是一种在20世纪的大部分时间里在国家文化教育中占据了支配性地位的现代陈述方式：受过教育的有文化的个体代表好的、守法的、有文化、具有民族责任感以及在伟大的国家传统中的自豪感。[6]

《广播与电视杂志》中的一篇文章把这部电视剧描述为"对国家的爱的电视颂歌",文章援引剧本作者的话,认为这部电视剧与其说是讲述古董偷盗问题,不如说是讲述埃及人诚实、真实的性格。[7]在电视剧播出之后由这家杂志举行的研讨会上,他认为该剧涉及五个危险的元素:宗教极端主义、外国势力、仅仅维护个人利益的阶层、政府腐败以及个人妒忌。他采取了弘扬教育和爱国主义的方式,但由于主题太过传统,也有考虑不周的方面。

农村居民作为教育的对象

扮演纳斯尔的演员为电视剧的摩尼教(Manichean)道德辩护,理由是"电视剧对于人们来说是重要的、可亲近的,是新时代的老师"。[8]《南方人的梦》以及无数的电视剧所弘扬的是教育的价值以及忠诚于国家的主题。同样的课程也在学校里被教授,并且是国家文化教育的一部分。虽然人们从电视上、学校里获得信息的方式不同,后者是权威的一部分,而前者更趋于娱乐,这种对照和相似性使得他们可以结合起来,形成全民教育的有机组成部分。[9]

对没有受过教育的很多上埃及村民来说,国家文化意味着他们被放到了下等人的位置(如同电视人物所展示的以及那些参观上埃及学校的外来考察者让中学生所感受到的)。因为这些人生活方式简单,不需要电视来教他们,或者他们没有机会去体验学校教科书或电视里所展示的现代生活方式,那是充斥着热水器或洁厕剂广告的生活方式。而国家文化却以国家发展的名义,规定

第三章 农村的"无知"以及教育的价值

这些村民、没有受过教育的人必须接受基本生活知识培训。

我曾经和居住在尼罗河西岸卢克索对面的家庭一起通过观看电视进行交流。他们认为，国家电视台所拍摄并通过审查的电视剧不仅是娱乐，还有教育意义。人们多次谈到"电视如何体现教育价值"。它向人们展示好与坏（khayr wa sham）的原则，各种事情的产生（比如贿赂）以及无处不在的政府权威。后者尤其在一个受人们喜爱的名为《对抗》（Al-muwajaha）的纪录片中得到进一步揭示。在那个节目中，罪犯被作为采访对象。当村里的妇女兴致勃勃地和我谈论这个电视剧中出现的各种各样的人时［他们同时指出，没有一个人来自这附近——他们都来自吉萨（Giza）、艾斯尤特（Asyut）、敏亚（Minya）等地方］，他们的实际观点是，这部电视剧告诉人们，如果人做了错事，政府会将他们绳之以法。作为例子，他们讲述了一个妇女因为与家里人闹矛盾而把两个孩子溺死了，她同时伪装为遭遇了抢劫，"但是政府马上发现了。"她们还讲述了一个男子的故事，该男子杀了人并且尽力销毁证据，他把尸体装入一个橡胶轮胎并且用煤油把它烧了。但是他忘记烧掉他在作案现场所戴的手套。当局发现了手套，取了所有邻居的指纹，抓到了这个男子。对我讲述的妇女非常惊讶（她们惊叹道，"subhan Allah！"）于政府是如何追捕到罪犯的。[10]

很多观众也对电视的教育价值发表了意见。一个男子解释道：通过电视"人们变得有见识了（wa'iyin）"。他的妻子同意这种说法："电视的重要性在于像我们一样的人可以从中学到东西。"她所说的"我们"指的是那些没有受过教育或是没有到过其他地方的上埃及农民。这一说法附和了她丈夫的那位不识字的姐妹的观点,她比较了现在和过去的状况,说道:"像我这样的人,恨我们的父母没有给我们文化。现在通过学校和电视,人们知道的东西更多了。"

这些观点很自然地符合了参与电视剧制作和拍摄人的愿望,同时也代表了全埃及观众的观点。这其中包含马哈·迪亚斯(Martha Diase)所研究的城市观众。她研究过一部外资赞助的"娱乐-教育"(entertainment-education)电视剧,该剧于1994年播放。[11] 电视制作者总是试图用"人们明白"的语言进行讨论。[12] 这在对《南方人的梦》的作者以及一些主要演员的采访中得到典型体现。一个演员讲述了每天的报纸是如何揭露那些通过破坏埃及的文化遗产而达到致富目的的人的犯罪行为的,他最终得出这样的结论:"电视剧在使人们认识历史以及我们的宝贵文物的价值方面具有重要作用。"电视剧本的作者甚至有更宏伟的愿望,通过这部关于文物盗窃的电视剧,希望达到揭示所有阻碍埃及进步的问题的目的。[13]

很多关注社会现实的电视剧作者把这种媒体视为教育以及传播现代教育价值的一种手段。他们并非孤军奋战,成人扫盲班也被视为怀着同样的愿望。为这些扫盲班提供课本曾是纳赛尔时期的重要理想,在90年代末期,在当时的第一夫人苏珊·穆巴拉克(Suzanne Mubarak)的鼓励下获得了良好的进展。这些课本旨在教人们读和写。他们也举例说明了国家教育的努力方向在于促进某些价值观的形成。在我工作的上埃及农村,为妇女开设的扫盲班始于1995年。一些当地妇女、未找到工作的技校毕业生

第三章 农村的"无知"以及教育的价值

受雇担任教师。在我参加过的一个班上,一位老师在培训25个学生。他们大多是二三十岁的女性(也有少数年轻的早期辍学女孩),采用和教小学生同样的反复吟诵的方法。她所使用的课本在传授基本的公民权利以及识字等方面是令人赞赏的,但是她居高临下地对待单纯的学生们的方式令人不安,这会使她所要传达的信息被看作是一种宣传。

在一本名为《学习使我变得聪明》的书中,开篇的几课是公民教育,有一课是"我的身份证":

> 我的名字在我的身份证上,
> 我的职业也在上面,
> 上面有我的居住地,
> 卡上有一个号码。

该书还教妇女在很多家庭包办婚姻的埃及农村与当地习俗不同的一些基本权利。例如,有一课是《婚姻契约》:

> 婚姻是上帝指定的,
> 家庭始于婚姻契约,
> 签约需要双方证明,
> 契约要得到新娘的同意,
> 新娘的同意是结婚的先决条件。

第二部分　国家教育

后面的课文在教授词汇的同时也宣传了一些关于卫生和健康方面的知识。他们没有错过推进计划生育的机会——这是一种价值观,就像教育一样,对于埃及的现代化以及发展至关重要,它能阻止对乡村妇女的歧视,这些妇女的地位在更大的社会和家庭空间里能够得到认同,同时能够提升政府的影响力和范围。如同卡姆兰·阿里(Kamran Ali)在他的《埃及的计划生育》(*Planning the Family in Egypt*)[14]一书中所表明的。这在第8课中表现得尤为明显:

> 卡米热爱他的家,
> 哈比巴是卡米的妻子,
> 卡米爱他的妻子,哈比巴爱她的丈夫,
> 塔里克是卡米的儿子,萨玛是卡米的女儿,
> 塔里克和萨玛是卡米的孩子,
> 卡米的家庭不大,
> 卡米的家庭小而幸福。

在页脚上,有一行小字,提示教师讲授这篇课文的目标:"加深家庭成员之间的爱,领会小家庭(相对成员的小数量)以及他们的幸福快乐之间的联系。"

这是电视对乡村观众强化教育的课程案例。一个精彩的例子是一部90年代中期拍摄于埃及农村的电视剧。这部电视剧名为《尼罗河依然在流淌》(Wa ma zala al-Nil yajri),由著名

作家乌萨玛·安瓦尔·乌卡沙（Usama Anwar `Ukasha）编剧，穆罕默德·法迪勒（Muhammad Fadil）导演。他们两人在80年代末期以及90年代初期合作过多部杰出的电视剧，[15]但是这部并不特别流行，尽管有复杂的故事情节、优美的摄影以及现实的村庄场景。这部电视剧的特殊之处在于它是由美国国际开发署赞助部分经费，并且和埃及国家信息署以及信息、教育和传播中心（State Information Service /Information, Education and Communication Center）合作的。后来，这种合作模式被一家叫发展传播中心的私人影视公司所复制，他们得到福特基金、国际发展研究中心、约翰·霍普金斯大学的人口信息服务部（Population Communication Services）的资助，拍摄了一部宣传公共健康知识的电视剧，这其中也包含了计划生育的内容。[16]

导演穆罕默德·法迪勒于一个历史剧的外景地，1997年。里拉·阿布-卢赫德/人类学照片。

第二部分　国家教育

国家信息署/信息与教育传播中心曾经制作过很多广播剧和大量电视节目来推动计划生育项目（包括诸如《蜜月》之类的微型舞台剧和辩论节目）。美国国际开发署在过去10年中也资助了86个计划生育方面的健康短剧。然而，这是他们第一次制作电视剧的尝试，在一定程度上是回归到第三世界肥皂剧的老路上。这种肥皂剧是墨西哥为宣传计划生育而开发的，后来在印度、巴基斯坦、印度尼西亚以及其他很多国家被广泛采用。[17]虽然乌卡沙宣称他们在策划电视剧本方面是绝对自由的，美国国际开发署主管人口控制的官员却透露至少最初的剧本经该署讨论过。这些美国人多少有些惊讶地发现那个唯一实施了生育控制的角色最终被删除。信息、教育和传播中心的报告声称，这部电视剧的制作策略是建立在田野调查、问卷调查以及作者自己的亲身经历的基础上的。

对于这部电视剧，导演和剧作者都很恼火，因为有人批评这部电视剧在进行一种教化。播出后的问卷调查结果显示，这部电视剧在受过教育的人中所得到的评价远远低于那些没有受过教育的观众，因为前者觉得他们不需要电视剧中所传递的那些信息。也有很多人为向没有受过教育的人提供教育信息的必要性进行辩解。当我说这部电视剧是关于计划生育问题——一个因为宗教以及其他原因而有争议的私人议题——时，导演马上纠正了我的说法，他说这部电视剧是关于人口问题的，意味着他所关注的是整个社会和国家。他在回答我的质疑时这样说道："我写计划生育是因为我相信人口过剩是一个严重的经济问题，写这方面的话题是出于对民族的责任感。"从他在1997年一次研讨会——"发展电影剧本写作"——上所说的话来看,这个项目吸引他的原因其实是非常清楚的。[18]在那次讨论会上,乌卡沙说他不知道"发展电影"究竟想表达什么,因为"所有好的艺术都是为了发展"。

《尼罗河依然在流淌》中的很多信息是有价值的,并且其中的一些议题很鼓舞人心。这部电视剧批评早婚和家庭暴力。展现了对妇女进行残酷剥削的画面以及地主阶级的暴力,这样的主题在以往埃及的电影和文学中并不陌生。但在这部电视剧中,农村大众被刻画为愚昧无知。农村妇女的焦点问题是她们受到那些无知的男人剥削,而并非全是劳作的辛苦。反映这点的主角是一个内科医生[由法德斯·阿布·阿-哈米德(Fardows 'Abb al-Hamid)扮演,她是一个令人尊敬的演员,同时也是导演的妻子],她穿着华丽并且盖着头巾,她支持妇女反抗她们的男人。在电视剧的开始,她正在接生一个婴儿。当她发现这个婴儿是这个家庭的第七个孩子时,她叹息着,带着一种同情但鄙视的神情留意起这个在简陋的房子外哭哭啼啼的农村妇女。她特别赏识一个年轻的农村妇女。有一次她说道:"她是我所梦想的所有农村妇女和女孩的象征。她中学毕业,知书达理。"这个年轻妇女有一个孩子以及一个优秀的丈夫,她认为这是"一个让人幸福的家庭"。

识字课本通过把个人和国家需要联系在一起,直接肯定了教育的价值,如同下面一篇课文所述:

> 文盲是危险的,
> 文盲是提升生产力的障碍,

第二部分 国家教育

> 文盲有害于人民,
> 文盲是危险的并且是对所有资源的极大浪费,
> 我要向无知开火……我要接受教育,
> 我要接受教育……我要向无知挑战。

原则上,哪怕是戴上专横的以国家发展名义的帽子,我们也很难争论清楚识文断字和教育、对公民的权利和义务认知的好处。毫无疑问,高质量的教育开启认知的大门,对权益的认知能够保护妇女。不过在后续篇目中,我要去探究村民在接受教育信息时所表现出来的一些问题,这些教育信息在国家环境中,如同其他资源,对所有国民来说并非是平等的。我想首先解释这些文化产品很少反映20世纪末期上埃及农村的实际生活和问题,一些事情并不全像某种类型的肥皂剧所大惊小怪地展示的那样,但是仍然令人不安。然后我要讨论对于村民的那些善意的话语得到的沉默效果。当然,我也试图表明这些的话语最有意义的影响所在,对于那些有能力重塑农村穷人的生活的人,这种布道是对他们的支持。

课本和生活

扫盲班上的妇女(花一个下午待在一起不停地学习,尽管可以开玩笑、聊天,逃离了那些家庭琐事以及每天面对的家人),伴随着那些她们熟悉以及她们实际上已经知道的事情,她们还真的渴望学习和识字吗?我从来没有听到过谁取笑这些课文,甚至关

第三章 农村的"无知"以及教育的价值

于埃及社会的描绘以及政府为它的国民提供的作为理想化的必须加深她们印象的东西。关于所有国民的免费卫生保健的内容（USAID的奋斗目标）对于这些妇女似乎也没有太多实际意义。她们经常抱怨的是当他们到那些资金缺乏的公办小诊所时，她们不得不等待很长时间，并且那些"免费的"药物大多数是不可能得到的。

更为牵强的是描述在埃及沙漠中的新城市和社区的美好景象的课程。有一篇课文吹嘘在新社区里的工作机会，继而解释了男女工人的平等权利以及工会在捍卫工人权利方面的作用。那位带领"学生"们反复吟诵这篇课文的教师非常清楚，在一般情况下工作机会是很少的。他曾在另一个场合向我说过，只有有关系的人才可能得到与培训内容相关的秘书工作。这个班上的所有妇女都有兄弟或表姊妹从技校或大专院校毕业待业在家，要等待七八年才能找到工作。对于她们家里的受教育很少的男人，幸运的能够得到一份有工资的工作，修复或是保护法老神庙。他们的薪水是每月120 L.E.（120埃镑，相当于36美元）。如果足够幸运地获得一些土地，他们可以在下午工作，耕作、种植、灌溉、收获。从事这方面工作的人多多少少和旅游业有联系，他们或出售他们的东西，或为游客提供服务，为他们提供食宿，和游客交朋友甚至与游客结婚。政府工作得到的薪水，即便有，也仅相当于一点现金补助——仅能用于支付孩子的学费和医药费。农村妇女的工作仅限于家里。从当地农业高等学校毕业的女孩疏远了她们的朋友，待在家里帮助她们的母亲直到结婚。直到90年代末期，在我工作的地区这种情况才有所改变。年轻妇女开始到开张的商

第二部分 国家教育

店或企业找工作；有些甚至希望在文物部门的办公室找到一份工作，这些部门在当地是很大的雇主。但是这样的工作，薪水不高并且是兼职，同样需要有熟人关系。在这本教材的下一课，是教学生如何填写用于请假的公务表格，（我不清楚）这些到底对改变现状什么用处？低报酬以及不稳定的工作都没有假期，更别提为羊群割草、扫地、煮饭或带孩子这种工作了。

下面的课文通过阐述现代资本主义经济的观念来教导学生读和写。其中的一篇关于储蓄存款账户的课文是这样写的：

你是否知道？

开一个储蓄账户是免费的？

你在邮局用一镑就可以开一个储蓄账户？

在这个账户里的钱会增值？

储蓄账户能够有助于防止你的钱被征收？

储蓄账户是免税的？

在一个储蓄账户里你的钱会迅速增值，存款是家庭和社会的安全保障？

这篇课文工整地被抄录到笔记本上，是给那些家庭经常有困难，甚至为了维持每月的开支不得不借钱直到她们能够出售牛犊或山羊偿还的妇女们的。这些妇女的积蓄都是金项链、耳环之类的物品，如果她们有任何额外的收入用于投资，都是在牲畜方面。如同我将在第八章详细解释的，喂养牲畜的好处在于能够增加收入，纵然它们需要精心的照料。很多妇女早晨割苜蓿或玉米

第三章 农村的"无知"以及教育的价值

喂绵羊或山羊,并且早晚要把羊群赶到作物收获后的地里或是沙漠边上的草地吃草,还要给它们喂水。每天傍晚还要把它们从户外的圈里赶到安全的户内。一些妇女还要照顾她们家的水牛或母牛,期望牛犊能够卖钱,并且为养育他们的孩子、外甥女、外甥提供牛奶。

关于教育的信息大多是不现实的。第11课重复了电视剧《南方人的梦》中的信息。它宣扬了从前纳赛尔主义者的国家信念,以及把国家发展和教育联系起来的知识分子的价值观:

> 教育是所有人的权利,
> 教育是每个公民的权利,
> 教育是每个公民的义务,
> 我接受教育,
> 我正在进步,
> 我正变得有知识,
> 我将继续学习,
> 我将继续为自由而学习。

扫盲班几乎都是免费的,这倒是事实,虽然学生要自己准备笔记本和铅笔。但是每个农村家庭都明白,从更广泛的意义上来说,教育不是免费的。农民们是如此地坚信教育能够为他们的孩子提供一个未来,以至于他们为培养孩子省吃俭用。有时他们完全包办了孩子的家务事,在其他一些情况下,孩子们在上学之前或放学之后必须轮换着帮助家里。在学校开学时，父母们特别感受到学费的压力。他们将没完没了地计算开支——为新衣服、笔记本、钢笔、书包、书本以及用于小吃或交通方面的日常零花钱，更不用提在年底当孩子成绩不好时用于私下补课的费用。这些费用随孩子的数量而倍增——一般家庭都有少则三个，多则六七个小孩——对于相对固定的家庭收入来说，这是一些令人震惊的数字。

当你和孩子们交谈，愈加了解了他们的现状后，对于在社会结构调整时代为他们提供的义务教育，你会有一种相当悲观的看法。尽管教育的价值不断地被重申，政府的投入却远远不及所需。很多孩子仍然喜爱学校，即便一天只有四五个小时的上课时间，这是为了减缓过度拥挤而采取的轮流上课所致。在很多高年级的学生中流传着一些不称职或动机不纯的教师的故事，包括有些老师在黑板上有时从右到左写英语，有时又从左到右写；有些学生逃学回家做饭。学生有时会比较"好老师和坏老师"，好老师是那些在考试中帮助他们作弊的人。考试通常由校外的人监督，教师和检查员来自其他学校，但是那些"好"老师会以某种方式设法进入考场告诉他们答案。

很多当地人喜欢由穆斯林大学爱资哈尔（Al-Azhar）管理的中学，部分原因是他们不男女同校，部分原因是他们教更多的宗教内容以及学费低廉。但即使这样，情况也不见得更好。一位年轻妇女抱怨一些老师没有正确解答教学内容。他们迅速地上完课程，把那些容易的问题在课堂上解决，把那些难的内容作为家庭作业。学生感到疑惑时，老师只是简单地吼他们。她说，在一次

第三章 农村的"无知"以及教育的价值

冲突中,"一个学生质问老师说,如果他尊重善待学生,学生将以礼相报。结果是那个学生在那年里受到冷落。"老师们实行一种文化暴力,要求学生们使用恰当的伊斯兰问候礼仪而不是当地方言。他们也使用身体暴力。这一点从发生在当地学校中一个活泼的7岁孩子身上的事件可以看得很清楚。这位孩子为了和她的堂兄弟一争高下,她吹嘘她的中学——爱资哈尔中学更好。她在那里学到了比她先前所在的国立小学更多的东西。闪着一双明亮的大眼睛,她解释说她过去常常擅长阅读阿拉伯文而不是《古兰经》(Qur'an)。然后那个老师让她站在门道上踮了她几脚,她自豪地笑着说:"那以后我就学会了!"

教室里平常挤满了学生,老师的报酬也非常低。这导致了令人厌恶的课后开小灶做法,老师以此维持生计。如果要学生考试过关家长必须支付这种费用。这种状况在开罗和这些村子里同样普遍存在,[19] 大家为此而怨声载道。但是更为恶劣的是,通过高中学生所讲述的故事,可以反映出政府未能充分对教育系统进行投入。这个故事发生在校外主考者来学校监考年终考试时。每个学生被要求交40埃镑,这对于他们来说不是一个小数目。学生们还必须把毯子和床铺借给那些主考者。更让学生感到愤怒的是,学生们觉得这些老师自己完全能够支付对他们而言微不足道的费用。这些人每天要吃鸡和肉(当地很多家庭每周只能吃上一次),和本校老师、看门人以及他们的妻子共享。学生抱怨老师是利用这个机会来度假、借机游览法老庙周围的那些景点。

这里面值得追问的是,在学校人员短缺、投入不足的条件下,很少的学生能够真正成才,这相比付出的教育努力是否值得。

第二部分 国家教育

即使家庭已经做出牺牲送孩子去上大学,这些孩子很可能还是找不到工作,尤其是现在政府已经终止了为大学毕业生安排工作的政策。几十年来在埃及的学校教育更为普及的地方,教育同样没有转化为收入,甚至曾经许诺的社会流动性在某种程度上也冻结了。[20]但没有太多的当地人质疑这个问题,他们认为流动性冻结是因为土地太少而别无选择的缘故(那些幸运地有一点土地的家庭发现这点土地每一代都会被以某种方式蚕食)。他们说现在甚至连最基本的工作都需要文凭。此外,他们需要在当地社区以及婚姻市场中提供教育的社会资本。他们已经被诸如《南方人的梦想》这样的电视剧以及类似的更为广泛的国家话语所教育,即,一个人要想受人尊敬,要想成为民族英雄,就必须接受教育。

只有扎纳布,我在第二章里介绍过的一位机灵的妇女,对我表达了一点疑惑。[21]有一次她问我:"为什么尽管我没有学过读写,但是我明白很多东西?比我在上学的孩子多得多?"

扎纳布的评论使我们产生了另一个关于识字课本和电视剧的问题。我认识的村民都比城市知识分子所想象的更有知识。他们的知识来自他们管理家庭内外事务的实践,与邻居的经验交流,对诸多话题的闲聊、讨论,当然,也包括从学校、电视获得的知识。在第二章里,我甚至把一些妇女称为"全面人"(cosmopolitans),目的在于表明她们知识的广度。[22]这种复杂情况表明那种被国家官员、城市知识分子以及电视和教科书作者臆想出来的无知的埃及村民,已经不复存在了。尽管最近在2001年,《南方人的梦》的作者仍然认为,"哪怕面临现在'开放的年代',上埃及社会也是一个封闭的世界,那个世界产生的社会、经济、行为方面的变化是极为有限的。"[23]

第三章 农村的"无知"以及教育的价值

什么样的作用？

这种对农村以及没有受过教育的人歪曲的形象以及对教育和国家发展传递出的不切实际的信息有什么样的影响？如同我在这项研究中自始至终所指出的，精确度量媒体的作用是不可能的。尽管如此，我们还是可以假定有一些效果，不管有意的还是无意的，并且开始去寻找这种效果产生影响的方面。我认为对此需要从两个方面来看。第一，我们必须考虑到这种人物形象直接针对哪些民众。第二，必须去询问已经认可了这些价值以及处于制定政策的位置，并可以影响村民生活的人。值得讨论的是，这些传统形象的广泛性、权威性、自愿联合性（pleasure association）在政治进程中可能结合起来，有助于保持埃及村民的下等人的位置，这些村民是权力和需要都处于其次的劣等公民，并且，他们难以进行反抗，特别是处在埃及高压政治环境下。

如同我所描述，农村妇女接受教科书教育，她们普遍相信电视是好的（因为它可以"增长见识"）。那些处于不利地位的人似乎没有对他们所接受的信息和他们所希望得到的生活之间可能产生的鸿沟有所微词。让我感到惊讶的是，他们对于教育的信心是如此饱满，哪怕是存在即便接受了教育也很难获得一个体面职业的情形；我还惊讶于那种不堪重负的教育体系是如此糟糕。这明显不同于城市中产阶级的年轻人的反应，即沃尔特·阿姆布鲁斯特（Walter Armbrust）所研究的那些年轻中产阶级，他们生活

第二部分　国家教育

在90年代早期，欣赏那种与现代民族主义符码决裂的"粗俗"（vulgar）电影，并且怀疑当时所鼓吹的教育的价值，而生活在农村的人则很少表达出对教育价值的严重怀疑。[24]

在某种程度上，在认识到国家宣传和日常生活的差距后，却缺乏相应的批评话语应归咎于电视的影响。电视捍卫教育和发展之间的关联价值，它直接，[25]而不仅间接地通过像《南方人的梦》这样的电视剧以及其他很多受过教育的主人公进行说教。一个经典的例子是一个叫《百分之百》（100 per cent）的节目，该节目打算让埃及达到百分之百的识字率。这个节目在某种程度上通过使那些不去上学的人蒙羞而重申了教育的价值。一天晚上，电视节目的主持人到开罗的一个轿车修理的街道上采访。他质问修理厂主人是否雇用了童工。修理厂的主人都予以否认。然后，他固执地采访了一群年轻的学徒，问他们为什么辍学。在很多情况下，这些男孩回答是因为"环境所迫"。当迫不得已时，他们说是经济环境迫使他们辍学来打工。他们说他们要挣钱［多数人说他们每天能得到6埃镑（不足2美元）］给他们的母亲。这个记者然后嘲弄他们："难道你没有想过如果你读了书会挣到更多的钱？你是否是懒惰？只因你不喜欢上学并不意味着你不应该努力去做。你是否想过你的未来将会怎样？"

然而这还不仅仅是那些受过更多教育的北方人（其中一些与政府有关，他们的法律合法性部分基于宣称要提供教育和社会流动性）铺天盖地的权威性话语的宣传阻止了这种批评的产生。我想是一个更加微妙的过程——部分心理的因素——在起作用。这表现为对乡村生活的错误描述缺乏公开的反对意见。从上埃及

第三章 农村的"无知"以及教育的价值

来的知识分子非常不满城市里受过教育者对于农村人的势利以及蔑视,同时也反对这样一种观点,即把北方与有教养的、温文尔雅的联系在一起,而南方则是无知的、落后的。一些人,像阿布杜勒·拉赫曼·阿-阿布努迪(Abd al-Rahman al-Abnudi),已经把民间传统的东西带入主流,如Abu-Zayd al-Hilah的叙事诗(将在第五章里讨论)。而另一些人通过重视地方性知识和艺术传统的价值,乃至电视的低级趣味诉求极力去反对流行话语,但他们自己却在移居城市以及接受高等教育方面落后了。[26]一些当地的知识分子对国家抱以怀疑,例如,一个卢克索的工程师对一部讲述埃及间谍在以色列电视剧中的英雄的出身表示怀疑。但是我也只听到过两个社区居民状告电视剧诽谤,一个在西奈(Sinai),另一个在上埃及。对第二个案件,据穆哈迈德·萨发·阿米尔(Muhammad Safa'`Amir)——电视剧《山狼》(Dhi'ab al-abal, Mountain wolves)的作者所说,当人们实际看了电视剧后,这个案件就被撤销了。[27]他解释事件经过时说,一群来自上埃及哈瓦拉(Hawwara)部落的人从媒体上获得信息,有一部关于他们的,曾经遭到他们反对的电视剧在放映。不过,(在看了电视后)他们对于自己在这部电视剧中的形象感到高兴,这部电视剧因被很多埃及人认为非常真实而受到广泛欢迎。

纵然在城市里的报纸上出现批评电视中的农民的文章,那些曾经和我一起看电视的上埃及村民也从来没有表达过对于他们的方言的缺陷以及他们的萨伊迪伙伴的负面描述的异议。以一篇发表在1997年的《广播与电视杂志》上的文章为例,文章批评了电视剧中的服装和方言不准确,并且引用了一些农村妇女的评论,她们发现在化妆、长指甲以及他们的电视同行的惬意生活等方面有些错误。[28]我所遇到的缺乏批评精神的情形,部分是由媒体所描述的农民传统形象导致的,从电影到电视都如此。另外或许是由于我是一个局外人的缘故。然而,令人瞩目的是,以我在村里接触的妇女和青年来看,电视上不准确的对话只会引起关于村与村之间方言差异的讨论。[29]负面的角色仅仅因为是歹徒和坏人而被人们所憎恶。人们乐于指点片中的地点或服装,并且兴奋于看到自己在所喜爱的电视世界里出现。很多人兴奋地和我讲起一部80年代末期在他们村庄中拍摄的电影,以及最近在当地拍摄过的其他电影。一部于1996年在马迪奈特·哈布(Madinet Habu)神庙拍摄的电影加入了一些当地妇女在葬礼中的悲伤的场景,而《南方人的梦》中则加入了一些妇女唱婚礼进行曲的场景。

尽管如此,类似《南方人的梦》的电视剧把村民置于一种左右为难的境地。普通村民很容易与盗墓者、物质至上的老师们保持一定的距离,这表明电视剧在向观众传递好与坏的道德信息方面是有用的。人们乐意拥护道德和正直。然而,那些没有受过教育或较少受过教育的村民很难认同《南方人的梦》中的有文化、受过良好教育、穿着长裤和印有"先生"字样的T恤的历史老师,以及那些长期以来在农民面前具有优越感的受过良好教育的阶层。这部电视剧也因此把他们置于认同道义英雄的位置,他们容易接受这样一个位置,因为他们把自己视为良民。但是,如果他们努力去认同这部电视剧的主角以及所有的他/她所呈现的其

第三章 农村的"无知"以及教育的价值

他价值,他们必定会意识到他们难以胜任,他们达不到这个主角的教育、文化以及献身国家的水平。由于提升现代人受教育的价值,像《南方人的梦》这类电视剧必定激发人们感知到自身的渺小。因为整个过程发生在一个愉快的场景中,既然人们认真地享受着看电视的快乐,也就很难再去对那些教条式的信息以及他们错误的表现进行批评。

由于萨伊迪人认同好的方面,这也许会使他们缺乏批评能力,但这并非是说他们缺乏对意识形态攻击的反抗。如果这样认为会导致一种对于电视角色的认同动机的过于简单的假定。如同我在后面章节中将要讨论的,电视剧通常被认为具有主题、场景以及情感等通行模式。它们通常也被认为是虚构的,被划归为一种特定时间以及约定的形式(即便很多部分是基于日常生活和文化想象)的娱乐的范畴。这就对信息传递以及对个人的意义产生了某种阻力。我观察到人们似乎是通过简单地继续着他们认为有价值的生活方式从而抵制那些普遍存在于电视中的侮辱性展现。作为一个萨伊迪人的自豪感仍然存在着。这种情况在一些极其细微的方面得以体现,当一个妇女看到我四岁的孩子精力旺盛地在田地里除草时,她表扬我的孩子道:"他是一个真正的萨伊迪人!"这简直就是男子汉气质、坚韧以及富有技艺的代名词。此外,人们过去经常认为萨伊迪人比北方人或城市同胞更加讲究道德——不管在妇女的行为方面,还是虽贫穷却保持艰苦奋斗的美德方面。在一些电影和电视剧中,通过对农村或上埃及人的矛盾的描述我获得了进一步的证据,这些我将在第七章进行讨论。

第二部分　国家教育

尽管这些村民明显地缺乏对于那些国家文化影响的玩世不恭，而这种文化影响是受到国家制度支持的，并且村民们已经无奈地卷入到了其中，但村民出于自我意识而逃避一些对他们来说是负面的限制，我对此深有体会，因为事实表明，村民们正坚持参与到他们自己的社区不断演化的事件以及社会生活中。虽然在埃及的这个地区面对面的社区生活会有在背后指指点点的习惯，邻居和亲属之间会有痛苦的冲突、妒忌以及与色情旅游相关的肮脏的道德习俗，由于长期与外国人相处，人们继续坚持一种他们自己的好坏评判标准。当电视剧为这些真诚、普通的埃及人（他们普遍正直、大方，具有老套的价值观）辩护时，他们能够认同电视剧中的这些道德标准。在他们的日常相处中，他们不能马上学会使用那种受过良好教育以及有文化的，如同电视剧《南方人的梦》所宣扬的人的价值观。相反，他们判断那些受过教育的个体，如同对待其他人一样，是通过他们的行为。他们承认一些受过教育的人，无论是外国人还是本国人，都尊敬别人、乐于助人；而有些人则骄傲自大、装腔作势或是女性化。他们也没有无端怀疑那些一夜暴富的没有受过教育的人，即使这样一些新富，如同《白旗》(The White Flag)中的哈嘎·法达(Hagga Fadda)，自从新自由主义改革以来已经演变成了80至90年代的很多电视剧热衷表现的"歹徒"形象。例如，扎纳布有一次称赞一个旅游业搞得相当成功的邻居。她小声地谈论那个邻居的儿子每天从卡纳克(Karnak)经特许带回家的公文包里塞满了钱。但她坚持认为，他的母亲是一位非常优秀的妇女："有人向她借钱，她总是有求必应；当你还她钱时，她会问，'你确定真的不需要了？'"扎纳布意指，这才是理解邻居困境的女人。

形象和政策

另一方面，国家官员和城市知识分子，始终没有像这位有同情心的富裕妇女一样关心其乡下邻居。他们对农村穷人的困境无动于衷，即使是那些直接针对农民的福利项目，也只是以一种毫无激励性的方式像在《南方人的梦》一样的电视剧中——仅仅是表达了一点同情心。毕竟，这部电视剧只是最近无数消极地描写农民的小说、故事以及电影的变种。以一种居高临下的或负面语境来谈论萨伊迪人以及农民、未受过教育的人们，这种方式最为严重的后果是，官方的以及受过教育的知识分子，尽管他们也有区别，最终通过这种表达方式会趋于类同，尽管有时是无意的，对那些被评论的人来说会产生痛苦的后果。[30]

把农民描述为无知的、需要教化的人群，在埃及政治生活中具有较长的历史渊源。米歇尔·盖斯普（Michael Gasper）追溯了 19 世纪伊斯兰改革运动中精英与农民对立的概念体系的起源。在那场运动中，关于穆斯林人口的"愚昧无知"的一般性问题被认为最为严重地存在于农村地区。农村里迷信盛行，宿命论猖獗，对外部世界缺乏了解。对这些改革者而言，教育是道德和宗教改革，是消除无知的关键，这种无知阻碍了国家的繁荣和进步。[31] 内森·布朗（Nathan Brown）曾分析了 20 世纪早期视农民为埃及国家发展障碍的观点。[32] 类似地，奥姆尼·埃尔·沙克利

(Omnia El Shakry)对20世纪中叶社会改革者和社会工程项目所作的研究显示,一方面民族主义文章把农民美化为埃及的'真正儿子',国家文化价值的宝库,但同时也把他们定位于落后的范围,需要提升并且现代化。[33]艾略特·科拉(Elliot Colla)关于领土民族主义的意识形态运动的研究围绕着1914—1945年(在萨达特总统时代再度流行)之间的帕洛尼克文明相关的问题而展开,研究也表达了对上埃及农民的特定的矛盾观点。如同科拉指出的,使用诸如陶菲克-哈基姆(Tawfiq al-Hakim)及萨拉马·穆萨(Salama Musa)等人的著作作为证据,农民与古代埃及遗迹的近距离性使得他(通常是一个具体的他)成为"帕洛尼克文化的潜意识的继承者",他对于这些遗迹意义的无知使得他不如城市里的、世俗的、现代的、爱国的知识分子,这些人,就像欧洲殖民主义者,懂得这些遗产的价值,但是与欧洲人不同的是,他们视这些遗迹为己有,是团结一个国家的基础。[34]

在纳赛尔时期,农民和工人成为这个国家组成的象征,被认为是国家发展的关键。在同一时期,大众教育被作为国家建设与发展的一部分建立起来,至少在流行文化中是这样的,如同我们在电影《木乃伊之夜》和《山》中看到的,农民与落后传统联系在一起,因此需要实现现代化。过去几十年中由于体制的变化,随着国家专注于大众教育、完全就业以及卫生保健等方面,以往位于社会主义意识形态中心的劳动力价值和农民生产力价值,已经被削弱了。但是如同我在第七章中将讨论到的,即使在上埃及,当地农民文化的积极方面也正在复兴,以对抗伊斯兰主义意识形态的吸引。因此这种矛盾还在继续,在诸如《南方人的梦》这样的电视剧中,

第三章 农村的"无知"以及教育的价值

老版的精英们还演绎着农民无知对社会、国家的影响问题。

与现代教育的积极观点相联系的埃及农民的消极观点继续在一些项目中得到体现，这些项目或许会对特定社区名声带来严重的后果。一个很好的例子就是开始于 90 年代中期的项目，这个项目把居住在帕洛尼克遗址附近或山顶的人，尤其是古纳人（Gurna）搬迁。卢克索市议会倡导的这个项目得到了文物保护最高委员会以及为报纸撰稿的很多城市知识分子的支持，尽管也有少数持不同意见者在捍卫本地人利益。[35] 这个项目与在《南方人的梦》中所灌输的相同的价值的名义进行推进。古纳居民被指责进行盗墓以及非法买卖文物活动，正像发生在 1828 年的一件事一样，当时欧洲的埃及学家让-弗朗索瓦·商博良（Jean-Francois Champollion）在写给当时的埃及总督穆罕默德·阿里（Mehmet 'Ali）的备忘录中说道，（我们）强烈反对农民对于遗迹的毁灭以及对欧洲人财富的贪婪欲望。[36] 当地人，就像当时一样，现在反倒被控告毁坏那些不仅是国家遗产，而且也是世界遗产的考古场所。正像文物商人以及收藏者在刚过去的一个世纪没有受到指责一样，我们也没有对那些轰隆隆地在那条新公路上上上下下、在巨大的停车场里空转并且把废气排放到空气中的巴士说什么，这些东西必定也和那些村民一样对遗迹有毁坏力。很少有人考虑到游客的呼吸、汗水对墓穴的影响，这些被保存了几千年的墓穴现在已经很容易腐朽。也没有人敢抱怨，在发生伊斯兰好战分子袭击游客事件后，周围安装的聚光灯使得这些神庙整晚地灯火通明，这究竟会对神庙产生什么影响。同样没有人对军队以及安全部队在底比斯山上建立的永久营地说什么，他们在古老的山上挖了很深的台阶，并

第二部分　国家教育

装上了电灯。

村民们渴望住在他们的房子里，耕种他们的土地，以及住在他们古老的社区里，这些却被描绘成自私的、个人主义的要求。为了更多人的利益而去保护文物并且吸引大众，这些村民被要求搬到远离他们的朋友和家庭、他们的棕榈树以及他们工作地的地方。马迪内特·哈布（Madinet Habu）附近的村庄的居民，被要求搬到远离村庄的地方。给他们提供的补偿是有机会在沙漠边缘的无遮蔽的、贫瘠地区建盖一小栋混泥土房子。这地方远离市场和亲属，同样很难获得旅游收入。听到搬迁的传闻，忧心如焚的村民们先是互相交换反对意见，"他们不能搬走我们，我们有土地的所有权"。但是几年以后，尽管有过一些激烈的对抗，在这些对抗中还有些人被杀（主要是古纳人），村民还是被搬到了给他们提供的大房子中，协议是一旦搬出，他们原来的房子将被彻底摧毁。[37]

出于爱国的担心去保护埃及的遗产，与渴望旅游业发展使得国家和私人投资者获益，这两种观点总是相伴的。[38] 搬迁当地居民的计划是依据70年代早期在卢克索地区发展旅游业的世界银行的方案制定的，其他计划则可以追溯到40年代，其中包括建新古纳这样著名的计划。那些土坯房的村庄当时由建筑师哈斯·费斯（Hassan Fathy）设计，但遭到了当地人的破坏。[39] 对于这个计划，如同旅游部部长马姆杜·阿-贝塔基（Mamduh Al-Beltagi）所说："随着埃及考古学的发展这个计划还要再次实施，因为这是一个很好的项目，能够使卢克索成为世人皆知的世界性博物馆。"[40]

毫无疑问，保护埃及的这些非同寻常的珍宝是重要的。平衡

第三章　农村的"无知"以及教育的价值

这一目标和居住在附近的普通人的需求之间的问题同样十分棘手。但是这些人的需求如此轻易地被漠视也不能说与对待农民的方式无关。他们被搬迁的公开理由是他们落后的生活方式。这样的村庄不能向外界,尤其是数百万居住在卢克索要去看帕洛尼克博物馆的外国游客展示埃及的美好形象。村民居住在破旧房子里,用驴车载着桶运水(古纳地区不允许使用水管),赶着水牛到灌溉的运河里洗澡,穿着长袍,看起来很邋遢。《南方人的梦》再次明确了这种观点,很多村民是愚蠢的、没有受过教育,他们粗暴地吮吸着甘蔗,不识阿拉伯文,更不用说读懂帕洛尼克的碑文了。最为糟糕的是,他们任由脏兮兮的孩子在乞讨。最好的办法是让他们离开这一地方,这样就没有人可以看到埃及的这样一个令人尴尬的形象。[41] 90年代末期盛传的一个谣言是,有计划将保留村民的一些房子作为艺术家的摄影棚,在那里别的演员穿上帕洛尼克的服装再现古代埃及人的生活方式。有迹象表明,那些会做诸如雪花石膏花瓶的手工艺品以及用纸莎草画画出售给游客的当地人可以优先获准留下来。

如同《南方人的梦》的制片人所说,参与这个搬迁计划的很多人都是有教养的并且关注社会现状的。他们也同情当地人。然而,他们必须看到,基于某种价值观和优先权考虑的一套特殊的解决方案,受制于那个在20世纪,有很长历史(虽然不平坦)的埃及推进国家现代化的诉求。电视、知识分子阶层以及其他国家文化阶层极力推进、鼓励教育与国家现代化的价值观。问题在于除非支撑这些价值观的经济和政治生活的基础结构在埃及形成主流,否则这种价值观自身对村民而言只能意味着缺乏某种东西:

它们对实现村民的理想无能为力。这一点如我所述,对这种价值观的自身形象以及为推行价值观而实行的政策产生了一些影响。

　　站在知识分子善意的角度,关于教育、现代化以及国家的进步强大之间的关系、影响力方面的问题,我将在第四章进行探讨。我们将探讨妇女的遭遇。如同很多人指出的,她们与农民一道,已经成为20世纪提升能力的受教对象以及国家教育的主体。

妇女和女孩参加一个上埃及农村的识字班,1996年,里拉·阿布-卢赫德/人类学照片。

第四章 发展现实主义,"真实的情节剧",以及女性主义问题

在埃及,很多电视剧中占主导地位的美学或许可以称之为"发展现实主义"(development realism),它不同于米歇尔·舒德森(Michael Schudson)服务于第一、第二世界的那种主要的媒体美学。他指出,社会主义现实主义是"从国家层面赞美劳动者的简单劳动";资本主义的现实主义,是宣扬"消费者选择的愉悦和自由,捍卫私人生活以及物质欲望的优点"。[1] 如同在前一章中对教育性电视剧的分析所揭示的,发展现实主义把国家范围内的教育、进步以及现代化理想化。这种美学与社会福利的意识形态相联系,是对处于发展期的国家利益的一种鼓舞。这种美学可以理解为社会福利政策的文化伴生物,而社会福利政策最初被认为对于国家发展是至关重要的——就是这样一种美学和意识形态,如同我将在后面几章要介绍的,现正风靡整个世界,而在全球资本

第二部分　国家教育

主义化的背景下,这个世界很多地方都面临着纯粹经济发展观的考验。[2]

如果说农民是鼓舞的目标和国家发展的受益对象之一,妇女则是另一类受益对象。在埃及,如同后殖民世界的很多国家一样,女性主义者曾极力把妇女的进步和国家发展、进步联系起来;我们需要去探讨他们是怎样做这方面的工作的,这方面的工作之路充满了沟壑和障碍。在这一章里,我将以稍微复杂一点的、根据一个进步妇女作家的小故事改编的埃及电视剧的案例作为起点,来分析发展现实主义的各个方面。这是一个佣人的故事。从这章开始,我们将把观众视角从上埃及农村转移到开罗城里的佣人身上,看他们如何对发展主义者所提倡的价值观以及家长作风作出反应。在认真审视了家长作风在电视剧中表现方式,以及在其他有震撼力的电视节目——姑且称为"真实的情节剧"(melodramas of the real)的表现方式后,我认为这类电视节目是有问题的。因为他们鼓励观众,包括普遍接受严肃电视剧道德教育的妇女去相信权威。他们总是对那些不提供帮助的人表达不满,并诉诸道德层面。当因为社会结构性调整导致政府社会福利政策发生转变时,当前的观众不仅表示失望,更严重的,如同我要呈现的,他们现在已开始抵制发展主义者的话语,尤其是针对它的女性主义观点的改变,这种改变已经倾向于中产阶级的价值观了。抵制源于中产阶级女性主义者以贬低的方式看待穷人和农村妇女,而其他话语乘虚而入,提供重建自我和团体归属感的方式。在今天的埃及,宗教就是这种替代性话语。

因为我一直关注两类生活困难的观众——贫困地区的农村

第四章 发展现实主义,"真实的情节剧",以及女性主义问题

妇女和开罗的佣人——我始终在研究这些妇女主要关心的事情,并尽力去理解电视怎样描述她们的遭遇:她们没有经济上的保障或尊严,她们的沮丧和受挫的愿望,她们与权威的遭遇,以及她们的道德和宗教认同。本章致力于阐明那些导致她们生活处于这样境地的政治和经济机制(包括国内和国际因素),并通过宣称为穷人说话的知识界部分人士来获得一种民族志的认识。同时,如同我在本书中一直表明的,从事电视工作的知识分子本身就属于较有影响力的人群。

进行有关妇女问题讨论时,文化工作者最为有趣的方面是他们被称为"女性主义者"——纵然她们或许会拒绝这样的称谓。[3]在埃及,有一些关注妇女问题以及改善妇女地位的人。他们人数不多——主要有五六个剧作家,几个导演——但是他们的工作富有成效并且他们热爱这一工作。我发现自己对他们从事的项目兼持赞同与不太苟同的意见,因此我用本章来探寻为什么有些做民族志工作的人,他们关注妇女(这些妇女是文化工作者美好愿望的对象),但他们会发现结果与开始从事事业的愿望是矛盾的。我无意在这里过多指责埃及的女性主义是存在问题的,因为这样太西方化了。我同其他人一样,已经针对其他问题写过文章,反驳那种错误的简单化的二元论(binarism)立场。[4]那些对于埃及女性主义的出色研究已经揭示了,女性主义从一开始就演变为了民族主义,其中包括很多变种,在多方面甚至包括伊斯兰教义,尽管从19世纪五六十年代的国家女性主义时代开始,总体趋势就是世俗的。[5]本章要关注另一个问题。虽然我也承认埃及存在很多不同种类的民族主义——自由主义的、社会主义的、伊斯兰

第二部分　国家教育

主义的以及本土的混合体（使用这个粗鲁的称谓仅仅是为了达到启发的目的）——我这里所关心的是那种能够渗入国家电视媒体中的女性主义。它是由发展主义派生的，这种发展主义的根本问题在于中产阶级的倾向性。

被压制的意见

听说我正在研究电视剧，开罗的很多进步知识分子坚决要求我去看一部名为Nuna al-sha'nuna的电视片。他们先告诉我这部电视片是基于一个优秀的女性作家所写的一个故事。有人告诉我那个片子在一个电视节中荣获了二等奖。她说，该片本来应该得一等奖的，只是因为"马姆杜·阿-莱希［Mamduh al-Laythi（后来成为了主管电视剧制作的领导，但很多人认为他很愚蠢）］不喜欢类似的东西"。该剧由依娜姆·穆罕默德·阿里（In'am Muhammad Ali）——一个受到大家尊重的女导演，是第一代从事电视专业的人士——导演。一位年轻的女演员，如同很多人一样，不喜欢当代的电影电视而喜欢黑白电影，也提到了这部电视片的女编剧，拉米斯·格布（Lamis Gabir），认为她是目前电视圈内少有的优秀作家。[6]

这部电视剧讲述了一个被父亲送到开罗做佣人的农村女孩的故事。由萨尔瓦·巴克拉（Salwa Bakr）创作，萨尔瓦·巴克拉以"激发来自底层阶级的被压迫妇女发出以往听不到的声音"而闻名，如同一位女性批评家指出的，这个故事于1986年发表，大约早于电视剧10年。[7] 故事的标题，Nuna al-sha'nuna，曾被译为

第四章 发展现实主义,"真实的情节剧",以及女性主义问题

各种各样的英文,如"神情不定的努娜"(Dotty Nuna),或"恍惚的狂人"(Moony the Loony),源自这个女孩的雇主给她取的有都市气息的(以及愚蠢的)外号以及她给雇主的印象——古怪或狂热。这些翻译并未表达出sha'nuna这个词的全部含义,这个词还包含着"未被驯服"的意思。[8]努娜的古怪行为(围着厨房蹦蹦跳跳地做操,重复那些她不懂是什么意思的经典的阿拉伯诗句,任凭水槽里的水溢出来,或是当她做饭时目不转睛地盯着洋葱)实际上源于她对旁边学校的向往。透过厨房的窗户她偶尔可以听到女子学校课堂上讲的内容,或能看到学生们的活动。她沉迷于这个神奇的世界并且感到疑惑,无论何时,只要可以听、可以学她都会去做——经典的诗句(她发现它很美,但是没有人向她解释),化学(即为什么她努力去发现洋葱中的氢硫酸盐),以及25的平方根。当家庭教师辅导房东的那个又懒又傻的儿子数学时,她忍不住去纠正他,却挨了他的巴掌。

在努娜的父亲来开罗要带她回村子结婚的第二天,她跑了。她已经在开罗住了三年。她的父亲自豪地告诉她有一个人来向她求婚——这个男子从沙特阿拉伯打工回来,有足够的钱去购置一套房子,并且给她买了一对金耳环作为嫁妆。读者不会像努娜的父亲以及她的雇主那样为努娜的出走感到困惑,倒是对这两人面对前来调查的警察的支支吾吾感到不解。雇主不能描述努娜的外表特征,这清楚地表明了他对努娜的漠视。在努娜出走前的一天晚上我们私下得知了她的梦想,她躺在床上几个小时思考如何能够不回到村子里"生活在污秽和跳蚤之中",或是结婚并且"最终像她姐姐那样,陷入无尽的困苦中"。每当想到这些,她"梦想

着学校,那些女孩,她曾经用巴掌打过的那个官员的儿子(当然是在梦里,而且很多次),因为他不知道25的平方根。她还看见Aytalah(一个诗行中难以理解的字),看见他变成了美丽的生物。她无法确定他是人还是幽灵:他像棉花一样白,有两只翅膀,如五彩斑斓的彩虹一般美丽"。他抓住了Aytalah,Aytalah带着她飞得"很远,直上天空,看得见金色的星星"。[9]

在开罗的美国大学比较文学教授费雷尔·嘎佐(Ferial Ghazoul)对这个故事非常赞赏,她认为巴克拉在这个故事中同时创造了通俗现实主义和象征主义,反映了处于社会边缘或是被压迫的群体(通常集体失声)是如何与占主导地位的群体进行竞争的。[10]她认为那个梦是这个故事的核心。它象征着努娜对于她所处的被压迫社会所缺乏的那种美好生活的向往,正如她的逃跑是她对于强加于她的命运的反抗。然而,两个事件是矛盾的。因为不知道努娜将会怎样,我们对于她的未来寄予希望(但我们也不能寄予厚望)。这个梦的模棱两可的象征意义就是以这样的方式表现的。嘎佐意识到那种有着彩虹般绚烂色彩翅膀的生物有着不确定的、多重含义,认为那是努娜的一种反抗方式,是对被压迫者所具有的模糊幻想的一种超越。嘎佐因此认为,作为一个边缘作家,萨尔瓦·巴克拉代表边缘的、受压迫的群体(这个群体对制度产生的不公平现象有很深刻的了解)发出声音,这产生了一种"被压制者的雄辩/修辞效果"。

这个故事用简洁的文字和直接的表述讲出了发生在埃及的从剥削农村女孩到残酷的阶级关系等一系列话题。最令人动容的是,这个故事在其核心处塑造了一个受压迫的年轻女孩纯洁无瑕

第四章 发展现实主义,"真实的情节剧",以及女性主义问题

的、坦然的仁爱形象。如同巴克拉所说明的,"我打算讲的是这个农村小女孩自小在家里做事就受到压迫——她们被剥夺了财产,正是因为家庭拿走了她们的薪水……,这些女孩遭受了莫大的侮辱和不公平的待遇,从被强奸到被作为奴隶……我描述了她们的身份的缺失……当这个女孩来到开罗做了一个佣人,他们剪了她的头发,改了她的名字,这颠覆了她的价值观,因此她变成了另一种人……既不是城里人,也不是农村人。我还要讲这个女孩是如何被奴役人的枷锁所束缚,这种枷锁正是婚姻。当这个女孩进入了青春期(12—14岁)后,有人来求婚,她的父亲给她点嫁妆,就把她打发掉。然后她的丈夫接着压迫她。"[11]

家里人后来用努娜的妹妹代替她,巴克拉以此来揭示"落后的生活方式是如何周而复始地继续的"。

故事从两个方面来展示,这种实际意义上的不公平与不人道,一方面是努娜对于知识和教育的好奇与渴望,另一方面是她仅仅被看作一个工人。她的女主人向朋友们描述她时把她说成是"一个做事特别卖力的人……壮得像一头牛"。[12]巴克拉解释了她从中得到的关于教育宗旨的想法(如同一篇杂志文章在描写这部电影的主角时所写的"为知识而疯狂")是源于她和朋友(一个拥有土地家庭的女儿)去访问一个村庄的经历。这个朋友曾经买了一台电视机给她的母亲,所有的农村妇女都围坐到电视机前,被电视播放的科教节目迷住了。她们并不清楚电视播放的内容,只是把它看作一个奇幻的世界展现。[13]她当时就问自己,这些没有知识的人们是否真的对教育没有兴趣。但她发现,恰恰相反,她们一直对于教育有强烈的渴望,但因为政治的原因,她们总是

得不到受教育的机会。为了支持这一论点,她想起了在60年代末70年代初作为一名大学生参与扫盲项目的经历。她描述了她的小组是如何到达察哈(Qaha),一个现在以果酱工厂而闻名的村庄。"那时,种植棉花的地主反对扫盲项目。我们晚上给农民们上课。地主不想要农民待得很晚,因为他们要农民早起干活。他们断掉电,以这样的方式,想方设法地反对劳动者受教育。"

在这个故事中,萨尔瓦·巴克拉看起来超越了对埃及教育的自由和渐进的论述。很多成长于纳赛尔时期的人(当时大众教育刚开始启动),尤其是那些来自于非精英家庭但受惠于这种教育的人(如同电视中的很多演员),坚信教育是解决埃及落后的良方。正如我在前面章节中讨论过的,对于所有讨论埃及作为一个落后于西方的发展中国家并渴望国家发展、进步、文明的人来说,教育是一个中心话题。不同于这种常规的发展论述,巴克拉为我们提供了一个具有教育内涵的个人化故事。她理解教育机会的缺乏是一个政治问题,并且谴责了目前在教育机会上的不平等(她明确指出,随着对公共教育投入的减少,这种不平等正急剧扩大)。她的故事描绘的教育和知识并非社会流动性的方式,而是个人的解放和经历的扩展。最根本的是,她尽力去揭示心灵生活的富裕如何有助于摆脱苦难的生活。正是这个作为佣人的女孩阅历上的不足以及技能的短缺使得巴克拉感到她的命运是如此糟糕。[14] 她新发现的知识世界,同时也是一个充满想象的世界,支撑着作为佣人的努娜不愿放弃她的梦想而回到村庄。

这种女性主义的教育方法,从个人成长以及个人解放的角度来看,在其他人的研究中也可以看到,例如费斯雅·阿-阿索

（Fathiyya Al-`Assal）所喜爱的电视剧《她所面对的不可能》（She and the Impossible）。[15]但是这个故事通过人性化的处理,反映出一个女佣不仅会像牛一样干活,而且向往精神生活,这就暗含着一个潜台词:那些没有尊严、被践踏的边缘人在他们的日常生活中是没有丰富阅历的,不管精神上还是情感上。世俗的知识分子至少在这个故事中,才会最终以中产阶级的口吻以及坚持包括教育、科学、知识在内的现代主义价值观的方式为附庸者代言。努娜被她的聪明、好奇以及对教育的渴望所拯救。她渴望人生的升华。假如她不是对这些感兴趣,而是甘于回到村子,结婚成家,帮助丈夫耕作土地,抚养孩子,和她喜欢的人、家人以及"肮脏而长跳蚤"的邻居住在一起,或者仅限于懂得当地知识,包括流行的伊斯兰教,她就不可能成为女英雄。努娜的家庭在故事中很少被提及,主要以他父亲作为代表,他是努娜受剥削的罪魁祸首,而不是一个使人受穷的体制的受害者。我们仅仅从故事中稍微涉及的努娜对她母亲和姐妹的感情、她的父亲向前来调查的官员表达的思念这些点滴方面得到了家庭成员之间的还存有感情的暗示。

与其说巴克拉展示了嘎佐所谓的"为被压迫者张目"（balaghat al-ghalaba）的主张,我却认为,巴克拉作为一个受过教育的知识分子,虽然表现得激进、女性主义,同情社会的边缘人群,却也没能避免我所称之的"关于发展的华丽辞藻"的束缚（balaghat al-tanmiya）。正是故事里揉入的关于进步的华丽元素使得该剧本被拍成电视剧。这个故事不仅是关于女性主义和阶级以及性别压迫这样的左派话题,这样的话题在90年代已经淡出了人们的视野,并且也不是当初反对拍电影的依据;它同样是关于

第二部分　国家教育

教育以及更崇高的目标——文明的。在这方面，巴克拉与她的非女性主义者的前辈有很多共同点，对他们而言，如同我们看到的，教育仍然是现代化和国家发展的核心理念。这个崇高的主题使得这个故事，尽管在某种程度上存有异议，仍然适合改编为电视剧。一个贫穷的女佣成为一个国民、公民的条件是她与她的家庭、她的根决裂——如同马克思所说，这种家庭即使说不上愚蠢，也由于农村的生活而导致愚昧无知。

电视的压制

与很多并未从事电视剧制作的知识分子一样，巴克拉从文化及政治方面表达了对媒体的不满。在一篇翻译为英文的题为《一个失窃的灵魂》(Filching of a Soul)的故事中，她认为电视对于文化和艺术的破坏（取代阅读、看电影、听音乐会、观看戏剧）具有不可推卸的责任，并且促进了资产阶级的消费主义膨胀。那对作为故事主角的夫妇看了电视之后相信他们必须拥有那些"现代家庭必不可少的"小器具，地毯必须铺满整个地板，因此他们把他们所有的资金都投入到了这个计划上。[16]在我和她面谈时，巴克拉集中阐述了她对电视的另一角色的异议：它的政治角色。她认为电视这种媒体仅仅充当了第三世界国家政权的一个武器。在埃及，她认为电视取代了政治党派，政治党派现在已经十分弱化，起不了多大作用了。反对党不允许在电视上发表意见，她说，所有的电视节目，包括戏剧和娱乐节目，都是从政治角度精心制作的。最后，她认为在电视台工作的人并非是按照这些人的能

第四章 发展现实主义,"真实的情节剧",以及女性主义问题

力、经验来挑选的,而是以他们对国家是否忠诚作为衡量标准。

这种尖锐的观点尽管低估了电视在埃及这种地方产生作用的复杂环境,但也在一些方面明确了电视作为霸权工具的真相。电视实际是由政府提供资金的媒体[虽然它日益从广告收入中获益],它由情报部(Minister of Information)(不是文化部)监管,前者有自己的审查机构。在情报部成立11年之后的1971年制定的章程中,它宣称其目的是服务人民、国家利益以及社会主义转型;听取民众需求以及解决民众日常问题;维护国家传统;鼓励自由与真诚的表达;明确道德标准以规范对大众的节目播放。[17] 然而,对于对话、斗争以及国营控制的文化产业动力的忽视使电视制作过程扁平化,丧失了电视并非简单的霸权展示的理念。因为电视产业吸纳了很多优秀人才去制作电视节目,这些人带有不同的观念、政治主张以及抱负参与电视生产过程;又因为电视节目总是要面对具有不同的生活经历的观众;以及——如同我在后面将讨论到的,将视角从发展主义美学移开后,我们将看到——因为国家并不清楚电视重点所在,电视总是夹杂着反霸权、对抗的,或简言之不适合的东西。

事实上,萨尔瓦·巴克拉并非不满意对原来的*Nuna al-sha `nuna*进行电视剧改编的方式。虽然在拍摄这部电影的想法上的确存在一些反对意见,节目审查者起初是反对按照这个故事原来的样子进行拍摄,导演(一个妇女,她对宣扬妇女话题的兴趣可以追溯到60年代末期)为此进行了抗争,她利用个人影响力在现场说服生产部门让她继续下去。如同经常发生在很多导演和作家身上

的事情一样,她最终获准拍摄这部电影。然而,在这个故事与电影之间存在的差别使得人们意识到改编后的电影传递的是人们耳熟能详的、具有积极意义的民族主义信息,正是这种关于教育与发展的民族主义信息使她能够拍摄并公映这部电影。也正因如此,该片才得到了那些向我推荐它的进步知识分子的喜爱。教育的主题被渲染并且删除了所有模棱两可的东西。尽管其中进步的关于阶级剥削甚至性别压迫的要旨被保留了下来,但它们被削弱并且最终被对有教养的、开明的中产阶级的确认所掩盖。

无需把所有的主要情节的改变都理解为意识形态的或政治的影响所致。因为要把一个大约8页的精简的故事改编为一部两个小时的电影,所以故事和电影之间的一些区别是不可避免的。例如,电影中加入了关于努娜曾经生活的村子里的孩子的内容;她的父亲送她去开罗工作的原因(因为他可以借机购买一些土地和一台彩色电视机);以及她是如何学会城市和上层中产阶级的生活方式的〔她很快领会了面包炸牛肉(*escalope panné*)和牛排(*biftek*)的区别,弄懂了进口奶酪的名字,并且经常出入干洗店〕。

然而,电影和小说最主要的区别还在于把一个矛盾的、根本上是阶级批判的故事改编为一个教导性、说教的以及对未来展望的电视作品。文学评论家谴责剧本作者为了使这个故事更容易被接受而进行的艺术改编。萨菲·纳兹·卡齐姆(Safi Naz Kazim)对剧本作者用一个非常普通的名称——zanabiq(lily,即百合),替换了一首由Imra' al-Qays所写的、吸引了努娜的前伊斯兰时代阿拉伯诗歌的精美诗行而感到愤怒,这个词不很独特,在很多场合为人所熟知。[18] 对于费雷尔·嘎佐来说,真正的缺失在于删除了

第四章 发展现实主义,"真实的情节剧",以及女性主义问题

那个重要的梦后续的内容,她认为那部分内容才代表了令下层阶级感到困惑的对解放的幻想。在去除了带翅膀的精灵的梦的内容后,这部电影变成了简短的、现实主义的白日梦,在梦里努娜梦见自己变成了一个女学生。

对我而言,更有意义的是一部分资产阶级被免除了罪责。而在80年代末以及90年代由老一辈电视专业人士拍摄的很多电视剧中,新兴资本家成为了批评的靶子。家长角色由故事中的官员变成了一个通过建造旅游村(尽管和政府官员有联系)而发财的资本家承包商。他并不邪恶,但是热衷于赚取利润,而不关心社会发展。那个上层中产阶级的埃及家庭在电视中被描绘成一个无所事事的家庭主妇,只关心她的貂皮大衣以及最新潮的美容信息;她是非常自我的精英妇女,雇算命先生来解决她们的婚姻问题;溺爱和娇惯孩子,给孩子举办慷慨的生日派对,给孩子太多的零花钱。

而且,故事中关于阶级的明确信息被电视中创造的一个重要角色所掩盖:那个物质主义的家庭主妇的妹妹。她是一个受过教育的妇女,刚从美国学完职业保障专业回来。她拒绝了在美国的高薪工作,因为她要回归自己的祖国。她喜欢读书,参加健身运动,反对等级制度,自己做早点,她为工人的权利和佣人获得令人满意的待遇和条件而进行斗争。她善待努娜,不仅出于善良,而是她确实发现了努娜的内心秘密。她满足了努娜对于教育的渴望。她给努娜买书,并且教她识字。这导致了她和姐姐之间的冲突,她姐姐不希望她介入(她家庭事务)。努娜逃走后,最终是出现在这个妇女的门前。这个妇女照顾她并且在一所中学里给她找

了一份工作，在这所学校里，努娜终于可以开始学习。开明的中产阶级因此营救了努娜并帮她实现了受教育的梦想。

这个美好的结尾或许可以借用很多经验丰富的电视观众的话来说："阿拉伯电视剧没有坏的结尾。"但是这个新的角色的加入是很关键的。它改变了故事结构，用一种道德和家长作风的框框把它框住了。这个角色不仅很有道德感，她谴责她的姐姐和姐夫的唯物质论，缺乏社会良心，对下层人的剥削。而且，通过她的存在证明了社会的不公平是一个道德问题而不是阶级问题。这个角色表明，并非所有的中产阶级都要受到谴责。事实上，这个阶级中受过教育的开明之士也正是揭露那些被压制者所受不公平对待并且打算帮助他们提高社会地位的人。通过对这个故事的改编，一种强有力的、持久的叙事方式开始产生了，这是一种贯穿无数电影和电视剧的方式，它把欧化的上层阶级与无道德联系在一起，把受过教育的中产阶级（包括来自于上层阶级通过接受教育而转变的人）与爱国主义以及对弱势群体的关注联系在了一起。[19]

家长作风（以及溺爱）的力量

这部电视剧通过对一个故事的改编，也表达了家长作风的存在[包括斯皮瓦克（Spivak）所说的女性主义的溺爱]，这是地方化了的国家发展的表述，我注意到，这是后殖民国家的主要语言。[20]权势阶层——包括在政府任职的人以及知识分子，只要他们诚实，忠诚于他们的国家，并且有良心（这保证了他们不会滥用职权）——就能够确保社会公正，并帮助需要帮助的人，从而促进社会改良。这类信息在很多电视节目中被不断重复,从对官员的访谈节目到风靡一时的晚间电视剧。也正是通过传播这些信息,伴随着道德的说教,从而达到电视节目对国家和资产阶级的威权的推进,尽管这种推进受到很多优秀的作家和导演的反对或批评。

我们在许多电视剧中都可以看到受过教育的人和开明的中产阶级的道德理念和英雄行为,包括因有明显说教痕迹而受到谴责的节目以及美国肥皂剧,如同我在第八章里讨论的,美国肥皂剧通过浮华的调情,把我们带入十分富有的暴发户的生活中(但是这些电视剧的基本主旨仍旧是反映堕落腐化的邪恶)。我在第三章说过,有一个批评家发现过于教化的片子的例子,即1991年拍摄的关于"人口问题"的(《尼罗河依然在流淌》)(*Wa ma zala al-nil yajri*)。这部电视剧的主角,奥梅玛医生(Omayma)是一个衣着华丽的女医生,她涂着口红,头发整齐,她支持当地妇女反抗她们的丈夫的虐待。有爱心的医生角色并不是电视剧里唯一展示的在进行艰苦斗争的权势人士。考虑到在很多宗教权威中普遍存在着反对计划生育以及认为节育是违反上帝意愿的观念,对宗教势力进行平衡是十分重要的。因此另一个重要角色是政府任命的开明的谢赫(shaykh,有修养的宗教领袖),他支持计划生育。该角色由受大家欢迎的、英俊的男演员希沙姆·萨利姆(Hisham Salim)扮演,他代表了富有同情心的、理智的形象。

赞助这部电视剧的国家信息署以及信息、教育和传播中心事后自我表扬,认为这部电视剧之所以成功,在某种程度上是因为——根据片子播出后的调查所显示的——医生和shaykh这两个角色吸引了广大观众。[21]就那些经常观看戏剧表演的观众来说，他们受到喜爱的共同原因是他们精湛的表演。就医生一角来说，受到喜爱的额外原因在于她站在受压迫人群的一边，她对人体贴，对她的使命充满热情，对计划生育重要意义有充分认识。那个宗教人物吸引人是因为他精通教义，能够以一种良好的、开放的姿态解决问题，并且他明白计划生育的好处。调查报告指出，这两个角色被认可具有积极意义，因为医生和shaykh"是理性和真理的代言人，并且对人口问题有鲜明的观点"。[22]一年后，在1993年约翰霍·普金斯公共健康学校的传播研究中心对600个人的跟踪调查显示，受教育程度较低的人对医生具有更高的认同度，他们可能倾向于向医生求助，这表明了公众人物的楷模示范作用。[23]

很少有电视剧像《尼罗河依然在流淌》一样进行旗帜鲜明的说教，但自从60年代末以来，很多重要电视剧都从基本的道德规范以及颂扬教育方面极力去展示有关妇女的议题。由依娜姆·穆罕默德·阿里（In'am Muhammad 'Ali）导演的很多电视剧都着重呈现了妇女无知的问题，妇女参加工作的好处，以及她们对美好婚姻所作的贡献（"妇女参加工作不是一种奢侈的表现，但对于社会发展来说是重要的，如果社会是由一半负担另外一半，那么这种社会不能说是一种高级社会"），妇女主导型家庭的经济问题，以及在未改良的个人地位法中所表现出的对妇女在婚姻中的权利的否定。[24]这类电视剧大多是由像费斯雅·阿-阿索（Fathiyya al-`Assal）和瓦菲亚·卡里（Wafiyya Khayri）这样的女性剧作家撰写的。如同我在其他地方讨论过的，[25]虽然她们在政治主张和把握社会脉搏方面有很大差异,然而她们都把妇女的独立地位、投身工作作为推进社会发展的方式,大力宣扬妻子和母亲的卓越形象,反对男权社会压迫和"传统"习俗——限制妇女的潜力,压制她们的创造力以及阻止她们谈恋爱与男女平等。

如同电视剧作家瓦菲亚·卡里对我讲的,面对不断增长的伊斯兰主义的压力,目前无法去拍摄一部类似70年代她所拍摄的曾风行一时的《夫人和小姐》(Sayyidati anisati)那样的喜剧——这部剧通过嘲弄社会习俗的荒谬以及"传统导致的无理性的压制,控制并损害了我们的生活",以倡导一种自由主义的现代性——我在对《爱之屋的母亲》(一部关于老年公寓里的妇女的电视剧)的分析中呈现了同样的问题,这部由妇女和进步男士所拍摄的电视剧继续展示了教育和工作对于妇女的价值。[26] 在一个精彩的互文引用(intertextual reference)时刻,这部电影中一个名为Nuna al-sha'nuna的佣人,正在观看一部电视剧。那是另一部由依娜姆·穆罕默德·阿里(In'am Muhammad 'Ali)导演的名为《女校长希克马特的良心》(Damir ably Hikmat)的电视剧,这部电视剧的主角是一所私立女子学校的女校长,学校面临着当代社会中的价值崩溃的威胁。这个互文时刻完美揭示了个人解放的女性主义理想与居高临下的发展主义的相互交织,这种发展主义使得接受教育不仅意味着个人的成长,同时也是衡量权威的标准。

穷人的生活以及现实的情节剧

对家长作风/溺爱以及道德和启蒙教育的关注,催生了很多高质量的电视剧（无论是关于女性主义的还是其他的）。这些情节微妙地出现在该类电视节目中，与其他电视剧争相对以努娜为代表的妇女（即作为佣人的贫困妇女）施加影响。现在我要转向这类女性电视观众，去探寻这种发展现实主义是如何被接受的。我将论述一些在开罗做女佣或保姆的妇女的状况。这类妇女以及门卫（bawwab）的妻子是电视剧作家和拍摄者在展示片子的冲击力时经常提及的对象，这也就不经意地暴露了他们的教育的阶级歧视本性。比如说萨尔瓦·巴克拉（Salwa Bakr）在阐述努娜这个角色的影响力时，谈到了她的门卫的妻子，这个人经常来向她要一些半新的米老鼠的漫画书。"看了电影以后，她来告诉我她原来也想上学，但是她的父亲强迫她休学了。这意味着那部电影激起了一些人的愿望和可讨论的话题。"[27] 剧作家费斯雅·阿-阿索（Fathiyya al-`Assal）向我讲述了一个女佣的趣闻，以此说明写作电视剧的重要性。她有一次忽然听到她的女佣在厨房里大叫："揍他呀，这个愚蠢的家伙。"当她进去看发生了什么事时，女佣抱怨她正在看的电视剧中，一个男人正在打一个妇女，而这个妇女毫无反抗。这个女性主义觉醒的故事使阿-阿索（al-`Assal）感到高兴，因为她说这些人就是她所要教育的对象。

  我想，这些妇女之所以作为电视具有影响力的证据，是因为在埃及，她们属于穷人和工人阶级，而城市中产阶级、中上层阶级与她们接触最多。但是她们也被中产阶级模式化地看作电视剧最忠实的爱好者，虽然我很清楚，那些电视制作者心目中的观众并不仅仅是这些人，还包括批评家和知识分子等。因此，她们作为与其他阶层联系最为紧密的女性，经常在熟悉的邻居、社会环

第四章 发展现实主义,"真实的情节剧",以及女性主义问题

境与另一个完全不同的,居住在开罗富人区的中产阶级和上层阶级家庭之间流动,当她们往返于她们的普通生活与电视所描绘的差别巨大的世界中时,她们对于电视的反应就特别有趣。[28]

1997年,一部短小的、没有剧本的名为《谁之过?》的电视节目被认为极大吸引了她们的想象和情感。该节目由塔里克·阿拉姆(Tariq `Allam)主持,这个年轻的主持人自从先前主持流行街头竞猜以及慈善节目(《金字》)之后就出了名。[29]《谁之过?》是一个关注面临困境的真实个人的节目。这些人描述了他们的困境,通常是遭受父母、配偶、孩子、官僚机构或是商业公司虐待的故事。与之相关的人士,包括亲戚、权威人士或专家,被问及如何造成了这种状况。节目的目的在于暴露问题,谴责问题并找出解决的办法。在这个过程中,如同我将讨论的,对观众起到道德教育的作用。

那个夏天,当我尽力去和当地家庭的人谈论电视剧时,她们不断转换话题,本能地谈到她们在这个节目中所看到的,我也因此对这个节目有了了解。从她们的描述中,很显然,《谁之过?》可以被认为是"现实的情节剧",这个节目把人们习惯的一些电视剧方式推向极端,因此令人信服。它允许人们去窥视——甚至参与到节目中——,在一个更加广泛范围内感受人们的关系和痛苦。同时,尽管其具有无脚本电视的民粹主义的编排方式特征,以及对政府的不作为或福利机构在减轻本国穷人的困难方面的不称职也作了批评,但从那些和我谈论这个节目的人的视角来看,这个节目再次突出了受过教育的权威所持有的强烈的道德观点。[30]

萨米娜(Samira),一个年长的受过教育的妇女,经营着一家

日托服务中心,在她丈夫27年前离开她后独自抚养孩子。和我说起她生活中的磨难时,她突然提起了《谁之过?》,她告诉我一定要去看这个节目。"真实,感人泪下",她说,"这个节目的确好,具有震撼力"。她接着就她在这个节目中所看到的情况讲了一个小时。她从最近的一期节目开始讲起,期间多次又回谈到这期节目,这期节目讲的是一个在去孤儿院的路上被拦住的男人,他打算将他7岁的儿子送去孤儿院。当男子被主持人问及为什么要这样做时,他说孩子淘气。而孩子则说他没做错什么。"因为爸爸离开了妈妈,两人都再婚了,我爸爸的现任妻子打我,我想去找我妈妈,因此逃学。"另一期节目是一个年轻男子痛哭着讲述他父亲是如何抛弃家庭并且娶了新太太的。这个年轻人有一个年纪很小的妹妹,他说他的父亲正在等待着他母亲把孩子抚养大,然后计划霸占那套公寓。如同萨米娜谈论的,"在这里妇女被驱赶流落街头是合法的。母亲只能喃喃自语:'我们又能如何?'年轻人继续哭,他母亲也在哭,连带小女孩也哭起来。太悲惨了。"那还不是全部,还有一个80岁的经营小卖部的男人。他说他的一个女儿是副部长,但是她从来不给他任何东西,甚至是吃的东西。

从萨米娜所讲的另一个老年妇女的悲惨故事中,这个节目的一个关键点清晰地呈现出来,即坐在那里进行评判的专家的职责,是给出建议并且做出道德评判。萨米娜以这样一种方式来讲述这个故事:

> 她说,和丈夫离婚后,她把女儿养大至她大学毕业。女

第四章 发展现实主义,"真实的情节剧",以及女性主义问题

儿在大学里认识了一个人并且要嫁给他。母亲于是告诉女儿:"这个人还没有毕业,你可以等他毕业后再结婚。"女儿说:"不,我要嫁给他。"因此女儿去找了从她出世以来就一直没有见过面的父亲,……父亲为了激怒母亲,同意女儿与她喜欢的这个男孩结婚。起初他们住在同一间公寓里,但是这间公寓原来不是她丈夫的——属于她丈夫的父母。当他母亲发现他住着他们的公寓时,便从沙特阿拉伯赶回来,把他们撵出了公寓。他们该怎么办呢?女孩于是回到了母亲那里并且劝说母亲让他们和她住在一起。她生了一个男孩后,她的丈夫对她说:"如果你不把你妈妈赶走,我就和你离婚。"这间公寓原属于她母亲,因此她恳求母亲说她会付钱让她搬到一个老年公寓。她于是搬走了。他们每月支付房租,母亲把原来的公寓给了他们。但是后来这个妇女瘫痪了,需要用房租来治疗,一旦他们迟付房租,她就说:"我要回到我的公寓里住。"她(那个母亲)说着,哭个不停。女评论员告诉她:"你应该回到你的公寓并且把他们撵走。她和她的丈夫应该自己独立生活。"哇!为了一间公寓竟然把母亲撵走了。这是把她抚养成人的母亲,你看,她母亲一直未改嫁、含辛茹苦正是为了抚养她。

在这期电视节目中,老年公寓主管的话证实了这个老年妇女的遭遇。她讲述了其他老人的悲惨故事,这些老人都被家庭遗弃。在《谁之过?》这个节目中最重要的人物是那些权威评论人士,他们提问题,并且发表评论。萨米娜几次以赞同的口吻,复

述了专家对那个曾经打算把他的孩子丢到孤儿院的男子说的话。她讲道,——两个男医生和一个女医生(医生这个词一般被用来指那些受人尊敬的受过教育的专业人士,不一定是外科医生)听到那个男孩讲他的父亲和继母如何用胶管烧他、打他,他们都哭了。

现场女评论员开始发问:"你竟然用胶管烧他、打他?为什么?为什么?你怎么能这样虐待孩子?"……当那个男子反驳说她的话太刺耳,她对他说:"住嘴!我不屑于和你说话,真的,一个废物。"她对他说:"你是一个受过教育的人吗?如果你是一个不法商贩或一个捡垃圾的人,如果你没有受过教育,这我可以理解。但是你受过良好的教育!在大学里你学到了什么?你是怎样误入歧途的?"

其他佣人在和我谈起这集电视节目时把这个女评论员描述成了一个有影响力的女士(min al-sittatal-kubar)、一个强硬的女士(sittgamda)。

很明显,这个节目和美国脱口秀节目"唐纳休"(Donahue)和"奥普拉"(Oprah)很相似。[31] 人们把遇到的麻烦或不寻常的境遇呈现给观众,观众被当事人对自己境遇的叙述,以及所呈现的私密的、自我暴露的细节所震撼、激愤和唤醒。但是美国脱口秀和埃及电视节目之间的差别也是非常明显的。在美国电视节目中,有一种明显的平民主义色彩。每个在电视演播室里的人都可以给出意见和判断。他们争论,对别人的观点进行反驳,或质疑当事人的说法。正如你可以看到的,在一个商业社会里,人们可以自由选择。道德不是标准性的因素,很多话题只是表现为"生

第四章 发展现实主义,"真实的情节剧",以及女性主义问题

活方式"(lifestyle)的差异。而在埃及的电视节目中,恰恰相反,具有决定权的权威人士有最终判断权,甚至是以责骂的方式作出评论;犯了错误的人就一定是不道德、无人性的。[32]

现实中的电视观众似乎认同权威人士那种非此即彼的判断。当我问萨米娜这个电视节目要反映什么时,她说(认为我仅仅是指那集关于虐待男孩的节目):"这个电视节目想告诉人们的是,父母不要离婚。电视里讲到如果一个人有了孩子,他就不应该离婚。丈夫和妻子都应该为孩子而生活。如果父亲和母亲离婚后再婚了,孩子就成了牺牲品,这是不对的。"当我问她电视里是否具体讲了这些,她说:"的确讲了。电视里的三位评论员都讲了'对你的孩子要有爱心,把孩子带到这个世界上后,虐待他们是不对的。(世界上)有些人甚至无法拥有孩子。'"此外,因为这是一个"慈爱"的节目,除了建议之外还有一些其他的帮助。在那个受到被赶出住处威胁的无父亲家庭的案例中,住房部长为他们提供了一套公寓。换句话说,权威人士的介入不仅仅是作出评判,而且是提供具体帮助。

贫穷的妇女自然而然提到他们经常看或收听的,就像电视剧(如一个妇女所说的"仅仅是表演")一样受到欢迎的节目,是那些通过电视或广播反映人们实际问题的节目。一位妇女提到了《午夜忏悔》(I'tirafat layliyya),在这个节目中,人们打进电话,忏悔他们私下所做过的坏事。如一位妇女忏悔她刚生的孩子不是现在丈夫的。[33]在另一个电视节目中,人们抱怨无法实现收支平衡,有些人抱怨经常在房屋租赁合同中受骗,或者请不起人来平整街道。她们还告诉我另一个深夜电视节目,这个节目讲的是这

样一些话题——互相憎恨对方的离婚的父母关于孩子抚养方面的复杂问题。她们谈起这些节目时，经常回忆起在农村也经常提到的节目："反抗"（Al-muwajaha），这个节目讲到关在监狱里的罪犯被粗暴地质问他们的罪行。这个节目曾经很流行，但是似乎在90年代末期停播了，"午夜忏悔"也一样，开播6年后，当这个节目的主持人Bouthayna Kamel拒绝再邀请权威专家时，节目被取消了。[34]

在所有"现实的情景剧"或是一些人称作"怜悯的表演"（compassion 'spectacles）的例子中，我谈到的那些与生活抗争的妇女被她们所看到的人类的悲剧和不道德所感染、感动。[35]她们也因此同情比她们更为不幸的人们。我意识到她们之所以被感动，是因为她们自己也有类似的痛苦与受害的经历。人们可以想到，在一个据说女佣的生活满是Nuna al-sha'nuna中所描述的屈辱的国家，在一个对女佣毫无尊重的国家，和我交谈过的每一个佣人背后都会有一个艰辛的故事。这些故事表明了她们苦难的原因——幼年丧父，婚姻失败，守寡，丈夫残疾等等。很多人都有类似艰辛的经历，尽管她们中的很多人为外国人工作，有相对好的报酬。

这些妇女经常把她们在电视节目中看到的情景与她们自己的境况联系起来。谈到《谁之过？》以及那个被送到老年公寓的老人时，阿米拉（Amira）（我将在第五章讨论她的遭遇）告诉我她从她姐姐那里听到的另一个人的情况。那个妇女一生做佣人供养她的儿子长大，儿子结婚时，儿子和儿媳强迫她离开那间公寓。她不得不住在楼梯下面，有时一些善良的人会给她一点钱，但常

第四章 发展现实主义,"真实的情节剧",以及女性主义问题

被她的儿子拿走。阿米拉说:"你看,这是什么世界?有人认为我们没有结婚、没有孩子,会因此失去些什么,所以建议我们应该结婚。但是你看看这些结婚并且有了孩子的人,在她们身上发生了什么?她们的孩子因为妻子的缘故殴打她们并把她们赶出了家门。"她接着讲起了她的弟弟,他还住在乡下,他关心他妻子远胜过关心母亲。"一个男人一旦结了婚",她说,"便不再关心他的母亲和姊妹,甚至变成了恶魔。"她早先曾经给我讲过她弟弟把母亲关在家里的一间房间里,那样儿媳妇就不用为她做饭。阿米拉用自己的工资来供养她母亲,她非常担心她母亲的病情,因为她母亲得了糖尿病。

阿米拉的好朋友奈玛(Naima)也参与了我们的谈话,她也没有结婚,她们来自同一个村庄。听完这个现实的故事之后,奈玛讲述了自己经历的事,是她在一个租金管制公寓*期间的磨难,在一系列的冲突之后,她最终被房东赶了出来。房东想要更多的钱,对于她很少使用房间感到生气,因为她常睡在她工作的地方。阿米拉严厉地责备她,认为她应该讨回自己的权利。她们不停地争论,尽管这一话题已经重复多年了。最后,似乎是要为自己辩解,奈玛说她经常在星期五收听的广播节目中听到很多类似的关于租房的故事。

奈玛痴迷于"现实的情景剧",并且强烈地感受到世事多变、

---

* 房租管制公寓(rent-controlled apartment)可不是一般的出租公寓。美国几个大城市为了保护低收入者有屋可住,付得起房租,在特定区域实施房租管制政策,规定房租的收费标准,房东不能任意调高。这一政策的缺点是,有的房客一住数十年,享受低价房租,到死都不肯搬出去,而房东也不愿意花钱整修,任由房子倾圮毁坏。http://zhidao.baidu.com/question/16811893.html。——译者

147

世态炎凉,她也有很多伤心的故事要诉说。她现租住在一间位于房顶的提供家具的小房间里。她身体很差,只能间或地干点工作。她靠着一点微薄的养老金维持生计,这还是她母亲去世之后她所继承的,原来属于她父亲。她父亲以前是海关工作人员,她还很小的时候就去世了。与努娜有些相似,当她还是一个八九岁的女孩时就来开罗工作了。不过,她不是为陌生人工作,她的雇主是她妈妈的亲戚。如她所说:"我妈妈的亲戚告诉母亲,让我来和他们待在一起,亲戚说,'她要学会做饭、做家务,将来结婚时这些是很有用的'。因此我来和他们住在一起。我年纪太小,过去常常哭,常常坐在阳台上哭,我不想留下母亲孤身一人。我怎么能离开我母亲呢?我曾经特别爱哭。"

奈玛为什么在年轻时没有结婚,这个故事道出了她的辛酸境况。她的母亲曾经请媒人为她找了一个对象,但是奈玛拒绝回到村子里去结婚。她说:"我宁可和亲戚们待在一起,幸福地生活。我已习惯于做饭,帮助他们做一些家务。我们一起劳动,时常外出,玩得很高兴。我们会一起去看电影,一起逛公园,那时公园不像现在这么拥挤。我还只是一个年轻女孩,不知道什么好歹。我满足于和亲戚家里的孩子一块玩耍。"为了表明她过去没有意识到他们的处境之间的差距的错误,她又说:"过去和我一起生活的孩子,现在他们都大学毕业并且有了工作——一个是律师,一个是医生。"

如同很多来自农村地区的佣人,当那个家庭不再需要她时,奈玛回到了家乡的村子和母亲住在一起,接着她又返回开罗为另一个家庭做工,这个家庭和她家乡的农业工程师是亲戚。她在那

第四章 发展现实主义，"真实的情节剧"，以及女性主义问题

里待了五年，直到那家的孩子长大。这次她没有再回家，而是在一个健康俱乐部找到了一份佣人的工作，之后做了一个住在雇主家的女仆。她痛恨这份工作的收入低，不能忍受住别人家里所受到的限制。"我希望有去看望我的朋友并和他们聊天的自由，或是其他类似的东西。不让我出去见人会使我疯掉。"从那以后，她只是间歇工作。即便如此，出于责任感，她供养着一个来开罗读书的侄子，他和她一起住在她那间小房间里，她还要为他做饭。

奈玛在爱情上也曾受过创伤，当我们谈到她和她的朋友们在电视上看过的"现实的情节剧"的类似故事时，她才透露了这方面情况。她在35岁时有过一次短暂的婚姻，那是一场噩梦，这让她抱定了永远单身的决心。她当时嫁给了一个比她大25岁的难以相处的男人，因为她希望不再做佣人。但是那个男人脾气很坏，当她身体不适且出血很多不得不卧床时，他也不闻不问。住在他那没有阳光和空气不流通的地下室里，她经常感冒。她的丈夫因为厌恶她，抱怨说宁愿做个单身汉，要把她送回她的村子以便得到安宁，她说她也不介意。他年纪大、满脸疤痕，并且下流卑鄙。她还记得他不爱洗手，他的口气让她恶心。最令她接受不了的是他的吝啬。他们几乎没有生活来源。在她结婚后的六个月里，她花光了所有的积蓄——从租金管制公寓返还的一点钱——用于医药费以及一次手术。

简而言之，奈玛有充足的理由去同情生活中遭遇到不公正的人。然而，最让我感到震惊的是她同时持有一种坚定的道德感，这种道德感也使得她认同权威人士的判断。她经常对我评价道："过去的人们善良并且关心别人。"这个观点是在一场特别吸引人

的讲道中从一个讲经人那里听来的,她和阿米拉经常去清真寺听布道。她说,谢赫告诉他们是与非,教她们如何过正派的有道德的生活。"撒谎是错误的,一个人不应该说别人的闲话。我们应该与邻居和睦相处。如果有人生病了我们应该去关心他们。我们应该关心我们的兄弟姐妹,因为兄弟姐妹间有一种与生俱来的联系,任何人想要割裂这种联系都是错误的。"或许是由于她作为一个贫穷的单身妇女的脆弱处境,她对闲言碎语特别敏感,她强烈地认为人们不应该在别人背后说长道短。但其他的道德观念,尤其给别人予关爱的理念,伴随她的成长过程,在清真寺以及现实生活或虚构的、世俗的、大众传媒的情节剧中得到强化。

抱怨

我认为,共同的道德语言,连同戏剧及表演场面的吸引力正是把像奈玛这样的人吸引到电视情节剧的东西。但是因为这些媒体形式与权威的受过教育的、有见识的人群的道德观相联系,它们在无权者与国家或受过教育的阶级之间建立起了一种恰当的相互依赖的关系模式。它们不采用批评当权者的语言,甚至也不是伸张权利的语言——这两种语言都能够在受过更好教育的人以及拥有更多社会资本的人当中发现,就像在政治反对派以及一些报刊评论文章中所表达的那样——这就导致像奈玛这样的妇女只能对那些不帮助她们的人使用抱怨的语言。[36]这种话语模式是家长作风/溺爱的另一个方面。它并不威胁或质疑本质上的不平等或政治权利和阶级结构方面的问题。

第四章 发展现实主义,"真实的情节剧",以及女性主义问题

这种对社会状况的解释导致了像费特玛(Fatma)这样的妇女,一个知识分子,充满活力、愤世嫉俗、育有五个已经成人的孩子的单身母亲,把她生活中遭遇的问题归咎于她自己的阶级成员以及使人的生活轨迹逐渐偏离正轨的人。她所讲述的很多故事都表明了这一立场。她抱怨电视提供了虚假的信息。她不仅抱怨电视上人们欢呼总统的场景,也指责关于计划生育的广告。[37] 她告诉我,在听了那些关于计划生育的正面的谈话节目之后,她决定带她的小女儿,当时刚刚生了一个孩子,到诊所去。她描述了在诊所发生的事情:

> 我看到过他们在电视上宣传接待是如何周到,对就诊妇女的照顾如何无微不至。因此我和女儿去了那儿。我女儿有些单纯,我不得不和她一起去。但是到了那才知道,他们甚至不会让你见到医生。医生是有地位的人,他们会说:"是的"、"会如你所愿的"。但是医生下面的那些人,即坐在桌子后面值班的,根本不带你去见医生。"明天再来"、"改天再来"。我说:"小姐,我不是闲着,我有工作要做。"但是第二天我又带我女儿去时,还是不知道出了什么问题。我对他们说:"等到你让她见到医生时,这个女孩又将怀孕了!"

费特玛接着告诉我她在医院的一次经历。在10点医生巡视病房之前,医务人员跑过来铺上崭新的、干净的床单。医生一离开,他们就把床单抽掉塞到床垫下面,让病人躺在污物上。我问

第二部分　国家教育

她这事怪谁,她说:"护士。她们太糟糕了。"她又开始讲从电视上看到的一个故事,护士如何在给病人注射时用水替换了药。她甚至抱怨公共诊所里为儿童接种疫苗的护士重复使用耳咽管和针头。接着,她意味深长地说,这些事都是一个医生在电视上披露的。

她不仅批评护士(一种在埃及社会地位低下的职业),也批评别的低收入的白领工人。她用一个很长的故事表明了相同的意见,这个故事是她如何兑现一台由国有公司生产的,政府补贴削价出售的电冰箱的经历,这经历令人沮丧。先是送货人私下索要小费,当她抱怨电冰箱出了故障之后,上门的厂家工程师却责怪是她家小区电压不足所致,然后他居然斗胆索要辛苦费。最后,她到了公司总部,公司女雇员像踢皮球一样把她从这边支到那边。她最终忍无可忍,几乎哭了起来,威胁他们如果不让她和主管交谈就要发飙。"他终于出来见我并问道:'夫人,你需要什么帮助?'我告诉他,看看,每间房挤满了女人,我去问一个人,她正忙着做三明治;去问另一个,她则在喝茶并且正在谈论食物、饮料以及储蓄协会等相关问题。我说,你看,事实是我有工作要做,我没有时间再等,我最近三四天每天都来这里。"他终于签署了赔偿她的文件。

之后,费特玛详细讲述了应征入伍者(这种生活状况她亲眼看到过,因为她的一个儿子在部队服兵役)的恐怖生活状况,她没有责备军官——"那个受过教育的人没有打人,他只是喊叫"——而是责备教官。如同她的儿子告诉她的,他们告诉你在训练营里,"如果你有任何尊严,请收起来,等你离开部队之后再拿出来"。

第四章 发展现实主义,"真实的情节剧",以及女性主义问题

通过选择与受过良好教育的精英们紧密联系的道德流行语言,电视剧以及其他媒体节目避免了官员和医生等人的批判。费特玛、萨米拉或是阿米拉等人并非不批评政府,其中费特玛最直言不讳。她不满政府支付给应征入伍者每月仅5埃镑津贴,不给士兵提供足够的食物。她对政府未能给普通医学院校的毕业生(如她的女儿)提供体面的工作而感到万分失望。我将在第六章讲到,她甚至指责政府官员携救济款潜逃、中饱私囊,而没有去创造就业机会和项目以帮助处于社会下层的人。但是,最令费特玛痛心疾首的,是本应得到的东西而不得不去行贿的现实,如她女儿的毕业证书。阿米拉也有类似遭遇。她花了几个月时间开通她建在开罗郊区住宅的供电,期间她不得不一次又一次地去贿赂相关人员。两个妇女对与她们直接打交道的、处于社会底层的人感到失望。这些人中很多人出自与佣人类似的阶层,但是他们接受过一定程度的教育,有一定技能,使他们能在一些膨胀的公共机构中获得有薪水的职位。他们在某种程度上期望精英们更加慷慨和正直。

因此,看一下讲述不幸人们生活的现实的情景剧以及系列剧,就会发现更多的是谴责,更多的是毫无情义,萨米拉、阿米拉以及奈玛等妇女要求充分信任开明的中产阶级权威人士的善行,权威人士声称是替他们做出判断。我们回忆一下电视剧《发狂的努娜》所阐述的内容会发现,这种信任的本质是,教育机制证明了等级制度的合理性。每个人都怀有一种信念——教育是必需的,尽管大量的证据表明,在当下,除了精英们,随着行政部门收缩、经费不足,教育对其他人几乎带来不了什么好处。[38]像

第二部分 国家教育

《发狂的努娜》一样颂扬教育的电视剧，在面对日益减少的就业机会时仍在促进这样一种教育信念，而他们又特别鼓励女孩接受教育。我在第三章已经讨论过农村人对教育的信念。这里我要讨论媒体宣扬的教育观念对于城市佣人们的影响，这些佣人大多数怀揣通过教育实现个人发展的理想，却发现现实中其理想不可能实现。

上述两个年纪较大的未婚女佣共同表达了没有受过教育的遗憾。奈玛说她的母亲拒绝让她上学或接受技能训练，她母亲曾说过这样的话："我不接受受过教育的女儿。一个女孩更应该嫁人并照顾家庭。"不过她也承认，受过教育的人知道更多的东西。阿米拉说，小时候她不理解教育的价值。"我不喜欢上学，因此我过去常常逃学，和别的孩子去玩。我姐姐家的房子就在学校附近，因此我常去那里，等到其他孩子放学，我才和他们一同回家。在学校的四年，我甚至不会写自己的名字……我不知道教育是多么的重要。我认为我会一直待在村子里。我没想到自己会来到开罗。事实上，即使是一直待在村子里，读书也会很有用的。这样你可以教你的孩子。女孩有了文凭，就可以在工厂以及很多地方找到工作。我过去没有认识到这点。"

当我们在一起观看《发狂的努娜》时，阿米拉认为一个仆人能够像电视剧描述的那样接受教育是不现实的，虽然她自己的经历和电视剧里很多情节相似（如这个女孩最初害怕过往的车辆，也是睡在厨房里的床垫上，惊讶于有些人一周中每天吃肉，分辨不出牛排面包和烤牛肉的区别，因为在家的时候只知道这是肉块）。她谈到自己最近经常去清真寺而不是政府举办的扫盲班，清真寺代替了很多原来由政府提供的服务。她不认为扫盲班多有用,但是她觉得有自己的原因:"我的脑袋迟钝了,记不住东西。人需要时间去学习,需要时间去上课。假如我去学习、去准备功课,我就不能做我的工作了。我努力了两年……如果一个人成年了,他牵挂的东西就多了。在课堂上我时常想到那些我不得不做的差事,如到市场去买菜。你需要保持清醒的头脑去学习。"虽然她相信努娜能够学会,因为她还年轻,但她同时认为,在过去,像努娜那样靠做佣人生活的人不可能有时间学习。她坚持认为,女仆通常要工作到夜里十点、十一点,又不得不早起送孩子上学,根本不可能有时间去学习。

另有一位妇女正在做佣人以便为她的孩子提供学费,她善良、有尊严,并且接受过六年的教育,她认为年轻人学习读写不是难事,前提是有一种对现实的渴望。另一方面,她也认为学习对年长的妇女来说是件难事。或许她分享了一些人的偏见,他们都说农村妇女乌姆·艾哈迈德(第二章)太老了,学不会任何东西。阿米拉持同样观点(她自己也没有成功),她说年长妇女要考虑的东西太多,以她的姐姐为例,她为姐姐准备了笔记本和铅笔,让她每天学习一个字母。"第一天她学会了一个字母,但后十天她没有坚持下去。她已经老了,为时晚矣。"

今天的埃及存在一个问题,虽然人们相信教育是社会发展、个人和国家进步的最重要的方面,但从我在这里所讨论的这些妇女的日常生活经验来看,就存在很多问题。就我所知道的年长妇女来说,抚养、教育孩子是她们最关心的事情,并且她们隐约有一种被政府欺骗的感觉。很多人为她们的子女而心酸,她们发现尽管子女有学历,但很难找到工作。以萨米拉来说,她自己在法国接受教育,曾经生活得很好,但当她的外国丈夫突然逃离了这个国家之后家境衰落了,这种痛苦在于眼睁睁地看着她的孩子找不到工作,而他们同辈的人却很容易得到工作。萨尔瓦的大儿子决定开一个咖啡馆,以承继他父辈的家庭事业。他们把大学文凭挂在墙上。费特玛的大儿子作为一个农业工程师因找不到工作而移居到意大利。当他回到埃及时,仅有外语技能能够派上用场,因此他在一家宾馆工作。她的另一个儿子,同她另两个儿子一样失业了。

妇女们不知道这些问题该归咎于谁,她们对导致教育梦想走向破灭的政策和经济转型也没有太多感觉。她们只是觉得,只要她们努力了,就应该有相应的回报。政府或某些人应该对这些困难者提供帮助。电视剧以及围绕在她们周围的发展主义的华丽说辞使他们认为帮助很快会到来,关于这一点我还会再讨论。然而,伴随着国家的经济自由化政策、结构调整的必要性以及私有化,政府以及社会精英不再确信他们有必要提供这种帮助。

其他选择

如同我将在第八章讨论的,虽然反映资本家现实主义的广告以及伴随着经济自由化政策而发展的电视剧日益占据了电视屏幕的主流,但它们并不是埃及文化生活中发展主义的唯一替代品。例如,有迹象表明,有些人以虚无主义的方式表达对这个国家的发展主义意识形态幻想的破灭。正如阿姆布鲁斯特(Armbrust)

曾经说过的,始于80年代的商业电影和音乐揭露了普通人在国家及其官僚体制中所蒙受的羞辱;也开始颂扬暴力以及底层市民毫无希望的生活。[39]大量的新近拍摄的电影如《路人》(Afarit al-asfalt)以及《三人行》(Afarit al-asfalt)表现了一些反英雄主义者,她们是妓女、男妓,以此直接向那些习惯展示纯洁的当代电视剧发起挑战。在一小部分城市青年人中,人们发现了另类反抗的痕迹。如同诡异并广为宣传的1997年对所谓的撒旦崇拜者镇压所显示的,埃及甚至有少数年轻的重金属迷,他们通过炫耀黑衬衣和耳环,在麦当劳前游行,公然反抗习俗,嘲笑宗教,如同2001年对同性恋进行的歇斯底里的镇压一样揭示了另一种亚文化现象。[40]

但是这种变化对我在本章所讨论的贫穷的妇女们并没有吸引力,这些努力支撑自己以及家庭的妇女关心的是她们的尊严。从这点来看,伊斯兰非正统派对她们以及其他大部分人来说更有意义。由于政府推进私有化政策以及资本主义使得它丧失了道德领域的话语合理性,而伊斯兰教恰好弥补了这种缺失。本章讨论的佣人对新电影的反价值观(antivalues)以及新型资本主义都不能接受。他们觉得他们现在所参加的清真寺课堂更有意义。[41]虽然她们有时也遭到左邻右舍的宗教狂热分子的骚扰,阿米拉和费特玛都有类似经历。这些宗教狂热者来敲她们的门以敦促她们的丈夫去清真寺祷告,他们把通知塞在门下要求她们送儿子去安全部队服役以便帮助那些被囚禁的伊斯兰主义者。有些妇女,如萨尔瓦,也会极力反抗宗教教师的过分要求,他们要求妇女停下手中的活计去参加学习。但是奈玛在前面所讲述的——人们被要

第二部分　国家教育

求去关心别人——这种宗教的道德语言引起了她们的共鸣,特别是当她们处于困境的时候。他们在某种程度上是在劝告人们(提防)消费的罪恶(对此他们很少有机会)、不正当的欲望(这些与她们早年养成的观念相悖),甚至电视有时也被宗教权威人士贴上不道德的标签,因为它的广告、舞蹈,这些人斥责看电视是浪费时间。妇女们有时候通过参与宗教活动而得到心灵安慰。一个被丈夫抛弃的年轻女佣,为供养两个年纪尚小的孩子而劳作,她告诉我她以前遭受着失眠和噩梦的困扰,当一个宗教老师建议他扔掉那些流行音乐的磁带,代之以《古兰经》磁带,并在睡觉时背诵后,奇迹发生了。

对于这些妇女来说,对宗教的虔诚(这并不排斥教育——毕竟,阿米拉的识字班是在清真寺进行的)向往较之其他方式似乎更加令人振奋。如同我将在第五章详细讨论的,这种理想讲求团体归属,并且仅仅要求自我道德约束,不追求消费。更何况,遵循这种追求的人在一个从未质疑过宗教价值的国家(无论是官方或普通人,哪怕在推行世俗理想的纳赛尔时代)里总是处于道德制高点上。当阿米拉看到《发狂的努娜》中的那个场景,即开明的中产阶级妇女告诉努娜不要用女主人曾经教她的敬语(ya sitt, orhadritik)来称呼她,而是代之以像"阿布拉"(abla)(指她作为教师的身份)这样更加中性的称谓,她说:"现在穆斯林(更加虔诚)认为你不应该说sitt。信仰宗教的人们说他们将不得不为这一称呼的罪过而受到惩罚。他们说你应该说'哈嘎'(hagga)(用于称呼那些正在朝圣路上的人)或是其他的。在伊斯兰中没有sitt或sidi(相当于男性的)。每个人都是平等的。"

第四章 发展现实主义,"真实的情节剧",以及女性主义问题

这种宣扬穆斯林平等的华丽辞藻,虽然它是在宗教权威以及男人处于上层的等级制度的语境中,并且有时候是依靠专制方式推进而产生的,但它却提供了超越关于发展的冠冕堂皇说辞的东西,弥补了国家发展进程中日益缺失的援助之手。如同萨巴·马哈穆德(Saba Mahmood)所说,虔诚运动的目标在于鼓励人们培养他们自身的道德,超越自身去创造一个有道德的伊斯兰社会。[42]这些老师使用姐妹、兄弟的语言,而不是家长作风以及溺爱的词语。例如,一位杰出的宗教权威人士在90年代早期为了促进那些女演员和舞女的"形象转变",在谈及他们时称之为"我的姐妹"。[43]在既定的权力结构框架下,伴随着家庭对于妇女的声誉和生活的不断控制,以及埃及社会现实中的社会和经济的不平等,宗教的话语较之女性的发展主义更能引起妇女的共鸣,后者号召通过(一种利己的)个人进步和(一种无法达到或令人失望的)教育以及无节制地强调受过教育的中产阶级人士的权威来赋予其权力。此外,较之权利这类语言以及被女性主义发展主义者所使用的世俗语言,虔诚的语言或许更为人们所熟悉,这里所说的女性主义的发展主义者,包括像《发狂的努娜》这样的电视剧,或以《尼罗河依然在流淌》为代表的表现计划生育主题的作品的导演。卡姆兰·阿里(Kamran Ali)评论后者,通过一种精选的语言以及从个人健康的角度,呼吁妇女"放弃关注家庭和家务,作为个体参与到全体的、民众的生活领域,参与到即将到来的公民社会中"。[44]

我很想知道贫苦的劳动妇女如果读了纳德娅·拉德旺(Nadya Radwan)博士以善意但居高临下的态度所作的题为《电视剧在建

构妇女意识中的作用》[45]的研究后，会有什么反应。她的田野研究以两个开罗社区为基础，不仅揭示了妇女教育水平导致的阶级差异的存在，而且还提供了令人感兴趣的证据，证实了那些没有文化的妇女对研究者所讲的事实，即电视是她们获取知识和信息的主要来源，这也是电视工作者一直强调的内容。[46]和很多同龄人一样，拉德旺把无知视为埃及妇女和社会面临的最重要的问题之一。如她所说："通过教育，个体能够在生产中发挥作用；教育是人力资源开发的一种方式，它能够提升能力、技术以及知识，高标准的生活以及强劲的经济都建立在此基础之上。"她证明对妇女进行教育不仅能够推动男女平等，而且能够推动国家进步。[47]她得出一个结论，正是因为文盲的低水平认知能力导致埃及社会中的许多错误行为，这个结论会让本书讨论的大部分妇女感到愤怒或羞愧。她列举了一些无知的表现：近亲婚姻，对计划生育以及卫生保健的无知，农村中对于荣誉和复仇的痴迷，毒品成瘾，一夫多妻，像女性割礼这样的落后习俗，以及男性专制。[48]

虽然拉德旺积极呼吁给妇女更多的教育，但考虑到没有受过教育的妇女对于电视的高度依赖，她也认为电视剧在改变人们的价值观方面有一定作用。比如，她主张电视节目有责任去关注一系列问题，包括：有关婚姻和生养方面，如婚姻选择，结婚年龄，平等；新娘的彩礼钱，男女平等，计划生育的重要性，优生优育以及给孩子接种疫苗；有关婚姻议题如多配偶制，离婚，妇女接受教育和工作的权利，保险，养老金以及遗产继承；与健康意识相关的议题；社会成长方面的议题，包括对忠诚、美丽、相爱、公民意识的价值观的教授，以及环保、尊老、慈善、耐心、民主等。此

第四章 发展现实主义,"真实的情节剧",以及女性主义问题

外,她认为电视还要承担起解决人口过剩问题的工作,弥合社会中领导和普通个体之间的差距,消除迷信,与噪音污染、行贿、磨洋工等反社会行为进行斗争。她甚至建议电视应帮助人们学会恰当地接待游客,这对一个以旅游为经济支柱的国家尤为重要,也正是这个原因,使得游客成为了伊斯兰极端主义者破坏现有体制的行动目标。[49]

拉德旺的令人吃惊的问题清单清楚地表明了受过教育的中产阶级的价值观,她同时确信这种价值观适用于所有埃及妇女。如同我在本章以及前面的章节中所说的,电视通过进步作家和导演(尤其是女性作家和导演)的发展主义的声音已经涵盖了很多这方面的主题。在本章中我所要阐述的是:这些增强自我意识(consciousness-raising)的努力,即使能促进有价值的理想,但也常常表现为,首先是俨然以恩人的态度,强调中产阶级的优越性;其次,由于目前埃及生活的政治经济环境所限,大多产生误导性的效果;再次,由于存在其他选择,如伊斯兰虔诚运动,有时接受起来很矛盾。我在下一章要讲到,当我们进入21世纪时,这种主导了埃及电视(如同很多第三世界国家的媒体一样)的"发展现实主义"(development realism)的美学霸权,正在侵蚀着我们。对于女性主义者,这些替代性选择,如宗教复兴以及资本主义消费,有些令人烦恼,但是我希望能够证明,女性主义发展主义对于穷人和未受过教育的妇女的定位以及它所提倡的那些东西本身并非是没有问题的。

第三部分

发展主义侵蚀着的霸权

卡里玛·穆克塔（Karima Mkhtar）和哈拉·法克赫（Hala Fakhir）在一部名为《新街》（*Al-Shari' al-jadid*）的历史剧中的一个镜头。这部电视剧由穆罕默德·法迪勒（Muhammad Fadil）导演。卡里玛·穆克塔自80年代中期以来一直在电视公共健康插播节目中担当主角。照片由Fayiq Salah al-Din提供，1997。

第五章 现代主题？

埃及电视剧及后殖民的差别

80年代末期,一群具有批判精神的年轻的、受过大学教育的埃及人在开罗为他们的朋友做了一个聪明的讽刺当地电视的表演。这个表演的记录后来以盒式录音带的方式非正式地传播。[1] 这个表演嘲笑政府官员和宗教权威人士的语言,这些人士经常出现在那些并不太受人们欢迎的谈话节目中。然而,那盒磁带上的最后三个幽默短剧,反映的是埃及电视中最受欢迎的节目,即电视剧和电影。这些故事中有两个是关于农村的,在那里愚昧的或是粗暴的农民的违法行为很容易被那些受过更好教育的非农出身的官员发现。第三个幽默短剧用"催人泪下、让人惊讶"的承诺来诱惑观众。故事以两个恋人互相表白他们的相互爱慕开始。但当男方提议结婚时,女方声明他们来自不同的阶级,然而又承认她早已渴望一双援助的手,因为这双手可以把她从被人看不起的社会中拯救出来。(她解释道:当她被她的后妈赶出她父亲的家之后,她被迫成了一个舞女。)于是这对恋人去找阿訇为其主持婚礼。在那里,他们发现他们有共同的姓。年轻男子近乎发疯地说:"我曾经爱过的唯一的女人原来是我的姐姐?!"

这出讽刺剧嘲弄了电视剧和老电影的主要人际主题——爱情、家庭和阶级差异——并总结了这些电视剧和电影所传达的政治观点:邪恶表现为乡村的落后,善良表现为城市的现代化。它滑稽地模仿那种在电视剧中大量存在的不太可能的巧合,但是通过道德电视剧赖以达到效果的感人音乐以及夸张的情感表达,它很好地抓住了两个关键特征——强烈的道德信息,以及对那些聪明的、受过大学教育的讽刺作家还有那些熟悉西方电视剧的人来说可能意味着的——情感的过度。

情节剧和现代性

虽然在第四章里我把埃及电视剧的美学表述为发展现实主义,但这种类型特征至今无法检验。在本章,我将追随雷蒙·威廉斯(Raymond Williams)对于情节剧化意识(melodramatizing consciousness)的讨论,探讨埃及电视剧作为情节剧的特点以及它可能的效果。情节剧已经成为很多文学和媒体理论的主题。检验标准是彼得·布鲁克斯(Peter Brooks)的《情节剧的想象》(*The Melodramatic Imagination*)一书,该书就情节剧作为一种与法国大革命的巨变以及现代性批评的滥觞相关的文学和戏剧类型,对其意义进行了有力的阐释。[2] 布鲁克斯很好地论述了情节剧想象的特定定义和认识，在于揭露"后神学时代"（post-sacred era）日常生活中的道德秩序。[3]最令人感兴趣的是他断言：情节剧是"现代感的核心事实"。[4]

一出由一群聪明的大学生在开罗演出的讽刺剧在埃及的情节剧与现代性方面能告诉我们什么？布鲁克斯关注到19世纪欧洲的剧场和小说。在20世纪，情节剧与广播、电影以及电视等大众传媒更紧密地联系在一起。在埃及，和在其他后殖民语境中一样，像电视情节剧这样的由国有电视工业所规划的文化形式，被国家官员以及中产阶级专业制作者看作是社会发展、国家巩固以及实现"现代化"的特别有效的手段。[5]这就提出了一个问题：什么样的"现代感"的电视情节剧能够对像现代埃及这样的地方产生影响？而当地那些制作情节剧的人自认为他们正努力造就现代公民和国民。

我要说明的是，在文学、电影和电视研究中，对于情节剧这一术语的使用，仍然存在很多混淆——或者说至少是多种的可能性。有许多正当理由可以用来质疑这个术语是否实际上指明了某个单一的类型。[6]对埃及来说，我更愿意称电视剧为家庭剧。但是使用情节剧这个术语对于把握几个特征是有用的。首先，这种电视剧是直接由现代文学、电影以及广播所引起的，这毫无疑问是"现代的"。它们大多关于日常生活并涉及普通人。剧中的人物并非人们通常熟知的史诗或民间故事中的英雄，而是关于普通民众的叙事。埃及电视剧不像英国、澳大利亚以及美国的肥皂剧，而更像拉丁美洲的浪漫电视肥皂剧（telenovela），剧集有限，一般有15或30集。像情节剧一样，这些电视剧最终要达成某种结

第三部分　发展主义侵蚀着的霸权

论，一些媒体研究学者认为这对于明确意识形态来说是至关重要的。[7]然而，较之欧美电视剧来说，这些电视剧更为敏锐之处，是对道德令律方面更加情感化和更加直截了当的处理。[8]

后两方面特征的意义——义无反顾的道德主义（明显地存在于故事情节和故事线索中）以及来源于日常生活的感情化特征（明显地表现在体裁惯例方面）——正是本章要探讨的埃及电视剧试图营造某种"现代感"的一个方面。同时我还将探讨这种现代感所带来的差异，其背景是：一种现代感在一个社会中被精心设计作为国家发展的观念和作为一种政治遗产的一个重要部分，个人仍旧被深深地嵌植于家族和家庭中，但为了现代性世俗主义正被模棱两可地构建。[9]

我认为，在埃及，电视剧在两个层面上配合着现代主义者的规划：在故意为之的层面，通过传播当地政治意识形态所塑造的道德信息，电视剧极力设置社会和政治讨论的术语；在比较隐晦的层面，电视剧普及一种独特的叙事形式和情感。正是在后一种方式中，作为一种具有确定惯例的体裁，埃及电视情景剧可以被直接理解为一种创造新型自我的生产技术。[10]我认为，它是一种为实现内化（staging interiorities）（通过增加情感诉求）从而建构、鼓励普通人的个性的技术。

我还将揭示，这种技术是在一种地方性的社会和政治语境中运作的，这种语境在很多方面不同于欧美肥皂剧生产和观看的语境。因为在埃及社会中，亲属制度仍然十分重要，其他社团的、道德的形式依旧存在，而当地电视的公开规划正是要在此社会中造就某种国家公民。[11]此外，不断增加的宗教认同以及被鼓励的自我监控实践，将流行的电视情节剧置身于一个现代自我塑造（self-making）的另类技术领域，有的朝向一种方向，有的则不是。这也提醒我的研究：应该避免讲述单线发展的个人故事，讨论现代化时不能不顾及其他地方的相似情况。

作为政治意识形态的道德视点

与后殖民国家的媒体意识形态相一致，电视剧在埃及被很多电视生产者视为不只是一种娱乐，而且是塑造国家共同体的手段。如同维纳·达斯（Veena Das）等人已经开始探究的，国家电影经常代表、甚至帮助生产国家意识。[12]这种意识形态如何塑造情节剧的道德，还没有被考察过。埃及电视剧关注道德——如同布鲁克斯的理论会引导我们期望的——但是这种道德是社会的或共同体倾向的，与可能的政治话语完全交织在一起。如同希拉·佩蒂（Sheila Petty）所描述的喀麦隆的迷你电视剧《弥塞里亚》（Miseria），以及可能经过官方许可的很多第三世界电视剧一样，很多埃及电视剧赋予"社会层面上教条式的关注"以特权。这种道德不那么关注个体作为社会的道德方面。或如同保罗·威里门（Paul Willemen）谈论印度电影情节剧时所说，个人作为社会一员正在经历转型。[13]

通过对埃及电视剧作家创作的故事情节的比较，我们可以看出道德的社会制造方式，以及由不同的政治意识形态术语所建构的社会样式，政治意识形态可以简单地归纳为自由、进步和保守。[14]作为一个自由的女性主义者，卡里（Khayri）写过一些关

第三部分 发展主义侵蚀着的霸权

于妇女、劳动以及本地人移民海湾地区的影响方面的电视剧。正是那些受过教育的中产阶级，或她认为的"文化精英"——其家庭长期以来精通文学和其他文化形式——代表着受到攻击的价值。[15]她惧怕粗人如同惧怕暴发户一样。而像乌萨玛·安瓦尔·乌卡沙（Usama Anwar `Ukasha）这样的进步或贫民主义作家，他的电视剧所希望达到的通常是位于两者之间的结合部，即善良可靠的人——工匠，诚实地为家庭和社区努力工作的穷人——以及肩负着国家进步、道德和美好的、受过现代教育的阶层。甚至贵族，如同他在那部最伟大的电视剧《西米亚之夜》中所塑造的"帕夏"一样，能够被民族主义的情感所挽救。[16]乌卡沙的很多电视剧涉及中产阶级为维持其操守及其价值观所进行的斗争，这些电视剧通常把穷人描绘成品德高尚的人。他的一些电视剧甚至讲述在诸如巴勒斯坦起义（intifada）、海湾战争以及与以色列的和平协议等这样一些政治事件中的个人生活。他参考了政治演讲稿、报纸以及历史回忆录等文献。他和穆罕默德·法迪勒（Muhammad Fadil）（一个他经常合作的导演）这样的进步的电视制作者具有共识，即他们的作品是为了埃及的"发展"。例如，在讨论1993年由他导演的关于1956年苏伊士运河国有化的电视片时，法迪勒描述说，通过这个具有历史意义的国家事件，他的意图是"向观众传递一种希望感，即作为埃及人，我们有能力实现我们的目标"。他补充道，艺术的责任在于描绘那种"应有"（as it ought to be）的真实。[17]

道德幻象和政治立场之间的联系在像萨尔瓦特·阿巴扎（Tharwat Abaza）那样的保守作家的电视剧中得到了清楚的表现。他的作品与乌卡沙和卡里等自由、进步作家的电视剧不同。他避免涉及国家问题,他的作品对于父权制和封建价值具有怀旧之情,并且和宗教也有某种瓜葛。阿巴扎经常取《古兰经》或伊斯兰历史中的故事作为灵感的来源——例如他1990年的作品《古夫兰》(Ghufran),以优素福的故事为基础,故事情节或道德主题松散,但是故事被置于当下背景中,其中涉及治疗不孕不育的诊所、欧洲的公寓、奔驰轿车、土地查封以及不正当交易。他的故事通常忽略了那个时期与现代化或迫切的社会议题相关的焦虑和斗争,而这些是同时期的作家像乌卡沙和卡里所感兴趣的。阿巴扎的政治观点远离"党派"——好像这在埃及是常规思路。他在故事中倾向于避免把埃及看作一个国家,或把它置于一个更大的世界中,因此对当代政治话语主要关注的是——民族主义。如果对于别的作家来说,城市——现代空间——是复杂的新世界的道德斗争的主要场所的话,那么阿巴扎通常更喜欢选择乡村,因为农村能够成为永恒的、从表面上看起来与政治无关的进行善恶表演的场所,其间使用的温和的宗教话语可以令人得到慰藉。[18] 阿巴扎来自埃及一个贤明的、以前有名的土地主家庭,但是他自己的背景比卡里或乌卡沙更现代。他毕业于开罗大学法律系,是90年代初期的作家联盟(Writer's Union)的领导。他的怀旧是对后殖民时代的社会和政治转型的一种反抗。

这三位作家把善恶归因于不同的阶级,对民族主义和宗教话语的运用也方式各异,在描绘过去和未来方面也不同。简而言之,他们对于道德秩序的观念——那种在布鲁克斯看来是情景剧的本质的东西——各不相同。这证明,在埃及的国有电视媒体中,透过这个时代国家相互竞争的政治意识形态,情节剧的风格

第三部分　发展主义侵蚀着的霸权

或许是一个道德观念世界及其投射的关键之处。

布鲁克斯把欧洲视为其情节剧诞生的语境，而埃及却是一个更加复杂的世俗世界，因为电视成为这个国家的一种（尽管复杂的）工具，所以它的戏剧并非总是排斥宗教的指涉或是把道德孤立地置于一个非神圣的现实中，阿巴扎的电视剧显示了这一点。[19]但是总体上来说，这种道德幻象并非依据宗教真实来界定。事实上，虽然很多政治意识形态在电视上并无表现，但最为明显的排斥是针对伊斯兰分子的。1993年媒体宣布了对这些人的战争，他们在戏剧中通常被表现为代表着暴力、非理性以及对宗教的不屑一顾（见第七章）。然而，较之于美国的肥皂剧，埃及电视剧的道德标准的与众不同之处在于它们与更大的社会道德以及共同体相联系，这种联系又与合法化的政治意识形态相一致。我将在下文总结指出，埃及电视剧中的世俗主义的现代主义者和他们对国家的关心，更明显担心的是道德败坏会威胁到社会组织，他们也更多地倾向于把个体置身于家庭和社区当中来考虑。

情节剧的情感

无论是普通电视观众还是作为批评者的观众，都承认情节剧中的意识形态对他们的改变程度以及影响——无论是同情的还是敌对的，取决于他们自身的态度和政治愿景。但是这些观众或许会较少意识到（因此也就更不可能去反抗）电视情节剧的另外一个具有广泛共识的方面，即：它从个人世界的日常生活中植入的强烈感情。这是贯穿内容的传统，其根源来自于情节剧这种类型

第五章 现代主题？

本身（在埃及有三十多年的运用和发展），但是被那些生产电视节目的受过教育的中产阶级假想所包办。情节剧的这一方面，就其所呈现和塑造自我的方式来讲，对现代性的投射比对电视剧有意传达的政治信息更为重要。

媒体研究中有许多棘手问题，但在这里不适合进行关于媒体接受和效果的一般性辩论。我也清楚地知道情节剧的文本能够以多种方式对观众产生影响。一个人无法简单地分析那些故事情节、人物方面的公开信息。例如，一种真实的可能性是，埃及电视剧试图运用故事情节来增进民族主义情绪可能会被人置若罔闻，但它作为民族视觉体验的一部分，依然可能会促生出一种特定的国家依附感。

我在这里要探讨的是埃及电视如何通过各种各样的人物情感的塑造方式来影响人们自身的感觉。换句话说，我所要问的，是情节剧的一个与众不同的特征：其高度情感主义的盗窃风格。福耶尔（Feuer）在她关于情节剧的经典文章中把美国黄金时段的肥皂剧描绘成"瓦格纳风格的"（Wagnerian）。[20] 她声称，这种神经紧张的行为风格对于提升和加剧情感是必需的。布鲁克斯更加理性地声称，19世纪早期情节剧表演夸张的情感具有表现主义风格，其目的在于澄清道德信息。[21] 我认为他至少在寓示含义上忽视了证实这种"过度"表现的独立效果。

埃及人的传统行为如同情节剧一样，容易激发福耶尔和布鲁克斯想到情感和道德。埃及的批评家们喜欢抱怨他们的电视剧。一些厌倦了nakad（一个未经翻译的词，指苦恼的累积，我把它翻译为苦难）的人呼吁更多的喜剧和音乐剧。漫画家通常是埃及生活中最为敏锐的评论员，他们把观看肥皂剧的经历描绘为被泪水所包围。电视作家有时甚至也自嘲。例如在某段具有自我反射式的情节里，一部电视剧描写一名女佣（忠实的肥皂剧观看者）邀请一个学生和她一起看电视，以便他们能够"共同承担不幸"。但是nakad仅仅是埃及电视情节剧情感表达的一个方面。尽管洪美恩（Ien Ang）指出，情节剧的特点是"情感的悲剧结构"，以及角色是"超过了他们所能控制的力量的受害者"（这是很多埃及电视剧喜欢的主题，即把一些美满家庭面临住房短缺问题作为磨难，一种卡夫卡所说的官僚主义，或腐败的效力），但最有影响力、最吸引人的电视剧实际上可以展现多种多样的情感。[22] 和我交谈过的很多人把好的电视剧描述为具有"牵引力"。它不仅"牵引"观众，而且还"牵引"了他们的感情。正如一名电视制作者说的，苦难只是牵引情感的一种最简单的方式。

我相信，这种情感为情节剧增加了一种至关重要的经验。不仅是因为上述所说到的，情节剧关注道德（因此是社会的、政治的）秩序，而且因为它们寓教于情。我的意思不是说情节剧教会了人们如何去感受，这么说会太过分，尽管它们的确助长了某种情感甚至是伤感的公共表达。[23] 更准确地说，通过为日常生活中的人物赋予强烈的情感，情节剧捧红了那些普通人，这些人看起来内心世界丰富，个性鲜明。

对于家庭世界中人和人之间所承载的情感的关注，在欧美被看作是女性的世界，使得女性主义的媒体研究者非常认真地审视肥皂剧。[24] 但是对于情绪在人际关系领域所处位置的意义，至今还没有人注意到，或许它在我们的社会中被过于想当然了，因为

第五章　现代主题？

在我们的社会中，女性和情感总是被意识形态化地联系在一起。[25]谭雅·莫德里斯基（Tanya Modleski）的分析十分接近我所要详述的内容。[26]在分析电视与妇女日间工作之间的联系时，她指出那些肥皂剧喜欢使用一定的叙事结构以及一定镜头的组接方式，培养妇女观众对某种亲近性的理解。妇女们的观看经验因此复制了她们在家庭中的主要情感活动——预期他人的需要和欲望。

这种关于情感和人格的想法可以和雷蒙·威廉斯（Raymond Williams）的假设联系起来。威廉斯认为对于电视戏剧前所未有的接触会把人引入一种"意识的戏剧化"中。[27]他的意思是，电视引导了我们、令我们把日常生活理解为戏剧。我秉持小心谨慎的态度，对其中的某些方面尚存异议，我认为，进入他人的"意识"在方法论上不可行，人道主义者对无可置疑的内心生活的假设令人不爽。但我认为威廉斯的远见卓识在于他指出了在电视剧的作用下，某些虚构的东西正好体现为主观意识。[28]并且，在埃及，问题在于是不是没有发展出一种意识的戏剧化。

换句话说，对于那些强调个体的、在我们看来是"现代"的人，正在发展的电视情节剧（按广播剧和电影这样一种线性的发展）的文化霸权能否产生出一种新的主体模式和新的人格话语？西方世界所理解的现代主体的主要特征——自主的、有约束的、自我激发的、自我描述的——已经在哲学和历史文献中描述过。在关于现代（资产阶级）自我的技术发展及其与新的权力形式之间的联系方面，福柯给我们提供了最为有趣的理论。[29]在《性经验史》（The History of Sexuality）第二卷的导言中，他认为性的话语已经成为现代自我发展的关键；一个人成为一个人的性的对象。在后来的演讲中,他对基督教的忏悔和现代自我的阐释形式之间的关系进行过推测。[30]精神分析家对丰富而充满对立的内心世界施展生动戏法,建立话语分析,精神分析也由此成为现代主体构建的有用工具。感觉和情感的话语——大量充斥在情节剧中——对心理预示是必不可少的。[31]

莫德利斯基(Modleski)认为电视肥皂剧在训练妇女的人际交往方面发挥着作用,这一论断之意义,在于它对于自我和情感方面的假设。它假定那些生活在资产阶级家庭中的妇女有能力运用体态语来表达情感。它也想当然地认为,情感一旦被暴露,个人内心感受和对于他人的真实看法就会表露无遗。这套关于情感和人格的假设必须放到具体的历史和文化中来看待。如同安·茨维特科维奇(Ann Cvetkovich)特别指出的,19世纪的大众和流行文化在建构情感话语方面扮演了重要角色,在建立"公共和私人领域之间的性别区分、以及在为妇女安排家庭情感表达任务"的中产阶级霸权方面发挥过重要作用。[32]

然而,作为情感主体的个人话语是无法推导出的。我觉得,正是在对埃及情节剧的情感化的重视之中,个体才得到了强调。这些电视剧不仅直接针对妇女,也针对男性。虽然总体上而言,在这些电视剧中,男性较之女性更不易动感情,上层阶级较之下层阶级更不易动感情,但实际上所有角色都比欧洲或美国资产阶级所认为的合理状况要表现得更为情绪化。

在某种程度上,情节剧自身极端的表演在某些人看来是必需的。这些人的目标是"现代化"社会,家庭和亲属网络是其主要的社会方式,他们的文化形式直到最近(并且在有些地区是同时发生的）才被发现呈现为一种不同的方式，并且具有不同的人格构造。因此我首先要把情节剧的"情感结构"与其他阿拉伯文化形式进行对比，后者应当已经在自我建构和自我概念化中发挥过作用。我的一个目标是要揭示现代性和情节剧在主体形成过程中的关系特性。我进一步要指出的是，如同人们所生活的社会和经济世界的结构一样，埃及情节剧的形式与西方的肥皂剧以及生活的语境和形式具有至关重要的区别。为了表明我们如何从那种与众不同的情节剧的情感和叙事方式里发现埃及的个体的主体性形式，在最后一部分我将叙述一个妇女的生活故事和情感，她格外地沉迷在电视和广播剧的世界中。同时，我也将展现埃及人现代性的其他方面是如何加强或削弱了电视情节剧的工作的。

与众不同的主体性

无论就其与其他文化表达形式的互见还是根源而言，埃及电视剧在结构和情感方面都是截然不同的。电视剧由精通埃及、阿拉伯以及欧洲现代文学、戏剧和电影的人所制作。[33]虽然为了地方色彩、区域认同或唤起某种逼真（有时有"一般的"主角背诵箴言）而偶尔借鉴过"民俗"传统，但实际上城市中产阶级的情节剧生产者还是清楚地把他们的工作和"传统的"埃及以及阿拉伯的文化表达形式区别开来，而后者直到最近还广受生活在农村的没有受过教育的人们所欢迎。由叙事的、诗意的传统所创造的情感模式和想象同电视剧的有关内容之间的区别，还是十分明显的。

把当地民俗形式改编为电视时，这种差别更为明显。这一情况发生在1997年,当时阿布扎德·希拉里(Abu Zayd al-Hilali)史诗在斋月期间被改编为电视剧,这一史诗是阿拉伯口头叙事诗中最宏伟的作品。这一由几千部经文组成的史诗,讲的是巴尼·希拉(Bani Hilal)——一个贝都因部落,干旱使他们离开了位于阿拉伯半岛的家园——穿越北非的冒险经历。如同苏珊·斯里默维奇(Susan Slyomovics)提到上埃及和德怀特·雷诺德(Dwight Reynolds)提到下埃及时说的,这部由一些记忆力惊人、有语言天才、处于社会边缘的诗人非常专业地吟诵。[34]众所周知,这一史诗从来没有完整地表演过,但是当听众听到他们喜欢的部分时,他们能够了解所有那些被唤起的语境和隐藏的意义。[35]

在对这部史诗的口述版和印刷版本的差异的分析中,斯里默维奇(Slyomovics)指出,印刷版本(或是工作室制作的商业录音)是完整有序的,而不是分离残缺的,但它们缺乏表演所需的修饰性双关语。缺乏这种双关语表明了两种情况:印刷版本减弱了对语言本身或诗意的关注;更多地依赖于故事而不是双关语的多重意义来确立特色。[36]

电视剧和印刷版本(电视剧作者的创作基础)共享了一个按时间顺序来安排的线索发展以及弱化了的语言表演,还有语汇本身。电视剧把史诗转变为关于人际关系、个人憧憬以及激情的情节剧。很多内容安排在室内,这更多地改变了这部史诗。这些转变——从而符合系列情节剧的类型惯例——的最好例证是这个电视剧如何把英雄阿布扎德(Abu Zayd)加以戏剧化。[根据雷诺德(Reynolds)的说法,因为观众需求的影响,它很少在上埃及表演,而在下埃及较流行。][37]这部史诗的开始部分构成了电视剧吸引观众的最初的一周,也是最重要的一周内容。阿布扎德的故事讲的是,他是希拉里贝都因部落的雷兹(Rizq)和卡德拉·沙里发(Khadra Sharifa)的儿子,卡德拉·沙里发是麦加的圣族后裔的女儿,是穆罕默德的后代。卡德拉多年没有怀孕(在有些版本中是7年,有些版本中是11年)。尽管他们愉快地相处,但因为没有儿子,夫妻俩感到有些不幸。最后,卡德拉被带到一个水塘边祈求。她看见一只健壮的黑色的鸟正在驱赶其他鸟。她祈求一个像这只鸟一样健壮和勇猛的儿子。之后她神奇地生下了一个儿子——阿布扎德,这部史诗的英雄。在上埃及诗人创作、为斯里默维奇(Slyomovics)表演的版本中,怀孕和生产被描写得十分神速,卡德拉造访水塘之后的那个相爱的场景描写得更为详尽一些:

> 卡德拉·沙里发差不多已经失去信心了,但怀着一丝欲望她走到了那张华贵的床边渴求着。
> 她晚祷之后,雷兹来到了她身边。
> 卡德拉穿着丝绸的锦缎,她和他坐在一起,她穿着她最好的丝绸锦缎。
> 雷兹请求和她相爱。
> 她喜出望外!上天赐给她一个婴儿,这个婴儿将会震慑敌人!
> 她怀上了一个婴儿,连英勇的人也会被他震慑!
> 卡德拉经过了九个月。
> 他们迎来了埃米尔·阿布扎德,勇敢的埃米尔。
> 他们发现埃米尔·阿布扎德的皮肤是深蓝色的,并不像

他的父亲。

他们发现这个英雄,希拉里的阿布扎德,有着和黑奴一样的肤色。[38]

在雷诺兹记录的版本中,这段叙述更详细、更戏剧化,但是聚焦在别人对这个黑色婴儿的反应以及雷兹的愤怒和指控上。[39]没有一个版本详述主角在生产之前的感情。

在生产的那集电视剧中,在上埃及播出的只包括后六行,我们看到卡德拉将要分娩,焦急的父亲只能在门外等候,接生婆没有分身术(同时有三个地方需要她),分娩更加痛苦,丈夫祈求上帝。后来,当听到孩子生下来时,他双膝跪地,泪流满面,举起双臂赞扬并感谢上帝。然后我们看到丈夫在卡德拉所在的屋子里,站在接生婆和来帮忙的妇女之间争辩,接生婆拒绝给这个父亲任何消息。出什么事了?接生婆指着孩子说,"看"。他们小心地揭开了孩子的被子。在沉默中,伴随着音乐,我们看见了一个黑皮肤的孩子。母亲正安详地熟睡。后来她坐起来面对眼前的一切,她深情地抱起孩子,天真地说道:"这是我们的孩子,我和雷兹的孩子。无论他的肤色是浅色的还是黑色的,他是我们从上帝那里接收到的礼物。"但是她也开始担心。她知道有人会担心她可能被指控通奸。

不是说电视剧有动情的表演,而史诗没有。表演的史诗也描写感情,有传统的类似的处理套路。例如,在前面部分,雷兹和他的妻子为不能生儿子而哭泣。几行之后史诗讲述了雷兹是如何看别的男人和他们的孩子玩耍,上埃及诗人的版本这样讲道:

第五章 现代主题?

> 希拉里的雷兹看着他们,越来越伤心
> 在他的帐篷里,他泪如雨下
> 在他的帐篷里,他泪如雨下
> 他放声大哭,泪水打湿了他的面颊和手帕
> 卡德拉·沙里发在他的左边,也成了一个泪人
> 她是如此美丽,她爱他爱到极点
> 她是如此美丽,上帝所造,绝世无双
> 当他不在的每个晚上,她痛哭,悲痛欲绝地说道:
> "告诉我这是为什么,我的爱人,我的雷兹,你为什么哭,为什么?"

类似地,雷诺兹记录的版本中,雷兹说道:

> 我到了最后的底线了,我的精神快要崩溃
> 我这一生还没有见到一个儿子,传宗接代
> 我已经娶了八个姑娘,
> 有了11个女儿,她们都是公主!
> 这些女性的举止,啊!使我的精神崩溃
> 我因悲伤而哭泣,眼泪从我的脸颊上滑落。[40]

  但是电视剧聚焦于角色之间的关系以及一群人物的情感转变,例如这些人物经常凝视着天空,音乐唤起他们内心的情感。眼泪及其丰富的含义可以被认为是情感现象的表达,但电视剧没有运用这些套路,而是极力去表现人物的内心世界,通过面部表

情的特写以及戏剧化的行为来刻画人物的内心感受。此外，电视剧把那些神秘的英雄带到现实中，让这些人表现得和普通人一样。这与福柯所说的"去个性化"过程相一致，福柯曾将这种过程描述为极具现代规训制度特征。[41]通过对内心世界以及家庭空间（当然，出于预算和技术的原因，都是通过肥皂剧来表现）的不可抗拒的视觉呈现，这种规训制度被再度强化。[42]

正如所有的"民俗"传统一样，口述史诗关注的并非人物的内心世界的发展。埃及人熟悉的民间故事，都由人物的言行构成，几乎不包括"情感语言"或在戏剧中使用的手势和音乐。这并非是说，在这种文化传统中不存在对情感的详尽描述。在诗意的而非叙事的传统体裁中，就存在这类东西。然而我要说明，情节剧和诗的情感的地方化（或本地化），有一个重要区别。例如，我前面提过的阿拉德阿里部族的"小曲"（*ghinnaawas*），或阿洛德-阿里·贝都因（Awlad 'Ali Bedouin）的小调，就是情感的简短表达。[43]作为故事的一部分，虽然人们吟诵这些小调以表达特定人物的感情，或者在亲密的语境中用来表达对特定生活事件的感情，但这种做法总是墨守成规的、程式化的。在某种意义上来说，是非人性化的。这种做法被别人不断重复、挪用，因此毫无表现力。此外，诗的很多优点——如同希拉里史诗的表演——来自于他们语言中的诗意。

在埃及，对于死亡的仪式性哀悼，如同其他阿拉伯地中海地区一样，是另一种高度发展的典型的动情的诗歌艺术。[44]我在上埃及接触过一些电视观众。当地被称为"艾迪达"（'adida）的哀伤，是女性专业人士在葬礼上表演的。那种悲伤的诵经表达得

第五章 现代主题?

尤其动情,通过它的想象可以唤起强烈的情感。然而,如同伊丽莎白·维克特(Elizabeth Wickett)曾经揭示的,尽管想象很有力,"但不管对于哀悼者还是对于死者,这种悲伤都很少涉及情感状态的东西。"[45] 她补充道,哀伤是"在一个情感的场合表演的仪式文本"。因此,我认为,这种哀悼的语境与情感都极为有限,只适合于葬礼的仪式语境,与情节剧有着巨大差别。相比之下,情节剧的情感涉及的范围很广,与个体紧密相连,并被嵌入到日常的、普通的家庭生活中。

通过建立这样的比较,我并不是要尽力表明在现代和传统之间存在着无可逾越的鸿沟,因为实际上,"民间"艺术继承(并界定)了过去的传统,而情节剧则是前者的现在形式的承继者。所有的交叉引用(cross-referencing)以及转型都在发生,特别当"传统"形式侵略性地进入了与情节剧同时期的大众传媒世界时,情况尤其如此。[46] 我所要说的是,电视剧提供了独特的关于世界和人的想象性结构,尤其是在一种被定义为"传统"形式、"传统的生活方式"的情景中,现代作家和导演通过独特的想象性结构来表明他们与传统的某种不同。他们的特别之处在于使日常世界情感化,随之又强调个人主体的重要性,而个人主体恰恰是所有这些强烈情感的核心和源泉。

女性情节剧的女英雄

一天晚上,我在一个贫困的上埃及农民家庭中和他们一起看电视。这个家庭正面临各种危机,母亲开玩笑地说道:"我们就

第三部分　发展主义侵蚀着的霸权

是一部肥皂剧"（ihna tainthibyya）。这时可以看到，电视剧已经对她自己的生活观念产生了影响。我认为这种情况也会发生在那种更为私密的、个人化的层面上。为了解释这种情况是如何发生的，我要讨论我在埃及认识的一个生活在开罗的未婚女佣人，她痴迷于电视剧和广播剧，我叫她阿米拉（Amira）。为雇主做饭的时候，她打开半导体收音机。在可能的时候，她停下手中的活儿去看午间电视剧。回到自己家，她经常看晚间电视剧。她知道那些剧中的男女演员；她看过很多电视剧和电影。她聪明并善于表达，她能够很轻松地概述剧情，并且记得住很多内容。她很少看外国进口的片子，虽然她承认有一部美国电视剧《解开心结》（Knots Landing）是个例外。尽管她看不懂字幕，但是她宣称她能够看懂这部电视剧。

阿米拉未婚，没有孩子，没有负担。较之我在开罗认识的很多人，阿米拉有更多的自由看电视，更多地依赖电视为伴，并以之作为情感的社会参与的方式。因为自己一个人生活，所以某种程度上她是孤独的。她的母亲和兄弟还住在Manufiyya的农村。她有两个姐姐在开罗，一个已经结婚生子，她和二姐还见面。她和雇主家的一部分人无法交流，因为他们不说阿拉伯语。除了这家人外，和她经常联系的就是她那还未结婚的姐姐，不过她俩之间又经常发生冲突。还有就是她的朋友奈玛，也是一个单身妇女，也是从农村来到开罗和阿米拉一样当家庭女佣的。阿米拉和她未婚的姐姐以及奈玛经常在一起看电视。

阿米拉比我认识的很多妇女都更加多愁善感、更加情绪化。她经常被她所看的电视剧感动。我们一起看电视时，她会对某个

第五章 现代主题？

角色发表意见，她的意见都包含着道德以及情感的价值判断。比如她曾经评论《西米亚之夜》（她看过多遍，尽管这部电视剧有100多集）的一个片段，其中就包含着关于好和坏的价值判断。她怀着同情向我解释乌卡沙所写的另一部电视剧《宝贝和眼泪》[（Al-shahd wa al-dumu`）]中的一个角色：一个贫穷的、多病的男青年，因为他的母亲再婚顾不上管他，就抛弃了他。当她离婚之后她又把他接回来；但是她又再次结婚。这使得他的健康受到了损害并且变得有些神经质。阿米拉曾怀着对女主角的敬意，总结她对于这部电视剧中该段情节的主要看法："就权利来讲，扎纳布是坚强的、有意志力的。从一种不道德的结果来看，她并不怎么样。"

但是这样的多愁善感延伸到了其他方面。1990年有一次我们打开电视机看到一段伊朗人在地震之后哭泣的画面，这勾起了她为埃及足球队在世界杯比赛中输球之后哭了"一小时"的记忆。当时她没有睡，等到清晨来临观看这场比赛的电视直播。她心烦意乱，因为"他们如此努力、尽力，可是后来上帝没有奖赏他们"。球队输了比赛之后，她就哭了，后来当她看到埃及队员们哭的时候，她又哭了。"简直伤透了心。"

阿米拉也经常卷入到和姐姐、雇主以及邻居的冲突中。她给我讲了一些令她非常生气以及她如何被错怪的故事。她的邻居放了一条狗在房顶上令她感到烦恼。她和她的房东争吵，因为她不得不早上3点钟醒来去接满水罐并且搬到三楼，而那栋楼里其他时间没有水供应。她和雇主争吵，因为她被害得坐在门口的台阶上拿着为聚会准备好的食物，雇主本来许诺要回来取食物，但又

第三部分 发展主义侵蚀着的霸权

没有给她公寓的钥匙。

虽然我不能证明她卷入电视剧和她丰富的情感之间的因果联系，但我怀疑存在这方面的可能。然而，在电视剧和她对于自我的主体建构方式之间存在更为明显的关联，表现是她把自身作为她自己生活故事的主体。在所有我听过的妇女的生活故事中，阿米拉在这一点上显得十分突出，她的故事最为清晰地体现了情节剧的方式。她的故事是一个摩尼教世界，这个世界里有的人慷慨地帮助她，很善良，而有的人贪婪、吝啬，残忍地欺负她。

从她为了找到一个更好的工作来到开罗的故事中，我们可以看到这一点。她去当地的一个包工头那里找到了第一份工作。她来自一个贫穷的家庭，曾经在一个建筑工地工作，搬运泥土和沙子，干一天工作得一天工资。她之所以到开罗是因为她看到她的姐姐在开罗找到了工作，回家的时候穿金戴银。她第一次离家时19岁，但是第一份工作她只干了一个月。那个家庭虐待她。他们每天早上六点叫醒她干活，把食物锁起来、不给她吃。每月给她五六镑（那时相当于9美元）工资。她哭过不止一次，最后说服她姐姐来把她带出来，借口说她需要回家照顾一个生病的亲戚。此后她又换了几个雇主。每一次，她都找到一些理由，回到她乡下的家里不想再回到开罗。不过最后她在一个善良的家庭找到了一份工作，为他家做饭并且和他们相处了8年。这个过程中，不断重复着一个主题：剥削和虐待，这个无辜的受害者不断逃离厄运，直到命运让她遇见了一些善良的人。

然而，正当阿米拉讲述她的短暂的婚姻时，所有的戏剧元素都具体化了。到37岁时，她意识到自己太老了、没有希望结婚了。她认为自己丑陋——"谁会娶我呢?"不过之前,在1985年,当她大约30岁时,有人娶过她。那场婚姻只持续了29天,她最后不得不让她姐夫赔了那个男人一千镑(那时相当于700美元)让他和她离婚。她轻松地讲述这个故事;或许这是一个很好地彩排过的故事。他是一个管道工,在工作中与她相识。当他向她提起结婚的可能性时,她让他去和她姐夫讨论这个问题。他们订婚了四个月,但是她从未和他去过任何地方。当她建议去哪里时,他都拒绝。她于是觉得这是因为他不想让她知道他是什么样的人,或是不想让她知道他的任何事情。

他们一结婚,他就粗暴地对待她。他要她交出她的工资。她拒绝了,她说她要还一笔贷款。婚后她就打算待在家里。她认为,一个男人理应供养他的妻子。可是他把她锁在屋里。于是她希望摆脱他,她找到了她的姐夫——她认为他对此事负有责任,因为他先前应该去了解这个男人的背景——赔那个男人一些钱,让她单独生活。结果才发现这个男人是来自贫民窟的恶棍。阿米拉坚信他其实想要杀死她并夺走她的公寓。

她痛苦地补充道,那些埃及男人不是好东西。曾经有很多人向她求婚,包括在街头遇到的以及她在工作中遇到的。但是他们想要的只是她的钱。实际上,他们是想要她的房子。当他们发现她有一套房子和家具时,知道如果和她结婚,他们只需提供一些不太昂贵的东西作为嫁妆。比如她的前夫,结婚时提供了起居室的家具,但是她之前就已经有卧室的家具和那套房子了。(住房短缺,出租房除房租外还需付一笔高昂的"小费",装修房子的花费也不菲,鉴于这些都是新郎的责任,很多年轻男子发现他们结不起婚。）我问如果这样的男子和她结婚并待在一起的话,之后会发生什么事情,她说:"一旦他们有了房子和钱,就会娶第二个老婆。"

假如我像人类学家露丝·比哈尔（Ruth Behar）和劳雷·肯德尔（Laurel Kendall）一样追问这些生活故事的叙事质量,那么我们会发现,比哈尔的墨西哥报告人的生活故事是被苦难和赎罪的基督教模式所形塑,而阿米拉的故事则更接近于情节剧模式。[47]如同电视剧,她的故事的主题是钱,那个恶棍设法骗取她的钱财,而他的险恶背景又被发现得太迟了。这个情节剧的女主角天真善良,受到伤害并成为了牺牲品。为了寻求一种由她姐姐的华丽衣服和黄金首饰所象征的美好生活,她离开了村庄和家乡来到城里受苦,薪水微薄,并且在一所食物被锁着的房子里挨饿。她寻求爱情、友谊或是尊严——所有那些结婚可能带来的东西——但所得到的却是背叛和打击。[48]

然而,我认为讲述她的生活故事的最大意义在于,通过这种方式,阿米拉自我主体化,而情节剧女主的故事,事实上成了她自己的生活。或许部分出于对电视剧的喜爱,她曾经把自己视为情感的主体,这些情感席卷了她,令她变得更像一个个体。这种个体性把她置于一个现代公民的更好的位置上,受制于国家而不是家庭或社区,这正是某些民族主义以及中产阶级的电视生产者希望通过他们的情节剧所达到的结果。对于阿米拉来说,这种位置被她的生活结构所强化:她具有移民身份、和家庭分离、自食其力,她的私人公寓要支付电费水费,作为一个个体她得服从法律和交纳税收。

第五章 现代主题？

后殖民的差异

然而如果我们把阿米拉当作现代个性化主体，按照惯常的西方式线索，对其故事平铺直叙，那么就会出现某些困难。首先，阿米拉的悲惨故事的特点在于缺乏一些东西，最后总是失败。最为明显的是她姐夫缺乏认真承担的责任心，未能保护她免遭不幸婚姻之苦。更为普遍的是，她认为她的弱势在于缺乏强有力的家庭支撑，否则她不会去做女佣。她的空虚与错误的婚姻有关，并且不能像很多妇女一样拥有自己的家庭。我在前面指出过，在我所记录的女佣的生活故事中，妇女在家庭和婚姻中怀有的理想与她们所从事的既辛苦又没有尊严（从某种意义上来说，不把她们看作完整的人）的工作之间始终存在一个断裂。阿米拉的故事，更多的是从她自身作为一个个体的生活经历来讲述，唤起了一种她不曾得到的理想——作为一个有亲族和家庭来支撑的完整的人。

我指出亲属制度对于阿米拉依然十分重要，并非是说电视剧没有产生效果。毕竟，像我前面说过的，虽然类型化惯例鼓励拥有个性特征并符合政治要旨，包括促使人们成为公民和拥有广泛的社会归属，但电视剧在埃及也没有明显想当然地去挑战家庭观念。按照中产阶级的观念，核心家庭比扩大式家庭更为有效。但不管是哪一种形式，妇女以及大多数男性的角色归属仍然是在家庭之中。

然而，阿米拉的日常生活只是部分而不是全部受到了电视的影响。还有一些东西并非源于电视剧,而这些东西也十分重要。这部分是因为她脱离了家庭生活,并且不依赖亲属来获得一种社群、意图以及社会名望。阿米拉于是被引导上一条新的道路,这条道路通向个体表达和良好声望,并面向妇女。最近20年来力图以伊斯兰贯穿日常生活和政治的社会运动为创建这条道路起到了作用。意识到更深的复杂性、意识到持续的亲属制度的中心作用以及意识到把道德嵌入社会的埃及情节剧的方式,提醒我们,这种戏剧的现代形式以及自我的形式所带来的差异是诞生于一个具有自己特定历史的后殖民国家,如同迪佩希·奎克拉巴蒂(Dipesh Chakrabarty)讨论孟加拉时所说的那种现代性的自身形式。[49]

宗教实践,同工作和看电视一样,也是阿米拉日程表里的一桩事情,这种宗教实践构成了她的自我感知以及她所理解的她的世界的颜色。因为清真寺在80年代和90年代的繁荣,因为该时期人们普遍接受妇女在那里祷告并参加宗教课程,所以阿米拉频繁地参加宗教活动。对于下层以及中产阶级的城市女性来说,这没有什么不同寻常。然而,使她比较依赖电视以及可以自由收看电视的同样因素——单独居住,未婚且没有孩子——也使得她更加有规律地去祷告。她周五去清真寺,有时在工作之余也去,并且还去参加斋月的特别祷告。在斋月里有特别的奉献和禁食,还有大量的电视可看。[50] 她戴着合适的头巾,这已经成为虔诚的城市中产阶级的体面的时尚标志,也没什么不同寻常。但是阿米拉有规律地去清真寺参与宗教课程,已经强化了她作为一个穆斯林的认同,并赋予她的穿着以特定意义。卷入这些宗教实践以及身份认同的结果是,阿米拉被拽入了一个社区。按照电视剧作者的说法,这不是一个个体公民可以与之相联系的国家社区。[51]

阿米拉在很多宗教方面的遵从还是自我导向的,因此可以被看作是遵循着电视剧的个性化的、深入人心(纵然很多宗教权威宣称反对电视)的类似轨迹。有一个特别的例子是,她十分认真地遵守禁食的戒律。如同很多埃及的穆斯林一样,她在斋月里每天禁食,如果有日子因为月经而耽搁了禁食,也要后面补上。[52]她还在其他所有可能的、穆斯林日历上建议禁食的日子也禁食。从她经常要求别人在一些很小的事情上宽恕她——如她生了别人的气,乃至替自己从雇主家的橱柜里拿了一片蛋糕——也可以看出她很在乎自己。她讲起她犯过的错,想通过禁食、祷告来洗刷这些罪恶,并请求别人宽恕。这些都震撼了我,因为她的生活是如此地遵循道义并且力求得体。这种执着的自我关注,似乎是因为受到了清真寺课程的言辞的教诲。[53]

在一定程度上,电视自身似乎也在变化,以适应(更不用说改变其合法性)这种新的宗教实践和认同的张力。这种情况在宗教性的电视剧,即关于早期伊斯兰历史的古装剧中长期存在。这些电视剧通常在午夜播放,并不十分流行。如同所有的宗教节目,它们与流行的晚间电视节目分开,如同宗教划分一样。但是在90年代后半期,很多演员参与了那些在斋月期间播出的投入巨资的宗教/历史剧,很多作家和导演突然被号召来制作这样的节目。其结果是,这些电视剧变得非常流行,以致新上任的电视制作的领导在1997年宣布并谨慎地指出,在未来几年里,他们计划拍摄更多的关于"我们阿拉伯伊斯兰传统"的电视剧。

191

第三部分　发展主义侵蚀着的霸权

那些早期在斋月期间播放给孩子看的、由希拉里史诗改编而来的连续剧,正是这种努力的一个方面。虽然严格地说,它还不是一个宗教节目,但它为讲述真主提供了一个重要的空间,如同口头表演的史诗被吟诵对于穆斯林来说是一种重要的认同一样。然而,电视版本中的宗教笃信形式和以传统诗歌表演的口头史诗之间,存在很大不同。这就表明电视宗教,正如阿米拉的方式一样,可以作为新的宗教个性化的一部分。

在埃及表演的史诗中,神的力量是一个永恒的主题。所有伟大的行动以及奇迹的发生,如同英雄阿布扎德的诞生一样,都和神有关。这些史诗通常以颂扬穆罕默德的诗句作为表演的开始。这种颂扬的诗篇介绍了那些将被吟诵的片段的主题,但也如同斯里默维奇(Slyomovics)所说的,它具有颂扬诗篇自身的修辞效果,这种诗篇与穆罕默德的诗情和地位联系在一起,穆罕默德的神圣语言就是奇迹,同时诗篇还颂扬了那些作为穆斯林社区一部分的观众。[54]

电视剧也描绘了神的奇迹般的力量——在电脑特技效果中,如同那只形似卡德拉祈子的强壮的鸟。但在大多数情况下宗教人物是作为情感化的角色姿态——人们的祈愿、恐惧以及感激。当英雄的父亲雷兹焦急地等待着他的妻子临产时,我们能够清楚地看出这一点。这时有一个切入的场景(或许是在同一天的日出时刻),他站在他的马旁边,看着日出,他高举双手祈祷。回到家里,他的双手紧扣在一起并且祈求上帝保佑他的妻子平安。当他被告知他得到了一个儿子时,他一遍又一遍地重复道:"万分感激,我的主。"他面向屋子的另一方,手臂伸向空中,感谢神在这么多年之后慷慨地赐予了他一个儿子,结束了他的悲伤,使得他能够面对人们,他的家族得以延续。然后他双膝跪地,再次感谢神。此后,他的妻子说她得到儿子如同得到一份来自神的礼物。在这些场景中,被强调的是一种个人信仰,而不是神的力量。虔诚已经被转化在自我的特性之中。

60年代末期,杰出的人类学家詹姆斯·皮柯克(James Peacock)写了一本关于印度尼西亚无产阶级戏剧的书,他在那本书里所讨论的是"现代化的仪式":现代化使得参与者渴望并满意于现代行为(线性地达到顶点)和目标(个人的成就以及核心家庭)。虽然他的分析是复杂的,但他和那个现代化理论家们自信的假设享有共通之处。印度尼西亚,如同其他所有国家一样,处于现代化的道路上;现代性是一个突出的条件,它的特征很容易勾画(理性化、一般化、官僚化、中心化、专门化、货币化、婚姻化);并且,现代性真正是好东西,例如,它倡导个人主义,以不断增加的自由和不屈从作为标志(如同福柯后来所提醒的)。[55]

我的观点有所不同。90年代早期,在一本流行的妇女杂志中,西方世界非常有名的埃及女性主义作家纳瓦·埃尔-萨德维(Nawal EL-Saadawi)的女儿穆娜·西尔米(Muna Hilmi),写了一篇赞美美国肥皂剧《勇士与美人》的文章,当时这部剧在埃及的电视中播出。[56]她对这部被知识界广泛责难的电视剧做了不同寻常的赞扬式的评价,她把这部电视剧与埃及的电视剧进行比较,后者被其认为是无情地关注社会和政治问题。她赞美美国肥皂剧的女性主义(那部电视剧有坚强的妇女角色,那些妇女决心获得她们在生活中以及职业上所需要的东西),尤其是对于人类心理

第三部分　发展主义侵蚀着的霸权

的探索。她本应、但实际并未提及精英对于埃及情节剧的情感夸张的不屑一顾——这种不屑一顾在文章开头我所描述的那部讽刺剧中是如此明显。

我在这里所要呈现的，是埃及情节剧的丰富情感以及在某种程度上以生动的内心世界来建构个性特征的方式。这种生动的内心世界源于一种自身的努力，它在埃及的风格及其社会环境中发展出来，是努力生产世界主义作家所赞扬的个性心灵的过程的一部分。但是这是一种不同的个性心理。如同美国肥皂剧《勇士与美人》那样（政治语境的缺乏使得在埃及检查官看来，这部电视剧没有什么危害），[57] 人类心理不是在一种一般化的空泛语境中建构出来的。在政府控制的媒体里工作、满脑子都是国家发展的意识形态以及埃及社会主义观念遗产的生产者们，坚持明确地将自身放置于社会、道德的国家关系之中。一种武断的宗教认同的霸权正在社会中日益增长，很多人不愿接受那种认为宗教实践及道德不是现代日常生活一部分的观点——穆娜·西尔米及其所代表的那个阶级很可能不赞成的东西——因此现代性的方向显得交叉多变。在某种程度上，我认为情节剧会是宗教实践中关于自我的一个新的焦点。情节剧也许会鼓励个体化的主体成为复杂的现代世俗主义者，如同西尔米所希望的。但是持续不断的亲属纽带以及现代的那种渴求伊斯兰身份的政治，又把这些个体引入了一个不同的方向：使他们进入某些社区并且屈服于其他权威和法则。

《十月杂志》封面展现的斋月电视剧里现在以及过去的明星,1997。

第六章 矛盾的真实性

全球中的民族文化

20世纪的最后20年,埃及的日常生活发生了彻底的转型。 开始于70年代的"开放政策"(*the infitah*)改变了国家化的进程、国家生产以及50、60年代纳赛尔时期极为重要的限制进口的政策。伴随着所谓的经济自由化,对于阿拉伯联盟以及社会主义的意识形态诉求也终止了。埃及向国外的投资开放,恢复了地主和生意人的身份,还有一个巨大的美国政府和众多跨国公司的存在,后者尤为明显地体现在全球化名义下的消费领域中。麦当劳、必胜客、切诺基吉普车进入了开罗富人区,并在20世纪的最后10年中逐步升级。高级购物中心、度假区以及法国和意大利公司的服装精品店一时云集。最近,电视广告的生产价值也发生了巨大改变,这些广告使用打击乐来促销可口可乐,由联合利华(Unilever)和宝洁(Proctor and Gamble)生产的不同品牌的洗衣

第三部分　发展主义侵蚀着的霸权

液之间展开了竞争,用当地电影明星去争抢女性消费者。

与政治—经济过程相一致,某些家庭和阶级能够受益和利用这些商业机会(但是这意味着越来越多穷人的经济以及社会地位的严重下降),则是另一个方面的转型,例如,在开罗街头可以观察到,一些新款的宝马轿车正在进入很多埃及人的生活。[1]这是一种不断增长的霸权,如同我在第五章勾画的阿米拉的生活所显示的,是一种自我意识的伊斯兰认同以及实践(祷告、宗教课程、会晤以及反基督教修辞)和随身物品(衣服、清真寺、书籍和磁带),它们担当、体现并反复灌输着伊斯兰认同。相伴而来的,是伊斯兰组织得到强化(有的是激进分子),专业的联合组织(比如说律师和医生的)转变为由具有强烈宗教认同和信仰的人所掌控。[2]

这种明显的矛盾倾向之间的关系是复杂和混乱的。一些分析者已经对各种政治、经济、社会、文化事件及其过程进行过考察。我在后面两章中将讨论媒体与这些方面的关系,这里我要指出的是,除了每个方面所具有的自身逻辑以及内因和外因的驱使之外,在这些过程之间还存在一种辩证的关系。

然而,对于分析公众文化的所有人来说,这种矛盾的国家发展的一个最有趣的方面,在于其如何摆正埃及知识分子(包括作家、艺术家以及电视剧生产者)的位置。受过教育的人会自认为是社会评论家和思想构建者。对于这些人来说,近十年是他们大显身手的时代。我将说明,一个印证已经出现,即这些受教育者试图协商构建他们非常埃及味的公共文化身份,这种身份介乎这几种角色之间:被伊斯兰教徒所默认的泛伊斯兰(以及反西方)

第六章 矛盾的真实性

身份，具有广泛受众群及感召力的宗教领袖，以及被新老精英们所拥护的（崇尚西方的）世界主义者。这种建构身份认同的努力在90年代的一些电视剧中表现得尤为清楚。我在本章中将要讨论其中两部这方面的电视剧。

和知识分子在早期反殖民的民族主义中所做的一样，电视剧生产者（他们在国家管控的电视台的发言的能力被正式认可）为了清晰表达埃及文化的本质或真实性，正尽力形塑关于埃及当代状况的流行意识。用阿帕杜莱（Appadurai）的话来说，他们极力生产着那种文化的、在他们的电视剧中建构的"族群认同的差别"[3]。这与今天遍布世界的很多文化主义运动一样，这不是一个制造反国家认同的过程，而是一种意味着要支撑起这个民族－国家的政治认同的后援行为。这些知识分子——总的来说大多是世俗的，并且大多是在一种强大的民族主义体制下接受教育并宣称要进行革命性的社会改革的——试图要削弱的，一方面是供职于经济自由化框架下的世界性的商业精英的后国家（postnational）认同，另一方面则是伊斯兰主义者。伊斯兰主义，就其关于社区（the umma）的"前国家的"（pre-national）宗教性定义，以及其主张民族—国家分裂，可以被看作"后国家的"，是在公开的争吵（在穆斯林和基督教之间）以及威胁国家机构的完整性和合法性中同时产生的。虽然电视生产者会从埃及的文学、印刷媒体以及电影中抽取既有的形象，但是，当下的语境、观众以及他们在当下情景中的自身的观点，都会给予这些电视剧一种特定的影响。[4]

由知识分子通过电视剧流行媒体生产出来的话语进入当代埃及人的社会生活，会产生怎样的影响呢？我在前几章已经谈到，政府及精英们长期以来一直力主发展主义的意识形态，同时知识分子运用策略想在广泛的阶级当中树立文化本真。我要特别探究的，就是在此背景下这些策略所带来的种种矛盾性。更成问题的是，这种文化认同的方式被持续地成为全国性的，与其他的从属机构和发挥着巨大反响的"变音符"形成了断裂。

90年代发生在埃及、坚持要通过电视剧实现文化认同的案例，对于希望把宽泛的问题归结为全球和地方之间的关系的人们，可以提供很多教训。如果这一案例确实可以支持一种不断发展的共识——即文化是一种自觉地流行以及传播的东西，文化是一种在国家跨越国界的复杂世界中与流动的认同相联系的东西——那么它也会让我们想到，关停这种文化项目是不可能的，它不可避免地在改变社会政治图景、结构性竞争以及会在历史中发挥作用。在结论部分，我会考察为什么这种努力能在这个时期的埃及被诉诸实践，以及这对于国家和全球化之间的关系能说明些什么。

90年代对于连续剧化的认同

90年代中期，两部由流行明星主演的电视剧使得对于埃及的认同以及本真性的关注得以成型。这两部电视剧在它们的两类社区目标受众（"普通观众"以及其他代表批评家的知识分子成员）间所产生的强烈反响引起了我的注意。我注意到第一部

第六章　矛盾的真实性

电视剧《阿拉伯图案》（*Arabesque*）是因为一个朋友从开罗带给我一大摞关于这部电视剧的剪报。这是1994年斋月电视剧中讨论最多的内容，由埃及最好的电视剧作者乌萨玛·安瓦尔·乌卡沙（Usama Anwar `Ukasha）编剧，其名望由于辉煌的多集历史剧（《西米亚之夜》）而达到了巅峰，这部剧在四年的斋月期播放。发表在主要报纸和期刊上的文章聚焦于主要角色哈桑（Hasan）［由受大众欢迎的演员萨拉·萨丹尼（Salah al-Sa'dani）主演］，故事中他是一个从祖父辈开始就从事木刻——阿拉伯图案——的艺术家，居住在开罗一个传统或普通的地区附近。

　　这是一个关于主人公自己为了国家而斗争的故事。故事情节包括：一把由他祖父雕刻的珍贵的椅子的失窃、1973年战争中他为国家服兵役、1992年地震他遭受精神创伤，也涉及原教旨主义的危险、人才外流以及承担社区义务的重要性等。这个主角打算成为一个伊本·巴拉德（ibn al-balad，字面意思是"国家的儿子"）原型——本土的、本分的、贫穷但是真诚的埃及人——的现代版。不论在戏剧、文学、电影还是在日常生活中，这个原型长期以来代表着一系列可敬的行为特征及价值。

　　另一部电视剧叫《我不想过父亲那样的生活》（*Lan a `ish, fi gilbab abi*），逐字的翻译是"我不想生活在我父亲的长袍里"[5]。这是一个关于阿卜杜勒·嘎夫·阿-伯里（`Abd al-Ghafur al-Bur'i）（由久负盛名的努尔·谢里夫扮演）从穷人变为富翁的故事。阿卜杜勒·嘎夫来开罗找工作（虽然这只是基于一个短篇小说，小说还有一个小标题——阿卜杜勒·嘎夫的儿子作为主要角色）[6]他被置于一个普通的布拉克（Bulaq, wikalat al-balah）地区的废

第三部分　发展主义侵蚀着的霸权

金属大商人的庇护之下，最初只是作为一个搬运工。由于他的诚实、勤劳以及聪明（也由于他的雇主及其监护人的慷慨），阿卜杜勒·嘎夫最终成了这个市场中的一个最富裕、最有影响力的废金属商人，他的工厂和企业还在不断发展。

在这部电视剧中，和他日渐富裕同样重要的是他的家庭生活。他和一个年轻女子［由阿布拉·卡米尔（`Abla Kamil）扮演］相爱并结婚，这个女子和她的兄弟拥有一辆卖食品的手推车，专门出售一种典型的给埃及穷人的食品（kushari）。他们白头偕老，十分感人。这部电视剧的很多情节围绕他们的儿女来展开。他们有四个女儿，婚姻各不相同。他们的儿子苦恼地为独立生活而进行斗争，包括宗教、到海外学习，以及和一个美国人的一段短暂的婚姻生活。

两部电视剧都植根于真实以及真实的埃及人的价值。换句话说，两部电视剧都是关于文化认同的。其中阿卜杜勒·嘎夫这个人物具有谦恭的、贫穷的背景，居住在为人熟知的、拥挤的城市"传统"街区，即没有富人居住的老城区[7]。这个人物，如同阿姆布鲁斯特（Armbrust）曾经详细讨论过的，是一种社会类型，也是忠诚这样的价值特征的体现。运用这种类型在现代电影中有一段历史了。这与另外一个形象形成了反差：ibn al-zawat，贵族之子，具有西化色彩，在20世纪五六十年代的电影，以及像乌卡沙的《宝贝和眼泪》（*Al-shahd wa al-dumu*'）这样进步的电视剧中，被描绘为道德堕落的、不可靠的人物。这与运用阿卜杜勒·嘎夫这个电视剧形象来建构埃及人的文化认同的策略很不同。

第六章 矛盾的真实性

怀旧的方式

《我不想过父亲那样的生活》运用了一种怀旧的方式。通过各部分情节以及角色，展示了关于文化认同和真实的中心主旨。例如，主要角色阿布杜（他的妻子这么称呼他）是一个具有很多优点的埃及男人。他诚实、专注，愿意做各种艰苦的工作，无论这些工作多么卑贱，他都以此谋生并且不断壮大他的家产。富裕之后，他没有忘记他的出身或社区，而是力图赋予它们以尊严。而且他绝不缺乏幽默、也不笨手笨脚。他有勇气、目光炯炯、机灵并充满智慧。但是他的上述所有一切，由一种落伍的法则所引导。在这一点上，他属于那种正面但老套的角色形象。

电视剧作者穆斯塔法·穆哈拉姆（Mustafa Muharram）向我讲起这部电视剧中的这些主角时，说他们是坚持传统和习俗的人，金钱没有改变他们的本质。他所担心的是迅速致富的人面临"遗忘他们的博爱、诚实以及家庭价值的危险"。他选择了一个"简单的"人作为主要角色，是为了教育人们如何行事、如何生活、如何记住那种重要的价值，这些东西"仍然存在于大众化的环境之中"。阿布杜代表那些可靠的埃及人，他们在当下经济、政治急剧转型的年代，找到了一条正确的生活道路。[8]这个角色被有意地置于大众阶级之伊斯兰主义的泛滥与西方化的世界性的上层阶级之缺乏根基之间。

阿布杜的单纯的宗教虔诚是他的可靠性的一个组成部分。不像那些在清真寺里善待儿子、但最终因为儿子拒绝入教就想要杀掉儿子的伊斯兰主义者,阿布杜的虔诚是真诚的。作为一个年轻人,他态度谦逊,并且对他每天得到的面包怀有感恩之心。他尊重、听从他的宗教领袖的建议;一旦打定主意,他就和妻子走上通往麦加的朝圣之旅;他尊重别人,诚以待人;他在施舍方面细心和慷慨。后来一个留着胡须、身着白袍的伊斯兰组织成员强迫他进行一次数额巨大的捐助,这种谎言激怒了他。他说他不需要被提醒才来施舍(zakat);他每个月都这样做。然后阿布杜教导这个年轻人说,应由真主而不是由他来判断什么才正确,他认为自己正用合适的方式行善,以至于他的左手并不知道他的右手正在做什么。他建议年轻人应该去找工作,而不是乞讨。

  阿布杜的传统主义也体现在他作为聪明的家长的角色中。他是一个善良的家长的代表,有一点点粗暴,但这是因为他爱他的家庭。很多观众把阿布杜联系到他们所称的"西·萨伊德"(阿-萨伊德·阿哈迈德),那是纳吉布·马哈福兹(Naguib Mahfouz)的开罗三部曲中一个令人烦恼的家长。(在此需要说明的是,和阿布杜相关联的并非是小说中的人物,而是根据小说拍摄的电影或电视剧中的人物。)[9]然而,一提到这个人物,人们或许又会否认他们之间的相似性。明显地,阿布杜这个人物唤起了人们对于早期家长的记忆,很可能是因为他在很多方面与西·萨伊德不同。一个最为明显的差别,是他们在家庭中对于妇女的严格。萨伊德对于妇女应当保持传统标准的严厉态度的常例是,如果他的妻子偷偷溜出去参观一个重要的圣人的圣地,回来就会受到他的严厉惩罚。[10]

  电视剧的主角阿布杜则不同。他并不严厉;他仅仅是在他的原则和价值方面比较坚定。虽然他反对很多"现代"的方式——

第六章 矛盾的真实性

其他阶级的人或宣称放弃原有的根的人的方式——但他并没有表现出严厉和专断,而是采取一种合适的方式。他对儿子严格,是为了把儿子塑造成为一个男人,能够自立。但这使孩子不太高兴,要经过很长时间才能悔过自新并勉强接受。和纳吉布·马哈福兹小说中的人物阿-萨伊德·阿哈迈德一样,阿布杜也曾经因为他的妻子违规惩罚过她——这是因为他的妻子违背了他的愿望,未经他的许可就同意他的女儿参加上流阶级邻居家的生日派对。但是他没有像马哈福兹小说中的那个人一样残酷地把他的妻子逐出家门。阿-萨伊德的父权制的问题在于它是如此地不公平,他妻子的违规其实是清白的(去参观一个圣地),而他自己却过着一种双重生活(经常和妓女和舞女交往)。相比之下,阿布杜对于妇女应遵守老式规矩的坚持则显得表里如一而且很明智。阿布杜怀疑邻居的男孩打他女儿的坏主意(下面将展开讨论),结果证明他是对的。他认为他的家庭不该和邻居家进行交往,果不其然;他天真的女儿的悲惨经历和蒙羞就是证明。他对于女儿们严格要求,不让她们跑出去参加俱乐部(那些与他们同样富裕的家庭也如此),是对她们的保护和为了她们的名誉(他所珍爱的另一种价值)。

更为有趣的是阿布杜的婚姻,呈现出一种超乎寻常的爱情。很多观众、包括我自己在内,都认为这是这部电视剧的核心。这种婚姻关系可以归为一种新传统(neotraditional)的类型,因为我认为它结合了典型的"传统"成分(比如劳动力的性别分工)、"现代的"以及中产阶级式(伴侣婚姻及核心家庭)的成分。不过后一成分在电视剧中有所替换,并且与"传统价值"混杂在一

第三部分　发展主义侵蚀着的霸权

起。因此，对于这桩婚姻的描绘，突出地代表着像电视剧作者这样受过教育的专业人士所面临的问题，在电视剧中他们极力通过更加"传统的"——更低下的——阶级来描绘真实性。尤其是，我们看到了他们怎样把他们的价值观强加于、或至少是混杂于他们所描绘的这些群体对象上，使得电视剧实际上更迎合广大中产阶级观众的口味。在费特玛和阿布杜的婚姻中存在着对那些未曾存在过的事情的怀旧，这浓缩了当代浪漫的中产阶级婚姻观念（选择、真爱、亲密）和父权（有关爱），其中还掺杂有一些陈旧观念和成分，而这些东西或许并非是下层阶级的人实际所拥有的（例如把妇女限制在家庭领域）。

男人和女人们对于"传统"角色形象的观念化始于结婚。阿布杜告诉他的新娘，她现在什么也不担心了，因为他是她的爱人、父亲、兄长以及丈夫。在新婚之夜，当他们俩默默地沉浸在幸福之中、新娘怀有几分惬意的腼腆时，新郎让新娘坐在床上，说他要告诉她三件事情，以便作为他们开始婚姻生活的正当的立足点。这只是一个做作的、感情用事的场景，但是它非常有意义，他温柔地（被公认为是聪明地）定下了这些条件。他的三个要求是：当他下班回家时总要有一点吃的东西；让她不要羡慕别人、不要拿自己所拥有的东西和别人比；她永远不可把家庭秘密透露给外人。他接着说，不过，她想做家务就做，不想做就不做。第二天早上，他发现她起得很早，正和她兄弟把食物放到推车上、准备去卖。他建议她别再工作了。

费特玛于是被她的丈夫所供养，免于艰辛的生活。她作为家庭的情感中心，在家庭空间里过日子，这是她所在乎的。作为一

第六章 矛盾的真实性

个出身贫穷的家庭妇女,她曾经不得不工作,又恰因工作而认识了她现在的丈夫(他们一见钟情),于是现在她能够生活在一个传统家庭当中,作为妻子和母亲,照顾全家人。

传统的劳动分工的观点,即妇女应待在家里、男人外出挣钱,自然是一种基于阶级基础的观念。这种观念在马哈福兹的小说中可以体现在阿-萨伊德·阿哈迈德那样富有的商人家庭,但是它在底层阶级中并不适用,在底层阶级中,妇女长期不得不卷入到家庭事务或各种非正式的工作中。[11]此外,如果我们对女性的家庭生活的意义进行深入考察,会发现,受过教育的中产阶级生产者自身在关于埃及人身份的真实性方面是十分矛盾的。

如同历史学家所指出的,母亲身份、妻子身份的观念在20世纪早期随着中产阶级在中东各地的出现经历了意义的转变。[12]这些角色对于妇女来说实际上成了需要训练的职业。相应地,费特玛表现出了(有点讨人喜欢地)作为一个现代家庭主妇和母亲的不足之处。她只知道她的孩子正在接受教育(她结结巴巴读错了"政治经济学",那是她儿子即将学习的大学课程),而不是在道德上训练他们;她不懂得室内装饰。她的传统主义在她求获中产阶级观念的失败中暴露无遗。

她的传统主义的好的一面,是她全身心扑在丈夫和孩子身上,以及她的坦诚。她的诚实、顺从、无私所得到的回报在一个场景中得到显现:他们刚结婚时,当阿布杜因为生意上需要钱而向她求要金手镯(一个妇女的个人财产)。她马上就把手镯给了他,当他问她是否真的没有不安,她说:"如果你需要,我会把我的眼睛给你。"此后她得到了一些非常漂亮的替代品作为回报。

那场戏以她拥有了大量的金手镯为结尾,这是她的姑子们所羡慕的,但是却成了那些有品味的人的笑料,因为富有可以通过其他方式,而不是金手镯的重量来体现。

更加有趣的是阿布杜的男性气质。如同剧本作者告诉我的:"他是那种欲望极强的丈夫。"他呵护并热爱着他的妻子。他不断地要求她为他祷告。他们祈求真主不要离开他们。他不仅使她获得了经济上的富足以及情感上的幸福(并存在一些性吸引的暗示),而且在他们的卧谈中完全忠实地与她分享所有重要的事情。尽管他忙于生意,但他是一个有家室的人。在这里我们需要考虑这是一种什么样的"传统"男人。如同坎蒂犹娣(Kandiyoti)在讨论土耳其人时曾经说过的,中东的男性气质的观念在20世纪早期的现代主义改革中发生了转变。那种专断的家长受到指责,并且与乡村生活的贬值也有关系。城市中产阶级的理想是一夫一妻制的丈夫和照顾孩子的父亲。阿布杜具有这些优点,尽管他有着传统的装束和伪善的语言。因此,《我不想过父亲那样的生活》提供给观众的,是对于某种新东西的怀旧性的观看,这种新东西是一夫一妻制的家长的新形式,涉及一种相互关爱和伙伴关系的婚姻,婚姻中的伴侣爱护、关心和在乎他们的孩子的生活和幸福。那种对于西·萨伊德的真正的开罗式家长的描述,已经很难再感动人,并且很难得到真正的埃及人的赞赏。

阶级的含义

尽管阿卜杜勒·嘎夫这一选择性的形象具有现代化的浪漫气

第六章　矛盾的真实性

质并混合着吸引人的特点，但《我不想过父亲那样的生活》还是会遇到一些接受方面的困难。我将揭示，富于传统观念和价值的真正的埃及人一旦与出身贫寒、没有受过教育的人发生联系，就会出现问题。

这部电视剧最扣人心弦、最戏剧化的组成情节有关政府的部长，他在电视剧的主角所买下的高档的新建筑中租了一套公寓，电视剧主角搬到了扎马勒克（Zamalek）——开罗的一个古老的精英地区，河对面就是废金属市场。当我谈到这部电视剧时，很多观众自然会提到这位政府部长，细说他和电视剧主角之间关系的一个或某些方面：包括他的儿子的贪婪、不道德地追求并且和阿布杜的大女儿结婚，或是他的家庭与阿布杜的家庭之间在生活方式以及价值观方面的重要差别。这两个男人之间的关系在这部电视剧的某些重要情节里得到凸显，这些情节忽略了主角对传统规范的依附，而展现他的道德之高尚如何战胜了另一方社会地位的优越。

费特玛（择按：现实中的费特玛，与剧中阿布杜妻子同名）是一个居住在开罗的从事家政劳动的寡妇，自己养活了五个孩子。电视剧中关于部长的负面刻画恰巧与她某个方面的困境相吻合。我在第四章提过，她抱怨护士和白领工人的行为，除此之外，她还批评政府对于穷人的疏忽以及政治家们不公平地聚敛财富。当我问她对这部电视剧的观感时，和很多其他观众一样，她的第一反应就提到男女主角的演员（努尔·谢里夫和阿布拉·卡米尔），并深深为之感叹。但她随即讲到那位政府部长，说："就是那些政客侵吞了国家的财富。（1992年）那场地震摧毁了房屋，我记不清楚了,好像是美国政府还是其他国家给了我们很多援助,包括被褥和其他东西。我向上天发誓他们说将把那些东西给人民,但是没有人见到这些东西。那位部长就是受益者之一。他们瓜分了这些东西。他们说,分一些东西给一两户人家,剩下的就归他们享用。当时真正让我恼火的是国会。"

起初,当抱怨她的孩子很难找到工作,或是难以得到足够维持生活的工资时,她也提到过关于国会的话题:"在国会里,那些人每天都在讨论,我就在那儿看着那些部长们。我从电视里看他们。国会里的每个部长都有很高的工资。为什么他们需要每天在这里聚会?难道一个月碰一次面不行吗?"她认为这些部长们也像她一样干一天活儿得一天的工资。与其他们拿这些钱,不如用这些钱来雇用穷人。她这样描述自己居住的社区:"那里人满为患,到处是孩子。脏水横流,嘈杂不堪,到处是垃圾和污物。但是官员不到这些地方。钱不应该用在国会,应该用到穷人身上,让他们有工作。我的妇女邻居,她们能做任何事情……如果给她们工作做,她们就不会整天坐在门口把社区弄得这么脏,而且也不会生那么多孩子。"

其他的家佣对于(部长)这个角色的反映更加模棱两可,这清楚地表明了电视剧对于巴拉迪人(baladi)的核心描述与前面章节中讨论过的对于受过教育的人的一贯的尊重之间的矛盾。萨米拉,一个被其外国丈夫抛弃后陷入困境的妇女,现在通过白天为欧洲侨民料理家务来维生。她对于那个政府部长家庭的同情使我感到惊讶,尽管其他公众对此已有明显的负面描述。她说:"部长的儿子要娶房东的女儿。部长因为退休了,没有太多的钱。部长

第六章 矛盾的真实性

的儿子还是和那个女孩离婚了。他不爱她。的确,一个部长的儿子怎么会娶一个来自这样的(贫穷)地区的人的女儿呢?女孩的父亲穿着一件宽大的长袍。你看他们在请客的那天是怎么吃的。他们用手把鸡撕开。一个政府部长和这样的人的确有很大区别。"

萨米拉所表达出来的对于有钱、但仍然是乡巴佬的巴拉迪人的反感,显示出了她对部长家庭的认同,尽管这与《我不想过父亲那样的生活》的意图有悖。电视剧对于以自我为本位和贪婪的儿子的描述,对于自负、专横和自以为是的母亲的优越感的描述,以及对于起初傲慢而后来倒霉的部长的弱点的描述,均没有什么含糊不清。但是萨米拉对于优越感的崇尚源自她所受的教育以及此前的婚姻,这使得她反对那种对阿布杜的浪漫描写。和很多埃及人一样,这种观念被她的自我规范所鼓励,被那种存在于很多电影、电视剧中的强烈的叙事习惯所激发,而在那些电影和电视剧中,巴拉迪人或下层阶级的人需要通过教育、现代化来被教化,才能意识到他们自身的社会、民族的可能性。

剧中的巴拉迪人对自我混杂的身份处境有明显的意识,这又使得我所认识的很多家政工作者从中学到了一些电视剧原本并不试图表达的东西。有四个当了母亲的人,其中一个受过一点教育,她就具有对电视剧进行新的解释的能力。她因为丈夫年纪太大,所以做了清洁工。她认为阿布杜的女儿除了高估了自己的身份以外,其他都很好。她说:"有一点不好,她应该嫁一个和她门当户对的人;那或许会更好。她在乎的是他是一个政府部长的儿子。这就错了。她的家庭和对方家庭并不匹配。她后来被抛弃了。对方娶她是由于贪婪,对方母亲也贪婪。哎,对方其实看不

第三部分　发展主义侵蚀着的霸权

起阿布杜家的人。这真不好。"这个妇女的结论是那部电视剧很有用，因为它教会了女孩子，不要高估了她们的社会地位。

这位妇女有关社会阶级的议论，在她关于这部电视剧还为父母提供了一种教育的想法中流露出来。阿布杜的儿子在童年时发生过一件事，这件事导致了父亲和儿子之间的不和，因为阿布杜拒绝开车送儿子上学，并且没花该花的钱、拒绝为学校提供原则上要求的捐赠，这使得儿子在私立学校读书感到羞辱，在同龄人中显得没有什么资本。谈到这个情节时，这个妇女说："如果这个父亲受过教育，他就不会误解这种方式。他可能会意识到在那种学校，所有孩子的父母都是要捐助的。如果你送孩子到私立学校，你就不得不支付所需费用。我们应该把孩子送到附近的学校，送到那种我们能够负担得起的学校，这样孩子就和他们的同龄人一样平等。每个人都应该处于符合他的社会地位的位置上。"

当我问她阿布杜的儿子认为他父亲不爱他是否正确（由于上述被剥夺的权力），她做出了肯定的回答。"但是"，她接着说，"我认为那个父亲犯了一个错误。他应该做的是让儿子明白为什么他要做这些事情。我以前教育我的几个年纪较大的孩子，如果我拒绝他们中哪一个做某件事情，我会解释为什么。我对他说：'我令你感到失望并非是因为我吝啬或是认为你不应该得到这些东西。不，亲爱的，是因为这样、这样一些原因。'甚至对我那个已经结婚的女儿，我都尽力告诉她不要向家里索要太多的东西。不是因为我要剥夺她的权利。绝对不是，而是她应该靠她丈夫供养。现在我还活着，我死了之后，她到哪里去拿？如果丈夫不供养她，她只有艰难度日。"

第六章 矛盾的真实性

当我问奈玛对《我不想过父亲那样的生活》有何看法，她可怜地说，"实话告诉你，我真的很喜欢它"。不过还有些东西令她感到羞涩和不安，因为她自身也是一个没有受过教育的普通人，她的举止和穿着更像电视剧中的主角、而不是她那贵族气派的雇主。这种羞涩和不安在她对这些人以及她自己的矛盾心理中显现出来，表露在她对阿布杜家庭的性别角色的反应中。她把这个家庭视为"那种从前的家庭。父亲回到家时，所有人就聚在一起、并在一起吃饭"。当我问她是否这真的代表着一种以前的家庭，她纠正了自己的说法，说这是介于过去和现在之间的家庭。然后如同我访问过的很多人一样，她提到了西·萨伊德，马哈福兹小说中的主角，以之作为一种过去的例子。她把阿布杜和他进行比较，后者更具有一些"现代风格"。她把阿布杜描述为兼具巴拉迪人和"现代风格"的混合体。

对奈玛来说"现代风格"是什么意思？她首先讲，过去没有电视和收音机。主要的区别似乎在女孩和妇女的行为方面。她说："在西·萨伊德生活的时代，不允许（女性）与外界接触。女孩不能单独外出，妇女也不准出门。"当我向她说明阿布杜的妻子费特玛也不出门的事实时，她提出了一个重要观点："是的，她不出门。但是他没有对她说'不能出门'。她是一个宁可待在家里做家庭妇女的人。"不过奈玛不同意我认为有感情的、宽容的费特玛是一个模范母亲和妻子的观点。她佩服费特玛对于丈夫和家庭的忠贞，但是觉得费特玛没有受过教育，觉得与外界隔离是她的缺点。奈玛解释说："妇女应该出门。因为一个人走出去，她会学到很多东西。越是频繁地外出，学到的东西越多。就是所谓的见多识广。但是她只是待在家里,和家务、厨房、饮食做伴,操心今天吃什么东西。除了饮食之外还有很多需要学习。比如,打理房屋、重新布置房间、摆放花卉。她对这些都一无所知。那间房子盖起来之后就没有变过,像是一栋旧时的房子。一个东西放进去就一直不动,除非主人死了。"

我对她把装修作为一个现代化的标志并且追求这样的方式感到好奇。她举了她雇主的例子加以说明,她回雇主的房子去看过,那里重新装修过,重新摆放了家具并改变了厨房的结构,改变了设备、颜色以及橱柜。对于居住在贫困社区的妇女来说,这些简单的事情都不会做。其中一些妇女的家里甚至没有足够的炉灶。很多人家没有冰箱。一些人家公寓里没有自来水。如果有的家里有架子、小桌子,那么她们会用报纸来盖这些东西。她们的家具通常是结婚时就配备的,要用一辈子。

还有,对奈玛来说,"现代风格"不仅是重新装修,还意味着受教育以及过上一种复杂的生活。从她列举的费特玛和她以前的雇主之间的反差,可以看出后者忙碌而善于处世的生活。雇主虽然受过教育,但被说成是享受家务并且总是在家里忙碌,尽管也会去俱乐部、宴会和她的朋友、女儿见面。奈玛说:"费特玛(阿布杜的妻子)是一个好人。她明白事理。但是她没有一个受过教育的妇女知道得多。"她也把那位政府部长的妻子作为一个积极的例子。"那位政府部长的妻子以一种更加傲慢的方式讲话,不会用像kidda(一种低级的讲话方式,意为'这般')这样的词。难道不应该这样做吗?居住在扎马勒克(Zamalek,一个精英社区)的人有谁像费特玛一样讲话的?这是不对的,这太过于像巴拉迪人了。费特玛应该学习更多西式的(*afrangi*)东西,最好要成为社会的一分子。否则一个妇女永远只会待在家里,足不出户,不知道如何与人交谈、与人相处。坐在厨房里为如何烹调而犯愁。"

对奈玛来说,做一个具有一点"现代风格"的人是一件积极的事情。然而,接受教育、知道如何独立地协商一种社会生活、外出和西方化,这是所有上层阶级妇女的特征。这些特征中她只具备其中的一部分,作为一个一辈子大多数时间在进行劳作以及独立生活的人,她打算外出,打算通过外出而获得知识。因此她似乎看不起费特玛,但却无法达到那种她认同或是评价过的部长妻子的标准。奈玛的感想,在她的一个佣人朋友所做的评论中得到了响应。有一次我和这个朋友讨论一部我们正在观看的电视剧,电视剧的主角是一个教育工作者,她说:"对,他们是好人,受过教育的人。"当我反对道:"尽管你没有受过教育,但你也是一个好人,"她回答:"的确,但是如果受过教育,那就更好,更明白事理。"

在埃及,现在不可能用一个阿拉迪人来代表所有好的东西。通过教育获得发展和启蒙的话语过于强大,这已经经过了一个多世纪的发展。在现代主义者的话语中,如同阿姆布鲁斯特在讨论电影时指出的,巴拉迪人总是因为他或她的无知而被诋毁,即使他或她的真实性受到尊重。的确,这部电视剧在最后一集中无法抗拒进步话语,这与我在第三章中所分析过的对待农民的发展主义相一致。如果阿布杜和他的妻子费特玛确实是让人喜爱的角色,可以满足某种怀旧的希望,可以代表过去和现在的好埃及人的标准,那么最终,他们还是一种过去的代表。

第三部分　发展主义侵蚀着的霸权

剧终讲述阿布杜的儿子和小女儿在职业以及婚姻方面的决议，为他们这代人指出正确的道路。未来包括接受更多的教育（儿子在海外接受教育；小女儿在开罗的美国大学读书），以一种现代方式去努力工作，富有成效并且不丢失自己的价值和文化。儿子最终步了父亲的后尘。但是他将更成功，因为他更了解世界，并且他能读能写。儿子看到希望，娶了他的堂妹，这符合他的身份与价值。而且她也受过教育。另一方面，阿布杜的小女儿选择了她哥哥的好朋友做丈夫。她的行为与上一辈人不同：她与他的相遇不是依靠（在社交场所陪伴未婚少女的）年长女伴（chaperone）。但是她有一个内心的年长女伴——她自己的原则——防止她在邂逅中做那些不应该做的事情的原则。在赢得她的芳心之前，她说服对方要做一个富有成效的公民。他们许诺要和有知识的、受过教育的专业人士结成恩爱、和谐的一对。如同剧本作者所描绘的，他们的婚姻将成为一种建立在相爱和相互理解之上的模范婚姻。

《我不想过父亲那样的生活》中有一个令人难忘、不断被重复的信息，即阿布杜的一个老主顾曾经给他的建议："让他们（你的孩子）受教育，他们会比你更出色。"这就提出了那个棘手的问题，正如阿姆布鲁斯特写到的，这成了很多埃及大众文化的主题：如何不失去自身的价值和传统（也包括真实性）而又变得现代。[13] 当被运用到社区和表达文化时，这一问题最经常在两个层次的微妙转换间得以体现：一个层次是被正面肯定了价值观念的伊本·巴拉德（ibn al-balad），即普通人（sha'b），它也可以被当作形容词，用来指称群众和表达性文化的大众（sha'bi）。如同黛安·辛格曼（Diane Singerman）指出的，"大众"包含着本土的观念；还有一个层次是较为负面的表述，巴拉迪（baladi），这包含着狭隘性以及下层阶级认同的含义。[14]基于对开罗普通社区的研究，黛安·辛格曼观察到："作为国家和埃及特征的认同的汇集，那些普通人身上具有一种真实性，并且相信他们体现着这个国家的价值和信仰。"[15]此观点与电视剧作者把这样的人浪漫化的观点相同。但是很多下层阶级观众对于《我不想过父亲那样的生活》的反应表明，他们和那些受过教育的中产阶级一样，对这些作为国家的真实性的代表的社区群体并不重视，而鄙视他们缺乏深思熟虑和现代性，并把这些归咎于埃及的"落后"。[16]

《阿拉伯图案》：意识的回归？

《阿拉伯图案》是我将讨论的第二部电视剧。在表层上，它好像也有很多类似的议题。就像一位女管家帮我总结的，这部电视剧基本上以家庭主妇为主，关于一个普通的（巴拉迪人居住的）社区及其真实性，还有一种已经不复存在的技艺。这位女管家提到的其他主题是外国人带给埃及的危险性。在这部电视剧中，外国人要去偷一个埃及的国宝（由我们的主人公的祖父制作的雕有阿拉伯图案的椅子），他们要绑架一名在美国受过教育的埃及科学家，这位科学家正回到祖国准备奉献他的知识。

然而，深入考察这部由重要的电视剧作家所撰写、并且明显地提出了文化认同问题的电视剧，却可以发现一些十分重要的差异。我在前面分析过的关于伊本·巴拉德（ibn al-balad）人形象

第三部分　发展主义侵蚀着的霸权

的一些矛盾心理,被植入到了本剧主要角色的身上。虽然这个主题是真实的,但是这部电视剧毫无怀旧色彩。它不仅涉及坚持价值观的重要性,而且在某种程度上探讨了什么样的价值观能够继续使人们面对现在——一种国家的、与当代政治场景相联系的现在。

这部电视剧的作者乌萨玛·安瓦尔·乌卡沙(Usama Anwar `Ukasha)——较之撰写电视剧本的很多同行,表达得更为清楚并且更加政治化——直言不讳地宣称,居住、工作在普通社区中的工匠阶级作为埃及人的代表是没有问题的。他的主角哈桑(Hasan)是一个使人困惑的充满了矛盾的角色。由于毒品的影响,他草率地泄露了那把雕花椅子的秘密,那个象征着他的文化及其家庭遗产的国宝。这一泄露导致了这把椅子的失窃。阿马尔·贝克(Amal Bakir)采访了担当主角的男演员萨拉·萨丹尼(Salah al-Sa'dani)。阿马尔·贝克谈到哈桑的角色时说,他是"一个出卖了国家并参与了战争的头脑简单的埃及人。这个人消息灵通,有艺术细胞、可靠、聪明、勇敢、乐于施舍,他爱他的国家并且维护它的真实性;但是在另一个方面,他又是精神不振的,是一个暴徒、懒汉、败家子,并且身陷毒品和相关事情中,还有其他不良品质。"[17]男演员说,他被这个角色所吸引,是由于这个人充满了矛盾以及情绪上的摇摆不定,但他是一个伊本·巴拉德人。批评家和男演员都承认这个角色代表了在当代寻找自己的出路的伊本·巴拉德人,这个时代潜伏着一些巨大的危险:"一个公民通过出卖自己的艺术、真实性及文化转变为投机者的危险的时代。"

虽然一篇新闻报道提到剧中人物与一个现实中在Khan el-Khalili

工作的工匠之间的相似性,并把后者描绘为一个真实的伊本·巴拉德形象(大方、勇敢、通情达理、有男子汉气概、支持他的社区、乐于助人、公平地解决争端),充满溢美之词,但其他人看到了这部电视剧创作中的一些缺陷,即作者对于那个代表着真实的埃及中下层阶级的工匠的模棱两可的描写。[18] 有几位作家赞扬剧作者对那个埃及母亲的复杂性的描写,这个角色(与《我不想过父亲那样的生活》中纵情的费特玛不同)对待她的孩子严厉,缺少爱,并且担心他们。而一个新闻记者抱怨,把哈桑作为埃及的精华代表是一种悲观主义,因为"哈桑的阿拉伯图案是不明智的埃及人的例子,这样的人具有难以置信的才能和能力,但是环境阻碍了他;他在艺术上具有创造性,但是过于软弱而不能遮掩他的弱点;他具有行动的能力但是他不这样做;他最终表现了埃及正在经历的危机"。[19]

乌卡沙对此的反应是,坚持认为主要角色是一个处于危机中的人。首先,他强调说埃及人的文化认同的危机议题十分重要。其次,这是为了"正视原教旨主义,在这种原教旨主义中你看不到'国家',只有宗教;在这种原教旨主义中,没有人会说'我是埃及人',只说'我是穆斯林'"。[20] 换句话说,对乌卡沙的工作而言,政治和文化是融合在一起的。国家意识与文化的本质是联系在一起的,那种埃及人的特征或人性再次主要由居住在传统城市社区的伊本·巴拉德人来体现。[21]

如同所有乌卡沙的电视剧,《阿拉伯图案》把日常生活与国家政治联系在一起。在《金字塔报》(*Al-Ahram*)这份官方报纸的一篇充满溢美之词的评论中,著名诗人和知识分子艾哈迈

第三部分　发展主义侵蚀着的霸权

德·阿卜杜勒-穆阿迪·赫加齐（Ahmad`Abd al-Mu'ati Hijazi）认为,《阿拉伯图案》把埃及人从沉睡中唤醒，恢复了他们的记忆，创造了一种国家意识。[22]他还说，这部电视剧的目标是"再次把国家存在的议题放到我们的集体意识中……我们不仅仅是观众，也是构想国家精神要髓的国民大众……并且考虑国家的未来，提出那些沉寂了多年的问题，面对那些前所未有的事实……在经年累月的失忆之后再次恢复我们的记忆"。[23]

不同于《我不想过父亲那样的生活》中与政治无关的怀旧，《阿拉伯图案》有一个对于未来的政治化的开头。报纸的作者也注意到，小巷/社区（hara）代表埃及并且很像埃及，它的历史开始是愉快的，但是之后状况变坏，"后来直到悲惨的当下，事件呈现，向前发展，其间混杂着那些当下之星——作恶者、无知者、小偷及伪君子。"与此相应，一些良民把他们的梦想和情感投向了过去，变得怀旧。[24]但是，他接着说："被灾难击溃的人正是要保护我们不向危险逼近的人，他们不是为了保护他们的个人兴趣，而是因为原则。"因此这部电视剧呼唤一种国家意识，以及在埃及的可靠的阶级中显示出来的对于未来的希望，这些人既没有摆脱自由化和向西方开放后给埃及带来的新资本主义的腐败的余波，也未屈从于一种伊斯兰主义者对于外国人的憎恨的说辞。

在这里，乌卡沙通过那些伊本·巴拉德人的形象逐渐形成了一种象征埃及国家的丰富传统。如同莱拉·埃尔-哈马姆西（Laila El-Hamamsy）指出的，如果这个术语在19世纪是用于表明那些本地的穆斯林人口，以便区别于外国统治者和精英（如土耳其帝国的人、法国人以及其他欧洲人），那些与外国统治者相关的少数宗教群体（埃及基督徒和犹太人）或来自诸如北非的其他阿拉伯地区的群体的话，[25]那么到了至少1941年，当被大多数期刊用来代表一般埃及人的卡通形象由受过许多教育的"阿-米斯里·艾芬迪"（al-Misri Effendi）变为伊本·巴拉德人时——因为他"代表了一个更加独立和不受约束的个性"[26]，这一形象已经开始更为专门地与"传统"或非西方化的民间传说联系在一起，不管指的是乡下人还是城里人。

从极具个性的索桑·埃尔-米西里（Sawsan El-Messir）在70年代早期对于伊本·巴拉德人（他们遵照老的规矩，不使用外国字，笃信宗教，受教育较少，勇敢、慷慨、滑稽，忠诚于家族和邻居，乐于助人）的广泛研究，到当代《广播电视杂志》以及其他期刊的讨论，这个形象一直在文学、电影以及现在的电视中被不断提升，魅力持久。现实如何被搬上银屏以表征伊本·巴拉德人和埃及的社区，在对此问题的各种各样的回应中，这一人物的理想化是十分清楚的。一个曾经扮演过伊本·巴拉德人的男演员指出，不但这个人物没有被社会和经济的变化所改变，而且那些"伊本·巴拉德人坚持原则和价值观、传统以及宗教的教养。"一个布景师同样指出，这些普通人之所以与众不同，和《我不想过父亲那样的生活》中的主角阿卜杜勒·嘎夫（`Abd al-Ghafur）一样，是因为时代没有改变他们。国家社会和犯罪研究中心主任艾哈迈德·马吉德布（Dr. Ahmad Al-Majdub）痛斥电视剧错误地表现以及消极地描绘了一个普通的社区。他使用社会学的语言争辩说，事实上这些地区的人"维护了埃及的过去的习俗"，诸如友好、团结、奉献，因为社区人们拥有恒久不变的面对面的关系。[27]

第三部分　发展主义侵蚀着的霸权

乌卡沙在《阿拉伯图案》中用真实的、过时的埃及的文化（现在受到批评）的模棱两可的形象代表这个国家。如同剧作者在回答一个记者的采访时解释的［这个记者比较了他的早期电视剧，从《西米亚之夜》到纳吉布·马哈福兹的三部曲］："或许我们时代的每个作家都读过马哈福兹的三部曲，如同一代俄国作家都读过果戈理的小说一样。马哈福兹影响了我们所有人的选择：我们更为喜欢的氛围；那种保存着埃及人的个性/特征（尤其是出于真实性的考虑）的普通的街道/社区；担心埃及人的文化认同将会消失。"[28]

我们一直是跨国的

电视剧的作者明显地把政治愿望与承诺一个埃及的文化认同联系起来。乌卡沙解释道，虽然他过去是一个阿拉伯民族主义者，但他现在相信国家消亡的结论以及对于文化认同的问题的回答也已经蜕变为："我们是谁？"在《阿拉伯图案》及采访中，他探究过一系列可能的回答。"我们是帕洛尼克人？"在这里他引用了阿诺德·汤因比（Arnold Toynbee）以及贾马尔·哈姆丹（Jamal Hamdan）的话（后者是一本关于埃及文明的重要巨著的作者），大意是"一些遗产和遗迹继续建构着当代埃及文明"。[29]在这里他援引了一个早期民族主义者的话（我在讨论《南方人的梦》的背景时讲过），即20年代以及30年代在古埃及寻找现代统一体的资源。[30]第二个问题是，"我们是埃及基督徒吗？"他隐约地指出，虽然在埃及基督徒已经是一个少数群体，但他们的仪式是唯一真正的埃及艺术。后一个问题是,"我们是地中海沿岸居民吗?"他驳斥了早期知识分子对于地中海沿岸居民统一体的断言,认为这种话语是为欧洲的文化力量和兴趣服务的。[31] 最后,对于"我们是阿拉伯穆斯林吗?"这个问题,他回答,并不完全是。他承认一种持续的相互作用和影响以及一种文化的复合体。但是他最终宣称阿拉伯贝都因人"是在预先存在的埃及文明的本质中的唯一原初力量;他们没有改变这些本质自身"。[32]

乌卡沙否认伊斯兰或阿拉伯民族主义的生存能力,说:"只有一种埃及民族主义。"但是这种构成是文化的同化以及杂糅的力量。在1994年接受马哈茂德·卡杜西(Mahmud al-Kardusi)采访时,他坚持认为"唯一的认同——如果我们一定要有一个认同——是关于我们如何吸收或挪用了其他文化,不管是通过占领、殖民化,还是新的开放政策。始终存在一个埃及化的过程……这个过程源于埃及人的自尊以及对于埃及人(Egyptianness)的尊重"。[33]

乌卡沙的结论是埃及人(Egyptianness)具有埃及化"他者"的能力。我1997年访问他时,他正在写一部由三部分构成的电视剧,他在剧中着力探讨了这一主题。这部电视剧的第一部分在1998年1月的斋月期间播出,名为《西欣雅》(*Zizinya*),这部剧的地点是亚历山大港的一些街区,包括西欣雅,发生在1940年至1950年期间、大批外国人撤离和纳赛尔把苏伊士运河收归国有*之

---

* 1954年10月,英国被迫同意把它的占领军在1956年6月13日以前完全撤离埃及领土。1956年7月26日,埃及政府宣布将苏伊士运河公司收归国有。10月29日,英国伙同法国,并和以色列相勾结,发动对埃及的侵略战争,战争以埃及获胜而告终(http://baike.baidu.com/view/15672.htm)。——译者

第三部分　发展主义侵蚀着的霸权

前。如他所说,那时,"他者"和埃及人比邻而居,分享着他/她的日常生活。有希腊人、美国人以及意大利人。这部电视剧中甚至还有一个犹太人家庭。对于乌卡沙来说,这部电视剧的问题是,谁影响谁?哪种文化处于支配地位?在1997年的一次采访中,他再次重申了他对于贾马尔·哈姆丹(Jamal Hamdan)的理论的赞赏,这个理论认为,埃及是一个巨大的胃,这个胃的酶消化了外国的文化,创造了那种独特的混合体,即"埃及的个性/特征"。[34]

如同90年代的很多电视剧,《我不想过父亲那样的生活》和《阿拉伯图案》两部电视剧都通过外国人的形象讲出了关于文化认同的关键问题。吸引了很多普通人的电视剧《我不想过父亲那样的生活》把美国人罗莎琳德(Rosalind)表现得完全不同于埃及人,并且以"不是我们中的一员"作为结尾。表现她奇怪的特征是借以表扬埃及;她要在埃及定居,在那里,她说,家是亲密的,并且在街上也不用担心;她还皈依伊斯兰教,嫁给了阿布杜的儿子(一个居住在欧洲的年轻人,他决定要"娶一个具有欧洲女人特征的妻子——表现在她的能力,她的教育程度,她对于责任感的认同上"——但她也应该是一个埃及人并且十分虔诚。因为,他说,"虔诚是一个好的品质个性的基础")。尽管罗莎琳德的阿拉伯文十分糟糕,但是她具有一些令人钦佩的品质。她工作努力并且承担着生活,不像阿布杜的那个冷漠的女儿。但是她把钱看成是最重要的,并且没有给她的丈夫带来幸福。他们的婚姻失败了,但她的婆婆费特玛觉得松了一口气。

《阿拉伯图案》更加复杂。在这部电视剧中,外国人是作为恶棍的角色。但是就不同国家间的关系而言,真正的问题是尽管有征服者,却都存在一种希望埃及获胜的本质。《阿拉伯图案》的结论是,只要人们对于社区怀有忠诚、并保存好过去的价值,那么埃及人的真正胜利必定会到来。有一些恶棍是外国人,有问题的当地角色则一般是两个,他们进入大学并且极力远离社区,还与其他阶级的人竞争。当记者问及这样的情节是否要表明是教育毁坏了价值观,贾迈勒·阿卜杜勒-哈米德（Gamal 'Abd al-Hamid）导演解释道:不是学习而是野心毁了人们。那些下层阶级的妇女在大学里看到了富人的生活方式并且受到了影响,然后她就想逃离这个社区。[35]

这样的"埃及特征"的建构在公众中产生了什么样的反应？我要再一次表明,如同那些由伊本·巴拉德人渐渐变成没有文化的巴拉迪人的形象一样,这会让观众又爱又恨。有两个原因:首先是对于真实性与"朴素的"阶级之间关联的复杂的阶级设想,这一点我已经提过并将在下文做进一步说明；第二,这会否认伊斯兰教甚至阿拉伯人身份的重要性。

通过检验电视剧中埃及的真实性的关键象征——那种被称为"阿拉伯图案"的复杂的木刻——这一阶级议题得以凸显。受人尊敬的女演员胡达·苏坦（Huda Sultan）（我将在结论部分更为深入地讨论她）在受访中说,那个手工制作的阿拉伯图案联系着一种逝去的价值观——那种国宝是无价的。[36]但是什么样的真实性是阿拉伯图案呢？首先,对于很多观众来说,对术语本身或许已经感到迷惑。这不是一个阿拉伯词语,他们更乐于把那种木刻描述为"玛莎比亚"（mashrabiyya）。它不是一种当下存在的东西,而是一种过去的手艺,如同那些女工在谈论这部电视剧时

第三部分　发展主义侵蚀着的霸权

所说的。玛莎比亚在老城中那些宏伟的老式建筑中可以看到，但很多现在只能在博物馆看到；它被陈列在伊斯兰博物馆中。它并非是不重要的。阿拉伯图案今天被卖给两类人：旅游者和渴望一种清晰的中东风格的古董收藏家，以及埃及人和试图表达他们不同于西方的具有阿拉伯传统的精英分子。阿拉伯图案的鉴赏因此属于一种精英和昂贵的口味，埃及的穷人或中低下阶层的人则无法享用，这些人需要的是那种批量生产的现代性符号，尽管阿拉伯图案这种特殊的产品是在他们居住的胡同中制造出来的。[37] 事实上，复兴这种高质量的玛莎比亚的最大工厂是由印第安纳大学一位受过训练并想让这种手艺存活的民俗学家阿斯艾德·纳迪姆（As'ad Nadim）创办的。这种东西现在卖给那些遍及整个阿拉伯世界的富有的顾客。因此阿拉伯图案是一种关于真实性的讽刺性象征，因为它恰恰把最能象征真正的埃及本质的阶级排除在外。

第二，如同一个新闻记者在问乌卡沙时指出的，为什么使用一种阿拉伯-伊斯兰的艺术形式来象征埃及的文化认同？乌卡沙的回答从一个文化认同的极端角度，显示出他的立场是多么成问题。他说："没有什么东西比他们的艺术更能表现人们的文化认同。"他简单地否认了阿拉伯图案作为阿拉伯-伊斯兰传统的理解，无论是玛姆鲁克时代（Mamluk）还是法蒂玛时代（Fatimid）（中世纪埃及历史的两个时期）。反之，他认为，阿拉伯人进入埃及时（17世纪）[38]，类似于阿拉伯图案的木制品在埃及基督徒教堂的馈赠中被发现。这种对于埃及真实性之阿拉伯和伊斯兰特征的贬低，于那些十分在乎要感动他的公众的人来说，是一种狡猾的策略。《阿拉伯图案》被那些有家属在埃以战争中牺牲的人、被那些仍然对巴勒斯坦人抱以极大同情的人观看。甚至到今天，对于巴勒斯坦人的同情这样一种态度都还被官方的言论所支持，尽管阿拉伯民族主义的观念已经普通破灭。自从1952年革命以来，几十年的教育已经强化了埃及文化认同的阿拉伯特征，这种强化是通过阿拉伯语言、文学以及地位骄人的民间故事、辉煌的阿拉伯-伊斯兰的历史英雄而实现的，而且如同埃尔-哈马姆西（El-Hamamsy）指出的，大众传媒"促进了观念的扩散以及口味的标准化"，以至于许多的"文化血亲"（cultural consanguinity）被创造出来。[39]面对以埃及文化作为阿拉伯文化的一分子的普遍观念（尽管与富裕的海湾地区阿拉伯国家之间有不断增长的敌意和距离，以及自70年代以来萨达特总统追求的复兴埃及的法老遗产方面的政策），加上上埃及乃至西北部海岸的乡村人们为拥有阿拉伯血统（起源于阿拉伯半岛）而自豪，如果还固守一种革命之前的文化精英的观念，即主张纯粹的（即使是经过消化的）埃及民族认同的话，那么这样的电视剧将会显得多么不合时宜。

更多的疑问在于，大多数观看《阿拉伯图案》的人十分强烈地感受到，成为穆斯林对于渴望成为一个善良的、有道德的人是十分重要的。新任命的国家电视台的节目制作部门的领导告诉我，在90年代后期，宗教电视剧以及关于中世纪阿拉伯的历史剧日益流行。[40]当谴责"极端主义"时，甚至乌卡沙也坦言"埃及人是所有穆斯林人中最为虔诚的"。[41]他还曾经表达了他在最近十多年的"挥动古兰经"（waving Qur'ans）中对于电视官方策略的关注，此策略迫切地宣称要通过设计宗教节目成为一个好的穆斯林，并自负地打断节目以号召祈祷者，并将越来越多的脚本递交

第三部分　发展主义侵蚀着的霸权

爱资哈尔（Al-Azhar，主要的宗教机构）审查。[42]他宣称他是"反神权的"（anti-theocratic），相信公民国家，并举例说明了在欧洲文明发展过程中教会没落的重要性。[43]但是这种强烈的世俗主义在埃及只是很少的一部分，世俗主义与不断增长的一小部分知识分子相联系，这些知识分子捍卫现代派改革（或是左派的一些看法）的"启蒙"价值观。如果说在纳赛尔时代，埃及的爱国主义和阿拉伯主义是在修辞和政策上侵蚀宗教认同，那么目前的政府则并不认同世俗主义，尽管他们也消极对待"极端主义"。[44]数百万观众涵盖多个阶层，他们笃信伊斯兰教，而且把成为穆斯林当作其社会身份认同的关键。他们如何能够接受这种宗教的缺失，又怎么接受"埃及的特征"是世俗的，以及如何以一种平静的、个人的方式来严守教规？

观众对于1998年斋月期间播放的《西欣雅》的第一部分的反应似乎是冷淡的，虽然这部电视剧被新闻报道称为当年最宏大的节目，耗资600万埃及镑，由埃及很多受人喜欢的演员出演。这部电视剧通过主角——这个主角在他威严的、传统的埃及穆斯林父亲和他文雅的意大利母亲及舅舅之间的两个世界来回移动——对文化认同进行了直截了当的处理。相比在斋月期间大量播放的历史剧和具有特定政治倾向的电视剧的普遍价值观，这部剧较少受到媒体的关注。特别是，那些支持华夫脱党派（活跃在那个时代的"自由"党，在反对英国方面不怎么使用武力）的人被激怒，他们攻击乌卡沙如同当年《西米亚之夜》被视为过于纳赛尔主义一样。从一个专栏作家的指控中可以看出这种批评腔调，这位作家指出，在第三十四集中，乌卡沙"贬低了华夫脱党

第六章 矛盾的真实性

作为一个受大众欢迎的领导反英斗争的党派的角色。埃及的每个民族主义者曾经被华夫脱的民族主义学校所教育、激励。除了《西欣雅》的作者之外,每个历史学家以及观察者都这么认为"。[45]

再者,还有一点并不清楚,即一部明确地涉及埃及人的主题、与土地和场所相联系、能够吸收其他东西的电视剧,如何能够明确地被人们所接受,这些人对于外国人的革命前(1952)记忆被限制在阶级差别的视域下,并且他们目前的感情在长时期的民族主义的反外国的政策中已经被锻造,被用以构建埃及的历史、讲述民族-国家的领土要摆脱外国统治束缚的故事所强化。[46] 为了年轻一代的利益[这代人生活在有关苏伊士运河国有化(《纳赛尔的1956》)[47] 大量进入影视剧(那些在电影院中公映的电视电影)的时代],这种民族主义最近已经得到复苏和美化。根据这部电视剧的导演穆罕默德·法迪勒(他过去经常与乌卡沙合作)的说法,这是一部试图与埃及集体主义的消沉进行战斗的电影。他要给人以希望,展示"作为埃及人,我们能够完成所有事情,而不是像目前有些人说的我们经济贫困和不稳定,除了屈服于新的世界秩序将别无选择"。[48]

但是,即便没有怀旧的迹象,自从1967年战败——那时萨达特和穆巴拉克已经通过"开放"政策开始了"全球化"——伊斯兰主义的普遍话语已经对越来越多的人具有感染力,并开始激发反西方的态度。观众真的能够接受《西欣雅》中的主角吗?这个人沉溺于酒色之中,穿着欧洲人的衣服,戴着土耳其毡帽,抢夺他父亲和他同父异母兄弟的东西,却与一个已经被指定为一个宗教兄弟会首领的牧师关系友善。更为可疑的是,人们如何接受那个带有阿拉伯口音的希腊杂货店主？这个人不但坚持把他的商店开在受大家欢迎的胡同里，因为那里的人善良、"沙哈马"（*shahama*，即伊本·巴拉德人的高贵、勇敢、友善以及慷慨的品质），但宣称他是一个埃及土耳其人，这里也是他的国家，这个国家受到（英国）入侵，他必须帮助他的国家进行战斗。《西欣雅》放映时我不在埃及，我无法回答。然而，基于媒体对于外国人以及殖民占领的描述，以及人们与富有的外国人的长期接触，我怀疑对于下层阶级甚至中产阶级观众而言，努力去与欧洲人重归于好是很难接受的。

结论

在埃及，文化工业似乎不仅担负着艺术或娱乐的生产，而且还担负国家教化的生产。虽然前面的章节叙述过那种注入到电视剧中的发展主义，而本章所关注的是，主要在90年代，文化认同本身是如何成为一些重要的电视剧的主题和目标的。这样一些出现在国家控制的电视台的作品不可避免地把民族—国家密切联系起来。尽管西方学术界已经宣布了这种民族国家的死亡，在埃及和其他地方，现实当中的政治和经济力量都对国家主权、统一和合法性带来了冲击，但对于很多个人和社区来说，这仍然是一个社会和政治生活的主导模式。大众传媒拥有广大受众，通常跨越国家和地区边界，事实上利用其生产的节目影响受众，影响一个国家对外的形象表征。[49] 然而，在这一章里，我考察了另一种更不易为人察觉的方式，在这种方式里，地方与全球的动力在媒体中得以显现，这种动力在政治和文化生活比较有秩序的领域也是如此。我没有考察那种"全球"流通的媒体（诸如好莱坞电影）的影响，而是从国产电视剧的内容和意图考察了其政治经济过程以及文化运动的影响，这些文化运动或许可以被视为全球的或跨国的。随着跨国的力量和吸引力的增长，随着开放政策的成熟，在埃及，国家媒体的文化产品似乎正在越来越多地寻求维护一种地方真实性。埃及电视剧的案例也表明了全球化动力的重要特征：文化认同与国家认同相勾连的方式，以及作为跨国化过程的回应、两方面都被某个群体所鼓动的方式。[50]如同萨斯凯·萨森（Saskia Sassen）曾指出的，"全球过程具体体现在国家领域里"，而国家正是所有过程得以实施并得到想象性回应的重要框架。[51]

我在本章中还对90年代的作家和其他人的策略进行了深入考察，这种策略通过建构文化的本质来确认民族认同。他们的努力与当代国家的争论和困境如此紧密相连，他们很可能受冲突的意识形态及其所引导的人的实际社会经历所侵蚀。如果作家代表着存在于"简单"阶级中的埃及的文化本质，那么，居住在破旧社区以及维护着古老价值观以及旧建筑的穷人，则遭遇了矛盾。那些旧建筑被进行修缮以适合现代人的口味。落后和无知联系着后面这个阶级，并被印刻着发展主义的霸权修辞的痕迹——在发展主义里，现代化和教育是国家和个人进步的关键，是始终萦绕的价值观。只通过一个地方和一种生活方式来代表国家通常也是困难的，因为这毕竟意味着所有其他的"地方性"都被排除在外了——包括区域、民族、农村，甚至中上层阶级的地方性。[52]

如果电视剧作者把埃及的文化本质和《阿拉伯图案》一样描

第三部分　发展主义侵蚀着的霸权

绘成处于危机之中，而把解决办法寄于对国家遗产以及植根于埃及古老土壤中的同化性认同的欣赏的话，那么他们可能会在其他原本默默无闻却至关重要的"群体认同的声音"中激起不安，这些群体认同的声音通过想象把人们与更为广泛的世界联系起来：伊斯兰和阿拉伯人。并且，电视剧作者也不能动摇一些标志着这种认同的常见方式——例如在反对欧洲人时将其当作"他者"以及殖民者。

对于埃及个案的深入考察使人想起那些政治环境，这种政治环境虽然存在问题，但是它鼓励国家文化建设的努力。电视剧努力支撑起一种民族认同，这种迫切感必定与强烈的国家感的弱化联系在一起，强烈的国家感是在最近几十年中通过战争、修辞以及国家制定的政策产生出来的。如果埃及像汉纳斯（Hannerz）指出的，"这个国家已经变得前所未有地空虚"，那么，在这个国家，当权的政治制度以及它所安排的大众传播工具正在辛勤工作以便填补那些虚空。[53]

看起来有些莫名其妙的事情是，乌卡沙和其他一些通过大众传媒进行工作的知识分子和电视剧作家认为，他们自己是当权的制度或体制的批评者。他们反对那些认为他们倾向于政府路线的指责（如乌卡沙在写那部关于计划生育的电视剧《尼罗河还在流淌》时所受到的反对），他们说："我不支持政府，因为政府并不同情人民。"乌卡沙也特别地坦言反对审查制度。他以一种嘲笑的口吻解释，他最近获得了一种重要的自由，他的社会批评变成了当局的一种信念，即"电视剧不会煽动人民去畅所欲言他们的问题或通过示威游行表达他们的要求"。[54]

第六章　矛盾的真实性

然而，在这个国家的文化维系中，关注点和共同的起因是反对伊斯兰主义。乌卡沙把自己描述为一个世俗主义者和一个反神权的人。这意味着尽管他对经济自由化政策有严厉的批评，他坚信个人主义和对利益的追求正在导致埃及堕落，但最终他并不担心国家与跨国公司以及外国人之间的密切关系，而是担心那些要求纯洁的激进的伊斯兰主义者。乌卡沙或许是通过《西米亚之夜》探寻极端主义者特征的第一人，他曾经乐意加入信息部并宣布了（如同我在下一章要讨论的）1993年通过媒体与极端主义进行斗争的新政策。如同现在的很多电视剧作家一样，他在剧本情节中置入了一连串粗暴的伊斯兰恐怖分子。[55] 追随着20年代的思想者，他在《西欣雅》中再次强调的信条是，埃及无需惧怕与欧洲人或广义的西方的接触。埃及的天赋能够吸收并化解所有的这些影响。他因此暗示，眼下与全球资本的那种调情，并不比早期与外国人或西方的接触更加危险。这是一种决心改善国家体制的信息，这个国家的未来目前正亲密地依靠着同掌控全球的西方进行交往——尤其是美国，人们谈论的是私有化、资本主义以及自由市场。然而，很多埃及人对于《阿拉布图案》和《我不想过父亲那样的生活》（更不用说《西欣雅》）中建构埃及文化认同的矛盾反应，这表明了国家媒体努力营造的简单的成功所带来的不确定性，尽管这种矛盾心理没有抑制观看这些电视剧的快感，甚至还能把"埃及特征"置于情感的焦点。

《后悔的艺术家》一书的封面,该书讲述那些戴着面纱的演员、肚皮舞女宣布要放弃她们的罪恶的职业。1991。

第七章　以国家的名义管理宗教

在20世纪80年代及90年代的埃及，国家似乎面临着来自内部的分裂威胁。这个国家面临着一场政治文化危机，而解决问题的方式是通过武力——逮捕、处决以及任意延长国家进入紧急状态的期限。而问题的根源就是宗教极端主义；最臭名昭著的暴徒都是伊斯兰组织的成员。随即，穆斯林以及埃及基督徒（埃及的基督教团体）之间的教派冲突也受到关注，并且与自70年代以来两派不断增长的宗教"极端主义"联系在一起。对于知识分子来说，他们一度倾向于认为这场危机是衍生于经济及文化的社会问题，但现在，在政治和文化精英中间达成了一种令人惊奇的共识，即这种威胁是由于狂热的宗教信仰所导致的。

90年代的电视剧以热情的、略微缓慢的节奏从自己的视角来反映这些问题，在保持其教化使命的基础上，以谴责、说教的方式探讨这些问题将来可能的发展趋势。在对待宗教极端主义方

第三部分　发展主义侵蚀着的霸权

面,它遵循着三种策略。其中两种——反对恐怖主义以及倡导埃及基督徒-穆斯林和谐统一——在政府支持下,得到很好的贯彻。第三种,涉及恢复"传统的"乡村文化价值观,看起来并非有意为之,却更显得重要,因为它为解决源自上埃及的伊斯兰狂热问题提供了"真正的"、积极的方案,北方城市精英从心底认为正是这个地区与伊斯兰好战分子有紧密关联。

伴随而来的问题是,这些策略对于平息上述威胁埃及国家统一的分裂组织是否有效。通过媒体对宗教进行管理有助于创造国家统一体(national community)吗?我想讨论的一个更为复杂且关键的问题是,在埃及,大众传媒如何可以参与到"宗教"的建构与重构中去。在不谈及民族国家的情况下,宗教问题能够解释清楚吗?过去两个世纪宗教的历史变迁——包括对世俗主义的理解,现代国家从法律到传媒的各种机构对公共和私人生活中宗教体系、教义所施加的影响——包括阿曼多·萨尔瓦多(Armando Salvatore)、格雷高利·斯塔雷特(Gregory Starrett)在内的一些优秀的埃及学者已经就此进行了探讨。阿曼多·萨尔瓦多关注公共领域的宗教问题,格雷高利·斯塔雷特则关注教育以及他所谓的宗教功能化(functionalization)问题。[1] 一些关于埃及或其他地区的著作曾经受到塔拉·阿萨德(Talal Asad)对于吸收外来文化(naturalization),或许是普遍化(universalization)的批评的启示,塔拉·阿萨德基于现代基督教的观点,认为宗教属于各自信仰的范畴,而把世俗主义看作是本体论或政治教义。伊斯兰教,如同其他"宗教"一样——这部著作与那些研究殖民地、后殖民地时代的南亚的学者的著作一起清晰论述了这一点,(在那些地方,一个建立在世俗主义之上的民族-国家已经陷入了地方自治主义）——一定要基于特定的历史、政治以及文化条件来理解。[2]我将立足于这样一些观念，来探讨90年代电视如何极力对抗宗教极端主义，以折射并形成国家层面上对宗教地位和性质的理解。通过逆转艾克曼（Dale Eickelman）和安德森（Anderson）编辑的那期刊物的标题，我将对诸如"在国家媒体世界的新伊斯兰教"进行探讨。[3]

我将分析公众对电视剧的接受程度，这主要通过报刊上意欲阐明埃及公共领域的某些问题所开展的争论来实现。我将考虑到其他类型的观众，尤其是上埃及的农民，对于恢复上埃及传统的反应，他们被认为是电视剧中人物的原型。我将论证各种电视剧的播放最终揭示了日益恶化的社会裂缝，这似乎有悖于政府和一些世俗知识分子推动国家一体化的意图。电视热衷于在剧中限制宗教敏感度，这一点获得了广泛的共识。然而，我要阐述的是，人们不能从这些无作为例子中得出结论：电视无法通过它对宗教极端主义的处理方式促进国家一体化。因为电视是通过一种间接方式来实现这一目标的，电视承担了全方位的公共辩论场的角色，在这里大家可以对伊斯兰教进行公开的讨论和辩论。这个辩论场是国家主导的，以此体现出国家对公共生活各方面（包括宗教）批评体系的决定性作用。

好的和坏的伊斯兰

埃及电视剧作家经常从他们周边的生活中获得灵感。令人

第三部分 发展主义侵蚀着的霸权

惊异的是,直到1993年在电视剧中还看不到那些明显的、让人困惑的情景:在开罗、省会城市以及一些城镇,出现了越来越多的有关伊斯兰的场景以及虔诚的信徒,其中很多是受过教育的年轻人——更别提激进的伊斯兰组织施行的暴力活动。这种暴力行动的第一个阶段,在埃及国内外以1981年暗杀埃及第二任总统萨达特的事件为典型代表。第二阶段始于90年代初期,表现为通过破坏埃及旅游业从而打击政府威望,包括袭击旅游巴士(多发生在上埃及),伴随着在诸如亚西乌特(Asyut)和索哈吉(Sohaj)的上埃及主要城市与政府安全部队发生小规模冲突——有人把它称为一种世仇,这一点我将在下面讨论。第三个阶段,在2001年对世贸中心的袭击中得到了戏剧化的表达,似乎以一种暴力输出的方式呈现出来,而其中一部分内容是在美国导演的。这个阶段暴力产生的原因是由于国内对这些组织的压制以及将它们排除在政治参与之外。[4]

在80年代末90年代初,如同我在其他地方讨论过的,有关斋月的电视剧得到了更多关注,如《拉法特·哈根》(Ra fat al-Haggan)、《阿布·艾拉-比斯里的旅行》(The Journey of Abu ʿElaal-Bishri)、《白旗》(The White Flag)以及《西米亚之夜》的开头几集,它们都对伊斯兰主义的话题不置一词。[5] 相反,他们聚焦于爱国主义、公民身份以及法律文化和埃及历史话题。《拉法特·哈根》反映纳赛尔时代一个特别有趣的生活的例子,这部电视剧表达了人们对于新自由主义政策所带来的社会经济变化以及萨达特的后继者们对政治制度选择的日益不满。在1989年和1990年播出的两部分剧集在某种程度上着力展示了埃及在阿拉伯世界的新形象,后者刚接纳埃及重返阿拉伯联盟(埃及在与以色列签署了和平协议从而把巴勒斯坦置于以色列占领之下后,被阿拉伯联盟开除)。这部电视剧讲述了一个埃及间谍从50年代开始成功地在以色列潜伏了20年的故事。[6]这部电视剧的英雄是一个英俊的詹姆斯·邦德式的人物,这个角色背后有一群具有献身精神的、爱国的特工人员。

通过提供简单的政治特征(identity politics)的信息,《拉法特·哈根》(Ra'fat al-Haggan)对宗教的表述有助于理解政府对待宗教的态度。该剧开头的场景确定了这种基调。镜头中,主角在痛苦地辗转反侧,他正在位于德国的家中,因癌症面临死亡。他对他的妻子[尤斯拉(Yusra)饰]忏悔道:"我不是以色列人,我是埃及人。我也不是犹太人,而是一个穆斯林。"他的遗孀后来到埃及探寻她丈夫的真实身份。这部电视剧的后面部分通过回放的方式,由她丈夫的教官向她详细讲述她丈夫的故事。在这个开头场景、同一集的其他场景中较为关键的是,拉法特·哈根如何由最初的一个不入流的恶棍,转变为一个爱国的埃及人。他为了国家利益牺牲了自己,放弃了他的身份并且生活到国外——敌人中间。

这部电视剧吸引人的地方在于它展示了伊斯兰是如何与我们的埃及英雄身份紧密结合的,他并不参加宗教活动,甚至精神上也丝毫体现不出任何宗教信仰。在以色列,他经常以酒佐餐,并且参与赌博(目的是为了获取情报)。他被一群极力想勾引他的、迷人的妇女所包围。而且,因为他是乔装成一个埃及犹太人,他甚至参加犹太教堂礼拜活动。但还是有两个场景表明了他的穆斯林身份。第一个是在开始的一集中,展现他过世后的场景。他的遗体被陈殓在棺材里准备安葬。那个曾经担任他上司的埃及情报官员不能忍受要为他举行没有埃及人参加的犹太葬礼。因此他飞到欧洲,伪装成一个犹太祭司,设法在其他人离开后进入那间房子。当他站在棺材前时,就像穆斯林在清真寺里即将祷告时一样,他脱掉了他的鞋子,从口袋里掏出一本《古兰经》。眼含热泪,对着拉法特·哈根的遗体背诵诗文为死者祈祷。

在另外一集中也有这个情报官员为他流泪的情景,在他第一次发现拉法·哈根的文件箱时,他打开文件夹,发现了一个信封,上面写着"请在我死后打开"。信的开头是(并且我们听到了拉法特·哈根沙哑的画外音在他身后不断地重复):"以仁慈的、有同情心的真主的名义。我们真正地属于真主,并且我们回到陛下的身边。"这是我们的英雄表明了当他意识到自己不可能活着回到他所深爱的埃及时所希望实现的遗愿。在列举了遗产分配等事项后,他话锋一转,几乎是哭诉地表白着一种穆斯林的信仰:"当我为了我亲爱的祖国牺牲了所有之后,我将因此在真主面前洗刷了我所有的罪过。真主是伟大的,为了埃及的荣誉,我证实那里除了真主没有其他的神,穆罕默德是他的先知。"

在这些文件中,主角的形象鲜明地把爱国主义与穆斯林认同联系起来。这部电视剧能被理解为,那些在今天参与了激进的穆斯林运动的人——也许暗指那些在纳赛尔时代被监禁的他们的同胞,在一次对于穆斯林兄弟会的严厉镇压中,很多人被监禁,并且一些人被处决——没有理由去责备并不完全认同伊斯兰的世俗政府。也是这群人,连同来自于埃及不同阶层的人,他们在80年代以及90年代开始呼吁埃及社会更加伊斯兰化，但这些在80年代乃至90年代初期的电视剧中都不被提及。[7]所有观众在常规的晚间电视剧中经常看到的人物，他们的信仰被认为是身份特征和道德修养的理所当然的部分，在个人精神痛苦时有慰藉作用。

电视审查制度避免了在电视上过多表现伊斯兰主义者或年轻的宗教信仰者。这些审查既来自于埃及广播电视联盟（ERTU），也来自于"更高层"，当官方政策突然发生转变时，这种审查变得更加严格。[8] 1993年，报纸大肆报道由信息部长萨夫瓦特·谢里夫（Safwat al-Sharif）所宣称的"媒体直面恐怖主义"的新政策。与很多的政治行动一样，这项政策在流行期刊中受到一些埃及最优秀漫画家的巧妙讽刺。一幅漫画（图一）展现了一个持枪的恐怖分子正盯着一台屏幕上出现信息部长画面的电视机，他把那个置于电视机顶部的天线想象为枪。另外一幅（图二）展示了两个在咖啡厅里聊天的男人。其中一人对另一人说："这些恐怖分子的确太过分了。但是他们比不过萨夫瓦特·谢里夫，他能够用两部电视剧搞定他们。"

对于乌萨玛·安瓦尔·乌卡沙那样的作家来说，早期他就他那有名的电视剧《西米亚之夜》中包含的清真寺镜头（为了呈现早期伊斯兰主义运动的发展）与审查官进行过斗争，现在突然能够把一个曾经参加了极端伊斯兰组织的年轻人作为关键角色加以表现，以及展示两个曾经与英国人合作的角色如何突然变得"虔诚"起来，并通过他们的伊斯兰投资公司骗人。[9]再多说一点，在1994年，一部据称剧本被耽搁了三年（唯一的理由是"我们不能拍摄一部关于恐怖主义的电视剧"）的电视剧在争议中被大张旗鼓地开机。[10]这部电视剧名为《家庭》(Al-`a'ila),由著名电影编剧瓦希德·哈米德(Wahid Hamid)执笔。这部剧由一些知名演员扮演,包括莱拉·艾维(Layla'Ilwi)———一个很有魅力的影星,过去常扮演一些挑逗性的角色,但是在这部剧中扮演一个面临困境的大学毕业生,在遭遇家庭变故以及强奸之后,先是

图一,信息部长萨夫瓦特·谢里夫现身荧屏。戈玛(Gomma)画,*Ruz al-Yusuf*,1993年4月26日。

追求物质主义,继而加入了一个伊斯兰组织。这个角色戴着尼嘎布(nigab),一种更加严肃的新面纱,除了眼睛之外,其他所有地方都被蒙住,在那些对长头发、妇女端庄打扮习以为常的观众中引起了极大轰动。

近距离地审视埃及媒体对这部电视剧的讨论不仅可以显示出媒体在新一轮运动中所采取的策略,而且通过公众对该剧的接受程度也揭示了一些问题:这场运动本身具有多元化立场。对此,很多评论文章是持肯定态度的,尤其是官方的报纸。一些文章报道了街上人们的反应,尤其是在具有浓厚的伊斯兰主义色彩且较为贫穷的社区。受访市民援引了这样的评论来褒扬这部电视剧:"《家庭》这部电视剧震撼了所有埃及家庭,并且有助于父母防患于未然,提醒他们教育他们的孩子免受这些组织的影响。""生活在安·沙姆斯(Ayn Shams)和玛塔里亚(Matariyya)(贫穷社区)的我们都很担心我们的孩子……《家庭》所列举的危险是十分现实的,它向我们展示了目前在伊斯兰组织中所发生的事情。老实说,这部电视剧让我的两个儿子(刚刚加入了伊斯兰组织)学会了和这个组织的头目辩论,如同莱拉·艾维(剧中的那个女演员)在剧中那样。它也有助于我们让孩子们理解家和家庭的重要性。"[11] 这种反响正好呼应了批评家对该剧的评论,即这部电视剧反映了受过教育但来自贫穷家庭的年轻人是如何陷入恐怖主义泥潭的,以及在这些组织中腐化堕落是何等泛滥。[12] 甚至主演《家庭》的男演员们也都强调了这部剧的教育价值。在剧中扮演首领的马哈茂德·穆西(Mahmud Mursi)解释道:"通往宗教的道路从来不应通过流血达到……我认为我们需要承认民众中存在一种'意识的缺乏',即让一个意识空白的领域被那些以宗教为名的概念所填充,这正是非理性的恐怖主义发展的缘由。这部电视剧也清楚地告诉我们强化提升民众意识的努力的重要性——向人们澄清恐怖主义的荒谬逻辑。我认为——我也确信——这部电视剧提供了意识提升(consciousness-raising)的手段。"

图二,"这些恐怖主义者真的太过分了。但是他们不及萨夫瓦特·谢里夫(信息部长)。他能够用两部电视剧搞定他们。"巴格特(Bahgat)画,*Ruz al-Yusuf*, 1993年4月26日。向巴格特的继承者致谢。

第七章 以国家的名义管理宗教

公众对该剧的批评，毫无疑问来自于为大家所接受的温和的伊斯兰主义思想家，穆哈迈德·易卜拉欣·马布鲁克（Muhammad Ibrahim Mabruk）就是其代表人物。他写过一篇长文批评这部电视剧，指出这部电视剧混淆了极端主义和宗教虔诚的区别。如同他那篇发表在在野的工党报纸Al-Sha'b（这份报纸已经成为了伊斯兰主义者包括穆斯林兄弟会的一个论坛）上的文章指出的，在埃及，世俗主义者和伊斯兰主义者之间存在一个根本的斗争。前者"希望把宗教信仰限定在做礼拜的地方，拒绝宗教进入生活的所有方面"，后者"希望在他们生活的所有方面都遵照伊斯兰的理解和准则"。他接着说，后者和一般的穆斯林稍有不同。他的分析依据是，政府的当权派与一小部分伊斯兰极端派之间的持续不断的斗争已经使得那些世俗主义者［比如这部电视剧的作者瓦希德·哈米德（Wahid Hamid）］逃脱了诽谤伊斯兰以及嘲弄虔诚所可能招致的惩罚。[13]另一个伊斯兰主义者作家在同一份报纸上赞同了这一立场。他指责《家庭》通过嘲弄他们的宗教愚弄了数百万观众。他尤其感到愤怒的是，这部电视剧故意把伊斯兰教篡改成了穷人和无权者的宗教。他认为，这种弥漫在报纸上热情洋溢的争论是内政部长发起的抨击伊斯兰主义者运动的"洗脑运动"的一部分。[14]这些伊斯兰主义作者并不认同哈米德的辩解，哈米德说他并非是从政治观点出发谈论恐怖主义，而是把恐怖主义当作一个社会问题并结合1967年埃及被以色列打败之后的社会、经济条件进行论证的。[15]一本于《家庭》播出当年出版的书提供了与伊斯兰主义者类似的观点。[16]这本书的副标题是"艺术的恐怖主义和对伊斯兰的抨击"，书中指出，这部电视剧抨击的对象是对宗教的虔诚，而不是恐怖主义，这就破坏了人们的价值观，并且导致对宗教教义的怀疑。理由是电视剧描述了在坟墓中的折磨情景以及天使出现在穆斯林战争中。这本书提供了"改良的"宗教解释及范本。

尽管彼此在报纸上相互指责，温和的伊斯兰主义者思想家和政府及其电视官员都极力向宗教权威爱资哈尔（Al-Azhar）靠拢，爱资哈尔是存在于埃及以及更为广泛的穆斯林世界的主要宗教机构。作为一所从11世纪以来就被认为是代表最高层次伊斯兰研究的清真寺和研究机构，爱资哈尔也成为了正式伊斯兰教的代言者，并与政府有着千丝万缕的联系。知识分子以及官方与爱资哈尔保持一致的愿望源于它是受到大众认可的宗教权威机构，即使在最近几十年中它被伊斯兰主义者批评为在政府支配下行事。但同时，政府对它成为高度同情伊斯兰主义态度的学者的庇护所也表示了某种担忧。[17]伊斯兰主义者特别强调了爱资哈尔曾收到大量信件和电话，这些信件和电话都是敦促爱资哈尔采取行动停播《家庭》。他们想知道为什么这部剧没有送到爱资哈尔去审批。[18]其他人则坚持认为是爱资哈尔对于剧本的批示没有受到重视（不是由电视部门递交而是由"其他部门"递交的）。围绕着一场戏（在这场戏中，通过对墓穴中的折磨情景的描写，开明的现代世俗主义者实际在信仰教义的层面挑战极端主义者）的公开争论，导致社会上出现了停播这部电视剧的呼声，甚至穆夫提（Mufti，伊斯兰教法说明官）也不得不出面，他们在报纸上做出答复，澄清教义，并且提供了一组电话号码，以供公众反映这部电视剧可能存在的关于宗教方面的问题。

通过极力与爱资哈尔合作，政府和电视官员努力塑造自己作为正确伊斯兰保护者的角色，以区别于极端的或是不正确的伊斯兰信徒。信息部长和电视制作领导迫于公众压力与爱资哈尔的官员进行了会商，重新审查了《家庭》中与宗教有关的镜头。虽然电视制作的领导在会谈之前声称，他一直"希望就电视在把民众引向宗教的正确方面起到的作用得到爱资哈尔的肯定，因为电视始终以某种方式将宗教与恐怖主义者（这些人企图以宗教的外衣掩盖他们的罪行）相分离"，他向爱资哈尔保证，那些已经"澄清的"场景，包括在墓穴中的折磨情景、伊斯兰银行、清真寺的圣神以及宗教学者的角色将在最后一集中得到修正。[19]

政府与正统的伊斯兰以及爱资哈尔保持一致的策略在接下来的几个月里变得更加清晰。1994年3月底，《家庭》接近尾声的时候，电视台播出了一个悔改的伊斯兰主义者阿德尔·阿卜杜勒-巴吉（'Adel `Abd al-Bagi）的忏悔录像。[20]在录像中，他讲述了他是如何被引入这个组织的，以及他在刑满释放后是如何领导他的极端组织的。他承认他们曾经纵容抢劫并从事一种换妻（wife swapping）的淫乱活动。[21]几个月之后，另外三个电视台的一系列节目通过展示悔改的激进分子与来自爱资哈尔的宗教学者在一所戒备森严的监狱草坪上讨论"揭露了"这些伊斯兰主义者的恐怖行动。观众被告知，那些悔改的激进主义者"希望与别人分享他们的经验，以免他们同样落入恐怖组织的'魔网'。"这些囚徒谈到伊斯兰组织是如何任意曲解伊斯兰教以满足他们对于权力（他们重申，暴力是违背伊斯兰教义的）的欲望，滥用金钱，以卑鄙行为满足性欲望，片面追求诸如妇女的面纱和化妆品以及男人的

第三部分 发展主义侵蚀着的霸权

美髯这些表面的东西。[22]

当被指责未能在重大事件上与伊斯兰主义者进行真正的对话时,信息部长以一个声明进行了回应。从这个声明能够看出官方在宗教导向方面的意图。声明中说:"有一些悔过者,他们非常自责,对自己在理解伊斯兰教义上的偏差以及参与恐怖主义的罪行进行了非常深刻的反省。他们谈及自己如何最终明辨是非,并对把他们引向恐怖主义行动深渊的错误观念深感失望。通过这种方式,结合自身的经历,他们最终明辨了是非。"[23]这里的关键是:像《家庭》这样的电视剧把爱资哈尔、国家和电视倡导的、有文化的、受过教育的人们认同的善良、正确以及通情达理的伊斯兰教与那种极端主义的、歪曲的、暴力的、误导的、变态的伊斯兰教明确区分开来。紧接着《家庭》的大片《恐怖主义者》在斋月期间放映,其中传递了类似的信息。如同阿姆布鲁斯特指出的,它刻画了一种现代的启蒙者与落后的伊斯兰主义者对立的人物形象,将一个被洗脑的原教旨主义者塑造为无知的、没受过教育的,经常高声朗读着关于地域之火的宗教小册子,"以一种老掉牙的古兰经学校的方式"前后摇摆。[24]这场媒体运动的指导方针表明与恐怖主义作战和捍卫宗教的纯洁性两者并不矛盾。如同信息部部长指出的,"我们正在深化权威的宗教,并且提升其价值,以便建设有责任感的高效的社会"。[25]

一些电视剧作者在注意到电视开始安抚爱资哈尔以及助长伊斯兰主义(一项在1992年开始转向的政策)后,他们对此提出了批评。[26]《家庭》的作者哈尼蒂(Harnid),对当代宗教人物以及他们影响人们的方式早有预见。他坚持认为,"在宗教和政治之间必须有一个明确的划分。当下思想混乱以及极端主义大行其道的原因在于宗教人物追求政治企图而放弃了宗教的本意。清真寺里的讲道已经政治化了。他们忘记了人们需要被传输宗教教义……他们都被变成了外交事务大臣,虽然伊斯兰教本身其实并没有有关宗教国家的表述"。最后,他用二分法原理剖析了正当的和歪曲的伊斯兰教。当问及如果被委以此任,他能否依靠他所喜欢的电视剧来战胜恐怖主义时,他说:"不可能。"然后他争辩道:"电视可以通过选择由谁来宣扬宗教而解决恐怖主义的问题。这种人必须没有任何别有用心的目的并且献身主,而不能是其他任何人。"[27]

乌萨玛·安瓦尔·乌卡沙,那个捍卫《家庭》的作家(他认为,这部剧毕竟只是一部反对"落后与狭隘思想"媒体作品,从而引发了激烈争论),直截了当地批评了国家电视台安抚伊斯兰主义者的企图。[28]在一年前的1993年,出于对过去几十年日益增多的宗教节目以及埃及广电联盟(ERTU)对爱资哈尔日渐增长的顺从的回应,他曾这样写道:"面对极端主义,媒体政策不可能简单地通过传播那些涉及极端主义的令人鼓舞的作品获得成功。只有不单纯展示其宗教狂热方面的节目方能获得成功……这些节目已经使得……电视背弃了它的一些基本权利,例如对于内容的选择权。"谈到一台因屈从于爱资哈尔压力而受到审查的电视节目时,他质问道:"为什么要把一个宗教机构置于一个与它毫不相干的权力和裁判的位置?"[29]

就在同一年,著名导演穆罕默德·法迪勒(Muhammad Fadil)也开始谴责电视对于极端主义蔓延的妥协。他在一次采访中说道:"埃及人一直是一个笃信宗教的民族,这并没有任何外来的干扰因素,也没有现在大众传媒上的那种过分的狂热。仿佛是某些有责任感的人感到内疚的缘故,因而大众传媒开始大力宣扬宗教的虔诚。为什么?我们一直是具有宗教信仰的个体。我们应该忍受住这种(负疚的)冲动,并且……限制电视中宗教节目的数量。"[30] 当我问他是否认为应该通过媒体来对抗极端主义,他以支持政府政策的态度作出了严肃的回应,而这并不是这位社会评论家的典型态度,他在他的电视剧(如《白旗》)中把政府的新自由主义经济政策作为靶子,这是大家所熟知的事实。"太迟了",他争辩道:"作为一个公民,我现在走在街头都没有安全感。我甚至不敢去剧院或影院。局势这么糟糕,艺术已经无法拯救这种局势……对此言词已无能为力;这种局面只能通过强有力的安全措施来解决。"

这些电视工作者是自称世俗主义者的一部分少数人群,这些世俗主义者相信应该分开个人信仰和国家理念,这是纳赛尔主义者在 50 和 60 年代所推行的世俗观念的一个知识遗产。然而,尽管这些卓越的电视工作者心存异议,并且他们在自己的电视剧中对宗教问题保持沉默,埃及电视还是在 90 年代持续增播宗教节目,包括:由谢赫·沙拉维(Shaykh al-Sha'rawi)这样的宗教权威人士介绍《古兰经》法师(Qur'anic exegeses)的流行节目;或通过像穆斯塔法·马哈茂德(Mustafa Mahmud)这样的世俗权威在他的《科学和信仰》(Al-`ilm wa al-iman)节目中进行解读;以及斥巨资拍摄的一系列关于阿拉伯-伊斯兰历史的电视剧,如 1997 年斋月播放的一部电视剧,剧中哈伦·拉希德(Harun al-Rashid)

由努尔·谢里夫（Nur al-Sharif）与阿布拉·卡米尔（'Abla Kamil）主演（这对搭档在早前的《我不想过父亲那样的生活》中赢得了观众的喜爱）。[31]这些电视节目与《南方人的梦》一起播出，具有一些暴力、好战的次级线索，并且有明显的恐怖主义倾向，如《幻想和武器》（Al-wahm wa al-silah），这部电视剧是由保守作家萨尔瓦特·阿巴扎（Tharwat Abaza）所写，这位作家的宗教敏感性我们在第五章已经在区分政治/道德意识形态的情景剧语境中讨论过，具体表现在他对《古兰经》的（以及《圣经》的）优素福的故事的改编上。《幻想与武器》的导演以一种民族主义者的社会词汇来为这部电视剧辩护，认为这是"一种动员公众舆论反对恐怖主义的手段"。[32]

此外，源于宗教机构的道德权威以及来自下层群体的压力，包括那些以更加和平的方式同情伊斯兰运动的医生和律师的专业团体，使得电视或政府不可能持既反对宗教、又反对世俗主义的立场。广泛的虔诚运动以及日益蔓延的反对把宗教限定为私人信仰的情绪的确使得埃及电视妥协于人们对更多宗教节目的渴望，并尽力去充当一个合法的伊斯兰支持者的角色。埃及的国家电视台尊重对祈祷的号召和宗教历法，并且在适当的节假日播放讲解《古兰经》的节目，播放忧郁的宗教歌曲，甚至引入传统的斋月猜谜节目（fawazir）中的那些粗犷的、具有吸引力的舞者；同时，还播放早期那些具有性暗示的黑白电影、日益喧嚣的音乐；以及如我在第八章讨论的，大肆宣扬通向美好生活的奢华消费的商品广告等节目来娱乐观众。[33]这些节目的矛盾交错使得媒体受到各个方面的批评，因为那些相信生活在伊斯兰社会是幸福的人对某些娱乐方式表示怀疑,同时,很多观众(其中一些是同一群人)以及资助者似乎想得到那些被传播的以外的东西。[34]

埃及电视面临的严重问题是,当它被用于反对恐怖主义或宗教极端主义时,它面临着得罪大部分国民的风险,这些国民或许会反对恐怖主义,但是他们对宗教信仰及伊斯兰主义的其他方面则是赞同的。在这个国家并非每个人都会接受那些把伊斯兰主义者视为"异类"的电视节目。很多人是虔诚的——不仅有像阿米拉和奈玛这样到清真寺参加识字的贫穷女佣,也包括中产阶级的专业人士,甚至,如我们将会在结论中看到的,电影明星。的确,现在几乎每个人身边都有强烈的认同伊斯兰教的同事、朋友或亲戚。培养精英学生的私立伊斯兰学校已经遍布开罗、亚历山大。上埃及的公立学校的老师教育他们的学生不要用当地方言中通常的方式来问候,而改用恰当的伊斯兰教的打招呼的方式。很多人认为更多地忠诚于伊斯兰教的戒律和道德规范才能改良和重建良好社会和国家,而不会导致社会败坏。像《家庭》这样的电视剧具有讽刺意味地提供了持不同观点的人表达不同看法的机会,即那些视宗教热情为"极端主义"的人以及持相反观点的人。因此,这样的节目以其说是弥合国民分歧,万众一心反对极端主义者,不如说实际上起到了暴露这种分歧的作用。报纸上激烈的争论表明了这类电视剧会使得整个社会、国家在宗教方面的分歧暴露无遗。

然而,即使关于极端主义的特殊信息受到了抵制,仍然可以认为,电视剧以及关于电视剧的争论的确对民族统一体的形成起到了潜移默化的推动作用。电视剧以及由此引发的讨论有助于在埃及形成一种信仰和实践的宗教氛围,在此氛围中,宗教实践或对或错,宗教观点持有者可能采取过激或温和的行为。最终,基于伊斯兰与国家和社会责任的相关程度,可以形成正确判断伊斯兰的标准。不同于以往,这不是通过宗教权威内部斗争得出来的标准。这在情报部长关于利用媒体去对抗恐怖主义的新政策的陈述中得到充分反映。在其陈述中,他号召知识分子通过"传播启蒙和现代知识,以一种平和的方式来处理社会问题,并且鼓励人们参加国家纪念活动"。[35]这种媒体运动的确强化了一种理念,把宗教作为一种特别的、附属于国家的东西,这是一种有些独特的、从历史角度来看也是特殊的宗教观点,这种观点使国家概念具体化为经验以及真理检验的基础。

同一个国家:穆斯林和埃及基督徒

自90年代以来电视管理宗教的第二个策略是让埃及的两个宗教团体——埃及基督徒和穆斯林达成共识。2000年,《家庭》的作者哈米德发现,在官方决定需要通过媒体来消除对国家统一体的威胁后,自己再次处于争论的中心。经过几年零星的宗派主义的冲突,伴随着诸如烧教堂、抢劫等事件,以及不断增长的穆斯林以及后来的埃及基督徒的极端主义和分裂主义,这种极端主义和分裂主义在2000年年初的一场重大事件中达到了顶点。在这场发生在上埃及城市Al-Khosheh的严重事件中,21人被杀,50间房子、商店和仓库被烧、被抢,而这一事件的起因是一个穆斯林和一个基督徒在进行辩论时大打出手。这之后很多电视剧开始呈现埃及

第三部分　发展主义侵蚀着的霸权

基督徒的形象，其中一部抓住了穆斯林和埃及基督徒之间的关系这样一个爆炸性的主题。这就是由哈米德所写的在2000—2001斋月期间播放的关于埃及基督徒-穆斯林关系的电视剧《玫瑰时代》(Awan al-ward)，这部电视剧受到了极大的关注，包括截然相反的支持和反对两个方面。

这个话题的敏感性以及所涉及的一些方面也可从铺天盖地的报刊中发现。例如，2000年11月，关于这部电视剧的两篇评论出现在一份名为《文学新闻》(Akhbar al-Adab)的周刊的同一页上。一篇出自一个移居国外的人之手，他是一个居住在纽约的埃及基督徒。他在文章中强调了这部电视剧的原创性，称赞这部电视剧对基督徒日常生活的真实而坦率的描写，更为重要的是，这部电视剧是以"完全基督徒的方式"刻画埃及基督徒——即他们独特的习俗和语言、装扮，如十字架。文章作者赞扬这部电视剧揭示了以前的电视剧在展现基督徒方面的缺失。在那些电视剧中所包括的成百上千的形象，他们的名字和祈祷方式都仅仅表明了他们的穆斯林身份。作者对剧中关于民族团结的主题以及穆斯林—埃及基督徒关系的清晰表述留下了深刻印象，同时因为这一主题比较新颖从而谅解了剧中出现宗派主义冲突的纪录片镜头。[36] 另一篇评论则是一则消息，讲的是一个基督徒律师在开罗的一家法院极力要求停播这部电视剧，理由是这部电视剧会损坏基督徒形象、伤害民族情感、煽动宗派冲突。原因何在？因为这部电视剧讲述了一个嫁给穆斯林男子的基督徒女孩的故事。按照这个律师的说法，这违背了基督教教义，基督教教义禁止这样的婚姻。他希望人们想一想，如果这部电视剧反映的是一个穆斯林女孩嫁给一个尚未改信伊斯兰的基督徒男子,那会是什么结果。在国家层面,并非所有的宗教都是平等的,难道这不是事实吗?

报刊充斥着对这部电视剧的评论,并且这不是唯一的反对这部电视剧的案例。舆论的焦点是剧本作者瓦希德·哈米德"犯忌"(broken taboos)。如同他的其他电视剧卷入了伊斯兰正统教派的讨论一样,《玫瑰时代》这部作品被理解为政府在背后支持(而不是审查)在"民族团结"(national unity)的语义下对国内错综复杂的民族问题进行探讨。哈米德对于这种愤怒情绪的产生感到惊讶,并认为自己被埃及基督徒的负面反应所出卖。"在这个国家中我们是伙伴,"他解释说。

这并非是埃及电视剧第一次涉及基督徒和穆斯林关系的主题。1996年一桩案件起诉信息部、电视部门的负责人以及第二频道的主管,源于这个频道播放的两部电视剧,即《我不想过父亲那样的生活》(第六章讨论过的)和《谁不喜爱法蒂玛》(Wa man alladhi la yuhibb Fatima)。两者被认为在描写女主角转信伊斯兰教的欢庆场面时有"蔑视基督教并包含攻击性的场景"。[37]在这两起案件中,这种信仰转变是由欧洲妇女完成的,因此即使埃及基督徒愤怒谴责电视官员在玩弄(伊斯兰的)原教旨主义者,他们也并没有受到直接的影响。这两部电视剧也激起了赞同对"犯忌"的宗教题材进行审查的人员的回应。比如,剧本作者法伊兹·加利(Fayiz Ghali)曾指出,宗教话题是敏感的,一旦触及会产生防御性的反应,但是他主张电视官员通过选择那些"客观的、鼓舞性的"敏感话题以及社会问题以促进埃及社会所希望的那种"成熟、知性"的培养,否则结果只能是退回到那种不涉及敏感话题的平淡的电视剧,不管它们表现得是如何紧迫或真实。[38]

在斋月这样重要的月份放映《玫瑰时代》,表明官方的确希望直面这样的敏感话题,并且他们想要一部能够培养民族团结的电视剧。这部作品精心唤起了一个世俗个性的民族主义者对过去时代的回忆,大概在伊斯兰的(和埃及基督徒的)极端主义盛行之前,那时埃及基督徒和穆斯林之间和睦相处。这种怀旧之情通过演职员的努力(包括对一些人们喜欢的老电影以及以往的总统、女性主义者以及作家的肖像的剪辑)营造出来。[39]共同体的问题通过对于相互通婚的埃及基督徒和穆斯林家庭、共同寻找被绑架的小孩等的刻板影像反映出来——这或许是埃及本身团结的象征。虽然在最后这个曾经嫁给穆斯林男子的埃及基督徒妇女说她后悔这个决定,并以诸如"生活是没有先知的第三种宗教"这样的"令人震惊"的语句宣示了未来道路上存在着更加不寻常、明显地不相容的可能性。

批评家指责《玫瑰时代》首要是涉及了禁忌话题,实际更多指的是性方面的话题而不是埃及基督徒—穆斯林关系。埃及基督徒—穆斯林和睦相处的话题是一个陈旧的主题,这个主题在四年前的《萨菲亚阿姨和修道院》(Khalti Safiyya wa al-dayr)[昂特早期对巴哈·塔赫尔(Bahaa'Taher)的小说的改编]这样的电视剧中得到了很好的呈现。这部电视剧成功地描写了过去埃及基督徒和穆斯林之间和睦的关系。[40]取材于发生在上埃及的关于爱情和复仇的悲剧故事,这部电视剧(以及这部小说)显示了穆斯林村民和一个位于附近的修道院中的埃及基督徒和平相处的关系,在剧中,那个从狱中释放的英雄受到了修士们的庇护和慷慨的照顾。它也展示村庄的首领与修道院首领之间一直以来的交流和相互信任。根据发表在Ruz al-Yusuf的一篇长文,塔赫尔(他的这部小说写于1990年,那时他经常辗转于开罗、日内瓦、塞拉利昂之间)被当时社会上弥漫的"公共冲突"(cummunal strife)事件所困扰,因此他更向往"一个在卢克索和上埃及的中心地区,一个伊斯兰和基督徒相互充满爱、宽恕以及友善的世界"。虽然这部小说在主题刻画方面十分深刻,而且塔赫尔自己也宣称他主要希望展示悲惨的命运和传统习俗,但剧本作者Yusr Al-Siwi却认为,她之所以热衷于改编这部小说,是因为"它围绕一个有意义的概念——民族团结,极好地展示了不同人的生活方式"。[41]当那些审查者建议作为电视剧,修道院的字眼不能出现在标题中时,塔赫尔反对这一建议,这打消了人们长期以来对于故事以宗教议题为中心的所有疑虑。

虽然有一些批评家质疑这部电视剧对那些悲惨情节的描写并认为缺少一个喜剧的结尾,但也有一些人赞扬这部电视剧通过大量的英雄人物以及对重大事件的描写复兴了远古悲剧。人们对于穆斯林-埃及基督徒关系的正面描写没有争议,原因在于这部电视剧并没有出现对异教通婚的恐惧。社会所具有的是两个虽然隔离以及独立但却友善的社区。这种处理更加符合传统的民族主义观点,即塔赫尔在捍卫他的小说时谈到的"关于交融,而不是分裂,是架设联系的桥梁,而不是分割开来。这种加强联系的观点可追溯到从1919年革命以来持久存在的'国家的两种组成要素'相结合"的观念。[42]

如同《玫瑰时代》这部电视剧一样,小说和电视剧的意图均是教诲性的。小说家认为,早期这个国家的"两种要素"的结合正被社会的、经济的以及政治的危机所瓦解。他对电视作品评论道,"只要这个国家是由两种要素(信仰)而不是一种组成的,我们就必须不断认识到我们应该相互理解和关爱……我们需要去清除'极端主义者'(当电视呈现出一个正面的基督徒僧侣形象时他们都会感到恼火)的影响,……并且,我们还要有更大的梦想,我们要继续推进民族团结工作……以及在将来我们需要忘记我们是由两个民族组成的,而记住我们是一个大家庭。"[43]似乎为了印证这一观点,据报道埃及基督教堂的沙奴达教皇(Pope Shanuda)曾对那些沟通穆斯林和埃及基督徒的工作表示了赞许。

我们必须深入探讨的是,这种通过媒体进行宗教管理的策略效果到底如何?虽然基督徒和穆斯林在埃及长期以来被认为是存在差别的,电视情节以一种说教的手法所呈现出那些近年来更为引人注目的冲突,这就实际上反映出这些社区的确是有差别的。人们对于这部电视剧的争论,以及公众对于这部电视剧关于恐怖主义方面的反应,正表明了这部电视剧更多地揭露而不是消除了民族差异性。不过我认为还有更多的东西。通过把人们的注意力吸引到关注人们相互关系中的宗教特征方面,电视剧有助于客观描述那些社区形象,并且以服饰(如埃及基督徒僧侣的服饰)、行为(如手画十字)等作为宗教的符号,或许会有助于把宗教客观地转化为一种文化对象要素。因此,他们也许会把这些区别(distinctions)转换为文化的差异,这就把宗教概念引申到民族的亚文化的路子上,而不是作为事实的对抗或敌对政治来看。[44]如果国家层面呈现为一种框架,在其内部具有宗教文化差异的存在，那么，不管这种差异多么巨大，由国家资助的教化类电视实际上都在不断强化着一种民族团结。

重建上埃及的辉煌

存在于上埃及的北方重要城市中的宗教冲突，以及伊斯兰主义集中对同样贫穷地区的威胁，在像《萨菲亚阿姨和修道院》这样的电视剧中刻意地揭示出来。对这个电视剧的一番讨论揭示了在地区和宗教结构方面的另外一个要素的存在，这个要素向我们展示了管理宗教和社区的第三种策略。批评家纳萨尔·阿卜阿拉博士（Dr. Nasar `Abd Allah）对剧中的一个主要角色［一个名叫哈比（Harbi）的年轻的短跑运动员］提出了一种奇特的注解，他认为哈比有着耶稣般的形象，有着和耶稣同样英俊的外表和悦耳的声音以及诚实，同样失去了父亲。他同样地被人们敬仰但后来被出卖。他在"执政官"（"the consul"）（这是一个罗马的头衔）的命令下被钉死在一个棕榈树的十字架上。这个批评家甚至指出萨菲亚不能为哈比祛魔本身就强化了这种类比。[45]

在读者指责作者怀有偏见、错误地推断以及认为把一个杀人犯比作耶稣（因为在基督教精神中没有谋杀）是对耶稣的侮辱时，阿卜阿拉为自己辩护道：这个人物是一个现代的代人受苦的弥赛亚。哈比所实施的谋杀，仅仅是为了自卫。不同于上埃及的其他人，他的行为不是一种种族间的仇杀。这个观点在阿卜阿拉最后的评论中说得更清楚，在那个评论中，他突然发现了宗教中对世仇的反驳依据："难道哈比的遭遇不会迫使着我们——至少

第三部分　发展主义侵蚀着的霸权

是上埃及人——去质问那种家族世仇的逻辑和价值吗？"[46]

在国民的想象中，复仇或家族世仇（tha`r）已经是一种与上埃及联系最紧密的文化特征。如同我们在第三章中看到的，长期以来，北方人、城市人、受过教育的人对于复仇英雄深感困惑并以此指责上埃及人落后无知。不必否认这种行为的存在性以及对该地区的重要性，但当一种文化脉络被单独勾画出来，并代表整个地区或社区形象时，人们仍然应该对此抱以质疑。[47]毫无疑问，由于大量涉及复仇方面的主题，文学、社会科学、电影以及现在的电视剧已经极大地强化了这种形象。

自从 90 年代以来，当伊斯兰主义者开始了袭击旅游者后，所产生的新变化是，安全部队与伊斯兰团体之间的冲突也贴上了种族仇杀的标签，这在主要的法老时期的景点集中的上埃及尤为突出。像《萨菲亚阿姨和修道院》这样的电视剧，与诸如费斯雅·阿-阿索（Fathiyya al-`Assal）的《爱的收获》（第二章中讨论过）这样的电视剧、名为《复仇》的电视片，都展现了世仇是如何破坏人们正常生活以及社区和睦的，在后一案例中，我们还能看到世仇是如何破坏经济和社会进步的。在这里，电视附和了这些长期以来在电影中出现的主题，在 50 年代以及 60 年代的著名电影中，从尤瑟夫·查欣（Youssef Chahine）的《尼罗河男孩》（Nile Boy）、《山谷之战》（Struggle in the Valley）到《巴希娅》（Bahiya），一直在揭示（并且反对）种族间世仇的落后性以及破坏性。[48]

当人们认识到伊斯兰团体是对政府军队进行复仇，而不是因受压迫而采取反抗行动，也不是在组织一项决心改变政府和社会

第七章 以国家的名义管理宗教

的基本结构并把它们引向一种符合伊斯兰社会愿景的社会运动时，他们的社会政治动机堕落为一种落后的传统，就这种传统而言，没有人应该同情。进一步引申来，就是伊斯兰主义者正在破坏这个国家的生活和体制，即通常所说的长期骚乱。

不过在我看来，情况于90年代后半期发生了一些变化。最近在上埃及上映的电视剧如《萨菲亚阿姨和修道院》一样，都围绕着复仇来讲述。但是这些最为流行的电视剧已经在复仇主题和诸如荣誉和诚实等真实价值方面取得了平衡。现在在上埃及上映的火爆的电视剧（描写地区的良好社会品质）是由某个来自该地区的作家所写。虽然居住在亚历山大，但是穆哈迈德·萨发·阿米尔（Muhammad Safa'`Amir）并不讳言他生于基那（Qina）附近这一事实，这是上埃及的一个大城市，离卢克索不远。他的第一部也是最为流行的一部电视剧是《山狼》（Dhi'ab al-abal），我第一次听说这部电视剧是据报道它遭遇了一场官司（在它放映之前），说它诽谤大家所熟知的强大的哈瓦拉部落（Hawwara）的人物。[49]几年之后，如同在第三章指出的，人们看了这部电视剧之后，那场官司撤诉了。紧接着《山狼》之后，《南方人的梦》在1997年上映（第三章讨论过），《折光》（Al-daw'al-sharid）在1999年上映，《爱情逃亡者》（Farar min al-hubb）在2000年上映。

在我印象里，这些流行电视剧中上埃及人形象的转变与1996年官方报纸《金字塔报》（Al-Ahram）报道的一项研究结果是一致的。这项研究由位于Sohaj的大学教授萨哈·瓦比（Sahar Wahbi）博士负责，抽样调查显示在上埃及人中有78%的被访者认为她们不认同电视、电影上关于他们的形象，认为影视节目把

第三部分　发展主义侵蚀着的霸权

他们描绘成对整个地区的其他人都是一副咄咄逼人的架势，总体上说都有"变态"特征（老想着复仇），是非常错误的。他们担心这种描写会导致社会（即：城市或埃及北方人）对上埃及人更多的关注或讽刺。不过有意思的是，他们认为《山狼》是唯一的例外，这是萨发·阿米尔在那个时期完成的唯一一部电视剧。他们认为这部电视剧是真实的，因为它聚焦于萨伊迪人性格的那些真实方面：慷慨、有勇气、诚实、英勇。[50]

虽然一个电视剧作家突然声名鹊起，附带着对一个成功作品的资本化管理，部分地揭示了正面表现上埃及人的电视剧出现的原因，但在国家利用电视反对伊斯兰极端主义者这样一个更为宽泛的背景下，这部电视剧更具有特殊意义。这从它们很策略地对观众采取两种说教方式可见一斑。对于北方人，比如居住在开罗的数百万观众，这些人喜欢这些电视剧，这些电视剧便发挥其宣传的功能，通过对人性的解构强化着上埃及人的形象。一些群体和家庭被呈现为具有令人钦佩的英勇、忠诚、光荣的品质。如同《折光》所述，他们正与一些暴发户斗争，这些暴发户受到物质欲望的驱使或出于对权力的渴望而诉诸暴力，或一些伊斯兰主义者利用宗教的热情掩盖着相同的动机。此外，一些电视剧展示了上埃及人与北方人是相互有联系的（从历史角度看的确如此）：上埃及人来回迁徙并且与北方人混居在了一起。也就是说，萨伊迪人是这个民族的一部分。他们并非居住在一个封闭的社会中，也不代表落后或令其他人"感到恐惧"。最重要的一点，他们决不都是宗教极端主义者。

另一方面，上埃及人被告知在他们自身的传统中具有重要的值得去维护和继续培养的价值观，这些价值观具有社会性、文化性、地方性的特征，并不仅仅与宗教相关联。换句话说，对他们真实的认同是，他们并非是伊斯兰极端主义者，而是具有特定地域性的贵族气质以及正直品格的一群人。

按我在上埃及的田野调查，可以说当地人广泛认同这种看法。虽然很多人告诉我那些电视里的方言以及腔调是多么滑稽可笑，但他们还是非常大度，欣然告诉我在上埃及方言非常之多，以致每个村都有一种方言。我在2001年的一天晚上和他们一起观看由第八频道（设在阿斯旺的当地频道）重播的《折光》的最后一集时，我发现他们对于这类电视剧是非常关注的。当时已是深夜，我所在的那户人家还在熬夜看这部电视剧。突然，在剧情达到高潮时，传输信号出了一些问题。人们开始去调整天线，摆弄电视机以便消除雪花点和噪音，但是没有用。虽然很难看清图像和听清声音，他们还是坚持着，直到那个浪漫的结尾，为警察抓住了恐怖分子以及歹徒而欢欣鼓舞。剧中的暴发户家庭也现出原形，高贵的地主和他心爱的兄弟留下的诚实谦逊的寡妇承认了他们之间的恋情。这户家庭中的每个人确信（结果证明他们的愿望未实现）这个频道将在第二天晚上重播这集电视剧，因为如果不是这样，观众会感到很失落。

观众对于《爱情逃亡者》（Fugitive from Love）的反应清楚重现了上埃及人的正面形象。这部电视剧的第四部分在2000—2001斋月期间播出。我所认识的人们惊诧于影片拍摄地就在他们所熟悉的位于卢克索附近的尼罗河东西两岸。一位妇女的话揭示了这部电视剧流行的关键："这部电视剧真的提高了上埃及人的声誉。"她认为这部电视剧传递了萨伊迪人吃苦耐劳、诚实的

第三部分　发展主义侵蚀着的霸权

品质，如她所说是"真正的男人"。政府不应该干涉他们的事务；如果让他们自己来解决他们自身的问题，情况将慢慢变好。她描述了电视剧中政府官员对萨伊迪人勇于抵制他们感到非常不可思议。当那个政府部长的儿子要求他们出售一些自己本无权处置的土地时，市长（`umda）对他提出质疑，说："如果你认为有必要，你可以开除我，但是我不会附和你的阴谋。"另一位妇女在同我谈论这部电视剧时描述了另一个相似的情节，当剧中年轻的职业女性（具有这个地区的血统，在亚历山大长大）指控市长的儿子偷了她的土地时，市长儿子的回答给她留下了深刻印象。他的回答是："我决不会做那种事情，因为我是一个萨伊迪人！"

与《折光》和《山狼》一样，这部电视剧是围绕那些大家庭或氏族的荣誉来叙事的，这被认为是真实、令观众熟悉的，即便这些荣誉感现在正在消失。很多观众把这些电视剧理解为部族间的相互争斗。一位年轻妇女评论道："我们有这些习俗。只有警察才能理解那些真正来自上埃及的人。"可是，对于很多女孩、妇女来说，这些电视剧之所以流行不仅仅是因为对传统价值的主张，还包括对一些家庭相关习俗的谴责。《山狼》和《南方人的梦》都宣扬爱情，对家长式的包办婚姻以及同族婚姻（endogamy）提出了挑战。在这点上，虽然极力通过把上埃及人与这个国家的其他埃及人联系起来，并且把上埃及乡村的传统价值作为伊斯兰主义的替代品去重建上埃及的荣誉，然而，这些优秀的电视剧还是依据北方和南方之间的区别进行叙事。电视剧凸显着那些氏族的、家长制习俗以及那个地区复仇法则的陈见。通过某种特定的启蒙教育将北方人以及通过接受教育找回了自我的南方人（如同在《南方人的梦》中所讲的）相关联，在社会进步的常规语境中，他们突出了穷困的上埃及人的自卑，他们为年轻的受过教育的一代人提供支持，以致造成了社区之间、甚至在他们自己的社区中令人反感的差别。我和一些年轻人交谈时，经常听到诸如"在基纳，他们更加死板、排外，不让他们的妇女到外面去"，或是"我不喜欢去某个村，那里的人们不开化"这样的评价。

这些电视剧虽然对南方人有正面的描述，但也明确指出了上埃及人自己所感受到的和北方人之间的距离，尤其在他们直接近距离的接触中。在学校里，有些老师或督导员来自北方，因此孩子们在学校里要面对这种距离。成年人与政府官僚、工程技术人员以及文物维修人员打交道时也面临同样的问题。当地人，甚至是受过教育的人，知道他们被看作是下等人。但是，如在第三章讲过的，有时他们也通过一种道德上的优越性来抗拒这种歧视。通过在这个旅游地区的一些见闻，我目睹了这种抗拒是如此常见。妇女穿着黑色外衣、斗篷，年轻人、老于世故的人身着一种被称为沙特长袍（Saudi `abaya）的黑色外衣，看上去体重超重的老妇人戴着太阳镜、穿着裤子以及一件宽大女式长罩衫，或年轻大学生穿着紧身喇叭牛仔裤，从旅游大巴中爬出来站成一圈吃甘蔗，大声地对别人吆喝，或用移动电话聊天时，上埃及人会禁不住鄙视这些人。对于穿着时髦的年轻人，他们会轻蔑地说："他们完全是在模仿欧洲人。"他们认为这样的年轻人仅仅是追求标新立异（deracinated），一点也不成熟稳重。

2001年春的某一天，我正在一个小村子采访，一大群来自开罗的年长妇女来游览法老景点，她们坐在一间临时搭建的、当地

第三部分 发展主义侵蚀着的霸权

人经常光顾的小餐馆里,而没有到拐角处的专门接待外国游客的旅游餐馆。她们招呼一个临时在餐馆附近为外国游客表演的老艺人背诵希拉里英雄史诗(即在本书前面讨论过的经典的"传统"史诗)的某些部分。这些妇女要求他大声背诵,有两个甚至站起来跳舞,棒球帽不协调地戴在她们的伊斯兰头巾上。这一情景引起了小村庄年轻人的注意,他们围着这群人看着,彼此皱着眉头或交换会意的眼神。我问当地妇女这是些什么人,她们说这群人来自一个养老院。按她们的说法,她们的家庭不愿抚养她们才把她们送去养老院的。因而,她们既同情这些女人,同时也为她们不庄重的行为感到震惊。很多妇女窃窃私语,认为那些女人应该举止更优雅一些。换句话说,她们似乎在道德、尊严方面有了某种优越感,尽管她们深知,从游客居高临下对待她们以及漠视她们的角度看,"她们仅仅把我看作是来自上埃及的妇女",一位当地妇女这样说。

的确,一名游客走进附近的一间房子使用洗手间时,带着一种颇具优越感的自信,她优雅地绕过畜圈,当她环顾四周时惊讶地大叫道:"这就像我在电视剧或老电影里看到的房子!"她炫耀她做警察的儿子以及她的律师职业。虽然她也承认她是一个寡妇,她并没有和她的儿子住在一起,她强调她是与社交圈的朋友一起旅行。她显然没有为她同伴"不合适"的公共行为感到尴尬,并且也永远不会想到这些没有受过教育的农村人会蔑视她和她的同伴,甚至是同情她们。

来自强权的北方和都市中心的人们为电视剧注入了不和谐的因素。但并没有削弱那种地方认同的力量,这样的一种认同在那些没接受过国家教育体制教育的人当中尤其明显。两个关于Misr——根据它的具体应用场景，这个词意指埃及这个国家，或是首都开罗（泛指人口稠密的埃及北部）——这个词的偶然事件揭示了这种不断延续着的地方认同。当我在一户人家讲述我们如何说服我们孩子的美国学校校长同意我们带孩子来埃及（我用了Mirs这个词）的故事时，那个聪明但是没有上过学的母亲大笑道："我们这是Misr吗？这不是Misr！"当她的孩子耐心地解释——"不，妈妈。从阿斯旺到亚历山大，都可称作Misr"时，她看起来真的很惊讶。另一个没有受过教育的男子，他在当地经营着一个餐厅，曾应邀到法国参加传统音乐节。他讲起在法国的遭遇。在巴黎，他遇到了埃及演员贾米尔·拉提布（Jamil Ratib），他在电视剧中扮演过很多高贵的、有教养的角色——例如，《白旗》中的退休大使，《辛辛亚》中的意大利伯父。在一次友好的交谈中，贾米尔问他："那么，你来自Misr？"他骄傲地回答道："不，我来自卢克索。"在交谈中，贾米尔实际是用Misr指代国家和位于北方的首都，认为他们两人来自同一国家。而那个上埃及人即使身在法国，却被这个词激起了自己独特的身份认同。

虽然这些关于上埃及的电视剧并未着力消除地区的差异性，却还是有意要在强化萨伊迪人的价值观方面发挥重要作用，这种价值观并非是曾经风靡当地的、鼓吹宏伟的清真寺建筑以及褊狭的东西。在这里，电视剧和当地人的经历之间的确有某些契合，尤其是在上埃及某些严重依赖旅游业维持生计的地方。我曾工作的社区于1997年发生了屠杀旅游者事件，整个地区深受影响。事件发生于哈奇索（Hatchepsut）女王的帕拉尼克神庙，就在附

第三部分　发展主义侵蚀着的霸权

近的山谷旁。一些属于某个小型伊斯兰主义分裂组织的人违反了伊斯兰组织在埃及不采取暴力的总协定。[51]当我在事件发生一年之后重返这个村庄时，人们依然迫不及待地向我谈论起他们的经历。当一个人跑过来大声喊着"恐怖袭击！恐怖袭击！"时，一些朋友（他们的家位于沙漠边缘，和那个主村庄有一段距离）第一时间意识到发生了什么事情。这个家庭中的一个年轻女性告诉我："我们真不敢相信在这里会发生这样的事情。"她和家人此前刚好听到在警察检查站（一名当地警察在那里被杀）附近传来的枪声。随后她的伯父和其他当地男人一道，在警察到来之前去山上（Theban山）追赶那些恐怖分子。村庄里的很多人在讲述这些故事时，为当地人的勇敢以及他们对山地地形的熟悉而感到自豪。那些乔装成警察的恐怖分子，藏在一个山洞里，最终全部自杀。一名年轻妇女说当那些好战分子的尸体被担架运走后，她仍然忘不了那些血腥的大腿。

村民们对这一事件感到异常愤怒和恐怖，这可从这位妇女对恐怖分子的态度得到证实。她坚持认为恐怖分子"不是穆斯林，不是基督徒，不属于任何宗教派别。既然他们能做出这种事情，他们就不是人"。她说在他们死后人们朝着他们扔石头。其他人讲述了人们是如何怀着厌恶和轻蔑的神情踢打恐怖分子的尸体。一名妇女宣称，如果政府官员不在场，人们会放火烧了他们的尸体；他们的确不值得被埋葬。

这一事件给这个社区带来的创伤是广泛的。每个人都有一个事件发生时他/她在何处、发生了什么的故事。没有人同情恐怖分子，但有些人担心这一暴力事件的超自然结果。有谣传说那

第七章 以国家的名义管理宗教

些从附近修道院来的基督教牧师开始在那些好战分子被杀的地方诵读《圣经》。一位妇女向我讲述了那些谣传,她说,那个发生屠杀的位置,正好是在去修道院的路上,在宗教节日期间,如同那些朝圣者一样,牧师们必须在晚上穿过这个地方。看到我有些困惑,她接着解释说,她认为牧师们必须这样做以便确保这些恐怖分子不要变成鬼,在这个区域四处游荡。

除了发自内心地谴责这一事件以及那些好战分子之外,这个地区的人们对于从大众化到改革主义的浓烈的伊斯兰化也抱以同情。[52]这种情况可以从很多例子中感受到。长期以来,作为该地区的主要僧侣,谢赫·泰伊布(Shaykh al-Tayyib)拥有很多追随者,并且作为一个仲裁者和领袖他深得当地人的尊重。[53]此外,在一个庆祝穆斯林宗教音乐的国际音乐节期间,当地人聚集到场馆里,当某些宗教歌手演唱时,他们不是像外国人一样静静地坐着,而是做"迪克尔"(dhikr)——伊斯兰苏菲派遵循的仪式。类似地,人们也热衷于那些成年人和未成年人的"莫里德"(moulides,圣徒日庆典),也由苏菲派组织"迪克尔"。观察者也注意到了传统的宗教惯例活动(斋月禁食、参加清真寺祈祷以及禁酒)在过去的20多年里不断增加。宗教教育被认为是有用的,出于各种原因,当地很多孩子进入由爱资哈尔经营的等同于中学的学校。很多孩子在下午或暑假期间被送到一位懂古兰经的老师(kuttab)那里。初高中的所有的穆斯林女孩都戴着面纱(hijab)(这种面纱自70年代后期以来被认为是非常得体的伊斯兰服装),在她们学校教书的严肃的年轻人都严守宗教戒律。

在我所知道的人中,都有一种强烈的宗教认同意识。虽然很

第三部分　发展主义侵蚀着的霸权

多穆斯林和他们的基督徒邻居（居住在一个单独的村子）关系亲密，在公立学校中和平相处，有时还为他们鸣不平（如一个穆斯林批评《玫瑰时代》的电视剧通过展现一个埃及基督徒妇女不端庄的穿着错误地刻画了埃及基督徒的形象），但是长期形成的成见是始终存在的。例如，一个青年男子通过他在上埃及的经历写过一篇反映埃及基督徒职业的专题论文，诸如医药、美容、裁缝、木匠等，而穆斯林仅仅是做农场主或是屠夫。那些到爱资哈尔读书的人，尤其是在大学阶段，怀有更强的偏见和敌意，他们相信只有穆斯林才能升到天堂。他们迫不及待地谴责西方人的不道德，而其中有些人和该地区有很深渊源，并从宗教角度表明对埃及基督徒的敌意。他们说基督徒本有机会明白穆罕穆德预言的真实性，却拒绝去做，以此来证明他们（穆斯林）具有更高尚的品德。

由于进一步强调南北差异以及对该地区的强烈的伊斯兰情绪的失声，电视情节剧的第三种策略目标，即把复原某种上埃及文化作为国家统一、社区建造以及反击恐怖主义的途径，仅从表面上看也并非是没有问题的。看这些电视节目的观众，即使受到鼓舞对上埃及遗产感到自豪，也很可能不情愿仅仅把他们看作是上埃及人，也不仅仅是好的穆斯林——或埃及基督徒，之所以这么说，是因为观众已经注意到基督教沙文主义和"极端主义"在过去几十年里日渐抬头。[54]媒体为促进与宗教相剥离的文化所作的努力，如我在前面讨论乌卡沙（`Ukasha）的电视剧关于前纳赛尔时期的亚历山大大都会的宗教认同时讲到的，或许无益于治疗满目疮痍的肌体，却试图把宗教推向一个与国家相关联的文化系统中。这是因为这种努力和当地经验几乎毫无共同之处。

第七章 以国家的名义管理宗教

国家公共领域中的宗教

尽管电视剧承载了很多内容,以及人们对电视作为反对恐怖主义及宗教极端主义的武器有很多针锋相对的观点,但这些不应该分散我们对于这后面存在的共性本质及常态的探讨。在这一章里,我探讨了作为传递信息媒体的电视剧,以及作为一个研讨平台(sphere)(在此平台上充满了各种政治辩论)的报纸。近来对于伊斯兰教以及埃及穆斯林改革历史的研究提醒我们,应该把大众传媒(从19世纪晚期兴盛的报纸到20世纪晚期的电视)视为一个特定的公共平台,在这里,知识分子能够对道德、政治问题以及诸如社区的未来、文明发展等问题进行辩论、探讨。学者们已经开始关注这个公共平台是怎样的一个构架,以及不断变化着的辩题和论题是如何产生的。

在本书中,我始终主张创作电视、电影、戏剧以及文学作品的知识分子必须明白他们自己具有某种不依赖于国家的独立性,他们应专注于自己的文化创作领域。一些作家通过赞美《家庭》来反对电视审查制度,这是知识分子和国家之间天然对立关系的一个案例。例如,*Ruz al-Yusuf*(一份专注于反对和揭发政治文化丑闻的杂志)的前副总编阿迪尔·哈姆达(Adil Hamuda)就断言道:"这部电视剧反映了许多在舞台剧上被审查机构禁止的主题——恐怖主义,伊斯兰银行,残暴的治安警察,堕落阶层的泛滥与霸权,沙特阿拉伯极端主义的性质,独裁,伪善,混杂的社会,贫穷,剥夺权利,非法传播宗教,压迫,毒品成瘾。"[55] 他据

第三部分　发展主义侵蚀着的霸权

此定义出国家的本质就是专制。

然而，如同在其他章节中已经讲到的，在知识分子和国家之间也存在着一些协作和汇聚点。最后一章分析了电视作家对于一种基于"本地人"的文化—国家认同的极力支持，以此回应两种此消彼长的势力：全球化和伊斯兰主义。在公共领域关于宗教极端主义的辩论更加清晰地表明这种协作的基础是国家利益。这似乎代表着自 19 世纪以来形成的公共领域关注焦点的一个重大转变。通过证明埃及曾有的公共领域的历史完全不同于欧洲，萨尔瓦多有力地指出伊斯兰和宗教规范从开始就没有被认为和其他规范有区别，或是和国家、民族的发展相对立。事实上，19 世纪的公共领域焦点是穆斯林改革。萨尔瓦多认为，不管 19 世纪晚期还是 20 世纪早期的历史，均是宗教规范抽象以及条文化为沙里亚的历史，shari`a 现在被理解为宗教法律，它为当下的伊斯兰美德、法律和社会秩序的表达奠定了基础。这些美德、法律和社会秩序，在某种程度上是和所谓世俗国家有区别甚至完全相反的——而阿萨德认为，在受到适当限制并且与其他法律取得平等地位后，shari`a 已经和现代的世俗国家制度纠缠在了一起——这两种观点的本质在于宗教问题渐渐地被分离开来。[56] 在雅各布·斯克夫加德·佩特森（Jakob Skovgaard Petersen）之后，萨尔瓦多认为民族主义话语侵蚀了在 20 年代作为公共领域的意识形态中心的伊斯兰改革。[57] 50 和 60 年代的纳赛尔主义对于划分宗教和国家为单独领域的学说形成具有更加决定性的作用，即便是伊斯兰理想从未被从道德规范中清除，但所有阶级中延续着虔诚的实践，以及国家和宗教机构进行着各种迁就融合。从 90 年代

第七章 以国家的名义管理宗教

的电视节目所引发的争论来看，我们现在似乎更加明白的是，宗教已经再次成为公共领域的意识形态核心。但是，在以民族—国家的特定形式巩固并确立了"国家"概念后，是否符合国家利益，现在成了唯一的对宗教进行讨论的法律基础。

因此，由于伊斯兰教是关乎民族国家的事情，它在公共领域中是可以被讨论的。这样的讨论，通过在电视剧中对于宗教的展现，无论是丑化伊斯兰极端主义者、标榜埃及基督徒—穆斯林关系，还是恢复上埃及的传统价值，均是在再度强化国家利益的重要性。对伊斯兰的好与坏的定义取决于这样一种价值判断：民族国家的完整性。当发生意见分歧时这种分歧也是以国家主导的公共领域价值为参照来衡量的。当电视剧把宗教信仰说成是国家的亚文化时，它其实暗指国家是一种更大的文化范畴，是宗教的亚文化的容器。最后，当区域价值观被视为文化理念时，也为国家框架学说提供了支持依据，因为区域是被国家领土所界定的。上埃及只有在被视为埃及国家的一部分时才具有特定的地区概念。这并不意味着对埃及的民族—国家的挑战不会以伊斯兰，或以来自那些希望过他们的生活，并且希望社会被他们所圈定的宗教价值所引导的人的名义进行。关键是：这些东西已经被置于民族—国家的框架下理解。在 20 世纪的最后十多年以及在未来几十年里，这些东西也将和体制所鼓励的另一种发展轨迹相关，这种发展轨迹既不同于纳赛尔时代的现代发展主义，也不是伊斯兰团体以及他们的支持者所希望的。下一章将围绕发展主义霸权受到的侵蚀进行讨论，这种发展主义霸权现在面临着与全球化的新自由主义经济政策相关联的消费主义的冲击。

商店的顾客,该单间商店位于女店主家附近,上埃及,2001年。里拉·阿布-卢赫德/人类学照片。

第八章 消费及发展主义的侵蚀性霸权

很多批评家认为，资本主义市场化，委婉的说法是全球化，破坏了国家和民族的独立自主。现在有种说法，人们不再被称为公民，而是消费者。在今天的很多国家，电视已经不再具有或是放弃了其公共服务的观念形态，已经成为一种商业媒体、一种广告的导管，这种导管被迈克尔·舒德森（Michael Schudson）形象化地表述为受"资本家的现实主义审美"控制的、"缺乏总体规划目标——宣扬消费者选择的愉悦和自由，捍卫私人生活以及物质欲望的优点"。[1]西尼克斯（Cynics）认为，电视仅仅是把消费者送到商家门口的一种手段。巴西主要的电视网环球电视台（TV Globo）的一位执行官的话也证实了这一点。他在80年代一次采访中说："传播（媒体）作为一个生产体系，最重要的是——把全体居民变为一个积极的消费者市场，制造消费意向，通过为每个消费者提供适合于他们所属社会群体的物品、产品或是服务，并触及所有的社

第三部分 发展主义侵蚀着的霸权

会阶层,同时,使得市场更加具有活力和灵活性。"[2]

如同我已经指出的,埃及在最近几十年中日益融入全球化市场,这条道路是借由70年代的经济自由化以及埃及完全进入美国式的发展模式所铺就的。通过纳赛尔前20年的政策转向,消费受到推崇和促进。电视本身受到了影响,并进而推进了这种转型。尤其在90年代后期随着卫星电视的发展,电视产业的组织方式也发生了改变。电视节目也发生了变化,内容充斥着形式各异的大量的商业广告。人们能够在电视剧中体会到发展主义的霸权侵蚀、支配着政治话语及90年代最好的电视节目的意识形态和审美价值。

这种转型是否意味着国家作为一个参照框架和一个认同的节点(node of identity)的作用已经消失?这种进程是顺滑、线性的吗?以消费为主题的电视节目对人们产生了怎样的影响?这些都是在进入21世纪的转折点上对埃及国家进行民族志研究所无法回避的问题。在这一章,我将通过深入考察埃及人的实际生活及话语中透露出的电视与消费的关系来寻求答案,我认为大众消费的巨大发展遇到了严重的挑战,而国家的地位远非其他东西可以取代。

在世界其他地方,发展主义作为意识形态和国家实践,在结构调整和经济改革中受到削弱,一些分析人士据此提出,公民被称为消费者会更加合适。然而,研究印度电视和广告的很多人士对国家公民和消费主体的二元对立提出了质疑。里拉·费尔南德斯(Leela Fernandez)对印度广告工业的研究认为,90年代晚期的新自由主义经济改革以及全球化已经在提升城市中产阶级的地

第八章　消费及发展主义的侵蚀性霸权

位方面产生了效果，这些人是很多广告的目标对象，是新型的现代印度国家的代表，[3]"是印度国家进步的标志"，她解释道："（发展）不再基于尼赫鲁持有的建立大量工厂的观点，或是甘地主张的草根劳动者自给自足的乡村发展模式"，而是中产阶级的消费主义。[4]而且，她认为商业美学已经对政治产生了影响，即国家自身已经变成了某种商品。阿温德·雷贾戈帕（Arvind Rajagopa）在思考"印度消费者的感性教育"时认为，遍布印度城市各个角落的摩托车和雪茄的电视商业广告正在企图把离散的社会群体带入到一种印度化的（Hinduized）民族统一体中。[5]而且在普尔尼马·曼克卡尔（Purnima Mankekar）看来，即使像MTV这样的跨国界产品为了抓住当地市场也不得不印度化，这显示出国家框架的影响力仍是持续而显著的。[6]

罗伯特·福斯特（Robert Foster）在巴布亚新几内亚的研究提供了关于公民和消费结合的更有说服力的案例，他认为在这个相对较新的民族-国家中，大众消费以及促进着大众消费的广告运动已经在差异巨大、随意组合的人群中培养起了一种国家感。[7]他考察了不同地方、不同历史时期的"商品消费在国家形成中的实质作用"。[8]虽然他承认对于国家的亲近感或许与正面的国家荣誉感或公民情感并不相同，但他仍然在巴布亚新几内亚发现了国民消费促进这两方面感觉的证据。

这些例子提醒着我们一个事实：资本家的营销和大众商品消费这两个全球化的基本要素，对于国家认同的形成而言，本质上不再是对立的。如果有人要弄明白，在现在被归入南方世界（global South）的国家，全球化意味着什么，那么他（她）必定要

第三部分　发展主义侵蚀着的霸权

梳理在某个特定历史时刻这些过程之间的复杂关系。要分析民族-国家在某个历史时刻的电视和消费之间的特殊关系，势必要认识到，那些充满了紧张、分裂和落后的杂乱无章的形态，比在霸权或反霸权的简单情境下更有可能存在。关于霸权，法兰克福学派有过分析，可能是以直接的方式，也可能像文化理论家斯图尔特·霍尔（Stuart Hall）所认为的，是以编码和解码的模式更加隐晦地被理解。关于反霸权，则以形形色色的反抗、挪用或创造性的调配为代表。在本章中，我将探讨明显存在于意识形态或文化领域中的矛盾以及逆流：在各种不同的节目、甚至在同一类型的节目中信息的不协调；最有影响力的电视剧节目和不断影响着电视剧的广告节目之间的对比；电视的文化产品和其他流行文化话语（包括宗教）之间的斗争，还有电视和日常生活其他方面之间的斗争。这些复杂的结果让人感觉到人们的社会环境和他们的其他需求之间的分离，无论这种需求是否被电视或其他形式的大众文化所灌输。再次出现的情况是，边缘社会的生活恰恰揭示着最直白的反差。

电视产业

关于电视和消费、资本主义和国家、公民和消费者之间关系问题的答案，不仅存在于电视图像和场景之中，还存在于其作为一种产业的组织形态之中。在最近的几十年里，埃及的电视产业已经成为一个不稳定的公共和商业的混合体。它不断地依赖广告收入，之所以如此是因为政府主导的改革鼓励国营部门的企业私

第八章 消费及发展主义的侵蚀性霸权

有化以及商品的"自由市场"特性,同时对跨国的以及本地的商业产品开放本国市场。和卫星电视及电影工业相关的市场开放已经被付诸实践,国家电视台成了最大的股东。虽然私有化是当下埃及的一个流行语,但电视所承担的关键的政治角色仍是毋庸置疑的,埃及广播电视联盟(ERTU)仍然掌握在国家手里,并且控制着地面卫星的频道。然而,90年代有一个转折,预示着电视产业领域的重大变化,标志是2001年第一个私人拥有的埃及卫星频道令人吃惊地进入了传媒产业。[9]

由于富裕的海湾国家对电视节目有巨大的需求,在埃及,国家掌控的电视产业在电视剧生产方面早已失去了垄断地位。利用这个机会,大量的制作电视节目的私人部门得到了发展;据迪亚斯(Diase)介绍,第一部私人生产的电视剧1975年在国家电视台播放。[10]这些私人电视制作部门在70年代和80年代得到了空前的发展,有些影视拍摄是在埃及之外进行的,因那些地方的彩色电视录制设备更加便宜。另一方面,如同巴西姆·马哈福兹(Basim Mahfuz)——一个在电视制作部门工作的青年导演——所说的,他和他的同事们经常讨论制作"秘密电视剧"。[11]这些电视剧不可能在埃及电视台中看到,尽管做这种事情工资水平较低且常受到官僚机构的干涉,但它却对很多公营的国家电视台的导演、作家以及演员具有持续不断的吸引力。

这种平行的生产体系——一方面由私人投资者建立私人摄影棚,另一方面剧本由隶属于官方的埃及广播电视联盟的各审查部门审查——绝不是完全分离的。私人雇用的演员和专业人士同时供职于国家电视台。演员们通过参与私人拍摄,获得了比他们

第三部分 发展主义侵蚀着的霸权

在国家电视台工作更加丰厚的收入。假如说一个刚出道的女演员在90年代中期在埃及广播电视联盟的生产部门拍摄一集电视剧的报酬是175埃及镑，那么她参与私人制作的电视剧每集可以得到800埃及镑的报酬。一个大明星曾经签过每集15000埃及镑的合同。尽管支付给导演、剧本作者和演员的费用很高，但是由于投资者急于获利的压力，所以大多数电视剧的制作质量较差。一些较好的片子，又要返回到埃及国家电视台播放。

在90年代中期，政策又出现了更大的变化，使得公营和私营的界限变得更加模糊。埃及广播电视联盟生产部分的负责人马姆杜·阿-莱希（Mamduh al-Laythi）开始把一些制片工作出租给私营制片人。他引入了独立制片人的概念，这些独立制片人得到预算拨款，然后开始负责组织生产，最终把拷贝交由国家电视台播出。一些专业人士悲观地认为这种新的策略意味着埃及广播电视联盟的生产部门希望加强对私营部门的控制。另一些人则相信，这是广播电视联盟摆脱具体生产负担的方式。对此种模式的反应也是多种多样的，有批评家抱怨这种新的方式会导致质量下滑，并且在竞标中很可能出现腐败。马哈福兹指出，这一政策确实对电视工业产生了巨大冲击：私人生产的电视剧由每年的五六十部下降到了1996年的5部。

埃及电视产业发生巨大变化的缘由来自于卫星电视。90年代初期卫星电视进入埃及时，因为费用昂贵，只对极少数精英有吸引力。萨克（Sakr）曾经说过：和很多地方一样，卫星电视在埃及也无法普及，用户数量的增长相对缓慢［虽然这一增长速度已远远快于埃及有线电视网（CNE）的付费电视，埃及付费电视

第八章 消费及发展主义的侵蚀性霸权

从未真正普及过,部分原因是它于 1991 年被引进,略早于卫星电视]。分析人士指出,这一方面是因为费用,一方面是因为国家电视台上有相对更好的节目。[12]但是随着卫星电视日益成为精英的首选,国家电视台正面临着竞争的压力。1995 年夏天,第一届阿拉伯电视节的主要议题是卫星电视要怎么搞,这一议题在很多分会场也引起了共鸣。除了政治上的答案——在阿拉伯语卫星电视要向埃及和阿拉伯世界播出之前,必须就有关标准、道德以及其他方面的问题达成共识——官方对卫星电视的公开表态是,埃及国家电视台必须创新节目,以便能和那些上星节目竞争。[13]但这需要花钱。

广告的剧增显然印证了对预算资金的需求。结果是,随着更多私人公司提供商品和服务以及一些跨国公司重返埃及市场,广告产业和电视产业一样,也在发生着变化。1991 年,大量的电视广告仍然被主要的公营企业——阿-阿哈姆（Al-Ahram）和阿-阿克巴（Al-Akhbar）所操纵,而在 90 年代后,越来越多的私营广告代理公司迅速成长起来,并且一些大的全球代理公司,如上奇广告公司（Saatchi and Saatchi）开始直接、或是通过设在埃及的中东代理机构来开展业务。[14]

这些私人广告公司的迅速发展使国家电视台获得了大量收益。[15]不过,人们从电视里仍然能够看到挥之不去的意识形态对公共服务的影响,诸如为文化部的教育类或支持计划生育的广告打折。而且,诸如开罗电影节这样的主要文化事件和卫生部的免疫节目等,均是免费的。然而,在两个主要电视频道（1 和 2）中黄金时段（例如,下午 6 点以后,或在斋月期）,一个 30 秒的商

第三部分　发展主义侵蚀着的霸权

品广告,在1997年给本地企业的起价是2500埃及镑(约为750美元),对进口品牌几乎是翻倍。[16]这还不包括数量可观的印花税和其他额外费用,如客户要求特定时间播放、重复播放或是在足球赛开播之前播放,都要强制征收额外费用。[17]而且,插播广告的时长迁就于客户,以致观众根本无法容忍(据对投诉者的统计)如此多的广告。

全球化对电视产业的影响不仅可以通过电视广告的发展看到,在为国家电视台提供资金方面,以及埃及广播电视联盟的地位的变化方面也可以看到。后续的发展趋势将是日渐模糊的公共与私人、地面电视与卫星电视的区别。埃及政府投资建设了NILESAT——一个负责埃及电视节目播放的卫星电视台。此外,国有的埃及广播电视联盟是一个野心勃勃的商业项目的最大股东——埃及的媒体生产城,该项目最初立志建设成"东方好莱坞",包括29个播音室,大量的编辑设备,宾馆以及娱乐公园。为了支撑起这头"巨兽",在2000年落实了一项方案,即要在与它毗邻的地方发展一个媒体自由区,在这个区域内,私人卫星电视台不但免税,还可以使用媒体生产城的资源、设备。[18]

最重大的变化是2001年梦想电视(Dream TV)的开播,这是埃及第一家私人拥有的电视台,2002年开始被很多电视台所效仿。所有这些电视台都是上星的。埃及广播电视联盟拥有梦想电视的少量股份——估计是10%,这家电视台的大股东是阿哈迈德·巴杰特(Ahmad Bahgat),他和政府关系比较亲近,他的产业涉及器械到娱乐公园。[19]尽管卫星电视只进入了大约10%的埃及家庭,且集中在城市的富裕家庭中,但是这个新的卫星电视还是

第八章　消费及发展主义的侵蚀性霸权

在人们生活中引起了轰动。这家电视台充斥着性感的音乐影像和直白的政治讨论，试探了政府对媒体自由区[20]制作节目的容忍极限。很快这家电视台从一个频道变为两个频道，并开始计划第三个频道。媒体主办人还希望不久后，埃及会允许私人的陆地传输。 199

促进消费

如果像我所说，电视产业已经随着时代发生了变化，变成了一种更加直接的商业冒险，那么，电视带给观众的世界也已经变成了对消费风气的灌输。这种消费主义的联系在吸引观众的电视连续剧的两个方面尤为明显。首先，电视剧中依赖明星阵容和知名度而体现一种星光灿烂。电视剧明星应该是人们仰慕的，无论在现实生活中还是在荧屏上，都过着极少数富人才能够梦想得到的生活。他们穿着的服装是很多人买不起的，他们参加那些场面宏大的舞会，开着高档轿车，一般都有商业投资。出租车司机们经常感叹地谈到明星施林汉（Shirihan）的500万镑的公寓——位于扎玛勒克（Zamalek）的精英社区——车库里的奔驰轿车数量，或阿迪勒·伊玛目（Adil Imam）估计要为他的公寓支付5000万镑。尽管那个年代电话还不甚普及，每个知名演员却都已使用移动电话。明星是财富最直接的体现，电视通过对明星的采访把他们带入人们的日常生活，而这是杂志做不到的，虽然杂志在埃及早期电影院时代能够为影星建立知名度。例如，《生活之夜》节目通过让明星们讲述他们的婚姻以及展示他们婚礼的视频剪辑，对明星生活的"私密"细节进行了展示。他们是那种无论走到

第三部分 发展主义侵蚀着的霸权

哪里都会有极高回头率的名流,他们也经常被卷入某些丑闻。人们对关于名流的事情都有兴趣——谁娶了谁,谁刚刚去世。如果是通过杂志,人们只会想到诸如这些明星有多少薪水的问题。[21]如同我将在这一章里深入讨论的,虽然很多人批评演员和"明星"不道德的生活方式以及在90年代信仰重生的明星戴上面纱所引起的轰动,但毫无疑问,明星总是受欢迎的。

明星与金钱和消费紧密关联的形象也被认为是由电视产业所导致的。80年代的生产部门(gita` al-intaj)从广播电视联盟中的其他两个基础单位中分离出来,这样重大的变化被认为与明星们有关。据说,是因为他们的工资导致了特别的预算需求,而这种需求不得不要求上述的分离。与明星及电视剧相联系的奢华展示不仅仅出现在银屏上,而且也表现在玛斯佩洛——电视总部。我在1990年第一次见到这个部门的领导马姆杜·阿-莱希(Mamduh al-Laythi)时,我惊讶于他的办公室和我刚刚路过的同一大楼里其他办公室之间的巨大差异。在其他办公室里只有简易的木凳子以及裸露的地板,楼梯间凌乱、拥挤,而他宽敞的办公室门口则有三个打扮时髦、衣装华丽、极具吸引力的秘书。这是一个空调房,窗户装有窗帘,家具包括会客区的印花棉布沙发、一张铺着丝绒的大桌子和很多镀铬的椅子。从这张桌子看过去的墙上是一个显示屏,上面显示着这栋建筑里每一个摄影棚里的工作情况。桌子上摆着银光闪闪的商务名片和不少于五部的按键电话,这些电话此起彼伏地响个不停。当他接听电话并且应付那些进出他办公室的人员时,嘴里还不停地嘟囔着:"烦死了,烦死了。"他向带我来这里的电视台的高级官员们抱怨说,与明星打交

第八章　消费及发展主义的侵蚀性霸权

道是多么困难。他解释道："你要是了解了这些明星，你就会知道他们有多糟糕，他们工作起来喜怒无常。他们所有人只关心钱。"

明星制并不是电视偏离清心寡欲的发展主义价值观的唯一象征。发展现实主义的美学、社会福利的价值以及国家的进步正在受到排挤，这在与电视剧相关的第二个领域中显得尤为明显：电视商业化。出于鼓励私人企业发展以及不同品牌之间的竞争，电视广告于70年代出现在电视上，并于90年代在电视剧中成倍增长，获得了极大的经济利益，同时也占用了更多的播出时间。这些收入为支付大牌明星的工资、奢华的场景、新的道具（如奔驰轿车和吉普车）以及从卢克索到伦敦的外景拍摄提供了资金。在那些最受欢迎的节目之前的15秒、20秒、甚至40秒的广告中，资产阶级的现实主义（如上述与奇幻的电视广告具体细节相对应的东西）不断地被插入到电视节目中。主要面向流行消费品的电视广告大肆鼓吹享乐、愉悦、消费和现代性。

虽然人们在等待晚间电视剧或足球转播时本可以忽视那些商业广告，但实际并非如此。甚至在1990年我刚开始我的研究时，每个电视剧开始之前四十条广告是司空见惯的，甚至在公映许可后还会插上几条，然后才开始节目。在收视率最高的斋月期，在最重要的电视剧开始之前，电视广告甚至会持续长达半个小时。几年来，广告成倍增长并且达到了极点。其情形正如一位批评家在1999—2000斋月期对广告及电视剧的评论。他在关于电视剧讨论的结尾处和讨论商业化的斋月谜语节目（阿姆布鲁斯特称之为"大众消费仪式"）之前指出："两大主要赞助斋月活动的移动电话公司垄断了原本平等竞争的广告位置，并且各自制作

第三部分　发展主义侵蚀着的霸权

了很多节目。"[22]

观众所看到的这些电视广告从流行于 80 年代末期已经过时的低成本制作的、节拍简单或对口型的歌舞之类的动画片，到在制作成本上可以与欧美广告相匹敌的广告。整个 90 年代，那些为当地商店和电影院制作的廉价广告，包括手写公告板或有声的电影经典对白，因受到按国际商业模式拍摄的、服务于跨国公司的广告的冲击而在当地急剧减少。生产陶瓷产品、洗衣粉、土豆片、糖果的公司之间展开了激烈竞争，食物加工的广告包括浓缩固体汤料到食用油、奶酪、猪肉以及热水器、电视机等常用的家用电器的广告也是此起彼伏。在 90 年代末，大件物品如汽车之类以及各种个人护理产品——从香皂、香波到一次性尿布——广告已经开始出现。这些年里最引人注目的是宝洁的艾瑞尔和联合利华的宝莹洗衣粉之间展开的"香皂大战"。在 1997 年斋月期间播放的最为著名并且让人记忆深刻的广告，或许是一个关于贾哈拉陶瓷的广告。这个广告通常在黄金时段播出，即刚好在最受欢迎电视剧开始之前，这也是斋月期间最昂贵的播出时间。这个广告由迷人的尤斯拉（Yusra）主演，她用移动电话与快乐而自信的男演员奥玛尔·谢里夫（Omar Sharif）——人们津津乐道于他衣锦还乡的故事——谈论瓷器。这些世界级名人，穿着名牌服装，配上优雅的内在气质，展现了奢华的、极具品味的浪漫消费。这个广告由谢里夫·阿拉法（Sharif 'Arafa）导演，和很多同事一样，这位知名电影导演为应对电影产业的不景气成立了他自己的广告公司。

很多家居产品广告由迷人的、皮肤白皙的现代职业女性代言，她们有亮泽的直发，有人戴着眼镜，以示她们完全明白自己在做的事，如烤蛋糕、买洗碗机。幸福的小家庭围坐在丰盛的餐桌旁，桌子上摆着好看的餐盘，正在享用植物油烹制的、蘸上番茄酱的食物，着装整洁的孩子放学回家，走进设备齐全的厨房，母亲拿巧克力奶给他们。近期的一组广告展示了一种极罕见的生活方式，这是一种软饮广告：在酒吧里一群英俊的身着晚礼服的男子在向一群迷人的女子抛媚眼，这群女子头发富有弹性，身着缎面礼服；或在咖啡馆里，金发女郎伴随着镜头迷离的焦点品味着瓷杯中喷香的咖啡。1999年一个位于开罗郊区的独立的新楼盘广告把"梦幻家园"（Dreamland）吹嘘为第一个电子信息化小区。人们所喜爱的老演员萨纳·吉米（Sana'Gamil）把紧邻这个小区的游乐园称为"我们梦想的地方"，她对观众煽情地说："快带你的孩子来这里吧。"她没有提到的是，游乐园门票的价格比很多埃及人一周的收入还高，并且那个电子信息化小区对于大多数仍居住在电力供应不可靠地方的人来说，[23]只是一种可望不可即的梦想。这种生活方式的广告就好比让一个科学权威去证明他并不熟悉的产品（如马桶清洁剂和一次性尿布）一样不靠谱。

只有少数广告表现了国家意志。在1999年的一则广告中，通过赞扬本国生产的洗衣机和电冰箱，一种埃及国家认同理想被建构起来，伴随着金字塔的照片而出现的广告词这样说道："我们的品牌，和金字塔一样有名。"大约十年之后，对进口商品的广告也表达了国家意志。1999年的一个雪佛兰汽车广告展示了出现在埃及城市和乡村（包括婚礼）的皮卡，广告语是"我们的埃及"。在跨国公司（如艾瑞尔）所生产的洗衣粉广告中，通过展

第三部分　发展主义侵蚀着的霸权

示农村妇女洗衣服、或是把当地生产的毯子挂在房子墙上的努比亚人（Nubians）（一个少数民族）把所洗的衣物送到房顶晾晒的情景，吸引了很多人。更引人注目的广告或许是，当人们打开门，发现他中了奖，或被艾瑞尔许诺可以达成某种愿望时，脸上所表现出的惊讶和感激之情。当地生产的食用油广告（这些广告由传统的农村妇女或贝都因人所出演）也不知不觉地在体现着一种国家意志。这类广告虽然存在于一个细分的市场之中，但是其效果表明，广告所体现的所有东西都是埃及国家的一个组成部分。

对这些广告还需要做更为细致的分析，但我想先扼要地指出，这些广告促进了快乐消费，用一种上层中产阶级的生活方式来定义好的生活标准，即使如此，它们也偶尔通过一种民间化的地方主义呈现出一个多元化国家的形态。不过这并不是说，被资本家的现实主义以及真实的资本主义所渗透的广告业没有受到挑战。下面的章节将考察这些挑战，让我先从几部电视剧讲起，这些电视剧与上述过程具有一种不协调的关系。

情节剧式的紧张

人们可以在90年代的电视情节剧中发现一种不确定性的出现，这种不确定性是由于发展主义作为一种新美学开始被资本主义的现实主义所渗透。但是这一过程并非一帆风顺。在90年代，实际上大量的话题是在讨论金钱的不道德以及消费的危险诱惑。这些话题对资本主义式消费的发展是一种挑战。贫富之间的对比——对应着高尚与堕落——是电影和电视剧中的一种陈旧模式，不论埃及人还是其他地方的人都这样认为。贪婪及其导致的后果也不是新的主题。但是80、90年代埃及电视剧的一个标志特征是：把贪婪和企业阶层的富有商人新贵联系在一起，把妇女和门户开放政策（infitah）联系在一起。90年代早期的一些电视剧，如乌卡沙和法迪勒成功合作的《白旗》、瓦菲亚·卡里的《最后的回归》（Akhir `awda），后者是海湾地区制作的第一部以挑剔的眼光审视埃及富人的电视剧，涉及品味和阶级方面的话题；新贵富豪被指责为缺乏品味，无法欣赏真正的美和不懂得美德的价值，甚至不珍惜自己的民族遗产——简言之，他们不具备一个古老的、现代的、有良好教育背景的中产阶级所具有的价值观。[24]但大多数电视剧更加关注的是，对金钱的不惜任何代价的欲望可能导致犯罪，诸如行贿受贿、挪用公款、贩毒以及当代各种不道德的商业行为。经济上的不诚实、与之相关的道德堕落被认为是对社会、青年一代以及国家的损害。

就我所知，这些经济犯罪的故事在开罗的工人中产生了巨大反响。乌卡沙在1997年斋月期间播放的电视剧《我们的家属》（Ahalina）就是一个好的例子，该剧讲述一个中产阶级家庭面临生活困境的故事。对于年轻一代来说，一种新型主题是鼓励他们努力工作，从而提高生产率——在这个案例中，建议是让沙漠绽放出生机。[25]然而，《我们的家属》所反映的主题则是人们更熟悉的经济危机：失业、低收入以及由这些所导致的犯罪，从贿赂到挪用公款。

这部剧让我联想到一位妇女阿米拉（Amira）的一系列问题——她极富戏剧性的生活故事是第五章的主题，她的小屋建在一个非正式的街区,她试图把电接到这里(开罗在扩张中形成了很多不规范的街区,人们在那建盖房屋是没有配套设施的)。在整个申请过程中,她被迫去收买每个环节的办事人员。她告诉我只有一个男子拒绝了她的贿赂。她带着赞许的神情讲起这件事,"当我拿出钱时,他说,'你怎么敢这样做?'"她最为恼怒的是有个家伙已经收了300埃及镑,但还继续向她索要200镑。她陷入了困境,因为这个男人拿着她的材料——土地地契和身份证。她抱怨说,至少在斋月里,人们不应该这样做。

另一个佣人费特玛认为《我们的家族》反映了现实。当我们讨论这个电视剧时她这样说道:

> 是的,虽然人们拿到了学位,但是在这里找不到工作。这是事实,无论在电视剧中,还是在现实生活中。这也是我的孩子们目前所面临的……要办成事情,不能不花钱。得行贿,花力气行贿。作为一个妇女,我如果要做成一些事情,就得花钱。我说的是真的。我的女儿告诉我这样做是不对的。但我说不是,这并不错。除此之外,别无选择。我的女儿为拿到行医执照而历尽千辛万苦时,她来找我。她是一个医生,她不会去贿赂。我向真主发誓。他们告诉她这样那样,但始终没有拿到执照;他们说,如果执照到了,他们会通知她的。但如果她付了钱,她会立马拿到执照。

萨米拉,经济状况日益恶化但还得为孩子提供学费的人,被教育体系的腐败所激怒——她相信现在的教育体系是建立在金钱

第八章 消费及发展主义的侵蚀性霸权

和贿赂之上的。谈论这部电视剧把她带入了悲伤的现实中,因为她为儿子学习工程课程私下补课花了不少钱。和那些被逼加入浩浩荡荡的补课大军的父母一样,她非常怀疑这样做的效果。

> 这个孩子学习很好,十分出色。本来不补课也可以通过考试。但是一个老师告诉他:"你应该到我这里补课。"孩子说他不需要,因为他已经掌握了这门课程。结果那个老师就给了他个不及格。所有的老师都如此。因此他不得不去补课。

更令她困扰的是,人们可以通过花钱进入像律师、医生这样的专门行业。她告诉我:

> 我过去有一个富裕的邻居,他的孩子得了白血病。他们带他到美国治病。他的父亲是医生。这个孩子从美国回来之后,错过了考试时间。然而他的分数却是优秀!我几乎快疯了。他在美国怎么参加考试?他们告诉我,他的父亲是医生。我说,就因为他父亲是医生!他能做他父亲的那些事情吗?或许他会害了病人。如果他没有经过专业的学习,他如何给病人看病?他或许会把一块棉花、一把剪刀、一条绷带遗忘在病人体内。

很多电视剧有一些关于青年人的故事情节,警示年轻人当梦想不能实现时可能暴露出的弱点。年轻人可能因贪图富贵而结婚，做违法乱纪之事，或不知廉耻地获取不义之财，贩毒吸毒——这些电视剧力图让这些失足青年的所作所为成为一面镜子。这些主题反映出了埃及社会对年轻人的担忧，在现实生活中可以借鉴像萨尔瓦那样忧心忡忡的母亲所采取的做法。本着对世界的虔诚观点，萨尔瓦最终承认真主有时会让魔鬼来引诱人们去贩毒、偷盗或杀人。但是她认为家庭、朋友、周围环境同样十分重要。"最重要的是家庭……最重要的问题在于给孩子过多的零花钱。"她的做法是不给孩子太多的钱。她解释道："比如说，我的儿子在家吃早餐。我就只给他一点交通费和买冷饮的钱。我保证他穿好，并且提供学习上需要的一切。这就足够了。不要多给，否则他会到电影院，或去小餐厅、录像厅看录像。"她担心这些影视作品会使孩子道德败坏。

现在对年轻人的担心也可能表现为更普遍的方式，例如，1997年莫名其妙地发生了逮捕大批青年的事件，据说是因为这些青年人戴着耳环，穿着黑色衬衫，常在时髦的餐厅、麦当劳前面闲逛。这些年轻人最初指控为撒旦教徒，有一些骇人听闻的关于他们怪诞行为的故事在流传，他们最终被无罪释放，他们中许多是精英阶层的孩子，这些精英为此事件而普遍感到震惊。这个偶然的事件传递的信息是明显的：今天的青年人面临着道德危机，尤其是那些习惯了大都市纸醉金迷生活的年轻人。发表在当时的《早安》(Sabah al-Khayr)周刊上的三幅构思精妙的漫画很好地呼应了这个主题。第一幅表现了一个年轻人穿着时髦的西方人的服装，梳着那种象征埃及反叛青年的发型：头顶上是长发，下面被刮光。在他后面站着两个有角的恶魔。其中一个对另一个

第八章 消费及发展主义的侵蚀性霸权

说:"这是一个无忧无虑的家伙,一个年轻人,他的父母都不在这里……他是一个纨绔子弟!"第二幅表现了一个男人在祈祷毯上对着面前的一堆钱鞠躬。"别打扰他",他的妻子对女儿说,"你父亲真在'膜拜'金钱。"第三幅漫画或许更加有趣,因为它表现了媒体在乡下的教化角色。一个农民小家庭围着他们低矮的桌子吃着晚餐。背景是电视机播放着撒旦崇拜的新闻。妻子对丈夫说:"要当心呀,不要让那个恶魔像他对待城里人一样地欺骗了你!"

撒旦崇拜、吸毒成瘾的青年人形象出现在两年后的一部名为《来自爱的时代的妇女》(乌卡沙导演的另一部电视剧)的斋月严肃电视剧中。这是一部关于青年问题的电视剧。片中指出埃及青年面临的主要问题是堕落。在剧中,一位保持着良好的传统价值观的正直的妇女帮助拯救她那反叛的外甥女和外甥,这几个孩子从小就没有母爱,经济宽裕,和一个贪婪的、无暇顾及他们的父亲生活在一起。男孩吸毒,并且和一些撒旦教徒的重金属音乐迷厮混在一起;女儿经常偷偷地溜出去和男朋友约会;所有孩子整夜看外国影碟,整天玩索尼随身听。如同盖尔·萨克塞德(Geir Sakseid)指出的,这部电视剧的最后一集很有意义,当这个高尚的妇女就寻找她的外孙的事情(可能在以色列人手里)接受埃及电视台的采访时,女主持人宣称:"埃及不会忘记她的孩子。"[26]

尽管也宣扬诸如金钱对民族价值观的威胁之类的主题,但90年代中期至末期的很多斋月电视剧还是不同于标准的发展主义者的电视剧模式。暂且不论能否进入更大范围的阿拉伯卫星市场,与之竞争或者炫耀埃及电视剧生产中资源丰富等问题,这种新型的、轻松活泼的电视剧最引人注目的特点是剧中华丽的衣

第三部分　发展主义侵蚀着的霸权

服、整洁而装饰奢华的别墅（别墅中通常有游泳池，虽然从没见到有人游泳）以及富有魅力的演员，演员中的很多人来自日益萧条的电影产业。我认为，这些特点是埃及实行对外开放政策之后（post-infitah）新的政治经济现实在艺术领域刚刚出现的对应物。虽然这些电视剧继续倡导着发展主义者电视剧的道德准则，对我之前曾经提到过的善良、守法、受过良好教育的中产阶级免责，或是我在第六章里讨论过的把看似真实的中低产阶级作为埃及价值观的代表，但毫无疑问，这些电视剧表现出来的谴责奢靡的消费行为才是吸引观众注意力的地方。

　　由优秀导演亚哈·阿拉米（Yahya al-`Alami）——他在1997年取代了丑闻缠身的马姆杜·阿-莱希（Mamduh al-Laythi）成为埃及广播电视联盟生产部门的领导——所导演的《拉比的另一半》（Nusf Rabi` al-akhar）将道德观和消费观这两种不协调的因素结合在一起，这类题材在90年代后半期十分流行。这个故事讲述了一个受人尊敬的律师在妻子（一个具有社会责任感且忠于职守的中学校长）和初恋情人（和他的好朋友私奔了20年之后回来了，变成了一个十分富有的女商人，且仍然渴望回到他身边）之间的感情纠葛。初恋情人珠光宝气、唇彩照人，她爱他，让他拥有奢侈的消费能力，给他一辆新的轿车和一栋装修好的别墅；相比之下，他和妻子以及正在为通过考试而努力的孩子一起居住的普通公寓，就显得破旧多了。这个故事很复杂，因为他以前的情人同时用金钱和爱诱惑着他。她似乎对他仍有期待、令他想起了年轻时的志向。她促使他重燃竞选议员的梦想，虽然她的出现使得他不再受到邻居和家庭的欢迎。

第八章 消费及发展主义的侵蚀性霸权

报纸上关于《拉比的另一半》的激烈争论都围绕着情感与人际关系的两难选择来展开——他的初恋情人的优雅、作为妻子的权利、男人的情感、履行丈夫责任的难处以及婚外情的罪恶，而忽略了这部电视剧的最后一集所传递的萦绕家庭的主要的政治和道德信息。[27]结局表明《拉比的另一半》应该是一个关于荣誉的重要性、金钱的腐蚀诱惑性、忠诚最终在道义上获胜、对犯错者给予关怀的故事。剧中，在一次地震后，学校的房子倒塌了，导致无辜的孩子丧生。主人公的初恋女富豪情人一直以来把自己装扮为她的不道德的前夫的受害者，其实是她进口的水泥导致了这次坍塌事件，而她完全知道这批水泥是有问题的。于是她和她的前夫请求男主人公帮忙掩盖这些事情。男主人公以前的朋友，即这个女人的前夫还以嘲弄的口吻说：你难道会放弃那些车子、别墅以及尼罗河边的公寓（这些都是他为其初恋情人效劳而得到的酬劳）！但是他确实放弃了。他回到了他妻子身边，同时他最终以人民的名义检举揭发了他的情人，她背叛了她的国家和人民。正是在这个过程中，人们看清了金钱能够买到什么。

第二年，即1997年，其他斋月电视剧，如《海亚·革瓦里》（*Hayat al-Gawhari*）和《逆流》（*Didd al-tayyar*），同样涉及非法敛财的腐败问题。由于威胁到强大的利益集团，据报道，《逆流》差点被禁止上映。据一位参演这部电视剧的女演员说，是萨米拉·艾哈迈德（Samira Ahmad）——这部电视剧以及黑白电影时代的重要明星（这部剧是其在10年里首次参演的电视剧）——说服了电视台当局允许播出这部电视剧。[28]有趣的是，在一次相关的电视电话会议上，这部电视剧的令人尊敬的导演伊斯梅尔·阿卜杜勒-哈兹（Isma'il `Abd al-Hafiz）否认该剧是关于腐败方面话题的。他坚持认为这部电视剧主要讲述的是婚姻问题：一个忠贞的妻子和一个腐败的丈夫之间的关系。[29]如同《拉比的另一半》，《逆流》主要是沿着这种人际关系展开的，把这种人际关系作为观众的注意力的焦点或许是很好的。但是毫无疑问，关于不诚实和对金钱的贪婪的信息也贯穿着这部电视剧的主要情节。导演对于这一主题的否认或许是为了保护他的作品。过于尖锐地批评正在实施新自由主义改革（这毕竟是政府的政策）的新企业家，或许是危险的。[30]

一部名为《海亚·革瓦里》（Hayat al-Gawhari）的电视剧，由另一个重返电视屏幕的女影星尤斯拉（Yusra）主演，更加明显地展示了金钱诱惑的主题。忠诚的妻子，跟他丈夫同为律师。在一场关键的戏里，她对他屈从于一些骗子的诱骗而伪造文书（这样他可以马上得到一套位于尼罗河畔的公寓）的行为与他展开当面辩论。她提醒他回忆他们在60年代是如何在国家青年组织中相遇、相爱的，在1967年当纳赛尔和埃及战败时他们又如何悲伤。他们过去一直过着有尊严的生活，遵纪守法。丈夫为他的行为辩解，说他不想一个星期只吃一次肉，不想看到妻子想买一件衣服却买不起，不想生存在富人的阴影下。她回应道，他过去是爱国的。她说，他们俩因为受过教育而跻身知识分子阶层，他们曾为此而激动不已。他反驳说那根本就"没什么了不起的"，他不想终生只为别人工作和服务、到最后却什么也不能给孩子留下。他告诫她："时代不同了——现在我要给我的孩子一切。"他的妻子回答说，不是时代改变了，而是人改变了："现在每个人都只为自己着想。"

所有剧情围绕道德展开，剧中人物对于金钱和奢侈生活的

第八章　消费及发展主义的侵蚀性霸权

欲望使得他们违背了原则,并且走上了邪路。这些行为即使没有受到惩罚,也会在最后被发现而需要面对。然而,电视剧中所展现的服装、家具、车子、餐馆以及总体的生活方式会给观众带来诱惑并令他们感到迷惘。这些强烈的反差并未逃脱批评家的眼睛。一个专栏作家在英文的《金字塔报》(Al-Ahram)上综述2000年斋月电视剧的情况时说道:"今年很多斋月电视剧的主题让人想起了几年前的事情,那时很多电视剧的中心主题是面向历史的……今年,则是展示什么是堕落?是否有人为其所犯错误而幡然悔悟?如不考虑这些,那就看看最终他们过的完全是幸福生活。"[31]

随着80和90年代有名的美国肥皂剧,如《达拉斯》、《鹰冠庄园》、《勇士与美人》的引进,埃及电视剧似乎也开始遵循同样的审美标准了。[32]人们发现,在90年代后期的一些时髦的电视剧中,明显的道德正义正在松动。在这些电视剧中,对金钱欲望的谴责被颠覆了,代之以呈现诱人的消费主义,而且坏人永远不会得到真正的惩罚。[33]在1996年播出的一部名为《阿里的誓言》('Ali `Alewa)的电视剧中,一个男人想要卖掉其家庭书坊出版的书、去从事贩毒或其他商业冒险,他背叛了他的家庭并且有悖家庭传统。可是还没有遭到惩罚,他就死了。这个结果明显地背离了观众的期待,一个男性村民向我抱怨,他曾期望法律介入并逮捕那个男人和他的帮凶。村里的很多妇女看懂了这是一部关于贪婪的电视剧,告诉我说她们原先想象的结尾也和男性村民的类似。男性村民觉得,最后一集在道德上不令人满意,认为它以赞美社区同心协力保护作为阿拉伯遗产之一部分的古籍为结局,显

第三部分　发展主义侵蚀着的霸权

得莫名其妙。

在1997年斋月的前半段的黄金时段播出的《魔术师》（Al-Hawi）是一个更好的例子。这个电视剧的导演和前几年还拍过《拉比的另一半》，同样是由迷人的超级影星依哈姆·沙欣（Ilham Shahin）主演。与《拉比的另一半》自律的表现手法不同，这部电视剧有一些不同寻常的淫秽镜头，包括豪饮威士忌以及一个隐含婚外情的性行为镜头。[34]（这样一些未经审查的镜头出现在剧里，应该是因为该导演升迁为电视剧生产部门主管的缘故）。而且，这部电视剧的场景耗资巨大。在一栋别墅里，一对新婚夫妇躺在一张铺着缎面的床上。触动按钮，这张床就可以旋转。在他们新婚之夜后的第二天早晨，出现新娘穿着缎子睡衣的镜头。这栋别墅有两个游泳池，很多镜头安排在尼罗河上的俱乐部、能看见金字塔的餐厅、安装有玻璃窗的现代咖啡厅、带水槽的调酒吧台（wet bars）和有玻璃咖啡桌的公寓里。

导演通过《魔术师》讲述了跨越埃及生活20年的事情——通过一名妇女被三名男人欺骗的遭遇揭示了一些寓意：第一个男人是个能干的埃及人，两人是情人关系（他娶了一个富有的外国人并开始经商，最后与美国和以色列人做起了军火生意）；第二个男人是她丈夫，是个富裕的海湾地区的阿拉伯人；第三个男人是一个伊斯兰教正统派信徒（她和这个前夫密谋去偷她的儿子）——很多观众发现这个故事的人物难以得到认可，其传递的道德信息难以理解。例如，阿米拉一开始对这个电视剧毫无兴趣。在电视剧的最后一集放完的第二天，她才跟我说，她认为现在这部电视剧才刚刚开始有点好看了，她都没有意识到全剧已经

第八章　消费及发展主义的侵蚀性霸权

结束了,这或许是因为电视剧的情节与通常的惯例和道德主体十分不符。她对该剧之所以不感兴趣或许还有另外的原因——那些遍布该剧的壮观的财富和消费欲望——也正是这一点引导我们从另外的角度去审视电视剧及埃及社会对消费的迷恋。

另一种意识形态以及不均衡的消费

电视剧以及道德情节剧与广告相并置展示消费的做法,都传递出了意识形态上的矛盾声音,而这也反映了埃及私人电视与公共电视不协调的特质。全球化和新自由主义的改革已经产生了缝隙,这种缝隙或许可以视为内部的矛盾使然。在电视和消费之间也还存在其他的紧张因素,这些因素对埃及顺利转变为新自由主义所主张的消费型公民社会的理想提出了巨大挑战。首先是观念上的对抗,这种对抗不仅来自左派,例如剧中发展主义者对资本主义的不道德的遣责;而且也来自那些正寻求一个更加伊斯兰化的生活和社会的人们。

来自城市的中产或中低产阶级乃至其他阶级的人,明确地对消费主义持抨击态度,对埃及的好生活标准有一种非常不同的看法。虽然人们可以直接从很多宗教权威所发表的意见一探究竟,但最好还是先把注意力放到一些普通妇女身上。在整个开罗以及埃及其他很多城镇的清真寺里,均可见到她们做祷告的身影。萨巴·马哈穆德(Saba Mahmood)(我在第四章中谈到她对虔诚的妇女的研究)明确指出她的采访对象的一些看法:"随着大街上进口货日益增多,通货膨胀日益加剧,国内外媒体不断刺激人们追求奢侈的生活方式……埃及人（被）变得更加野心勃勃、争强好胜和自私自利，越来越不关心家庭、朋友以及周围的社区。"马哈穆德的很多采访对象指责媒体的堕落："由于受到埃及国家的新自由主义经济政策的影响"，使得"生活方式中最为重要的价值观和希望堕落了"。她们认为自己正在通过参加清真寺活动来培养穆斯林的美德，并且通过促进埃及公共的伊斯兰社会来抵制这一倾向。[35]琳达·赫雷拉（Linda Herrera）对青少年的研究显示，清真寺课程很容易与流行音乐和俱乐部联合在一起。[36]

对理想生活的看法以及国家认同感，与目前国家所倡导的西方式的消费主义是对立的。它同样和早期国家所主导的世俗发展主义格格不入。我在前面讲过，这种世俗发展主义仍在电视剧中有所体现。对于这些理想的推进并不意味着其成功。它并不能阻止伊斯兰主义者成为为富不仁的人，或是杜绝类似伊斯兰银行丑闻的发生，在这些丑闻中，因伊斯兰的投资公司欺骗了很多人而震惊全国。但是它使得很多人从善——受过教育、同情伊斯兰主义的专业人士逐渐开始谴责媒体产业所提倡的道德观。［尤斯拉（Yusra）以及玛·阿里·扎德（Ma'ali Zayd）等女演员则与这些人相对立，她们出现在新的时髦的电视剧或电影中，喝威士忌、通奸或是穿内衣出镜。］并且它使得宗教权威得以在周五的布道中公开指责消费和电视，我在第四章中借用奈玛的话对这样一些布道场景进行过描述。

影响市场以及大众消费价值观的第二个并且是最强的因素，在埃及穷人的日常生活中随处可见，无论在乡村还是城市。他们揭穿了民主的以及消费的无所不包的承诺，这些承诺宣称国家要

第八章 消费及发展主义的侵蚀性霸权

为公民提供好的生活,而实际情况却是:津贴被取消了、国家发展的早期价值观以及支持他们的福利政策也被抛弃了。一方面,如同我通过一些细微的民族志场景所揭示的,尽管他们也部分地参与了消费主义实践,但他们的生活主要还是围绕经济实践的,这明显地区别于那些与市场和消费主义紧密相连的人。[37]另一方面,通过电视他们接触到了"资本主义的现实主义",但这些东西却是他们所无法亲身体验的。他们在一个不平等的国家中对参与机会的不均等颇为敏感。

为了阐明他们的经历与我之前论及过的电视广告和时髦电视剧所代表的全球化消费世界之格格不入,我首先要讲一个水牛的故事。有一次我从开罗回到上埃及的村子,刚好撞上扎纳布(Zaynab)的水牛下了崽的大新闻。全家人在紧张地谈论着可能出现的问题。那头水牛刚生产之后很好。第二天却躺在地上,开始发烧。孩子们因害怕而痛哭流涕。难道在经过了悉心的喂养和照料之后,还会失去它?扎纳布去找了兽医。他给水牛注射,并缝上了它的"子宫"。他告诉扎纳布的家人不要让水牛睡着。他们整夜陪着水牛,男孩子敲打着水牛让它保持清醒,扎纳布和她的大女儿紧张地守夜。一个女邻居来陪伴他们。当扎纳布坚持让她回去睡觉时,她的话让他们十分感激:"当你们遭受这种事情时,我怎么能去睡觉!"扎纳布的女儿告诉我:"我们度过了这辈子最难的一整天。"

失去那头水牛将是灾难性的,这不仅仅因为这头牛值3000埃及镑(当时大约相当于950美元),而更重要的是几个月以来对它的照料和喂养。耕种苜蓿地或租地收割,从事甘蔗种植、修叶并用驴车运回来,或买干草来喂牛,这些都不是容易的事情。很多妇女抱怨养水牛的活儿,因为不仅要喂它们,还要带它们去水潭,冬天要带它们去晒太阳,夏天要把它们带到运河边,还要挤奶。

扎纳布全家人非常渴望小牛犊的降生。孩子梦想着有新鲜的、泛着泡沫的牛奶和大量的奶酪。扎纳布需要还清债务,去买些生活必需品。每个人想要买的都很多。希望寄托在一头小牛犊身上。几个月前扎纳布透露,一头小牛犊值500埃及镑。现在,扎纳布正在服侍这头小牛犊,牢牢地掰着它的嘴,用一个旧的可乐瓶子给他喂药。家人一谈起这头牛犊,就仿佛在谈论一个孩子,说如果它健康的话,应该会在围栏里到处跑。

接下来的一个星期,扎纳布的朋友来家里探望,仿佛这里某

男孩牵着家里的水牛去挤奶,上埃及,2001,里拉·阿布-卢赫德/人类学照片。

第八章　消费及发展主义的侵蚀性霸权

个家庭成员生了病一样。不久危机再次发生了。水牛突然开始发疯似的转圈,扎纳布惊慌了。一定是伤口的缝线让她不舒服了。兽医再度被高价请来。他穿着白色的宽大长袍,修过胡须,知书识礼,在开罗待了多年后刚刚回来。他重复了上一次的诊断结果,一家人为此感到诧异。这个结果他们自己也能想到,原本不期望会再次从一个受过教育的人口里得到。他们的水牛得了"红眼病"(envy eye)。为了让我明白,扎纳布把它翻译成《古兰经》里更经典的术语:"嫉妒"。

接下来的几个星期里,扎纳布为牛犊的强壮和健康努力着。一天中她要几次把牛犊按倒在地,骑在它身上,用自己的腿压住牛犊,让它坐下。她围着它转,掰开它的嘴,露出粉红色的牙龈和宽大的牙齿。然后从一个准备好的碗里拿出一些柔软的豆子,喂到牛犊的嘴里。她用力合上它的嘴帮它咀嚼。她的手被牛犊的口水弄湿,她的腿在按倒牛犊时被擦伤。牛犊用深褐色的眼睛看着她,它的柔软黑色的皮毛同她凌乱的衣裙和头巾形成一种奇特的对比。

母牛和牛犊恢复了,而扎纳布变憔悴了。她知道,为了买到肉,她不得不贱价卖掉那头水牛,因为一头怀崽的母牛更加值钱。虽然兽医曾劝阻她不要说缝线的事情,但她知道没有办法保守这个秘密,否则假如这头母牛下一次怀孕又出意外,她将被指责为骗子。她和家里人迫切地关注着小牛犊的成长。

从一头水牛引发的家庭危机中,可以明白三个道理。第一是主导着埃及村民日常生活的东西的本质。一头水牛是一个普通家庭需要购买的生活必需品,如果家里有孩子,拥有水牛更显弥足

第三部分 发展主义侵蚀着的霸权

珍贵。一两头水牛同主人之间的关系,与其他商品(如电视广告中的消费品)同主人的关系大不相同。除了作为一项投资之外,水牛能够提供牛奶、奶酪和黄油,生了小牛可以卖钱,并且被当作家庭成员精心地喂养,白天在家附近活动,晚上睡在家后面的圈里,以防偷牛贼光顾。

家庭和水牛之间具有亲密的关系,他们极度依赖水牛,它是一个值钱的商品,同时又是一个活着的、有生产能力的生命。这种关系对于像我们这样完全生活在批量生产的商品世界中的人来说,是具有震撼力的。[38] 这种亲密关系有两类:扎纳布给牛犊喂食所体现出的身体上的亲密以及她们全家对于这些生活在同一个屋檐下的动物在情感上的亲密。每个人都知道,每一头水牛各具特性;有些温驯,有的则不让人接近,除非这个人经常给它们挤奶。孩子们模仿水牛玩耍,把领带系在伙伴的脖子上牵着走。人们甚至会因此同情被牵者。事情发生两年之后,当我重返该村时,扎纳布告诉我,她最终以1800埃及镑的价格卖掉了那头老水牛,它年纪大了,肉太老了,所以价格便宜。她花了2300埃及镑另买了一头水牛,那时它已经怀孕了。这头新买的水牛产了两头仔,其中一头在几个星期前刚卖掉。扎纳布很富同情心地说,那头母牛才刚从失去幼崽的悲伤中开始恢复。它在头四天十分暴躁,不让任何人接近它挤奶。扎纳布的孩子说:"它因为失去幼崽而心烦意乱。"那个星期后一天,我看到另外一家拴在外面的一头皮包骨头的水牛在嚎叫。它想找回她的牛犊。牛犊已经被卖了,但是它以为牛犊还在对面的圈里。对于人们已经拥有或是渴望拥有的其他物品,诸如电视机或不粘锅的平底煎锅,是很难想

第八章 消费及发展主义的侵蚀性霸权

象也会唤起这种感情的。

人们接受兽医对于水牛遭"红眼病"或"嫉妒"的论断，表现了村里人与消费的某种关系，这是我们懂得的第二个道理。它提醒我们，在很多小村子里，人们还是会因为拥有比他人更多的财物而感到某种不安。环地中海（甚至南亚）社会对"红眼病"的说法，无需再去论述。对"红眼病"的担心与社会压力相关——要知道你周围一定有人在注意你拥有、消费、购买、建造或制作了某种东西。当看到你在物质上富有、或是运气好时，有些人就会不高兴。

这一关于厄运的解释，鲜活地反映出人们对物品和财富所持有的潜在的矛盾心理，另一个人告诉我的在市场上卖羊的故事也同样体现了这一点。村里的很多人家饲养绵羊和山羊，在有麦茬的地里以及庄稼地边的空地上放牧。虽然他们与这些小动物的关系不像与水牛那么密切，但卖一只绵羊或山羊对于一个小家庭来说，也是他们可能获得巨大收入的来源。一个妇女从市场上回来时，明显地有些哆嗦。她描述说，她拉着一只羊去卖，可能的买主们都试图得到这只羊，他们从不同方向来拽羊，每个人都宣称自己是第一个抓到羊的。但他们只给她一个很低的价格，而那个帮她把羊送到市场上的饲料商人对她说，她不能再把羊带回家，要不然它可能会死掉。原因是会中毒。因此她被迫低价卖掉了羊。回到家里，她才发现受骗了。饲料商人已经回去找那个买了羊的男人。这是一桩不愉快的交易，不是一个简单的经济交易。

水牛的故事所包含的第三个道理涉及村民目前处于不同的

第三部分　发展主义侵蚀着的霸权

经济生活水平的一种复杂局面。对很多村民来说，绵羊和水牛还有土地仍然是占支配地位的商品。这些使得村民和电视广告理想的目标消费者（即城市中产阶级）有很大不同。然而，为了支付其他服务和商品，村民要出售牲畜来换取现金。与用于浴室和厨房的瓷砖或汽车不同，这些牲畜有使用价值（牛奶和羊毛），但是对于财富或地位的标志、特别是代表某个人的精致或现代性的方面来说，它们仅仅具有次要的意义。但是这些牲畜也有交换价值。对于扎纳布来说，那头水牛和牛犊被看作是获取消费所需现金的唯一手段。扎纳布要买饲料或肥料，她也要装假牙。她的孩子还抱有其他的幻想。她的女儿需要不锈钢的壶和平底锅，她的儿子们需要衣服和跑鞋，她年幼的孩子需要玩具和糖果。这些都是电视上广告过的、其他一些富裕的当地家庭其实已经购买的消费品。然而，当时他们最渴望以及一直梦想的，是一台彩色电视机。很多年轻人在被问及如果他们可以卖掉家里的土地以换取最想买的东西时，也把彩电作为首要选择。

总之，扎纳布一家和其他努力奋斗的埃及人一样，并未游离于电视的消费诱惑之外。但在他们生活的社区里，还延续着一套对于消费的消极态度，这在扎纳布的水牛不幸遭遇"红眼病"的解释中可以体现出。这种流行的文化特征也许会被诬为落后、迷信，但也可以被视为真实的、符合传统的文化。许多人不得不承认，它潜意识里对抗着消费带来的愉悦以及人们对某种美好生活的诉求。对于消费主义理想的更根本的挑战在于，这些家庭经济脆弱、购买力缺乏，这是国有资产遏制消费能力的结果。

第八章　消费及发展主义的侵蚀性霸权

城市制图

丹尼尔·米勒（Daniel Miller）曾指出，诸如电视这样的媒体围绕大众消费所进行的讨论，会诉诸一种道德取向。他批评了对消费进行简单谴责的做法，并且通过大量研究表明，大众化生产的物品和外来的媒体形象可以积极地转变为一种自我塑造的手段，客观化（objectification）并非一件坏事，而购物也可能成为培养爱和学习知识的一种方式。[39] 但他也指出了消费问题的核心，以及对消费进行道德取向的一个原因。因为发展的不均衡性，在第三世界——如果我们仍然使用这个术语——物品和消费动力之间的关系或许和第一世界的情况不同。他在论文《作为历史先驱的消费》中指出，

> 对第一世界的消费者来说，资本主义已经在很多方面"交换着物品"，导致对于全体成员（而不是一个实质性的少数群体）来说真正和巨大的财富增长，……上个世纪的富有者也许只能十分嫉妒地看着今天的中低产阶级的个人财产以及巨大流动性……还不仅于此，不像某些人所言，仅是某件家用商品、器械取代了佣人，现在的家庭由那些过去只能当佣人的人组成，他们拥有家庭用具并且与众多的消费品联系在一起。[40]

米勒对于商品丰富的看法表明了人们对大量拥有大众消费

第三部分 发展主义侵蚀着的霸权

品的期待。然而,他低估了诸如美国这样的地方的财富不平等的现实。他也忽略了在这些地方消费是分层的,富有者买高档的名牌商品以及奢侈品,这些东西在打折店里却很少见到,打折店也用信用卡支付,却并不能买到那些名牌商品。但是对于拥有大量中产阶级的第一世界而言,关心嵌入式厨房这种奢侈品的只是少数,有些人家的厨房有刚剥去福米卡塑料贴面的台面,而有些人家是花岗岩。除了无家可归和很多因赤贫只能住帐篷的人之外,每个人都期望拥有基本的家用品,从电冰箱、香波到沐浴露和电视机。在法国,布迪厄(Pierre Bourdieu)透过消费品以及消费者品味的区分来对人们阶层进行再生产。[41] 但是这一分析假定了商品的范围。像埃及、印度、印度尼西亚、尼日利亚以及很多的地方,阶层划分更加明显。在这些地方,"佣人"、中低产阶级,甚至中产阶级很少能够进入奢侈消费品的行列,这些消费品只有少数达到世界消费水平的富裕阶级的人才能够享用。

在埃及人中,有消费能力与没有的人群可以通过在埃及首都开罗用地图标识出分界线来。这条分界线经常在剧中表现出来,或常被引用以说明阶级差别。例如,这里经常提及四个高档社区:扎马勒克(Zamalek)、赫利奥波利斯(Heliopolis)、马阿迪(Ma'adi),以及花园城(Garden City)。扎马勒克,即《我不想过父亲那样的生活》里的阿卜杜勒·嘎加(`Abd al-Ghafur)搬去的地方,也是很多电视剧中的贵族家庭居住的地方,在那里你随时可以看到电视明星们。赫利奥波利斯是电视剧《发狂的努娜》的外景地,在剧中,农村女孩学做佣人必须熟悉那里的超市和干洗店所在的位置。在《我们的家族》中,赫利奥波利斯是那个成功的哥哥的家所在地，就在那里，他妻子去做有氧健身操；他那有心理障碍的十几岁的女儿喊他："爸爸"，并用蹩脚的英语和她交谈。另一方面，花园城是拍摄反映20世纪早期贵族生活的历史剧时最受欢迎的取景地。无论是90年代早期经典的《西米亚之夜》中那位光彩照人的烈火情人纳齐克·哈尼姆（Nazik Hanim），还是90年代后期的电视剧（《花园城中的女子》）中所描绘的行为怪诞的人们（dysfunctional group）。如同一位曾经做过佣人的妇女对我解释的，纳齐克·哈尼姆有一个打算："希米亚过去是一个富人居住的地方，而不是穷人；后来，穷人搬进了这个地方，纳齐克因此打算搬出去。她要搬到花园城的别墅里。"

另一个极端是些生活自在逍遥的普通社区，那些温馨、真实的胡同，成了很多小说、短篇小说、电影和关于伊本·巴拉德（ibn al-balad）的电视剧的素材。这里面包括马哈巴林（Mgharbalin），布拉克（Bulaq）以及希米亚（Hilmiyya），通过他们的街坊生活、和睦的人际关系（也会有争吵）以及朴素的家庭装饰和那些富人社区形成了鲜明对比。开罗的很多穷人——包括我认识的几位以做女佣为生的妇女——他们生活的社区在这些作品中却很少被提及：在那城市外围新开辟出来的地方，或者是原来就杂乱的地方，如依母巴巴（Imbaba）和瓦拉·阿-阿拉伯（Wara'al-`Arab）。这是一些人们怨声载道的社区。例如，阿米拉（Amira）不喜欢他在依母巴巴的房子和邻里。如同前面说过的，1996年她攒够了钱买了位于开罗郊外一个工薪阶层社区道路边上的一块土地。她在那建起了平房，如前所述，这套房子给她带来了无穷的烦恼。为了通电她花了很多钱去行贿。她自己用水困难，和她原来生活的小区的房东闹矛盾。她同时还讲述了她那嫁在附近的姐姐的一些事情。有一天有两个留着胡须的伊斯兰主义者来到她家门口并问她的丈夫去哪里了。她说,如果他们发现他在家里,会强迫他到清真寺祷告。"他们就是这样对待我们邻居的",她解释道:"他们会殴打不到清真寺祷告的人。"[42]

另一个佣人惶恐地讲述着她在瓦拉(Wara)的小区:

> 这终究不好。过于拥挤,到处都是小孩!并且街上到处是水、噪音、垃圾和污物。政府官员不会来到这里。他们毫不关心这里的生活状况。总统要求他们来这些地方,并把卫生搞好。虽然有这样的命令,但是他们还是不来。他们都到那些干净的社区去了。

当我打断她的话,并解释说她曾经工作过的扎马勒克是一家私人公司在清洁街道时,她反驳道:

> 是的,在扎马勒克也许是这样的,但是在其他普通社区就不同了。如果政府官员能来这里整治秩序,人们可能还会感到害怕,尽管都是自己人。埃及人很贫穷——因为受英国人的殖民。他们怕事,但也很无耻。既然那里没有政府官员在场,也无人管理,人们就把垃圾扔到街上……当我回到家的时候我会把楼梯和家门前的胡同打扫干净,当我转回来时,却发现他们又把垃圾和污物扔在那里。我努力去清扫并且和邻居沟通。我告诉他们这些东西会滋生蚊子,

第八章 消费及发展主义的侵蚀性霸权

会让他们的孩子受传染。他们说:"是的,亲爱的,"但很快我所说的话已经从他们的另外一只耳朵出去了。

对她来说这种社区差距是明显的。她对政府开设工厂和工作坊以便雇用居住在普通社区里的人表达了很大的兴趣,她解释道:"我们这些人生活困难,极度贫困。有多少社区没有困难?仅有马阿迪、扎马勒克和赫利奥波利斯;这些都是上流社区。但是这个城市里的其他社区到处是穷人——开罗和加沙遍布状况糟糕的普通社区。政府应该对他们稍加关注!"

奈玛,那个多病的佣人,我在第四章讲过她被逼嫁给一个老男人的不幸婚姻,现在她和其他几个人同住在位于扎马勒克高档社区一栋建筑顶部的一个小房间里。她解释她为什么放弃了她在依母巴巴的公寓。她现在居住的地方小且贵,但是这个地方找工作方便,住在这里比其他地方省心。(原来的地方)交通费时费钱,但更令她恼火的是在社区里经常和房东发生纠纷。他们不断地来要钱,甚至当她住在工作的地方时,他们也不放过。促成奈玛下决心搬走的原因是,他们来找她,要她那位于一层的公寓钥匙,说可能是水被断了。她拒绝了他们,她担心他们会用她的浴室洗东西,这会糟蹋了她的浴室。类似社区的缺水是有名的。

按照安德森的说法,[43] 报纸这种国家舆论工具,也提供了尖锐的社区差别以及消费能力的参照体系。穷人感兴趣的是那些印刷的纸张,而富人关注报纸上的新闻。奈玛和其他佣人总是在那个富人住的社区里收集丢弃的报纸和杂志。他们以前把这些东西卖给卖食物的摊贩以便挣一点零花钱。现在政府禁止用新闻纸包食物（因为油墨有毒），她们就把报纸给其他社区的穷人。正如奈玛所说的，他们总可以用这些报纸垫橱柜和桌子。

乡村模式

在乡村，贫富之间的鸿沟不太明显，因为社区没有明显界限，人们以一种祖辈延续下来的方式生活。当同样地远离广告所展示的中产阶级的消费世界时，穷人和富人的生活是没有太大差别的，虽然这种情况在过去的十年里已经发生了改变。我1990年第一次来到村子时，富裕的家庭主要拥有土地资产或经营旅游企业。一个最为明显的区别是，他们是当时拥有彩色电视机的少数几家人，这让村里的其他人很羡慕。到1999年，很多家庭有了彩色电视机，只有少数家庭是分期付款买的。不过和十年前相比，这些电视机所置身的房屋在根本上变得多种多样——这些房子也是20世纪最后十年中人们在消费式样方面的巨大变化的象征，人们需要、期望更加多样的批量生产的产品，但是社会分层开始加剧。砖混建筑代替了土坯房，这被富人认为是一种起码的体面，甚至那些没有能力的家庭也有这方面的追求。虽然在过去，拥有土地和房屋的富裕家庭和条件稍差的家庭之间的区别仅表现在房屋面积或规模上——后者拥有少量的家具，土坯墙上的装饰也少一些，光秃秃的灯泡提供照明，厨房用途多样，液化气罐上有一个炉子，还有一个时常轰轰作响的电冰箱——而现在单纯由金钱决定的区别加大了。事实上，住在村庄的人和住在城市里的人一样，正在逐步通过他们对批量生产的、"现代"产品的

第八章 消费及发展主义的侵蚀性霸权

消费显示出相互的差别。[44]

例如,1996年,村子里最富有的地主为他的小儿子盖了一栋大房子。里面有花园,花岗岩的地砖,贴瓷砖的浴室和厨房,金色的天花板吊顶,长沙发和天鹅绒的椅子,墙上、电视机上、床上都有帘幕。这个年轻人的母亲吹嘘,仅那些螺纹钢筋就花了两万埃及镑,只是她说错了用于浴室里的瓷砖的品牌名称。年轻人的哥哥带我参观了这栋房子。他结婚较早,当时要和大家庭分家是不可思议的。他那时实现现代生活的方式,只是住到这个大家庭楼上的房间,灰尘布满了那些便宜的没有用过的天鹅绒沙发和椅子,墙上是手工绘制的图案,墙上张贴着的报纸和选举海报十分醒目,这种布置被他的妹妹鄙视为"落伍"。

与此类似,如同在第二章讲过的,邻近村庄里富裕的批发商的小儿子,为了准备结婚,已经建起了一栋两层楼的水泥房,室内有完全用蓝色瓷砖贴成的带浴缸的浴室,竹制家具,装饰华丽的床和衣柜,还有一个订制的厨房。楼上的阳台还有百叶窗,所有这些都是仍住在水泥地面的砖房里的哥嫂没有用过的。

另一方面,普通人家的房子继续使用碎石进行装饰,而这些碎石取自与普通村民生活相距遥远的世界。普通人家的人回收并且赋予这些碎石新的价值。[45]入口通道(通常是起居室,或摆放电视机的地方)的泥墙上,不仅挂着带框的全家福照片,还贴着一些足球、电影明星的小幅招贴画,包括印度电影明星阿米塔布·巴沙坎(Amitav Bachan)*,还有一些印有小猫、小鸡的彩色的

---

* 生于1942年10月11日,是宝莱坞最成功的男演员之一,首位进入杜莎夫人蜡像馆的印度影星。——译者

第三部分　发展主义侵蚀着的霸权

礼物包装纸（普通人家送礼一般是用篮子）、报纸（基本不读），还挂着自家制作的帘子（用电视广告上颇受欢迎的巧克力脆饼的闪闪发亮的包装纸精巧地缝在一起）。十几岁的青少年尤其喜爱这些招贴画，他们攒下钱到城里去买这些招贴画。在一个新装饰好的房间里，几乎所有的墙上都贴满了这种小招贴画，其中还有一张宣讲《古兰经》的，但贴在这里并非为了显示什么特别的敬意。其他加入展示的还有旧挂历，尤其是印有挑逗姿势的女影星或歌星的页面。

巧克力脆饼的包装纸缝制而成的闪闪发光的工艺品显示了贫穷的村民也会购买巧克力脆饼这样的"速食消费品"（fast-moving consumer items），还有可口可乐（尤其在促销期间，商家宣称如果你有一个中奖瓶盖，就能得到一辆自行车）和品牌薯条，但这些只应被视为一种乐趣。很多家庭吃的是新鲜食物，或是自己种植的，或是在每周一次的集市上买来的。甚至在富裕的家庭里，面包必须是用当地种植、加工的小麦，或是用政府在市场上定量供应的面粉自己烤制而成。抵制垃圾食品和加工处理过的食物并非是经济上原因。扎纳布和她的孩子不同，她始终不为广告所动。一个推销民族品牌的肉食产品的例子可以解释这方面的复杂原因。这个在电视上已经连续做了几年广告的商业机构，展示了肉食加工的大工厂。[46]从挂钩上宰好的牲畜到工人，身着制服的技术人员拿着闪闪发光的不锈钢器械忙碌的身影，均有展示。这个广告在诉求着现代化的加工生产——科学的流程和良好的卫生状况。为了赢得已经被方便食物所吸引的消费者以外的更多人的青睐，广告必须打动像扎纳布这样的妇女放弃对"外来"东西的

第八章　消费及发展主义的侵蚀性霸权

抗拒（她自己养着鸡、鸭、鸽子）。不管怎么说，这些商品价格昂贵，而且很多在当地买不到，除非去河对面的卢克索的少数几个高档的杂货店——这样的杂货店，扎纳布只有在她的孩子祈求给他们买些电视里看到的东西时，才会偶尔光顾。

尽管没有足够的钱去感受与某些商品联系的生活方式，但这未能阻止孩子们对薯条或他们在广告上看到的衣服的渴望。这也不能阻止年轻妇女在刷洗被火焰熏黑的传统的铝壶时，幻想着能用上不锈钢的茶壶和平底锅，并想象着她们置身于有橱柜的厨房里的情景。这同样不能阻止她们希望在结婚的时候能够买某种炉子，因为新娘负责置办新家的炉子、冰箱。毯子和电视也同样如此，是所有新婚夫妇需要购买的东西。然而，即使人们购买了电视广告上的东西，其理由通常也和商家所设想的不完全相同。例如，当孩子的父亲到卢克索为重要的宗教节日购买东西时，孩子们会给父亲一张清单，列上广告上所宣传的所有洗发液。这并非是因为他们想要尝试所有这些洗发液，不是因为每个孩子都有各自喜爱的品牌，也不是因为他们哪一个想要通过某个牌子来显示品味和身份。他们解释说，这是为了避免争执谁用多了谁用少了。用牌子作区分，可以使每个人对物品的所有权更加清晰。

电视机既是一种人们参与消费世界的指示物，也是一种传播图像的仪器，让作为观众的人们参与消费。然而，我对城市和乡村穷人日常生活的考察，表明即使电视已经成为人们认知和想象的一个平台，但电视在如何提供商品以及如何唤起梦想这一点上却未完全实现其功能。在第二章里，我讨论过某些妇女就世界大同主义而言，她们作为埃及人以及在跨国现代性的方面的表

第三部分　发展主义侵蚀着的霸权

现。我也指出过,在财富和代际的基础上,这些妇女能够通过不同方式合理地使她们成为这些世界的一部分、并以此表达自己的地位。但是由于特定的经济和当地市场的限制,对于很多生活在上埃及的人来说,这些人物形象远离他们当地的实际,因此必定是被忽略的,或被视作从国家层面剥夺了权利、无法参与其中的痛苦的标志。当人们不能遵循当地生活方式或购买商品时,或是当需要超出了收入时,他们常常会感到被边缘化。对于最近才安装了自来水并且还在用金属脸盆洗澡,或是水流还不稳定的人来说,热水器意味着什么?宝马和吉普车在一个几乎所有人都是拼车打出租、通常搭乘卡车、只有少数人拥有私车驾照、街道都还没有铺好的地区来说,又意味着什么?拥有手机以及世界名人所代言的瓷砖,对于刚刚开始使用座机电话的家庭,以及居住在泥土或水泥地面房间(有时这些房间很小,并且杂乱,以致连地板都看不到)的家庭来说,又有什么意义?[47]

结论

对埃及的消费和电视的关注引出了特定的历史政治问题,即:新兴的资本主义现实主义的审美观,虽然得到重建电视产业的支持,但同时面临着来自强有力的戏剧、伊斯兰意识形态以及很多人日常生活环境的挑战,它到底能否抓住埃及穷人(如那些城市佣人或生活在贫困地区的村民)的心。它能否赢得他们对于政府的忠诚,而此时政府已不再试图不经由"市场化"而给予人们直接帮助?在享受"美好生活"方面极其不平等的国家,公民

第八章 消费及发展主义的侵蚀性霸权

权是否可以被当作一种消费功能?

本章描绘了各种各样的埃及人所置身的竞争性话语以及视界。早先时代对于教育的承诺,仍然在国家电视的发展美学中延续。对于许多人来说,这本来是有可能实现的,但现在却陷入困境,因为国家教育经费在缩减,与纳赛尔时代政治制度相联系的国家进步理念和社会福利也被放弃。但是消费主义和中产阶级(更不用说奢侈)生活方式远远没有惠及大多数人。很多穷人有一种被排除在新埃及之外的紧张感。如同阿米拉在向我解释80年代流行的电视剧《宝贝和眼泪》(Al-shahd tiva al-dumu`)的标题时说的:"甜蜜表示富人家庭生活的舒适、奢侈,眼泪就是穷人家庭的奋斗与拼搏。"她形容富有者为拜金主义者。他们需要钱,她说,并且不断地节省,以致有更多的钱:数千,数百万。她说,像她这样生活在普通社区,贫穷/受压迫的人,不用为节省而烦恼。这是什么意思呢?他们最多能节省区区百十镑。但是那些富人,例如那些住在扎马勒克的人,能够把数千变成数百万。我们谈话时刚好一辆保时捷轿车开过来。我说这是一辆昂贵的轿车。她说:"这个国家的很多人所拥有的不是数百万,而是数十亿。"

这让我想起了以前有一次我问一个年长的农村妇女对电视剧中出现的豪宅有何想法时她所做的回答。剧中的房子既现代又俗气,顺着一部长长的楼梯布满了植物,一直垂到大理石的中央大厅。谈话时我们坐在一间土坯房中央一条硬邦邦的长椅上,观看着摆在一个架子上的电视。我问她:"人们真的是住在那种地方吗?"她迅速回答:"是的,别墅,别墅——很多人住在那里。"我又问道:"是埃及吗?"她说:"埃及以及其他国家。"她过分低

第三部分 发展主义侵蚀着的霸权

估了这些房子的价值,她说:"这些房子造价在几千镑!"正是这个老妇人曾向我坦白她看过这些电视剧,但是不明白那些东西是什么;她的女儿向我解释说,这些电视剧所描绘的世界是她母亲从未经历过的。

这些处于国家(其本身作为"发展中"的世界的一部分)边缘的妇女明白,很多奢侈品和消费品是与她们无缘的,但却为埃及的其他人和其他国家的人所拥有。她们通常只能作为一个旁观者看着,无论是当她们怯生生地从她们所在的贫穷的城市社区步入精英社区,或是当她们在她们的泥巴房子里,通过电视镜头看到那些地方时。长期以来,她们已习惯于观看那些偏爱中产阶级甚至上层阶级的富裕世界的电视剧。但是现在她们明白电视反映了电视之外的某个真实存在的世界,这个世界在她们的村子之外,离她们很遥远。[48]她们看着电视里自娱自乐的展示,而她们所面对的是补助金被削减、公共服务减少以及各种消费品价格高得买不起的境况。在轰轰烈烈的资本主义全球化势不可当的征途中,有电视作指引,人们正从落后走向现代化,从被殖民者变为以忠诚换取福利的公民以及新生活的消费者,而她们却是这个过程的局外人。我问扎纳布的女儿,从电视上看到那些与她们生活无关的东西时会有什么感觉,她马上为她的村庄辩护,认为情况已经发生了很大的变化。她举那些浴室贴装了瓷砖的房子为例,"逐步(在改善)",她说。然而,还有别的声音在挑战这种观点,它们或者是电视的拥护者们所支持的传统发展主义、或者是电视剧排除的但在其他节目中可看到的新伊斯兰非正统派,这些观点会与很多人被边缘化的感觉相吻合,完全与乐观者的观点相悖。

第八章 消费及发展主义的侵蚀性霸权

具有讽刺意味的是,这并不意味着国家已经成为多余的理念。恰恰相反,因为国家概念被广泛地分享,电视使得一系列的探讨浮出水面,即:国家该往何处发展,政府职责应当是什么,当商品似乎只能满足部分自己人的需要时,谁可以获得这些东西。电视促使国家概念成为进行这些探讨的背景。如同我在第七章提出的,通过开展媒体运动反对恐怖主义者,国家将其自身确立为对生活中宗教的地位进行探讨的论坛。如同我详细列举的处于经济和社会边缘的个人故事所表明的,当人们进行相互比较,或试图确定他们是否被包括在了电视呈现的场景中时,这种比较背后的框架就是国家理念。正是国家理念,是他们安身立命及形成认同的基础。而这一点又正是国家机构和电视文化宣传教授给他们的。

一位上埃及的妇女，有人说她长得像泰雅·卡里奥卡（Tahiyya Carioca），一位舞蹈和电影明星，经常扮演坚强和独立的下层妇女演艺者形象（参见第229页）。感谢玛丽·克罗斯（Mary Cross）提供照片。

结论：明星魔力和国家亲和力的形式

在马斯皮罗（Maspero）一栋高层建筑上，带图标的、戒备森严的国家电视大楼位于尼罗河边，钢架的窗户大开，香烟的烟雾从那里飘出进入夜空。一位剧作家和导演主持会议，一张大桌子边围坐着很多近年来我在电视上看到过的演员。我目不转睛地看着他们，高兴地一个接一个地辨认着那些明星。那些女性穿着入时，她们的打扮和电视上一样地完美无缺。一些年长的男演员围坐在桌子边，看上去比他们在银屏上要苍老，但是一些人则更加英俊。一些年轻的演员靠着墙，或是吃薯条或是低语，他们在电视剧的前后字幕中通常被称为"新面孔"。这部分人很少，并且他们很少说话。如同很多粉丝遇到电视剧中的角色一样，我遇到这些我所写到的人时，也感觉有些局促不安，尽管我是作为一个学者在进行观察。这些演员我是熟悉的，因为他们反复出现在我所研究的电视剧中；从荧屏进入生活，他们仍然具有迷人的魅力。

仅有一点表明他们处于现实生活中：很多人戴着眼镜。

那天晚上这种感觉提醒我，一本关于大众文化的书不能就此结束，因为还缺少关注电视剧中最重要的超出剧本之外的要素——明星。像我这样的一个局外人，不是伴随埃及的电视长大的，我追随埃及电视是为了分析而不是为了愉悦（尽管我还是从中得到了某些愉悦），但我发现自己已被这些演员所迷住，那么想象一下，那些长期与这些明星相伴、熟知他们的名字、看过他们上百次并认为了解很多他们的生活的电视观众来说（我对此描述过），这些明星又是多么重要。

在这最后一章中，我想指出的是，在电视参与并协助埃及国家形成的所有关系中，公众对于明星的情感或许最具有个人化的意义，尽管这种关系中的矛盾也反映出我在前面章节中讨论过的国家教化所造成的紧张。明星们所引发的道德困惑和存在于埃及的社会差异是联系在一起的，这些差异对接受电视信息形成了障碍。而且，明星的生活方式敏锐地体现了最近二十多年来埃及国家的转型，其中包含着转型带来的所有不平等性以及排他性。

自然化国家

经由多种方式，电视魔法和电影明星编织出一种具有深厚质地的埃及国家归属感。如同我曾指出的，之所以可以把电视视为一个重要的国家机构，是由于这个机构使得生活在埃及的人们感到自豪，因为他们的国家能够生产出其他国家也需要的、如此众多的电视剧。于是有人主张，这是一种由明星——由国家财富来

结论：明星魔力和国家亲和力的形式

养活，他们的脸蛋登上了杂志封面，贴在墙上，并且被很多地方的人认识——所支撑起来、并交织着自豪的国家感。并非所有的电视、电影明星都是埃及人——比如说，有少数人是黎巴嫩人、叙利亚人、巴勒斯坦人。而且并非所有这些使人着迷的名人都是阿拉伯人，例如进口的美国黄金时段的肥皂剧中的角色，像《勇士与美人》(The Bold and the Beautiful) 以及美国流行音乐的招贴画以及为使墙面清洁而贴在村里墙上的印度电影偶像画。[1] 但是因为大多数明星是本国的儿女，因为历经整个20世纪，埃及已经成为阿拉伯世界主要的文化中心，也因为每个人都为他们国家的电影和电视工业卓越的、地区性的名声而感到自豪，所以这些明星也成为了国家浪漫故事的一部分。

国家生活被明星和他们所出现的电视剧自然化。如果说自然生活的节奏已经被电视节目的时间表所安排（如本书开头停车场的空闲所预示的），并且这些电视剧关注着正在发生的国家事件——伊斯兰投资公司的丑闻、放荡的年轻人声称卷入恶魔崇拜（Satanism）、商业腐败、好战的伊斯兰暴力等事件，都是先被新闻播报，后来在电视剧中出现——那么，一群固定的、大家熟悉的明星，便在很大程度上促成了一种想当然的对于国家的自然定义。

我将在下文中提到，即便与真实生活相隔一段距离，明星也总是被认为在提供某种共同的参照点。本章开头处我的一个朋友所拍的那张照片就是一个极好的例子。我把这张照片作为礼物送给被拍的那个妇女。几天之后，当我们一起看这张照片时，她大笑着说，她嫂子评价这张照片上的她很像泰雅·卡里奥克

(Tahiyya Carioca)。当我追问为什么时,她说泰雅是个著名的电影明星和舞蹈家,年轻一代从电视上放映的黑白电影而认识她,她扮演过很多教师(mu'allima)的角色,做生意或搞演艺的坚强的底层阶级妇女形象。而这张照片中的妇女表现出一种无畏的姿势,她的头挺着,摆着手势,并且她的脖子不慎露出来,这些会让人们想到她和电影角色之间的相似。这种广泛分享的参照点形成了国家文化的某些方面。

事实上,一个特别的社区品牌是通过有关国家的电视明星共同的、媒介化的知识培养起来的。这在开罗或许并不奇怪,作为首都,那里居住着很多演员,电视也是从那里播放出去的。1990年在上埃及,我第一次和村民谈论电视,当时有人热切地教导我哪些明星是成功的,哪些不是;时隔十多年后,以前教导过我的同一个老妇人(她不认为自己是生活在埃及/Misr)又来考我那些演员的名字(我结结巴巴时,她可以飞快地讲出答案)。这清楚地表明当地人对在荧屏上屡次出现的演员具有共同的兴趣。年轻人,包括男性和女性,对这些明星的生活和爱情有很多了解。我讲过,这些知识来自于那些影迷杂志(fanzines)、纪念某些演员或是歌星去世的特别节目、名人游戏秀[像《明星在你家》(A Star in Your Home)这样的节目或最新的采访报道,如《有话直说》(Very Frank Talk)]。[2] 因为电影和电视剧不断重播,演员的数量则并不很多,因此公众对这些角色熟悉得很快。我和很多地方的埃及人的谈话清楚地表明,他们已经被拖入了一种国家的想象中,在这种想象里,演员如同总统一样是埃及的突出标志。而且较之总统,人们更喜爱这些演员。

结论：明星魔力和国家亲和力的形式

演员的国家声望可用于多种目的。和世界上很多地方一样，埃及的名人也在电视上为商品做宣传。例如在90年代后期，尤斯拉（Yusra）由于缺钱，为贾哈拉瓷砖做广告；希沙姆·萨利姆（Hisham Salim）曾是许多电视剧的主角，例如在《尼罗河仍在流淌》（And the Nile Flows On）中，他扮演一个对计划生育持开明态度的明智的宗教权威人士，他也在上埃及划着游船为"奇普斯"（Chipsy）薯条做广告；阿布拉·卡米尔（`Abla Kamil）曾在《我不想像父亲那样生活》中扮演阿布杜（Abdu）心爱的妻子，向我们吐露珀西尔牌洗衣剂的好处；萨纳·吉米（Sana'Gamil），在《白旗》（The White Flag）中扮演一个不可思议的坏女人，现在则告诉人们要相信她——带孩子到"梦境游乐园"，在那里孩子们会得到快乐。

虽然埃及媒体和政治之间的交叉不如孟买或是泰米尔纳德邦*（Tamil Nadu），没人像美国的罗纳德·里根（Ronald Reagan）一样从演员变成总统，但一些电视圈的人也试图利用他们与影视界的关系，投身政界剧本作者费斯雅·阿-阿索（Fathiyya al-'Assal）（其电视剧《爱之屋中的母亲》在第二章里介绍过）在1995年作为左翼全国进步工会（Tagammu）党的候选人参加了国会竞选。她的竞选纲领是世俗的民族主义的、反恐怖主义的，并且支持妇女受压迫者尤其是工人和工匠的权利。在对她于依姆巴巴（Imbaba，一个贫穷的社区，我曾写过那里的一些佣人）进行的一次竞选运动的有趣的分析中，她否认利用过她和电视的关

---

* 泰米尔纳德邦，是印度南部的一个邦，接壤卡纳塔克邦、喀拉拉邦和安得拉邦。——译者

系。她说，所有公开支持她的"艺术家"都是她所在政党的成员，支持她是理所当然的。但是她的竞选运动也有一个特别的方面，即她有这个社区里著名的电视演员杰米·拉提比（Jamil Ratib）和阿布拉·卡米尔（`Abla Kamil）陪同，并且她的海报突出了演员和作家们对她的支持。其中，报纸上把她描述成"费斯雅·阿-阿索（Fathiyya al-'Assal）——一个战无不胜的战斗者"，也提及了她出演的有关识字和独立的、成功的女性主义电视剧《她所面对的不可能》（She and the Impossible）。[3] 虽然阿-阿索没有成功当选，但其他一些在电视中出现过的人已经成为公众人物。比如说萨菲亚·乌玛里（Safiyya Al-`Umari），她在《西米亚之夜》中扮演一个无耻的女人，被任命为埃及1996年联合国第二届人居大会的代表。

对于国家亲和力最为重要的是人们对这些明星的喜爱。通过出演电视剧，这些明星已经成为人们熟悉的人物。因为扮演电视剧角色的职业演员人数较少，所以哪怕像我才看了十年的埃及电视，也已经对这些人物有了强烈的情感。互文性的力量在观众对角色和扮演角色的演员的"解读"中是显而易见的。观众对演员其他角色的记忆融入到了对于新角色的阐释和情感中，对某个角色的喜爱或愤怒会被带入到对其下一个角色的感情中。因为很多作家和导演宁可使用相同的演员，这一点就表现得更为突出，当作家在写剧本时，头脑里需要想到是谁演主角。这种联系强度和亲密水平，在某些长盛不衰的明星身上，早已屡见不鲜，例如努尔·谢里夫（Nur al-Sharif）和费亭·哈玛玛（Fatin Hamama），后者在初次出演的电视剧中扮演的是一个秉持原则、致力于教学

结论：明星魔力和国家亲和力的形式

改革的学校校长。

我在第五章提出，这些演员在让人们铭记情感化行为的类型惯例方面是有帮助的。他们在现代公民的情感教育方面也发挥了作用。通过在角色上倾注情感，他们赋予所扮演的形象以个性化的生命力。剧中核心小家庭通常是中产阶级或是上层阶级，场景设在家中，这部分是由于经济上和逻辑上的考虑，与所雇用演员也并非没有关系。电视剧的两方面特征——情感化和驯化——都下意识地传达了某种价值，无论是故事情节还是主题思想；它们建构了人的自然化模式，这些都是通过演员们来实现的。

电视剧的发展主义或民族主义教化也是通过这些演员而进入观众的家庭和心里。正是他们通过精巧的阐释，塑造了一系列引人注目的民族文化的模式化形象，比如作为民族精华传统的伊本·巴拉德（ibn al-balad）或阿-巴拉德的女伴，或有文化的、受过教育的以及尚未丧失其真正价值的爱国的现代主义者。

如同我第七章讲到的，所有的明星确实分享了电视所教化着的意识形态，他们把这种意识形态称为爱国。埃及和其他地方一样，在影迷杂志、报纸和电视自身的作用下，明星和角色是混合在一起的。演员被邀请去评论他们所扮演的角色以及他们参演的电视剧。他们经常出现在讨论会和采访会上，谈论电视剧对国家议题处理的重要性。他们经常从社会和民族责任感的角度为他们的工作辩护。如莱拉·艾维（Layla'Ilwi），当解释为何接受扮演《家庭》（*The Family*）中那个戴着面纱、参与伊斯兰军事组织的失魂落魄的角色时，她说："作为一个艺术家，一个公民，我的情感是不可分的、是自然的，我拒绝那些在我自己的

第三部分 发展主义侵蚀着的霸权

社会中、发生在我身边的、由恐怖主义和腐败堕落所导致的东西。在电视剧中扮演这种角色是极其困难的,但是如果我们的信息能够被传达到观众那里,那就是值得的。"[4] 这是一个扮演了生动的、有魅力的角色的电影演员。当把她的艺术和民族主义结合起来诠释时,她肯定了电视剧在国家中的位置。她的话也为我第七章的观点提供了进一步的证据,即电视剧被当作了国家对抗宗教极端主义的手段。纵使被认为有压迫感、是为了宣传,并被公众议论其内容是在暴露而不是在愈合民族国家差异,但是像这位演员主演的《家庭》这样的电视剧,已经通过设置评判宗教行为的基础,很好地把国家自然化为人们生活的重要场景了。

演员被视为公民,他们得对所扮演的角色负责可以体现这一点。2001年斋月期引起轰动的电视剧《哈吉·米特沃里家庭》(Wilat al-Haj Mitwalli)清楚地说明了这一点。(这部电视剧和塑造了温良家长阿布杜的《我不想像父亲那样生活》是同一位作者,主角也由同一个演员扮演)。《哈吉·米特沃里家庭》激怒了女性主义者,因为它展示了一位富商有三个妻子,并且她们都幸福地过着奢华的生活。言辞尖刻的文章把这部电视剧称为"哈吉·米特沃里的后宫",[5] 并且批评这部剧暗指一夫多妻是解决单身妇女大量存在的阿拉伯世界婚姻危机的做法。剧中的主人公被用来和纳吉布·马哈福兹(Naguib Mahfouz)创作的角色西·萨伊德(Si Sayyid)相比较,而第六章中讨论过,西·萨伊德和阿布杜在许多方面十分相似。[6] 女性主义电视作家费斯雅·阿-阿索(Fathiyya al-`Assal)指责了剧作家穆斯塔法·穆哈拉姆(Mustafa Muharram)。她对努尔·谢里夫(Nur al-Sharif)同意出演这样一部

结论：明星魔力和国家亲和力的形式

可能使整个阿拉伯世界的妇女权利走向倒退的反动电视剧感到更加愤怒。[7]她认为他尤其需要承担责任，因为他是一个受人喜爱的演员，他得到人们的热情支持，因此也就更有影响力。

观众对于演员有深深的、习惯性的沉迷，对演员在情节剧中的关系和经历全神贯注，以至于一些电视工作者相信，电视工业的教化任务是非常重要的。在业界，电影被认为优越于电视，理由是因为人们需要购票看电影，因此更为专注。然而乌萨玛·安瓦尔·乌卡沙（Usama Anwar `Ukasha）在一篇文章中细说了他对亚雅·阿-法卡仁尼（Yahya al-Fakharani）的钦佩之情。法卡仁尼在他的很多作品中扮演主角。他提到这个演员渴望成为一个电影明星，并且"一个有天赋的演员，应该成为一个电影明星"。但是他提醒这个演员说："你真正的观众是电视观众，而不是电影观众。电视观众才是最为广泛的、反映最强烈的、受影响最大的观众"。[8]

这里所引述的乌卡沙的论述，如同很多他的同龄人以及为传媒撰文的人一样，无论在埃及还是在其他地方，都使用了一种有感化力的语言，他们相信电视剧对于不断变化着的生活的效果。如同我们已经看到的，在埃及，很多人希望电视会把观众带入国家的包围之中，提升他们，向他们反复灌输那些好的现代公民的价值观。也如同我在整本书中所呈现的，这些价值观是趋向于受过教育的中产阶级的价值观。对于媒体，尤其是电视效力的信念，也使得发展组织和美国国际开发署致力于资助某些业务，比如"娱乐-教育"（enter-educate）健康，计划生育插播节目和电视剧。演员们被卷入更大的教化努力工程，在其中，他们自身在一定程度上被官僚国家机构所固化，而这种官僚国家机构具化、审查、许可以及培训埃及公民。

国家的亲密和道德的矛盾

说观众专注于明星以及他们所演的电视剧乃至与这些电视剧交叠在一起的国家，并不等于否认生活在埃及的人们对于这些演员存在着矛盾的心理，就像他们也对国家存在着矛盾心理一样。事实上，有一种强烈的道德感投射在他们对于演员以及妨碍了认同的"艺术"世界的评价上，尽管这是附带的。从边缘社会组织与国家之间的关系、一系列不平等、还有通常把他们置于劣势位置或把他们排除在外的权力，就可以看出来。在本结论中，我将用埃及人关于明星的矛盾性来作为更大的矛盾的一个隐喻，这个更大的矛盾不仅涉及电视剧，而且涉及看起来是他们所支持的国家。这需要对电视剧的作为再进行一个评价，即：它在促成国家的自然化的时候，未能达到恰当地教育公民的目标；它在极力想把观众带入占支配地位的发展主义国家理想以及不断形成的消费社会的幻想之中时，遇到了干扰。

电视剧的主题会出现偏离，这有很多显而易见的原因。首先，当然是电视剧仅仅是雷蒙·威廉斯（Raymond Williams）所说的电视"流"的一个部分，这些电视剧夹杂在儿童卡通节目、国会辩论、烹调节目、刑侦节目、名流游戏秀以及广告之间，而广告驱散或抵消了其他节目的主题。而且，阿拉伯电视剧的类型，如同电视界所熟知的，自身是一个复杂的类型，有很多制片人、导演和剧作家，但并非所有人都拥有相同的政治观点，或是相同的关于"艺术"的想法。如同我们在第五章中所看到的，像萨尔瓦特·阿巴扎（Tharwat Abaza）这样的保守主义者写了一个非常不同的剧本，对地主和旧式的体制拥有更多的同情，而进步作家如乌萨玛·安瓦尔·乌卡沙却赞美工人阶级和中产阶级，甚至是精英阶层的结盟。

电视中角色之间的内部差异经常涉及更为广泛的政治斗争，但也确实和阶级、经历或志向有关。具有与众不同的心理以及上层阶级女性气质的戏剧，如《外交邮袋里的爱情》(*Love in a Diplomatic Pouch*，下文将要讨论到)，或穆纳·奴·阿丁（Muna Nur al-Din）的《花园城中的女子》(*Hawanim gardin siti*)，均被诸如费斯雅·阿-阿索（Fathiyya al-'Assal）这样的女性主义左翼分子注入了不同的感情和政治因素。如同60年代的很多理想主义的青年，法西亚·奥-阿萨为广播和电视写作，她之前曾经在乡下教授识字班。尽管这些电视剧具有一般的情感惯例、家庭规模以及现代中产阶级的价值观，但由于种种差异，电视剧中的信息其实是十分庞杂的。

此外，观众所看的连续剧的主题也随着时间在变化，信息也并非是前后一致的。整本书里我都在指出，90年代代表着一个重要的变迁时刻，包含着发展主义意识形态霸权的入侵，并与准社会主义制度有关。从90年代中期起，电视剧开始涉及作为挑战体制的力量之一的宗教极端主义，以及作为某些体制政策结果的不寻常的跨国消费。一边，势态显得缓慢，因为上一年代的导演作家们秉持其发展主义的观点，力求稳定现代化、教育以及法律；

第三部分　发展主义侵蚀着的霸权

另一边，老一辈和新一辈的其他人，和这个浮华世界的超道德玩起游戏，与欧洲有联系的商界大亨们从不会受到惩罚，在以前，他们这种生活方式早已被认为是大逆不道。

电视中的国家教化之所以没有像包括国家在内的赞助商想象或期望的那么顺利、成功，最为根本的原因在于，电视剧归根结底是娱乐节目。尽管戏剧被认为有教育价值，但教育和娱乐之间是存在区别的。一些电视制作者投资把他们的电视剧拍成严肃艺术，在生活态度和政治上积极向上，其效果也较持久，与他们所谓的商业性娱乐节目不一样。用导演穆哈迈德·法蒂（Muhammad Fadil）的话来说，商业性娱乐节目是一种"南瓜子电视剧"——指为取乐而观看的电视剧，如同咀嚼小点心，并没有真正的营养；[9] 把乌卡沙的《西米亚之夜》这样的电视剧说成是艺术，把它比作像《根》（Roots）和《楼上楼下》（Upstairs Downstairs）这样的高品质的进口电视剧，并且区别于美国黄金时段的电视剧《达拉斯》（Dallas）、《鹰冠庄园》（Falcon Crest）和《勇士与美人》（The Bold and the Beautiful）。[10] 在 90 年代早期，《阿信》（Oshin）作为第一部在埃及播放的日本电视剧（这部电视剧倡导忠诚、简朴，"象征日本人面对残酷的自然的牺牲精神……以及建立起了一个文明的、经济发达的高科技国家的品质"），较之那些"作为美国援助的一部分被输入到贫穷的第三世界国家的"美国肥皂剧，更广受欢迎。[11]

艺术要吸引观众，它也必须是有趣的。那些超过 15 到 30 个小时、由多集组成的电视剧，有充分的时间展示故事情节和人物，

结论：明星魔力和国家亲和力的形式

在不同的剧集中让演员穿着不同的服装，用音乐营造情绪，并且还可以用复杂的对话来抓住观众。在优秀的电视剧中，明星们发挥他们的创造力演绎他们的角色，把电视剧中的世界展现得活灵活现，但有时也会削弱一些有意设定的信息。无论是"艺术的"还是"商业的"娱乐，电视剧迸发出过多的意义，对这些电视剧的阐释超出了表演行为所能控制的范围。制作者可以引导观众，但是最终不能决定观众的解读。

这一点，从乌卡沙的"有营养的"电视剧《西米亚之夜》可以得到很好的说明，这部电视剧被很多观众和批评家称赞为拍得最好的电视剧和史诗般的国家戏剧。《西米亚之夜》有数不清的重要的女性角色，很多富有同情心的表演以及对不同代际之间的妇女所面临的种种困境的展现。道德高尚的老年妇女忍受着丈夫的虐待，包括秘密婚姻和欺骗。年轻妇女为职业和婚姻之间的矛盾而斗争。这部电视剧赞美教育，展示了很多工人阶级家庭的女儿进入大学学习。其中有咖啡店主的女儿、一个歌唱家，成为了大学教授；工厂工人的女儿、一个舞蹈演员，成为了内科医生。总的来讲，妇女都是独立的，并且能够自主做出决定。纳赛尔时代国家女权运动的说法受到称赞："一个坚强的工厂女工劝一个朋友为争取'贾迈德'（Gamal）*所赋予她的权利而站起来。"[12]

然而，当问及他们喜欢这部电视剧的什么时，我在开罗认识的很多贫穷女工主动告诉我，并非是喜欢电视剧中的那些严肃的政治和社会信息，而是喜欢女主角纳西克·哈尼姆（Nazik

---

* 即 Gamal Abdel Nasser，纳赛尔。——译者

Hanim)——一个具有贵族气质、放任、金发碧眼、衣着华丽的女妖精（由萨菲亚·乌玛里［Safiyya al-'Umari］扮演）。一个被丈夫所抛弃、自己带着两个孩子的年轻妇女这样说道："纳西克是每个人看《西米亚之夜》的原因。她坚强；她结了四次婚；她没有让任何一个人告诉她该做什么。"一个因丈夫残疾而不得不工作的老年妇女对纳西克为何如此伟大做了这样的解释："她变幻无常，对哪一种类型也不满足。她结婚多次。这说明了什么？那个话是怎么说的？叫贵族气派吗？她意志坚强，甚至是顽固。她的欲望使她丧失了好运。"沉默了片刻她接着说："还有哈姆迪亚（Hamdiyya），那个舞女，你看到了吗？"她边笑边模仿这个跳肚皮舞的舞女的一个典型的傲慢姿态，剧中这个舞女后来变成了夜总会的老板，由露西（Lucy）——一个现实中跳肚皮舞很棒的舞者扮演。

这两个迷人的女性是《西米亚之夜》中两个不怎么具有民族主义同情心的角色，尽管有孩子、前夫以及其他亲戚的恳求，她们还是不愿意像那些令人尊敬的女士一样行事，而是周旋于不同的男人之间。这也使得她们得到了一种戏剧般的下场。那个舞女在追她希望嫁的男子之后染上了毒瘾。但戒毒之后她已失去所有的一切，无家可归。纳西克·哈尼姆的结局更加复杂，表演也非常出色。她不愿接受年老色衰的现实，后来被第四任丈夫、一个较年轻的男子骗走了钱财并将她抛弃。她慢慢变得喜怒无常，并且开始穿那些与她年龄不相符的服装，戴个假发遮住她那灰暗的头发，和20岁的学生打情骂俏。当这种行为受到斥责时，她患上了精神分裂症。

结论：明星魔力和国家亲和力的形式

在钦佩纳西克或舞女的贫穷女工中，没有人提及这种结局的道德教训。在一定程度上，通过这两个女性，对那种做安分守己的好女人的道德系统予以蔑视，并得到了某种间接的愉悦。如同我已经讲过的，这些家庭佣人被迫离家去做佣人，这也威胁到她们的自尊。她们每日都为她们的自尊而奋斗。她们对邻居乃至亲戚，都避而不谈她们所做的工作。她们都戴着面纱，头裹新式的、得体的伊斯兰装束，这样一种装束在埃及意味着对伊斯兰的虔诚以及中产阶级身份。

乌卡沙或许会责怪自己没有注意到这种民族主义的女性主义和道德。不过我曾经指出，演技质量在写作和表演时也同样可能是一个颠覆教化的因素。为了吸引大多数人，清晰地塑造出正直的、现代的、爱国的形象，聪明的电视剧生产者们经常需要塑造流行形象，例如像美国肥皂剧中的明星，或是引入劣质的"他者"，通过讽刺手法形成对比。但有时会适得其反，例如纳西克·哈尼姆（Nazik Hanim）或哈伽·法达（Hagga Fadda，《白旗》中那堕落、愚昧无知的坏女人，《白旗》是同一个作者在90年代的另一部成功电视剧）的形象，十分认真却令人生厌。[13]《家庭》（*The Family House*）是1994年拍摄的一部电视剧，由美国国际开发署和一些外国的非政府组织（NGO）赞助以倡导公共健康信息，我之前对此进行过讨论。马哈·迪亚斯（Martha Diase）在她对这部剧的分析中提供了另一个有关误导认同的精彩例子。她说，观众喜欢并且认同阿米娜（Amina）这个角色。阿米娜曾是一个舞女，迁到城市里，做手工艺品，供养着五个孩子。但在电视剧脚本中，她和她的家庭本来是作为没有很好执行计划生育的负面典型的。而具有社会良知、举止得体、十全十美的奥玛（Omar）医生，如同《白旗》中那个认真的主角［由同样是有教养的吉迈尔·莱蒂布（Jamil Ratib）扮演］一样，则似乎没有太引起观众的注意。

今天的很多媒体研究证实，电视观众在观看电视剧、判断电视剧中的信息时，是有选择的。他们可以不认同政治；他们可以因为那些与他们的生活方式不同的反叛角色而感到惊奇和高兴。在埃及，他们只接受与他们生活的世界产生共鸣的道德观点。这从贫穷的城市妇女对埃及电视剧、尤其是《西米亚之夜》中家庭和母亲对于道德保守主义所起作用的积极反应中可以清晰地表现出来。纳西克·哈尼姆的一个崇拜者在讲到纳西克的女儿祖拉（Zuhra）为何永远得不到幸福时说："可怜的人儿。她母亲纳西克不照顾她，把她扔给了她父亲。当祖拉生病、发高烧时，继母带着她来找纳西克，对她说'这是你的女儿，管好她'。纳西克却拒绝了。因此祖拉从未感受过母爱。她不得不自立。后来那个男人（她的老板）欺骗了她（哄骗她秘密结婚并怀孕）。太悲惨了。"

选择性注意不仅仅是影星魅力或电视剧过度娱乐化的结果。本书的一个观点是，观众的反应常常被电视剧中"现实主义"的戏剧化处理和人们日常生活、经验之间的巨大差距所主宰。如果说美国肥皂剧中那些在豪华办公室、宏伟大厦里工作的时髦的金发碧眼的影星，明显地远离当地生活实际的话，那么埃及的节目中这样的角色也很难贴近观众。很多埃及电视剧的场景是城市，讲的是城市里的事情，并且通常是上层阶级的问题——即便是"现实主义的"，这对农村人、城市里的穷人来说，其真实性会受

结论：明星魔力和国家亲和力的形式

到挑战。[14]

我很早以前就注意到这种挑战和选择性注意。那时我第一次来到村子，并将在那里停留很长时间。有一个晚上，我坐在雅姆娜（Yamna）的旁边。她是一位活泼但心力交瘁的母亲，她的妹妹正在帮她准备晚饭。电视里放着由穆纳·奴·阿丁（Muna Nur al-Din）拍摄的电视剧《外交邮袋里的爱情》。[15]雅姆娜的妹妹已经在那里帮助这位过度劳累的妇女一整天了，她们一个出去照看牲畜时，另一个就要烤面包、照看孩子。而且，雅姆娜的大儿子在发高烧，四个女儿患上了麻疹，三个男孩子要期末考试，父亲因吸烟而哮喘咳嗽，为此家人前往艾斯尤特（Asyut）的医院辛苦奔波并且花销不小，而政府前一天刚宣布面粉的价格要翻倍，这一切在那个夜晚对这个家庭来说是十分悲惨的。他们不知道如何应对这一切。然而，他们所看的那部电视剧，展现的是一个富裕的外交官家庭，其中还有些角色是芭蕾舞教师、女医生、新闻记者、面临职业问题的广播名人等。

雅姆娜在做饭时，她的妹妹，裹着出访时穿的黑色外衣，大声讲出她所理解的故事情节的概要。她关注那个家庭的动力，这也是她们村里人讲述自己生活故事时的日常形式：离婚、争吵、离开、阻挠婚姻。她也说到关于妇女和家庭的道德信息——母亲在抚养孩子方面的重要性，如果母亲把自己、婚姻或职业放在首位，孩子就会遭遇被抛弃的命运。就如同普尔尼马·曼克卡尔（Purnima Mankekar）所研究的德里妇女，她们在看电视时会选择关注那些和她们的生活困境相关的内容。[16]然而，这部电视剧中的很多"女性的观点"由社会心理学术语构成，这些术语与雅姆娜和她的妹妹无关：诸如用爱能够治愈心理能力丧失这样的"心理的"问题；男人不能把自己托付给婚姻是因为害怕失去自由；母亲哭泣是因为她们的孩子不体贴她们；精神病医生正在为富裕的、受过教育的人治疗药物依赖症。妇女们在讨论中忽略了这部电视剧中与她们经历无关的方面。

然而，即便观众对于冗余的、缺乏现实生活关注的节目类型采取选择性的注意，但也不能忘记，电视的娱乐性屏蔽了其教化方面的信息。电视剧的世界在模拟和强化生活，但和明星扮演角色一样，电视剧也在建构幻想。和任何地方的那些老于世故、富有经验的电视观众一样，埃及观众不会混淆演员本身和演员所扮演的角色。他们也知道他们是在看电视——虽然电视剧进入了他们的家庭和他们的想象，但他们还是把电视剧理解为外加给他们的世界。

描绘电视剧中的世界和相关的明星及其观众之间的关系的最好方式，是把它说成是一种亲密和疏远的混杂。观众指的是我所认识的居住在上埃及和开罗的贫穷社区里的人，以及其他类似的很多人。[17] 再以《西米亚之夜》为例，可以让我们很好地意识到这一点。虽然就结局来说，它被定义为电视剧而不是肥皂剧，但罕见的是它如此长时间地拖延达五年多，剧集超过了此前很多的埃及电视剧，情节人物发展吻合肥皂剧观众喜好的那些特征。追随着一些人物从童年到成年的苦难和成功，另外一些人物经历婚姻、离异、损失、监禁、最终老有所依，观众和美国肥皂剧的观看者一样度过了某种愉快的经历：他们知道那些角色的历史，能够理解电视镜头的意义。[18] 随着时间的推移，观众对剧中角色的

结论：明星魔力和国家亲和力的形式

过去和复杂关系了如指掌，而且每年，在新的电视剧播出前会重播已经播放过的电视剧的某些剧集；一部电视剧放完后，每周还要重播一集。观看者和电视剧及其角色之间，由此被创造出了某种亲密感。[19]

这种亲密感又会被抵消，因为观看者不仅明白这些只是剧中角色，而且明白扮演角色的明星们来自另外一个世界，而那个世界观众永远也不会进入或者首肯。对于明星们以及娱乐界持道德保留意见，这一点普遍存在，但是，它在埃及和阿拉伯世界则表现出一种特殊的方式，很多对其他形式的表演家——包括舞蹈演员、歌唱家甚至史诗作者——进行评论的人都谈到过这一点。[20]这种道德上的不赞同很大程度上与演员及其他表演者的生活方式有关，也和他们对宗教规范的认识有关。有人尝试想改变对演员的负面评价，甚至是从影视产业的外部。爱资哈尔的前任负责人Jad al-Haq Jad al-Haq，一个宗教权威人士，对此进行过引导，他谴责很多"艺术"，但认为"通过对那些威胁着和谐社会建设的议题进行探讨，表演可以成为一种社会教育的工具。而这些议题包括家庭、家庭的衰落，或自私、背叛和不忠如何在现代社会变得流行"。[21]埃及天主教中心电影节（Catholic Center Film Festival）已经举办五十年，为埃及电影庆功，表彰埃及电影在艺术乃至民族、道德以及人文价值等方面的基础性贡献。授奖者或获奖者都认真强调，奖励之所以特殊，是因为它们所依据的标准。这样的电影节由教士主办，意在表明，荧屏上的娱乐可以具有某种道德功能，而演员参与了有能力促成美好价值观的媒体。

然而，这并不能克服一种普遍的感觉，即表演世界是不道德

第三部分　发展主义侵蚀着的霸权

的。当我对一个年轻的演员穆纳·扎基（Muna Zaki）进行采访，谈到如何同其他演员以及明星的世界保持距离时，她表现出极度的痛苦。她对当下的超级明星流露出不屑，而是崇拜那些经典的电影明星。她和她的父母一起生活，她的父母坚持要她上完大学。所有打来找她的电话都是由她母亲去接。她说和她共事的人只是同事，而不是朋友。在解释她为何要和他们的世界保持距离时，她说她必须考虑到她的兄弟和家庭。[22]

我在本书中讲到过的有亲戚在电视台和政府部门工作的普通人，会更多地提及这样一种观点。我前面也讨论过，穆斯林世界里长期存在着一种观点，即演员——尤其是女演员——的名声并不好。[23]他们和陌生人相处，暴露在公众面前，无论公正与否，他们已经和"卖淫业"联系在一起。尽管他们中很多人极力表明他们是民族主义者——像阿姆布鲁斯特（Armbrust）在爱国主义电影中扮演法雷德·沙奇（Farid Shauqi），在公众面前把自己装扮成一个好丈夫或一个正直的公民；还有像剧中女主角乌姆·库勒苏姆（Umm Kulthum）或多或少有些成功的做法——但要他们完全摆脱道德问题是十分困难的。[24] 90年代，媒体明星常常被与淫秽的"西方化"、富裕的生活方式联系在一起，从无家庭导向（non-family-oriented）的行为到毒品、离婚和各种风流韵事、奇装异服、浓妆艳抹、行走于欧洲。对于很多普通男女来说，他们和这些明星之间存在着巨大的道德鸿沟。演员们，如同他们所参与的电视剧一样被进行划分，被认为属于另一个世界，即便行为不光彩，也成了有趣的事。

这种划分包含了某种宽容的精神。我了解村民相互之间进

结论：明星魔力和国家亲和力的形式

行评判的道德标准，以及家庭佣人们感知自己如何被别人来评判的标准，所以一开始发现人们把电视上的事看作理所当然，我曾感到十分震惊。当入时的美女明星身着紧身衣、疯狂旋转着出现在每年的斋月谜语节目（fawazir）上时，没有人会关掉电视机。就像阿姆布鲁斯特在他论述斋月的商业化时所生动表述的，节日就该是那样。[25] 尽管明星们出现在猜谜或其他游戏节目中时，那种城市化和世故的面具人格表现无疑，但村里的孩子还是绝对快乐地在自己的地方模仿着他们的游戏。青少年们甚至对明星们的困境表示同情，很令人感动。在90年代早期，曾有一些村里的小女孩满怀担心地对我说，尤斯拉（Yusra）[一个西化的电影明星，曾扮演一个在以色列的埃及间谍的德国妻子，名为《拉法特·哈根》（Ra'fat al-Haggan），后来去卖瓷砖了]结婚太晚了。她们还伤感地补充说："她说她爱孩子，还把孩子的相片贴在墙上。"

因为大家都明白，明星生活在他们自己的世界中，不像社区人们受面对面的道德束缚，所以实际上，人们对明星们存在着某种宽容和评判的滞后。观众对于明星的感情，来自于观众对明星的了解以及明星在电视剧中所使用的那些戏法，还有明星们创造了用来取悦人们、丰富人们日常生活的那些景观。但这并不能完全消除二者之间所存在的矛盾。演员创造的有些东西对于观众来说是"不道德"的。我们也将看到，他们与观众的日常生活世界是不搭调的，但他们被限制在特定的电视和电影的世界里。换句话说，电视被当作一个特定的世界，有它自己的节奏、标准以及法则。它不需要和现实生活混为一体，虽然它是对现实生活的一种模仿。

第三部分　发展主义侵蚀着的霸权

社会差异和国家发展轨迹

　　本书一个至关重要的观点是，具有教化效果的电视剧在一个复杂的社会空间里传播其民族主义信息，这个社会空间里不仅有来自当地、还有来自跨国的力量。一方面，人们的生活世界是开罗、上埃及乃至西撒哈拉沙漠，对这些地域而言，电视只是一小部分。另一方面，如同我在本书第三部分里详细讲到的，跨国公司用它们的产品和大量广告轰炸埃及市场，伊斯兰政治团体采用超国家的认同来争取忠诚，精英们观望着西方，因此电视的民族主义者需要同许多方面进行较量。

　　最为重要的是，电视剧进入到了这样一些人的社会世界，他们的现实处境和国家电视所建构的不相吻合。透过埃及的很多群体——贫穷加剧，通过教育实现社会流动不可能，社会服务不到位和令人绝望，官僚机构臃肿和无情，贫富差距正在扩大，和爱国歌曲、公民引以为豪的技术所遭遇的一样，这个民族国家正在监督机构、纪律和总体不公等各方面中挣扎——很难看到令人振奋的前景。

　　电视剧也进入了一种散漫的空间，这个空间里充斥着竞争的、有时是自相矛盾的故事和理想，少部分被播出在电视上。其中不仅包含伊斯兰主义、有关虔诚的话语和实践、全球商业主义和流行文化、相关的资本主义梦想，还有伴随人们成长的当地亚文化话语。这种当地亚文化不是农民和城市穷人真正的和纯粹的文化，而是更像被葛兰西归为次级的"常识"（common sense），

结论:明星魔力和国家亲和力的形式

一种混乱的价值和观念,这种价值和观念是当地的历史和社会关系(这种社会关系与屈从于几个世纪的宏大的国家事业、殖民与后殖民、整合与转型的经验相联系)的产物。正如阿拉德-阿里(Awlad 'Ali)的家长不支持广播肥皂剧所提醒我们的,所有的话语都与特定的社会、政治团体有关,因此,都是一个权力场域的组成部分。这个权力场域,在一个更大的层面上,就是国家。

我观察到,影视明星胡达·苏坦(Huda Sultan)的反应对于说明90年代埃及的这种混杂话语十分重要。这个故事可以作为关于国家的民族志的一个结论,因为它说明为什么解决对明星在道德上的矛盾心理,还有这个国家,伊斯兰教一直都无法处理一个根本问题:社会不平等的问题,而我通过对电视以及"国家空间"中的社会片段进行评估,力图让这个问题浮出水面。

我已经强调过,我们的眼光必须超出具体的媒体信息,甚至最流行的类型和节目,同时也要超出媒体政策的策略,才能理解电视在日常生活中的位置以及它和历史过程的关系。如果说电视剧的情感性以及对于家庭事务的专注有助于产生现代的主体性,那么一种新的电视和宗教文本之外的东西或许能够培育国家的归属感,藉此,国家仅通过生产谈话节目就可以达到直接管理宗教的目的。90年代早期,在明星的世界里,最具戏剧性的现象是"艺术家"们极力宣扬从表演中退缩,对于女性而言,是披上面纱。这些新角色激起了争议,包括谴责他们从阿拉伯世界的资源中获得金钱。与他们的"悔改"有关联的宗教权威人士都是些知名人士,如后来的沙克·阿-莎拉维(Shaykh al-Sha'rawi)和乌玛尔·阿卜杜勒-卡菲(`Umar `Abd al-Kafi)博士等,他们在电视

第三部分　发展主义侵蚀着的霸权

上频频露面、通过录音磁带进行布道而广为人们所知。和他们的"对话"联系最为紧密的清真寺和慈善组织来自宗教权威人士穆斯塔法·穆哈穆德（Mustafa Mahmud），关于他最有名的电视节目是：《信念和科学》(Faith and Science)。[26]

　　一些书取名《后悔的艺术家和性感明星》(Repentant Artists and the Sex Stars)、《面纱背后的艺术家》(Artists behind the Veil)，附有献词诸如"献给每一位相信属于神的才是更好更长久的退休艺术家"，书里有对明星以及教导他们的宗教人士进行的热情洋溢的采访。[27]以欧玛尔·阿卜杜勒-卡菲（`Umar `Abd al-Kafi）博士为例，在谈及女演员时，他引用了他的告诫："我不会让我的姐妹——你们是我的姐妹——或是我的女儿、我的妻子去投入某个以艺术为名的男人的怀抱……或是和这个男人上床，被摄影机包围着，并把这种东西称为艺术！！我也不会让她穿着泳装和这个男人躺在沙滩上，并且称这个东西是艺术；这不是神所需要的艺术。"[28]一些出版物也报道了其他演员的观点，他们不同意他们同事的观点，不认为表演、舞蹈或一般意义上的娱乐都是罪恶的，不过他们谨慎地表示，他们的同事有选择的个人自由。

　　其中一个演员（萨桑·巴德拉，Sawsan Badr）最终摘掉了面纱并重新回归表演，但最有趣的是胡达·苏坦。她在50年代就已经是十分成功的歌唱家和电影演员。[29]她说她现在更愿意戴着面纱出现在电视上和电视下。和那些"再生"（born-again）的同事不一样，她没有离开过演艺圈。在1994年的一次采访中，当问及她在《阿拉伯图案》(Arabesque，在第六章里讨论过的乌沙卡的作品）中的角色时，她解释道："面纱对于艺术表演来说，是义务

结论：明星魔力和国家亲和力的形式

而并非怀有什么不友善。我戴着面纱，因此我选择温和的角色，像母亲那样的角色。"她承认，当她开始一个"艺术家"的职业生涯时，她的兄弟，尽管自身也是个歌唱家，却对她的选择感到不高兴，因为那个时代艺术家的形象不佳。但是现在，她解释说："艺术家在社会各个层面都受到尊敬。艺术家已经成为了自己国家的大使、社会信息的传递者——他们具有政治姿态并担负着启蒙的任务。"

苏坦采取中间路线，既戴面纱又留在演艺圈，这赢得了广泛赞誉。那些给她的片子做导演或为她撰写剧本的人赞扬她的才干。乌萨玛·安瓦尔·乌卡沙谈到苏坦在《阿拉伯图案》中扮演那个真诚的埃及母亲的角色时说："我个人对她的表现大为惊讶，我认为我所写的那个角色乌姆·哈桑（Umm Hasan）比起她的表演来逊色多了。还有，剧中所有她出现的场景都提升了这个剧的品质。"[30] 她在第54届天主教中心电影节获奖，颁奖人称，她获奖的理由是正直、诚实以及对人民的热爱。苏坦庄重地感谢电影节组织者，告诉大家这个奖项意义非凡，而她最近刚从乌拉（'umra，一次"小型"的对麦加的朝圣，通常在年度朝圣之外的其他时间进行）回来。1997年，当我坐在乌萨卡作品［《欣雅》，本章开头讲到过］最后一稿的审读会现场时，我亲眼目睹了苏坦的同事对于她的不同寻常的尊敬和感情。当时她晚到了，现场场面既混乱又有趣。突然，一个年长的男演员从桌子的那一头站起来给她让座。每个人都向她致以热情的问候。当作品审读完后，一个从高档法式蛋糕店订来的巨大的蛋糕被送进来，用以庆祝现

第三部分　发展主义侵蚀着的霸权

阶段工作的结束以及几个星期之后拍摄的开始。大家恭敬地邀请苏坦来切蛋糕。

我猜想，只有少数根本不喜欢埃及电视剧的精英会被胡达·苏坦戴着面纱出现所冒犯。对于其他的公众，包括大量的中产、中下层阶级（他们中的大多数人现在已经接受戴面纱）以及那些妇女出门不可能不戴头巾的农村地区，她是最完美的折衷办法的代表。他们认同、或至少是尊敬她适度的虔诚。因为虔诚，她不像年轻"再生"的明星需要承受民众对电视剧大众娱乐的谴责，而是给予人们为明星的魅力所迷倒的充分理由，让大家广泛参与到吸引着他们的情感社区当中去。

人们对胡达·苏坦的喜爱说明，如果今天的埃及有一种媒体培养起了对国家的归属感的话，那么较少是因为受过教育的精英渴望培养好的公民、国家期望用电视来管理宗教极端主义和创建和谐，或资本家计划创造消费者；更多的还是因为人们对于影星怀有某种共同的依恋，这些影星出现在人们家里的电视屏幕上、商店里以及遍及全国的咖啡馆中。但是这也寓示着某种幻象，这种幻象有关平等、有关电视内外话语许诺的分享国家视界的可能性。胡达·苏坦的虔诚使得她现在更加接近电视观众的世界，但是她大概在十几年前作为一个杰出影星时就已经获得了财富和特权。最终，她仍然是这个体制的一个部分，这个体制宣称关爱公众，但对于不能享有精英和中产阶级生活方式和价值观的人们来说，只感受到地位低下和被排斥，除了道德优越的话语，他们别无其他来捍卫自己。胡达·苏坦，穿着合适的伊斯兰服装，和那些最为激进的电视剧（这些电视剧或许会批评政府机构的失误和

结论：明星魔力和国家亲和力的形式

腐败，但是没有涉足这个国家内在的不平等）一样，对于这个国家的不平等和权力的差异，都无法提供更多的革命性的解释。

培养对于明星——包括像胡达·苏坦这样似乎在促进国家和宗教认同走到一起的人——的依恋感，最终必须被看作电视参与国家实践霸权的很多方式中的一种。知识分子通过特别的方式，促成教化式话语，并把电视剧带到公共领域。在这个公共领域，从现代化、真实性到宗教极端主义以及消费主义等国家政治的、社会的和经济的议题都可以进行辩论。不是电视剧，也不是制作电视剧的明星明显地扰乱了受过教育者与没有受过教育者、特权和边缘、追逐权力的人和被排斥在权力之外的人之间的区别。我不想否认埃及存在的大量中产阶级（他们既是消费者，也是电视生产者）的重要性，但我在这本书中更想凸显我的田野工作到达过的很多边缘社区的人们之于电视剧和国家的特殊关系，这些边缘社区拥有着埃及绝对不少的公民数量。电视剧为这些社区的人们带来了娱乐，并且试图把他们卷入成为这个国家的一部分，却没有建议他们如何才能把他们的国家转变成为一个更公平或更公正的国度。

附 录

以下是本书中讨论过的主要的电视剧和在电视的电影的一个简要指南。电视剧和电影的情节比此处的介绍要复杂得多。仅为便于读者记忆而提供一个大纲。

《阿布扎德·希拉里：希拉里史诗》（Abu-Zayd al-Hilali : al-sira al-hilaliyya），1997：尤斯里·金蒂（Yusri al-Jindi）、玛吉蒂·阿布·乌玛拉（Magdi Abu-'Umayra）导演。阿布扎德·希拉里的阿拉伯史诗古装剧。

《逆流》（didd al-tayyar），1997：穆哈迈德·萨发·阿米尔（Muhammad Safa'`Amir）；伊斯梅尔·阿卜杜勒-哈菲兹（Isma'il `Abd al-Hafiz）导演。某些曾经的贵族陷入商业腐败和金钱诱惑。

附录

《尼罗河依然在流淌》(wa ma zala al-nil yajri),1991：乌萨玛·安瓦尔·乌卡沙(Usama Anwar Ukasha)；穆罕默德·法迪勒(Muhammad Fadil)导演。人口问题和计划生育，美国国际开发署资助。

《阿拉伯图案》(arabisk),1994：乌萨玛·安瓦尔·乌卡沙；贾迈勒·阿卜杜勒-哈米德(Jamal`Abd al-Hamid)导演。伊本·巴拉德(ibn al-balad)面临国家危机的真实事情，一个做花格屏(mashrabiyya)木工的工匠。

《萨菲亚阿姨和修道院》(Khalti Safiyya wa al-dayr),1996：Yusr al-Siwi，根据巴哈·塔赫(Bahha'Tahir)的小说改编。上埃及的爱与复仇，穆斯林和埃及基督徒和谐相处。

《女校长希克马特的良心》(damir abla Hikmat),1990：乌萨玛·安瓦尔·乌卡沙；因阿姆·穆哈迈德·阿里(In'am Muhammad`Ali)导演。面对腐败，学校的道德首领极力维护价值和标准。女校长由传奇的电影明星费亭·哈玛玛(Fatin Hamama)扮演。

《折光》(al-daw' al-sharid),1999：穆哈迈德·萨发·阿米尔(Muhammad Safa'`Amir)；伊斯梅尔·阿卜杜勒-哈菲兹导演。上埃及的大氏族，暴发户，爱情和恐怖主义。

《南方人的梦》(hilm al janubi),1997：穆哈迈德·萨发·阿

米尔；贾迈勒·阿卜杜勒-哈米德导演。古迹、民族主义及上埃及。

《家庭》（al-'a'ila），1994：瓦希德·哈米德（Wahid Hamid）；伊斯梅尔·阿卜杜勒-哈菲兹导演。伊斯兰军事组织的危险分子。

《哈吉·米特沃里家庭》（'a'ilat al-haj Mitwalli），2001：穆斯塔法·迈哈穆德（Mustafa Mahmud）；一夫多妻的商人让妻子们感到幸福。

《最终的回报》（Final Return）（akhir 'awda），1993：瓦菲亚·卡里（Wafiyya Khayri）；福阿德·阿卜杜勒·贾里尔（Fu'ad Abd al-Jalil）导演。中产阶级的价值观受到新兴的富人和从海湾国家工作返回的人的威胁。

《宽恕》（ghufran），1990：萨瓦特·阿巴扎（Tharwat Abaza）；阿迪尔·萨迪克（Adil Sadiq）导演。贪婪和背叛的现代传说，和《古兰经》中的约瑟夫的故事有一定关系。

《爱情逃亡者》（farar min al-hubb），2000：穆哈迈德·萨发·阿米尔；迈吉迪·阿布·乌玛拉导演。上埃及的土地和荣誉，拍摄于卢克索周边。

《爱的收获》（hasad al hubb），1993：费斯雅·阿-阿索（Fathiyya al-'Assal）；上埃及乡村里的当代罗密欧与朱丽叶极力恢复家族

附录

仇杀的不良传统。

《海亚·革瓦里》(Hayat al-Gawhari),1997:贾拉尔·阿卜杜勒·夸维(Jalal 'Abd al-Qawi);Wa'il Abu-allah导演。当丈夫屈服于商业腐败和通奸时,女律师极力维护道德标准。Yusra领衔主演。

《西米亚之夜》(layali al-himiyya),1988,1989,1990,1992,1995:乌萨玛·安瓦尔·乌卡沙;伊斯梅尔·阿卜杜勒-哈菲兹导演。现代埃及的史诗,从西米亚社区的穷人和富人反抗英国的殖民行动一直讲到当下。共有5个部分。

《宝贝和眼泪》(al-shahd wa al-dumu'),1980s:乌萨玛·安瓦尔·乌卡沙。这是一部关于一个坚强的寡妇的家庭戏剧,尽管她的同胞兄弟很贪婪,但是她还是很好地抚养了她的孩子。她的同胞兄弟受他那爱挑剔且自私的妻子的驱使,欺骗她们放弃了她们的遗产。

《幻想与武器》(al-wahm wa al-silah),1995:萨瓦特·阿巴扎;哈桑·巴什(Hasan Bashir)导演。伊斯兰军事组织的暴力。

《我不想过父亲那样的生活》(lan a'ish fi gilbab abi),1996:穆斯塔法·穆哈拉姆;艾哈迈德·陶菲克(Ahmad Tawfiq)导演。根据伊赫桑·阿卜杜勒·古都斯(Ihsan 'Abd al-Quddus)的短篇小说改编,讲的是一个从未放弃他的根和原则的穷人变为富人的故事,和他原配的妻子关系很好,并且在面对复杂的时代变迁的情况下照顾着孩子。

《阿布·艾拉-比斯里的旅行》(rihlat abu 'ila al-bishri),1980s:乌萨玛·安瓦尔·乌卡沙;穆罕默德·法迪勒导演。中产阶级在艰苦的年代里极力去维护道德和诚实与孩子们受着毒品、流行音乐和不被人尊敬的工作的诱惑之间的较量。

《花园城中的女子》(hawanim gardin siti),1998:穆纳·奴·阿丁(Muna Nur al-Din);艾哈迈德·萨克(Ahmad Sakr)导演。关于贵族妇女的历史心理剧。

《外交邮袋里的爱情》(hubb fi haqiba diblumasiyya),1990:穆纳·奴·阿丁。关于富人的心理问题,母亲担心孩子不和她们说话,男人害怕承担义务、芭蕾舞及毒品成瘾。

《魔术师》(al-hawi),1997:穆欣·扎耶德(Muhsin Zayid);亚哈·阿拉米(Yahya al-`Alami)导演。胡斯特(Hustler)通过娶了一个外国人并且从事名声不好的商业活动而变得富有;他那同样来自贫穷家庭的初恋情人,嫁给了一个海湾国家的阿拉伯人。这个男人虐待她,并且后来绑架了她的儿子;她转而嫁给了她的初恋情人,他尽力想在生意上欺骗她,但她最终以智取胜。

附录

《爱之屋中的母亲》(ummahat fi bayt al-hubb), 1996：费斯雅·阿—阿索。养老院里的妇女们联合起来抵抗开发商要拆掉她们的房子来建盖公寓楼群。

《山狼》(dhi'ab al-jabal), 1993/1994：穆哈迈德·萨发·阿米尔；玛吉蒂·阿布-乌玛拉导演。有一些上埃及诗人阿布杜勒·拉赫曼·阿—阿布奴迪(`Abd al-Rahman al-Abnudi)所写的歌曲。讲述上埃及的复仇、忠诚与父权制，反对进步的现代性。

《纳赛尔56》, 1995：马哈福茨·阿卜杜勒·拉赫曼(Mahfuz 'Abd al-Rahman)；穆罕默德·法迪勒导演。关于纳赛尔的黑白传记片，记载了苏伊士运河国有化的决定。

《新街》(al-Shari' aljadid), 1998：阿卜杜勒·哈米德·犹大·萨哈('Abd al-Hamid Juda al-Sahhar)；穆罕默德·法迪勒导演。关于英国殖民占领时代一个扩大家庭的历史剧。

《发狂的努娜》*(Nuna al sha'nuna), 1996：拉米斯·查比尔(Lamis Jabir)；因阿姆·穆哈迈德·阿里导演。从农村来的佣人从厨房的窗口发现了学校。根据萨尔瓦·巴克(Salwa Bakr)的短篇小说改编。

---

* 正文和索引中的英文为Dotty Nuna，译为：《神情不定的努娜》；此处应为Nutty Nuna，译为：《发狂的努娜》。——译者

《拉比的另一半》(nusf Rabi' al-akhar),1996:贾拉尔·阿卜杜勒·夸维;亚哈·阿拉米导演。一个善于交际的、有责任感的律师、好丈夫被初恋情人的财富所诱惑,卷入腐败,最终离婚。

《我们的家族》(ahalina),1997:乌萨玛·安瓦尔·乌卡沙;伊斯梅尔·阿卜杜勒-哈菲兹导演。中产阶级家庭与低工资、失业以及贪污受贿的诱惑的斗争。

《拉法特·哈根》,1989,1990:沙里·穆西(Salih Mursi);亚哈·阿拉米导演。在以色列的阿拉伯间谍。

《她所面对的不可能》(hiyya wa al-mustahil),20世纪80年代:费斯雅·阿-阿索;因阿姆·穆哈迈德·阿里导演。离异的妇女接受了教育,成为一个作家,并得到了一份职业。

《玫瑰时代》(awan al-ward),2000-2001:瓦希德·哈米德;萨米尔·萨义夫(Samir Sayf)导演。穆斯林和埃及基督徒相互通婚以及寻找一个被绑架的孩子。

《白旗》(al-raya al-bayda),1989:乌萨玛·安瓦尔·乌卡沙;穆罕默德·法迪勒导演。艺术、美好和社会价值受到粗鲁的暴发户的威胁。

《爱时代的妇女》*（imra'a fi zaman al-hubb），1999：乌萨玛·安瓦尔·乌卡沙；伊斯梅尔·阿卜杜勒-哈菲兹导演。正直的姑姑用道德去挽救富有的被宠坏的侄子和侄女，使他/她们远离毒品和不道德、金钱的腐蚀、西方化以及疏于父亲的照顾。

《西欣雅》（Zizinya），1998，1999：乌萨玛·安瓦尔·乌卡沙；贾迈勒·阿卜杜勒-哈米德导演。一部关于纳赛尔1956年对苏伊士运河国有化及外国人退出埃及之前的多元文化的亚历山大的历史剧。

---

* 正文和索引中的英文为Woman from the Time of Love，译为：《来自爱的时代的妇女》；此处的英文是Woman in the Time of Love，译为：《爱时代的妇女》。——译者

注 释

前言

[1] M.Schudson, *Advertising, The Uneasy Persuasion* (New York: Basic Books, 1984), 4.
[2] A.Garrels, "Iraq Gets TV Update with 'Idol' Clone," *All Things Considered*, January 28, 2004; online at www.npr.org/rundowns/rundown.php? prgld=2&prgDate=28-Jan-2004.
[3] T.Regan, "US Image Abroad Will 'Take Years' to Repair," *Christian Science Monitor*, February 9, 2004; online at www.csmonitor.com/2004/0209/dailyUpdate.html? s=entt.
[4] S.Shapin, *A Social History of Truth* (Chicago: University of Chicago Press, 1995).

第一章

[1] 关于这一倾向更为充分的讨论, 见: Lila Abu-Lughod, *Writing Women's*

注释

Worlds, *Bedouin Stories* (Berkeley and Los Angeles: University of California Press, 1993), 尤其是第 225-226 页, 以及 "The Romance of Resistance: Tracing Transformations of Power through Bedouin Women," *American Ethnologist* 17 (1990): 41-55。

[2] Naomi Sakr, *Satellite Realms: Transnational Television, Globalization and the Middle East* (London: I. B. Tauris, 2001), 19.

[3] 纳奥米·萨克尔 (Naomi Sakr) 指出, 埃及卫星电视使用"实际上低于其他阿拉伯国家", 1996年, 埃及仅有1%的家庭拥有电视机, 两年前接入卫星信号的还不到10%, 而在1998年, 黎巴嫩接入卫星信号的比例是40%, 1990年代中期, 阿尔及利亚接入卫星信号的比例是33%, 摩洛哥则是25%。同上, 第19-20页。

[4] Nadia Abu El-Haj, *Facts on the Ground: Archaeological Practice and Territorial Self-Fashioning in Israeli Society* (Chicago: University of Chicago Press, 2002), 48; 强调原汁原味。

[5] Catherine Lutz, *Homefront: A Military City and the American Twentieth Century* (Boston: Beacon Books, 2001).

[6] Katherine Verdery, *Nationalist Ideology under Socialism: Identity and Cultural Politics in Ceausescu's Romania* (Berkeley and Los Angeles: University of California Press, 1991).

[7] Liisa Malkki, Purity and Exile: Violence, Memory, and National Cosmology among Hutu Refugees in Tanzania (Chicago: University of Chicago Press, 1995).

[8] Benedict Anderson, *Imagined Communities* (London: Verso, 1991). 德布拉·斯宾托尼克 (Debra Spitulnik) 曾对广播通过在一个多语言国家进行语言分层、影响言语方式、彰显现代性甚至表征国家从而促进赞比亚后殖民国家创建进行过分析。Debra Spitulnik, *Producing National Publics* (Durham, NC: Duke University Press, 1999). Arvind Rajagopal, *Politics after Television: Hindu Nationalism and the Reshaping of the Public in India* (Cambridge: Cambridge University Press, 2001) 以及 Purnima Mankekar, *Screening Culture, Viewing Politics: An Ethnography of Television, Womanhood, and Nation in Postcolonial India* (Durham, NC: Duke University Press, 1999) 以及其

他论著，这些论著对印度的某些流行的、虚构的电视剧如何强化印度民族主义进行了讨论。此外，阿琳·戴维拉（Arlene Davila）以美国的西班牙语广告工业对"拉丁性"（Latinidad——国中之国）的建构为例，对民族主义的文化产品与商业规则之间的联系进行了研究，见：Arlene Davila, *Latino Inc.: The Marketing and Making of a People* (Berkeley and Los Angeles : University of California Press, 2001)。

[9] Doris Sommer, *Foundational Fictions : The National Romances of Latin America* (Berkeley and Los Angeles : University of California Press, 1991); Robert Foster, *Materializing the Nation : Commodities, Consumption and Media in Papua New Guinea* (Bloomington : Indiana University Press, 2002); 以及Richard Handler, *Nationalism and the Politics of Culture in Quebec* (Madison : University of Wisconsin Press, 1988). 类似地，卡尔·海德（Karl Heider）也对印度尼西亚电影作为"一种塑造、传播民族主义的印度尼西亚文化的发展工具"进行过研究。Karl Heider, *Indonesian Cinema : National Culture on Screen* (Honolulu : University of Hawaii Press, 1991), 134.

[10] Lila Abu-Lughod, "Editorial Comment : On Screening Politics in a World of Nations," *Public Culture* 5 (1993) 465-469.

[11] Richard Fox, ed., *Nationalist Ideologies and the Production of National Cultures* (Washington, DC : American Anthropological Association, 1990).

[12] 在后来的战争期间，运用人类学来提升本国的士气以及了解盟国及敌人的情况，其中一些研究是由美国海军研究办公室资助的。120个学者参与了一个名义上由露丝·本尼迪克特领导的名为"哥伦比亚大学当代文化研究"的项目。其中一项研究成果是一本名为《远距离文化研究》的手册，由玛格丽特·米德和洛达·梅德罗（Rhoda Metraux）于1953年编就。近期再版时增加了一个由威廉·比曼（William Beeman）撰写的导言，威廉·比曼称这项研究能与当代文化研究相媲美——*The Study of Culture at a Distance*, ed. Margaret Mead and Rhoda Metraux (New York : Berghahn Books, 2000)。因为无法到他们想了解的国家做田野调查，他们使用电影故事片、小说以及其他媒体，辅之以对移民或流亡者的访问，来分析中国、苏

联、法国、罗马尼亚、英国、波兰以及其他国家的"国民性"(the national character)。在战争期间,日本也受到了同样的研究。更多的评价,见:Federico Neiburg and Marcio Goldman, "Anthropology and Politics in Studies of National Character," *Cultural Anthropology* 13(1998): 56-81.
- [13] 关于这个概念以及相关的重要研究的讨论,见:Jessica Winegar, "Claiming Egypt: The Cultural Politics of Artistic Practice in a Postcolonial Society"(Ph.D.diss., New York University 2003).
- [14] Theodor Adorno, *The Culture Industry: Selected Essays on Mass Culture*, ed.J. M. Bernstein(London: Routledge, 1991).
- [15] 一个最近的、不错的例子是:John Kelly and Martha Kaplan, *Represented Communities: Fiji and World Decolonization*(Chicago: University of Chicago Press, 2001).
- [16] Partha Chatterjee, *The Nation and Its Fragments*(Princeton, NJ: Princeton University Press, 1993); Claudio Lomnitz-Adler, *Exits from the Labyrinth: Culture and Ideology in the Mexican National Space*(Stanford, CA: Stanford University Press, 1992).
- [17] 引自:Kate Crehan, Gramsci, *Culture and Anthropology*(Berkeley and Los Angeles: University of California Press, 2002), 157.
- [18] 同上,第143页。
- [19] Etienne Balibar, *Race, Nation, Class: Ambiguous Identities*(London: Verso, 1991).
- [20] 关于乌姆·库勒苏姆的一项综合研究,见:Virginia Danielson, *The Voice or Egypt. Umm Kulthum, Arabic Song, and Egyptian Society in the Twentieth Century*(Chicago: University of Chicago Press, 1997)。
- [21] 我从我父亲1950年代末期在埃及农村所做的一项研究中摘录了这些文字——Ibrahim Abu-Lughod, "The Mass Media and Egyptian Village Life," *Social Forces* 42(1963): 97-104。关于埃及大众传媒更多的历史,见:Douglas Boyd, *Broadcasting in the Arab World*(Ames: Iowa State University Press, 1999); CEDEI, "Anciens et Nouveaux medias in Egypte: Radio, Television, Cinema, Video." *Bulletine de CEDEJ* 21, Premiere semestre(1987);以及Martha Diase, "Egyptian

Television Serials, Audiences, and *The Family House*, a Public Health Enter-Educate Serial"(Ph.D. diss.,University of Texas at Austin, 1996). 也可参见第 8 章关于这项工业的更为详尽的讨论。

[22] Boyd, *Broadcasting in the Arab World*, 39.

[23] Omnia El Shakry, "The Great Social Laboratory: Reformers and Utopians in Twentith Century Egypt"(Ph.D. diss., Princeton University, 2002).

[24] 博伊德(Boyd)曾经认为娱乐是这些国家媒体的核心,但是在这本书中,他对娱乐和教育之间更为复杂的关系进行了讨论。见:Boyd, *Broadcasting in the Arab World*, 37–49。

[25] 作者 1990 年 4 月 15 日访谈。

[26] 作者 1990 年 7 月 22 日访谈。

[27] Shahinaz M. Talaat, *Mass Media and Rural Development in Egypt*(Cairo: Anglo-Egyptian Bookshop,1987)。从她的教育节目的图表中,我可以估计,1986 年每周大约有 31 个小时是这类"发展"节目,那时三个频道每周的节目播出时间是 175 个小时。

[28] 作者 1990 年 4 月 29 日访谈。

[29] Homi Bhabha, "DissemiNation: Time, Narrative, and the Margins of the Modern Nation," in *Nation and Narration*, ed. Homi Bhabha (London: Routledge,1990), 297–299.

[30] 这方面的例子,见:Ruth Mandel's "A Marshall Plan of the Mind: The Political Economy of a Kazakh Soap Opera", *in Media Worlds: Anthropology on New Terrain*, ed. Faye Ginsburg, Lila Abu-Lughod, and Brian Larkin(Berkeley and Los Angeles: University of California Press, 2002), 211–228。

[31] 见:Terence Turner, "Representation, Politics, and Cultural Imagination in Indigenous Video: General Points and Kayapo Examples," in *Media Worlds: Anthropology on New Terrain*, ed. Faye Ginsburg, Lila Abu-Lughod, and Brian Larkin(Berkeley and Los Angeles: University of California Press, 2002), 75–89;以及 Annabelle Sreberny-Mohammadi and Ali Mohammadi, *Small Media*,

注释

Big Revolution: *Communication*, *Culture*, *and the Iranian Revolution* (Minneapolis: University of Minnesota Press, 1994).

[32] 关于这样的区别意味着什么、不意味着什么以及知识分子在社会霸权中的角色的说明，见：Crehan, *Gramsci*, *Culture and Anthropology*。这种区别引自第 139 页。另一个把霸权概念视为一个竞争过程的很好的资料是：William Roseberry, "Hegemony and the Language of Contention," in *Everyday Forms of State Formation*, ed. Gilbert Joseph and Daniel Nugent (Durham, NC: Duke University Press, 1994), 170-209。

[33] E. Valentine Daniel, *Charred Lullabies*: *Chapters in an Anthropography of Violence* (Princeton, NJ: Princeton University Press, 1996), 154-193。

[34] Sayed Yassin, "Cultural Papers: `Hilmiyya Nights' and Political Activity," *Al-Ahram al-iqtisadi*, September 7, 1990, pp. 96-97。

[35] Hanan Abu al-Dia', "Hal min haq mu'allaf layali al-hilmiyya kitabat al-tarikh min wijhat nazar al-nasiriyyin?" (Does the author of *Hilmiyya Nights* have the right to write history from the Nasserites' perspective?) *Al-Wafd*, June 10, 1990, p. 10。

[36] `Abd al-`Azim Ramadan, "Al-ta'thir al-siyasi li-layali al-hlmiyya" [The political impact of *Hilmiyya Nights*], *Al-Wafd*, May 14, 1990; 以及 "Haga'iq al-tarikh wa musalsal layalial-himiyya" [Historical facts and *Hilmiyya Nights*], *Al-Wafd*, May 21, 1990。

[37] 见：Eberhard Kienle, *A Grand Delusion*: *Democracy and Economic Reform in Egypt* (London: I. B. Tauris, 2001), 该书第 89-115 页讨论了穆巴拉克总统手下的审查员是如何限制新的自由的。

[38] 时任广电联盟生产部负责人的马姆杜·阿-莱希（Mamduh al-Laythi）友善地让我的研究助理玛哈·马哈福兹·阿卜杜勒·拉赫曼［Maha Mahfuz `Abd al-Rahman,（她恰巧是当时一个受人尊敬的电视剧作家的女儿）］在 1990 年查看了一些《西米亚之夜》的文件。

[39] 埃纳斯·易卜拉欣（Aynas Ibrahim）对乌卡沙的采访。*Sabah al-Khayr*, May 24, 1990, p. 56。

[40] 对于电影和一般意义上的大众文化的不错的分析，见 Walter Armbrust,

Mass Culture and Modernism in Egypt (Cambridge : Cambridge University Press, 1996); 以及 Viola Shafik, *Arab Cinema : History and Cultural Identity* (Cairo : American University in Cairo Press, 1998)。Robert Vitalis在 "*American Ambassador in Technicolor and Cinemascope : Hollywood and Revolution on the Nile*" 一文中, 对早期电影工业的政治经济进行了分析。该文出自: *Mass Mediations : New, Approaches to Popular Cultures in the Middle East and Beyond*, ed. Walter Armbrust (Berkeley and Los Angeles : University of California Press, 2000), 269-291。

[41] 如同杨美惠指出的, 在毛泽东之后改革开放的中国, 虽然极力控制媒体, 国家对于资本主义的谨慎接受以及鼓励与海外华人的联系(投资)导致了跨国主观性以及欲望的发展, 这种欲望对动摇国家的权威形成了威胁。见: Mayfair Yang, "Mass Media and Transnational Subjectivity in Shanghai : Notes on (Re) Cosmopolitanism in a Chinese Metropolis," in *Media Worlds : Anthropology on New Terrain*, ed. Faye Ginsburg, Lila Abu-Lughod, and Brian Larkin (Berkeley and Los Angeles : University of California Press, 2002), 189-210; 亦可见: James Lull, *Media, Communication, Culture: A Global Approach* (New York : Columbia University Press, 1995)。在该书第122-123页, 作者这样解释道——很多因素相互作用摧毁了那种在中国曾被认为是万能的官方意识形态: 在国家的媒体工业中被那些有影响力的工人所掌握的各种观点; 国家无法以一贯的或整齐划一的方式去管理、控制它的文化政策; 不同的价值观在各种国产的、进口的节目和广告中迅速传递; 一些电视台的管理者渴望吸引和取悦大量的观众; 迅速增加的大量电视台也需要填满播出时间。

[42] 他坚决主张那些使用图表和统计资料的政治科学或社会学的"宏观"方法的发现只有与微观视角以及相互关系结合起来考察才是有用的。Lloyd A. Fallers, *The Social Anthropology of the Nation-State* (Chicago : Aldine Publishing Co., 1974)。

[43] 同上, 第12-13页。

[44] George Marcus, *Ethnography through Thick and Thin* (Princeton, NJ : Princeton University Press, 1998), 79。

注释

[45] 这些是在约翰·汤林森（John Tomlinson）和约翰·B.汤普森（John B. Thompson）的研究中所涉及的一般性议题，见：John Tomlinson, *Globalization and Culture*（Chicago：University of Chicago Press, 1999）；以及John B. Thompson, *The Media and Modernity*（Stanford, CA：Stanford University Press, 1995）。

[46] Mankekar, *Screening Culture, Viewing Politics*.

[47] Rajagopal, *Politics after Television*, 28.

[48] Adorno, *The Culture Industry*.

[49] David Morley and Charlotte Brunsdon, *The Nationwide Television Studies*（London：Routledge, 1999）; Lull, *Media, Communication, Culture*；以及Roger Silverstone, *Television and Everyday Life*（London：Routledge, 1994）.

[50] Ien Ang, *Desperately Seeking the Audience*（London：Routledge, 1991）, 162. 亦可见：Ien Ang, *Living Room Wars: Rethinking Media Audiences for a Postmodern World*（London：Routledge, 1996）.

[51] Marie Gillespie, *Television, Ethnicity, and Cultural Change*（London：Routledge, 1995）.

[52] Ang, *Desperately Seeking the Audience*, 184n11.

[53] 焦点组在市场和传播研究中是一种常用的手段。关于"民族志焦点组"（由一群朋友组成，尽量少的人为因素）的价值，见：Andrea Press and Elizabeth R. Cole, *Speaking of Abortion: Television and Authority in the Lives of Women*（Chicago：University of Chicago Press, 1999）。

[54] George Marcus, "Ethnography in /of the World System: The Emergence of Multi-Sited Ethnography," in *Ethnography through Thick and Thin*, 90; Emily Martin, *Flexible Bodies: Tracking Immunity in American Culture from the Days of Polio to the Age of AIDS*（Boston：Bea-con Press, 1994）; 以及Rayna Rapp, *Testing Women, Testing the Fetus: The Social Impact of Amniocentesis in America*（New York：Routledge, 1999）.

[55] 我已经在其他地方对媒体人类学进行过专门的回顾，在此无需赘言。见：Faye Ginsburg, Lila Abu-Lughod, and Brian Larkin, introduction to *Media Worlds: Anthropology on New Terrain*（Berkeley and Los

Angels: University of California Press, 2002), 1-36。

[56] Richard Fox, ed., *Recapturing Anthropology: Working in the Present* (Santa Fe: School of American Research Press, 1991).

[57] George Marcus, "On the Unbearable Slowness of Being an Anthropologist Now: Notes on a Contemporary Anxiety in the Making of Ethnography", *Xcp: Cross-Cultural Poetics* 12 (April 2003): 7-20.

[58] 关于这方面重要的著作有: James Clifford, *The Predicament of Culture: Twentieth-Century Ethnography, Literature, and Art* (Cambridge, MA: Harvard University Press, 1988); Edward Said, *Orientalism* (New York: Pantheon Books, 1978); Eric Wolf, *Europe and the People without History* (Berkeley and Los Angeles: University of California Press, 1982); Arjun Appadurai, "Putting Hierarchy in Its Place", *Cultural Anthropology* 3 (1988): 36-49; Lila Abu-Lughod, "Writing against Culture", in *Recapturing Anthropology*, ed. Richard Fox (Santa Fe: School of American Research Press, 1991), 137-162; 以及 Akhil Gupta and James Ferguson, eds., *Culture, Power, Place: Explorations in Critical Anthropology* (Durham, NC: Duke University Press, 1997)。关于一种试图捍卫文化概念的尝试, 见: Christoph Brumann, "Writing for Culture", *Current Anthropology* 40, Special Supplement: "Culture—A Second Chance?" (February 1999 S1-S13); 关于包括我自己在内的批评的回应, 见: S13-S15。对文化概念与民族主义思想之间的关系以及民族特色遗产的研究的精彩批评, 见其他学者的研究: Neiburg and Goldman, "Anthropology and Politics in Studies of National Character"; 以及 Brackette Williams, "The Impact of the Precepts of Nationalism on the Concept of Culture: Making Grasshoppers of Naked Apes", *Cultural Critique* 24 (1993) 143-191。

[59] Arjun Appadurai, "Global Ethnoscapes: Notes and Queries for a Transnational Anthropology", in *Modernity at Large: Cultural Dimensions of Globalization* (Minneapolis: University of Minnesota Press, 1996), 48-65.

[60] 关于埃及电视情节剧的大众传播的很多研究涉及效果。埃及学

注释

者的相关研究也不断涌现。出版的著作有：Ibrahim Abdelwahab Elsheikh, *Mass Media and Ideological Change in Egypt*（1950-1973）: *An Inquiry into the Relation between Media Activities and the Ideological Change Process as Illustrated by the Propagation of Socialism*（Amsterdam: University of Amsterdam, 1977）, Marwan Kashak, *Al-Usra al muslima amam al-fidiyu wa al-tilifizyun* [The Muslim family in front of video and television]（Cairo: Dar al-Kalima al-Tayyiba, 1987）, 以及 Nadya Radwan, *Dawr al-drama al-tilifizyuniyya fi tashkil wa'i al-mar'a : dirasa ijtima'iyya maydaniyya* [The role of television drama in forming women's consciousness/awareness : Afield-based social study]（Cairo: Al-Hay's al-misriyya al-'amma 1-il-kitab, 1997）。由开罗大学大众传播系完成的很多未刊的硕士、博士论文遵循着一种相似的模式，大多是通过内容分析以及基于调查问卷的田野调查，去判定电视情节剧对于职业、心理问题、乡村社会发展及文化变迁、乡村女性意识、新闻供给、农业信息扩散、改变家庭伦理等方面的效果。

[61] 这方面的例子有：波多黎各一个用于促销百威啤酒的车子的广受欢迎的电视节目，见：Arlene Davila, "El Kiosko Budweiser", *American Ethnologist* 25（1999）: 452-70，或通过卫星转播直接把美国电视送到伯利兹，见：Richard Wilk, "Television, Time, and the National Imaginary in Belize", *in Media Worlds : Anthropology on New Terrain*, ed. Faye Ginsburg, Lila Abu-Lughod, and Brian Larkin（Berkeley and Los Angeles: University of California Press, 2002）, 171-186。

[62] 在叙利亚，争论的焦点是谁有权力去控制历史的公共表达，见：Christa Salamandra, "Moustache Hairs Lost : Ramadan Television Serials and the Construction of Identity in Damascus, Syria", *Visual Anthropology* 10（1999）: 227-246。在中国，分歧在于国家限制知识分子对国家权力的挑战，见：See Lisa Rofel, "Yearnings: Televisual Love and Melodramatic Politics in Contemporary China", *American Ethnologist* 21（1994）: 700-722.

[63] Appadurai, *Modernity at Large* ; Ulf Hannerz, *Transnational Connections*（New York: Routledge, 1996）, 89.

第二章

[1] Clifford Geertz, "Deep Play: Notes on the Balinese Cockfight", in *The Interpretation of Cultures* (New York: Basic Books, 1973), 412-414.

[2] Timothy Mitchell, "The Invention and Reinvention of the Egyptian Peasant", *International Journal of Middle East Studies* 28 (1990): 129-150. 关于这个肮脏的故事的新版本, 见 Timothy Mitchell, *Rule of Experts: Egypt, Technopolitics, Economy* (Berkeley and Los Angeles: University of California Press, 2002)。

[3] 在这里,为保护一些村里的女性,我使用了化名。至于那个民俗学家,叫 Elizabeth Wickett, 他的博士论文题目是 "'For Our Destinies': The Funerary Laments of Upper Egypt" (Ph.D. diss., University of Pennsylvania, 1993)。

[4] Clifford Geertz, "Thick Description: Toward an Interpretive Theory of Culture", in *Interpretation of Cultures*, 3-30.

[5] Clifford Geertz, *Works and Lives* (Stanford, CA: Stanford University Press, 1988).

[6] Jean Baudrillard, *Selected Writings*, ed. Mark Poster (Stanford: Stanford University Press, 1988).

[7] Sherry Ortner, "Resistance and the Problem of Ethnographic Refusal", *Comparative Studies in Society and History* 37 (1995): 173-193. 作为一个电视观看者的反抗的经典之作,见 John Fiske, *Television Culture* (London: Methuen, 1987)。

[8] Janice Radway, *Reading the Romance: Women, Patriarchy, and Popular Literature* (Chapel Hill: University of North Carolina Press, 1984).

[9] Silverstone, *Television and Everyday Life*, 133.

[10] Ang, *Living Room Wars*, 182.

[11] Debra Spitulnik, "Anthropology and Mass Media", *Annual Review of Anthropology* 22 (1993): 293-315; 引自第 307 页。

[12] Faye Ginsburg, "Culture/ Media: A (Mild) Polemic", *Anthropology*

Today 10(1994): 5-15；引自第 13 页。
[13] Brian Larkin, "The Social Space of Media" (panel organized for the Annual Meeting of the American Anthropological Association, San Francisco, 1996).
[14] Rofel, "Yearnings", 703.
[15] Purnima Mankekar, "National Texts and Gendered Lives: An Ethnography of Television Viewers in a North Indian City", *American Ethnologist* 20(1993)543-563；引自第 553 页。
[16] 并非只有我在探究这样的问题。一项从事媒体人类学研究的人类学家综合研究，见 Ginsburg, Abu-Lughod, and Larkin, eds., *Media Worlds*.
[17] 重要的观众研究包括：Lull, *Inside Family Viewing: Ethnographic Research on Television's Audience* (London: Routledge, 1990); David Morley, *Family Television* (London: Comedia, 1986); 以及由 Ellen Seiter, Hans Borchers, Gabrielle Kreutzner, and Eva-Maria Warth 所编的文集：*Remote Control: Television, Audiences, and Cultural Power* (London: Routledge, 1989)。跨文化研究包括：Robert C. Allen, ed., *To Be Continued...: Soap Operas around the World* (New York: Routledge, 1995) 以及 Tamar Liebes and Elihu Katz, *The Export of Meaning: Cross-Cultural Readings of "Dallas"* (New York: Oxford University Press, 1990)。
[18] 黛博拉·斯宾托尼克（Debra Spitulnik）源于功能语言学的建议——考察本身也在做预先假定，同时也在创造他们的阐释语境——使得电视信息建构的想法变得更加巧妙。见 Spitulnik, "Anthropology and Mass Media", 297。
[19] Silverstone, *Television and Everyday Life*, 132.
[20] 感谢布莱恩·拉金的这一说法（私人通信）。
[21] Geertz, "Thick Description", 16.
[22] 同上，第 23 页。
[23] 同上，第 21 页。
[24] Michel Foucault, "Afterword: The Subject and Power", *in Michel Foucault: Beyond Structuralism and Hermeneutics*, ed. Hubert Dreyfus and Paul Rabinow (Chicago: University of Chicago Press, 1982),

208-226；引自第 210 页。
- [25] 我借用了马库斯（Marcus）的这个贴切的概念："Ethnography in /of the World System",79-104.
- [26] 同上,第 91-92 页。
- [27] 所有的引用来自作者 1993 年 6 月 26 日对阿-阿索的访谈。
- [28] 更多关于婚姻的女性主义观点,见：Lila Abu-Lughod, "The Marriage of Feminism and Islamism in Egypt : Selective Repudiation as a Dynamic of Postcolonial Cultural Politics," in *Remaking Women : Feminism and Modernity in the Middle East*, ed. Lila Abu-Lughod (Princeton,NJ : Princeton University Press,1998) 243-269；以及 Beth Baron, "The Making and Breaking of Marital Bonds in Modern Egypt," in *Women in Middle Eastern History*, ed. Nikki Keddie and Beth Baron (New Haven, CT : Yale University Press, 1991),275-291。
- [29] 作者 1993 年 6 月 26 日访谈。
- [30] 见：L.Abu-Lughod, ed., Remaking Women ; Margot Badran, Feminists,Islam,and Nation : Gender and the Making of Modern Egypt (Princeton : Princeton University Press, 1995); Beth Baron, *The Women's Awakening in Egypt : Culture, Society, and the Press* (New Haven, CT : Yale University Press, 1994); Marilyn Booth, *May Her Likes Be Multiplied : Biography and Gender Politics in Egypt* (Berkeley and Los Angeles : University of California Press, 2001); Mervat Hatem, "Economic and Political Libera (liza) tion in Egypt and the Demise of State Feminism", *International Journal of Middle East Studies* 24 (1992): 231-251。
- [31] 作者 1993 年 6 月 26 日访谈。
- [32] 后来,乌姆·阿哈迈德能够去参加在与她家紧邻的宗族接待中心举行的扫盲班,并且于 2000 年开始学习。
- [33] 对于上埃及落后农民的传统描写出现在很多文学作品和电影中,其中的一些也会在第三章和第七章进行讨论。Martina Reiker 的博士论文——"The Sa'id and the City : The Politics of Space in the Making of Modern Egypt"（Ph.D.diss.,Temple University, 1996）——也讲到了这方面的情况。

[34] 关于印度的情况,见 Veena Das, "On Soap Opera: What Kind of Anthropological Object is it?" *In Worlds Apart: Modernity through the Prism of the Local*, ed. Daniel Miller (London: Routledge, 1995), 169–189; 以及Mankekar, *Screening Culture, Viewing Politics*.

[35] 这一观点是唯物主义者对文化概念进行批评时提出的,更多例子,见 Talal Asad, *Genealogies of Religion* (Baltimore: Johns Hopkins University Press, 1993); 以及Pierre Bourdieu, *Outline of a Theory of Practice*, trans. Richard Nice (Cambridge: Cambridge University Press, 1977)。

[36] Ulf Hannerz, *Cultural Complexity* (New York: Columbia University Press, 1992).

[37] Appadurai, "Putting Hierarchy in Its Place"; Clifford, *The Predicament of Culture*; Nicholas Dirks, Sherry Ortner, and Geoffrey Eley, eds., *Culture/Power/History: A Reader in Contemporary Social Theory* (Princeton, NJ: Princeton University Press, 1993); 以及Gupta and Ferguson, *Culture, Power, Place*.

[38] Wolf, *Europe and the People without History*.

[39] L. Abu-Lughod, "Writing against Culture" and *Writing Women's Worlds*.亦可见我的 "Comments on 'Writing for Culture'", *Cultural Anthropology* (1999) 40: S13–S15。

[40] 一些草率的具有误导性的读物已经说明了这一点,即不存在文化差异。见 Sylvia Yanagisako和 Carol Delaney对*Naturalizing Power: Essays in Feminist Cultural Analysis* (New York: Routledge, 1995)一书的介绍。

[41] Marshall Sahlins, *How "Natives" Think: About Captain Cook, for Example* (Chicago: University of Chicago Press, 1995), 12–13.

[42] Arjun Appadurai, *Modernity at Large: Cultural Dimensions of Globalization* (Mineapolis: University of Minnesota Press, 1996), 16, 146–147.

[43] 见 Mitchell, *Rule of Experts*.

[44] Hussein Amin, "Egypt and the Arab World in the Satellite Age", in *New Patterns in Global Television: Peripheral Vision*, ed. John Sinclair,

Elizabeth Jacka, and Stuart Cunningham(Oxford : Oxford University Press, 1996),101-125；统计数据来自第 104 页。

[45] "国家惯习"(national habitus)的概念来自奥维·洛夫格伦(Orvar Lofgren),引自 Robert Foster, "Making National Cultures in the Global Ecumene", *Annual Review of Anthropology* 20(1991): 235-260；引自第 237 页。尤其注意这个文本的结论部分,作者对电视观看何以创造一种国家归属感进行了讨论,尽管那些国家的信息没有准确地传递到那些非主流观众那里。

[46] 对于世界主义的讨论已经变得更加宽泛。在人类学中,保罗·拉比诺(Paul Rabinow)的 "Representations Are Social Facts"[in *Writing Culture*,ed.James Clifford and George Marcus(Berkeley and Los Angeles : University of California Press, 1986)]是一个起点。重要的文献还有 Appadurai,*Modernity at Large*；James Clifford, "Travelling Cultures", in *Cultural Studies*,ed.Lawrence Grossberg, Cary Nelson, and Paula Treichler(New York : Routledge, 1992)；以及 Hannerz, *Cultural Complexity*。

[47] 我在第八章描述了这个为其儿子建造的极度奢华的"现代"别墅。这栋别墅或许是用来安抚他儿子的,他强迫他儿子接受了一桩包办婚姻,不顾别人的流言蜚语以及那个他儿子曾经许诺要娶她的心碎的女孩。

[48] 见 L.Abu-Lughod, "The Romance of Resistance" and "Movie Stars and Islamic Moralism in Egypt", *Social Text* 42(spring 1995): 53-67；以及更为广泛地对新面纱的讨论,见 Leila Ahmed, *Women and Gender in Islam : Historical Roots of a Modern Debate*(New Haven, CT : Yale University Press, 1992)。

[49] 关于杂糅和转化过程的一个特别雄辩的理论家是 Homi Bhabha,*The Location of Culture*(London : Routledge,1994)。

[50] Bruce Robbins,in *Secular Vocations : Intellectuals, Professionalism, Culture*(London : Verso,1993),194-195,詹姆斯·克利福德(James Clifford)和阿尔君·阿帕杜莱(Arjun Appaduai)具有说服力的讨论使我们意识到世界主义作为人和社区[这种社区先前认为是地方的、特别的(用以往的理解,即文化)]的特征,能够让我们现在更

注释

加应该使用这个术语,并且去寻求"差异的世界主义"。
[51] Appadurai, *Modernity at Large*.
[52] Max Weber, "Objectivity in Social Science and Social Policy", in *The Methodology of the Social Sciences*(New York: Free Press, 1949).
[53] Ang, *Living Room Wars*, 66-81.
[54] Geertz, "Thick Description", 30.
[55] 洪美恩借鉴了詹姆斯·克利福德和唐纳·哈拉维(Donna Haraway)的观点,我也支持此观点。见洪美恩的著作 *Living Room Wars*, 79-80。
[56] Lila Abu-Lughod, *Veiled Sentiments: Honor and Poetry in a Bedouin Society*(Berkeley: University of California Press, 1986/2000).
[57] 这就是洪美恩所说的区别"批判的"文化研究。见 Ang, *Living Room Wars*, 45-46, 79。
[58] L. Abu-Lughod, *Writing Women's Worlds*.
[59] Anna Tsing, *In the Realm of the Diamond Queen: Marginality in an Out-of-the-Way Place*(Princeton, NJ: Princeton University Press, 1993).
[60] Clifford Geertz, *After the Fact: Two Countries, Four Decades, One Anthropologist*(Cambridge, MA: Harvard University Press, 1995), 43.

第三章

[1] Faris Khidr, "Hilm al-Janubi: Qasida tilifizyuniyya fi `ishq al-watan" [*Dream of the Southerner*: A television ode to the love of the nation], *Al-Idha'a wa al-tilifizyun*, January 18, 1997, p. 20.
[2] 有趣的是,同期播放的反映埃及人生活的另一部电视剧也表达了同样的主题。该剧名为《我的家人》,由乌萨玛·安瓦尔·乌卡沙(Usama Anwar 'Ukasha)创作。剧中对普通开罗市民进行了广泛赞同和细致的描写,却以粗线条勾画农村居民,这就表现出了极大反差。村民角色包括一个疯狂的来自Sallum的贝都因暴发户(虽然受过教育,但仍被视为愚昧无知)以及主角家庭的内向的长兄。这位长兄一直居住在农村,虽然他的兄弟们非常需要钱,他也拒绝卖掉土地并

平分家产。他试图强迫他受过教育的侄女嫁给她的表兄。之前，他还因妹妹追求自由恋爱而与其断绝兄妹关系（直到她妹妹去世）。

[3] 艾略特·科拉（Elliott Colla）在其精彩著述《Shadi Abd al-Salam's al-Mumiya：矛盾心理与埃及民族国家》中细致评述了木乃伊在他称为"形成国家统一的伦理道德、公民主体"过程中所起到的连接现代埃及人与古埃及人的关系纽带的重要性。该文刊于：*Beyond Colonialism and Nationalism in the Maghreb*, ed. Ali Ahmida（New York：Palgrave, 2000), 109-143；引语自 25 页。对于《山》剧中"社会伦理与农民世界观的冲突"的分析，参见：Joel Gordon, *Revolutionary Melodrama：Popular Film and Civic Identity in Nasser's Egypt* (Chicago：Chicago Studies on the Middle East, Center for Middle Eastern Studies, University of Chicago, 2002), 178-183。

[4]《广播与电视杂志》赞助的研讨会，1997 年 5 月 16 日。部分材料来自《广播与电视杂志》，1997 年 5 月 24 日，第 8-15 页。不幸的是，卢克索西岸地区就是 1997 年发生的一起伊斯兰分裂分子武装袭击参观哈奇索（Hatchepsut）神庙的旅游者的事发地。当地人对该事件的反应参看第七章。关于旅游、文物、暴力事件的更多的报道，参看：Lynn Meskell, "The Practice and Politics of Archaeology in Egypt", in *Ethics and Anthropology：Facing Future Issues in Human Biology, Globalism, and Cultural Property*, ed. A.-M. Cantwell, E. Friedlander, and M. L. Tram (New York：Annals of the New York Academy of Sciences, 2001), 146-169。

[5] 关于萨伊迪人在北方文学、政治文献中的形象，请参看：Rieker, "The Said and the City".也见：Elliott Colla, "The Stuff of Egypt：The Nation, the State and Their Proper Objects", *New Formations* 45 (winter 2001-2)：72-90。

[6] 详见：Lila Abu-Lughod, "Finding a Place for Islam：Egyptian Television Serials and the National Interest", *Public Culture* 5 (1993)：493-513, 以及 "The Objects of Soap Operas", in *Worlds Apart：Modernity through the Prism of the Local*, ed. Daniel Miller (London：Routledge 1995), 191-210。

[7] Khidr, "Hilm al-Janubi", p. 21。在第一章中对埃及人性格进行了详述。

注释

[8] 《广播与电视杂志》赞助的研讨会，1997年5月16日。
[9] 我对Amahl Bishara提供的观点表示感谢。
[10] 更多关于该项目信息，参见第二、四章。
[11] Diase, "Egyptian Television Serials, Audiences, and *The Family House*, a Public Health Enter-Educate Serial."
[12] 更多电视关注女权主义者的实例参看第四章。
[13] Khidr, "Hilm al-Janubi," p.21.
[14] 参看：Kamran Asdar Ali, *Planning the Family in Egypt: New Bodies, New Selves*（Austin: University of Texas Press, 2002）。文中，他仔细分析了计划生育的历史和政治关系，他更多关注于对医生的实际训练以及诊所运作，而不是媒体参与度。
[15] 参看：L. Abu-Lughod, "Finding a Place for Islam"。其中，更多的电视剧，如《白旗》（*White Flag*）、《Abu-'Ila al-Bishri的旅途》的论述表达了这种主题。
[16] 迪亚斯（Diase）在博士论文《埃及电视剧，观众，家庭，公共健康宣传教育剧》（Egyptian Television Serials, Audiences, and *The Family House*, a Public Health Enter-Educate Serial）中细致阐述了电视剧《家庭》拍摄的艰辛（特别是商业因素、一些限制条件干扰了研究进程，以及外资希望介入），以及人们普遍不接受该剧的原因，该剧于1994年播映。
[17] Sandra Lane, "Television Minidramas: Social Marketing and Evaluation in Egypt", *Medical Anthropological Quarterly* 11, no.2（1997）: 164-182, p.168.
[18] 妇女电影协会赞助的研讨会，开罗，1997年3月24日。
[19] 一部名为《女校长希克马特的良心》的电视剧宣扬了私立教育的道德主题。剧中，女影星Fatin Hamama出演了其电视处女秀。下一章我们将看到，该剧以电影为后台场景，展示了一名女孩对教育的渴望。
[20] 沃尔特·阿姆布鲁斯特（Walter Armbrust）对媒体信息及实际生活的差异作了重要论述。见：Armbrust, *Mass Culture and Modernism in Egypt*, 133-136。
[21] 该镇与另一镇名为化名。
[22] 参看第二章。关于差异的世界主义，参看：Appaduria, *Modernity at*

Large。

[23] Iman Mansur, "Yu'akkad annahu yuqaddam al-Sa'id min al-dakhil Muhammad Safa'`Amir : Al-Sa'id mughlaq raghm al-samawat al-maftuha"[Muhammad Safa'`Amir confirms that he presents Upper Egypt from the inside : Upper Egypt is closed despite open skies], *Al-Idha'a wa al-tiliftzyun*[Radio and television magazine], February 3, 2001, pp. 22-23.

[24] Armbrust, *Mass Culture and Modernism in Egypt*.

[25] 1997年，为了帮助上埃及妇女扫盲，埃及政府和英国大使馆文化教育处（British Council）共同资助拍摄了十集宣传埃及女英雄的电视剧，由电影制作人Attiyat al-Abnoudy导演。片子讲述了"埃及妇女如何通过文化学习丰富她们的生活"。Dalia Abbas, "Upper Egypt's Ongoing War Against Illiteracy," *Middle East Times*, May16-22, 1997, p.14。

[26] Khalid Isma'il在一篇文章（"Sayyidna al-muthaggaf"[Sir Intellectual], Akhbar al-Adab, March 12, 2000, p. 11）中通过对掌握权力的文化人士或受过教育的人士的批评，间接反映了农村居民对政府脱贫计划的理解程度。在这里对Jessica Winegar及Hamdi Attia向我介绍该文深表谢意。Reem Saad（个人通信）也通过类似Al-Usbu'和 Al-Dawwar这类出版物反映了萨伊迪人从21世纪初期起日益强烈的声音。

[27] 个人通信。

[28] Ghada`Abd al-Minim, "Qal ayh… fallaha min `garyat'al-tilifizyun"[He said what? … A peasant woman from television village], *Al-Idha`a wa al-tilifizyun*, March 22, 1997, P. 90-91.

[29] 人们很少对电视剧里华丽的服饰、舒适的家居提出批评，马哈·迪亚斯（Martha Diase）对此深感奇怪，她认为这是源于电视剧生活环境都是由中上层人士设计的。参看：Diase, "Egyptian Television Serials, Audiences, and *The Family House*, a Public Health Enter-Educate Serial", 235。

[30] 另一篇文章通过对农民现状的刻画，有力反映了错误政策对他们生活造成的有害影响，参看媒体讨论租借政策变化下的农民

现状。Reem Saad, "State, Landlord, Parliament and Peasant: The Story of the 1992 Tenancy Law in Egypt", in *Agriculture in Egypt from Pharaonic to Modern Times*, ed. Alan Bowman and Eugene Rogan, *Proceedings of the British Academy* (Oxford: Oxford University Press, 1999), 96: 387-404。

[31] Michael Gasper, "'Abdallah al-Nadim, Islamic Reform, and 'Ignorant' Peasants: State-Building in Egypt?" in *Mushm Traditions and Modern Techniques of Power*, ed. Armando Salvatore, *Yearbook of the Sociology of Islam*, ed. Helmut Buchholt and Georg Stauth (Munster: Lit, 2001), 3: 75-92.

[32] Nathan Brown, *Peasant Politics in Modern Egypt: The Struggle against the State* (New Haven, CT. Yale University Press, 1990).

[33] El Shakry, "The Great Social Laboratory", 15.

[34] Colla, "The Stuff of Egypt", 75.

[35] Nawal Hasson是一位持异议者，他于1997年发起了一场旨在保存当地建筑以拯救古纳的运动。卡罗琳·辛普森，一位英国妇女也积极参与。她创建了一家小型博物馆以展现古纳的历史，她极力劝说当地官员，告诉当地人他们有在那里生活的权利。她甚至说动了文物保护主席在她博物馆开馆仪式上发表了讲话，以让人们认识到历史存在的重要性。该项目详细信息，请浏览网站：http://www.sepcom.demon.co.uk/Hay/main.html.

[36] Colla, "The Stuff of Egypt", 85.

[37] 参看：Siona Jenkins, "Lifting Roots and Moving Home", *El-Wekalah*, March 1996, pp. 36-37; 以及 Siona Jenkins, "Letter from Egypt", *Guardian Weekly* September 15, 1996, P. 25.

[38] 参看：Timothy Mitchell, "Worlds Apart: An Egyptian Village and the International Tourism Industry", *Middle East Report* 196 (September-October 1995): 8-11, 23.

[39] 这个项目更多信息以及之前的哈桑·法蒂的"建设新古纳"的论述，参见：Timothy Mitchell, "Heritage and Violence", in *Rule of Experts*, 179-205。

[40] Christopher Larter, "Tourism Has a Bright Future after a Boom Year:

Interview with Tourism Minister Mamdouh Al Beltagui," *Middle East Times*, January 19-25, 1997, p. 2.

[41] 关于埃及知识分子如何监督反映贫困人群生活状况的深刻论述（他们称之为"耻辱"），参看：Reem Saad, "Shame, Reputation and Egypt's Lovers : A Controversy over the Nation's Image", Visual Anthropology 10 (1998) : 401-412；Hania Al-Sholkamy也对这种关于埃及国家形象的辩解导致的社会问题向那些期望从事这方面研究的学者进行了精彩论述。参看：Hania Al-Sholkamy, "Why Is Anthropology So Hard in Egypt?" *Cairo Papers in Social Science*, ed. Seteny Shami and LindaHerrera, 22 (1999) 119-138。

第四章

[1] Michael Schudson, *Advertising, the Uneasy Persuasion : Its Dubious Impact on American Society* (New York : Basic Books, 1984), 210-218.

[2] 参看：Akhil Gupta, *Postcolonial Developments : Agriculture in the Making of Modern India* (Durham, NC : Duke University Press, 1998)。

[3] 女性主义在埃及是一个很有争议的话题，中东女性主义在学术圈有很高关注度。关于这一点，我已讨论过多次，这里就不重复了。参看：Lila Abu-Lughod, "*Orientalism* and Middle East Feminist Studies", *Feminist Studies* 27 (spring 2001) : 101-113, and "Introduction : Feminist Longings and Post-colonial Conditions", in *Remaking Women*, ed. L. Abu-Lughod, 3-31。在埃及，从对Margot Badran的访谈可以看出，抵制女性主义的趋势是比较明显的。参看其文："Gender Activism : Feminists and Islamists in Egypt", in *Identity Politics and Women : Cultural Reassertions and Feminism in International Perspective*, ed. Valentine Moghadam (Denver : Westview Press, 1993), 202-227。

[4] L. Abu-Lughod, "Feminist Longings and Postcolonial Conditions" and "The Marriage of Feminism and Islamism in Egypt", 243-269.

[5] 关于埃及女性主义的学术文章可以参看以下重点著述：Ahmed, *Womender*

注释

and the State in the Middle East : The subject of feminism in Egypt can be approached and Gender in Islam; Nadje Al-Ali, Secularism, Gender and the State in the Middle East: The Egyptian Women's Movement (Cambridge: Cambridge University Press, 2000); Badran, Feminists, Islam and Nation; Baron, The Women's Awakening in Egypt; Booth, May Her Likes Be Multiplied, 以及 Cynthia Nelson, Doria Shafik, Egyptian Feminist : A Woman Apart (Gainesville : University Press of Florida, 1996)。Mervat Hatem也发表了许多文章,比较好的是:"Economic and Political Libera(liza)tion in Egypt and the Demise of State Feminism" 和 "Secularist and Islamist Discourses on Modernity in Egypt and the Evolution of the Post-Colonial Nation-State",第二篇文章刊登于: Islam, Gender and Social Change, ed. Yvonne Haddad and John Esposito (New York : Oxford University Press, 1998),85-99。

[6] 似乎剧本编辑嫁给了埃及一位著名的影星Yahya al-Fakharani,女演员正是其同事。

[7] Salwa Bakr, Such a Beautiful Voice, trans. Hoda El-Sadda Cairo : General Egyptian Book Organization, 1992, 14.

[8] 故事被翻译为英语,收集了萨尔瓦·巴克拉(Salwa Bakr)的两个短篇故事: The Wiles of Men, trans. Denys Johnson-Davies (Cairo : American University in Cairo Press, 1997) 以及 Such a Beautiful Voice, trans, Hoda El-Sadda。

[9] Salwa Bakr, "Loony Nuna", in Such a Beautiful Voice, 56-57.

[10] Ferial Ghazoul, "Balaghat al-ghalaba (The Rhetori/Eloquence of the Downtrodden)" (paper presented at "Women and Contemporary Arab Thought") Second International Conference of the Arab Women's Solidarity Association, November 3-5, 1988, Cairo.

[11] 作者访谈,1997年5月27日。

[12] Bakr, "Loony Nuna," 53.

[13] 作者访谈,1997年5月27日。

[14] Caroline Seymour-Jorn阐述了她的工作就是反映穷人的现状。在与作者的一次访谈中,他们讨论了巴克拉(Bakr)对语言的应用,她记录道:"她认为贫困妇女,受困于现实经济、社会问题,她们的眼

界、社会关系、日常活动范围很受限,这是一个恶性循环的过程。她感觉,她们大部分时间都在操持家务,或从事卑微的工作,一生就在这种重复性的、世俗的、毫无成就感的工作中度过。"Caroline Seymour-Jorn, "A New Language: Salwa Bakr on Depicting Egyptian Women's Worlds", *Critique: Critical Middle Eastern Studies* 12, no.2 (2002): 151-176。

[15] L.Abu-Lughod, "The Marriage of Feminism and Islamism in Egypt".

[16] Bakr, *The Wiles of Men*, 97-104.

[17] 参见:Elsheikh, Mass Media and Ideological Change in Egypt(1950-1973)。根据1972-1973年的问卷调查,结论表明,在那个时代,电视并未普及到开罗以外的家庭,因此在推动未受教育者或"受过教育的底层"民众理解社会主义方面没有什么作用。

[18] Safi Naz Kazim, "Nuna al-sha'nuna: bayn `al-fann'wa`al-fijj'!"[Nutty Nuna: Between "art" and "crudeness"], *Al-Hilal*, June 1996, pp.144-149。感谢Reem Saad让我分享此文。

[19] 感谢沃尔特·阿姆布鲁斯特(Walter Armbrust)指出了电影中叙事所寓意的风格。本书中所讨论的电视剧也将道德规范与受过教育的中层乃至上层人士联系起来,这在那些受到50或60年代的理想主义鼓舞的先锋作者身上表现尤其明显,这一点我在对《白旗》及《西米亚之夜》的讨论中说得很清楚了。对埃及电影有关阶层、教育、道德规范的讨论,参见:Armbrust, *Mass Culture and Modernism in Egypt*;以及Gordon, *Revolutionary Melodrama*。

[20] Gayatri Chakravorty Spivak, "Cultural Talks in the Hot Peace: Revisiting the 'Global Village'", in *Cosrnopolitics*, ed. Pheng Cheah and Bruce Robbins (Minneapolis: University of Minnesota Press, 1998), 329-348.

[21] The Public Information Agency Center for Media, Education and Communication, "Mu'shirat sari'a awwaliyya nahw musalsal `wa ma zala al-nil yajri'"[Quick initial findings about the serial Arid the Nile Flows On](Cairo: Al-hay'a al-'amma li-1-isti'lamat, markaz al-i'lam wa al-ta'lim wa al-ittisal[The Public Information Agency Center for Media, Education and Communication], 1992)。未发表的报告。

注释

[22] 同上,第8页。
[23] Carol Underwood, Louise F. Kemprecos, Bush ra Jabre, and Muhamed Wafai, "Arid theNile Flows On: The Impact of a Serial Drama in Egypt", Johns Hopkins Center for Communication Programs Project Report (May 1994), 14。其他关于媒体与计划生育的有用文章包括: Sawsan El-Bakly and Ronald Hess, "Mass Media Makes a Difference," *Integration* 41 (September 1994), 13-15; 以及Ali, *Planning the Family in Egypt*。
[24] Khalid Hanafi 对伊娜姆·穆罕默德·阿里(In'am Muhammad 'Ali)的访谈,"Nuna al-sha nuna: Majnuna bi-al-ma'rifa"[Nutty Nuna: crazy about knowledge], *Al-idha'a wa al-tilifizyun*[Radio and television magazine], July 15, 1995, pp.42-43。
[25] L. Abu-Lughod, "The Marriage of Feminism and Islamism in Egypt"。
[26] 作者访谈,1993年6月25日。也请参看第五章中我对包括卡里(Khayri)在内的女性剧作者的讨论,以及 "The Marriage of Feminism and Islamism in Egypt" 一文。对由伊娜姆导演、一群先锋作家,包括卡里创作的电视剧的讨论,参见: Ivnn Riyad, "Mashakilal-mar'a al-`amila wa sitt al-bayt wa muhawalat li-halliha"[Problems of the working woman and the housewife and attempts to solve them], *Akhar Sa'a*, January 7, 1970, p. 27。
[27] 作者访谈,1997年5月27日。
[28] 因为研究国家媒体的天然复杂性,且我决定专注于村庄民族志,所以我更多依赖于对佣人的访谈。虽然我与他们很熟,但无法在他们居住的地方作田野调查。我希望从他们的话语中可以了解他们居住街区的情况,但如果读者想了解更多社区的状况,如他们来自的社区,就只能参考其他人类学家的著作了,他们通过对开罗各社区贫穷的打工妇女的调查研究掌握了更多信息。比如: Evelyn Early, *Baladi Women of Cairo: Playing with an Egg and a Stone* (Boulder, CO: Lynne Reinner Publishers, 1993); Homa Hoodfar, *Between Marriage and the Market: Intimate Politics and Survival in Cairo* (Berkeley and Los Angeles: University of California Press, 1997); Farha Ghannam, *Remaking the Modern: Space, Relocation, and the*

Politics of Identity in a Global Cairo (Berkeley and Los Angeles : University of California Press, 2002); Heba Aziz El-Kholy, *Defiance and Compliance : Negotiating Gender in Low-Income Cairo* (New York : Berghahn Books, 2002); Petra Kuppinger, "Cracks in the Cityscape : Traditional Spatial Practices and the Official Discourse on 'Informality' and Irhab (Islamic Terrorism)", in *Muslim Traditions and Modern Techniques of Power*, ed. Armando Salvatore, *Yearbook of the Sociology of Islam*, ed. Helmut Buchholt and Georg Stauth (Munster : Lit, 2001), 3 : 185-207 ; Sawsan El-Messiri, *Ibn al-Balad : A Concept of Egyptian Identity* (Leiden : Brill, 1978); Helen Watson, *Women in the City of the Dead* (London : Hurst&Company, 1992); 以及Unni Wikan, *Life among the Poor in Cairo* (London : Tavistock Publications, 1980)。不过，我也经常在主人的佣人家里，包括我自己家里，与他们一起交谈或看电视。这种方法虽然不是很好，但毫无疑问也丰富了他们的回答，让他们少一点对政府的批评，更多的是对佣人产生同情。当然，很难评估这种效果，但他们前后一致的态度让我确信我已抓住了一些共性的东西。

[29] 讨论他在剧中的即兴表现，请参看：Joel Gordon, "Becoming the Image : *Words of Gold*, Talk Television, and Ramadan Nights on the Little Screen", *Visual Anthropology* 10 (1998): 247-263。关于Tariq 'Allam和本章所述节目的更多讨论，参看：Joel Gordon, "Golden Boy 'Turns B ê te Noire : Crossing Boundaries of Unscripted Television in Egypt", *Journal of Middle East and North African Intellectual and Cultural Studies* 1 (2001): 1-18。

[30] 戈登的"金色男孩"（Golden Boy）报道表明该剧创作人相信剧目播放九集后就被取消是这种批评所致。

[31] 关于"奥普拉"（Oprah）的众所周知的遭遇，参看：Eva Illouz, *Oprah Winfrey and the Glamour of Misery. An Essay on Popular Culture* (New York : Columbia University Press, 2003)。

[32] 有趣的是，Tariq 'Allam后来尝试当电影演员，不再被允许参与这个项目了。《谁之过》可与90年代玻利维亚电视《公开法庭》相比拟，后者的介绍见 Jeff Himpele 的文章 "Arrival Scenes : Complicity

注释

and Media Ethnography in the Bolivian Public Sphere", 见: *Media Worlds: Anthropology on New Terrain*, ed. Faye Ginsburg, Lila Abu-Lughod, and Brian Larkin (Berkeley and Los Angeles: University of California Press, 2002), 301-316。该剧的出资人Carlos Palenque还成立了一个政治反对党。剧中所反映的对家庭状况的权威评论似乎在印度首部电视剧《我们人民》(Hum Log) 中也有体现，参见Das在"On Soap Opera"中的讲述。

[33] 按照"金色男孩"出资人戈登的说法，该剧被禁播是因为她不愿在剧中加入权威评论的内容。这也印证了我的观点，即电视剧中有受过教育的精英人物的角色是相当重要的。

[34] Bouthayna Kamel, "Night Confessions: Social Boundaries of Talk Radio" (paper pre-sented at the Middle East Studies Association Annual Meeting, Washington, DC, 1999)。关于《对抗》，在第二、三章中讨论过。根据上埃及一位年轻妇女的说法，该剧停播是因为一位主播被犯罪集团暴打了，但我还无法确认真相。

[35] 感谢费·金斯伯格 (Faye Ginsburg) 提供了"compassion spectacles"。

[36] 我作为他们故事听众的角色可能会让她们向我更多地倾诉，以博取我的同情或一些好处。

[37] Kamran Asdar Ali的说法，在有关家庭计划生育咨询的宣传片中可以更好地看出她的期望和行动，他 (Kamran Asdar Ali) 认为，这个广告将诊所女客户的个性与咨询师的权威关联起来了。"Faulty Deployments: Persuading Women and Construtting Choice in Egypt", *Comparative Studies in Society and History* 44, no.2 (2002), 370-392；引自第375-376页。

[38] Hoodfar的《婚姻与市场》(Between Marriage and the Market) 提供了很好的示例。阿姆布鲁斯特 (Armbrust) 在《埃及大众文化与现代化》(Mass Culture and Modernism in Egypt) 中通过数字说明了失败的教育体系导致人们希望破灭，并导致了批判发展主义商业电影的大行其道。

[39] Armbrust, *Mass Culture and Modernism in Egypt*.

[40] 如我第八章讨论的，这种所谓的撒旦崇拜事件是包含在电视的情节中的。

[41] 更多从人类学角度探视妇女与伊斯兰问题的文章，参见：Fadwa ElGuindi, *Veil : Modesty, Privacy, and Resistance* (Oxford : Berg, 1999); Saba Mahmood, *Politics and Piety : The Islamic Revival and the Feminist Subject* (Princeton, NJ : Princeton University Press, 2004); Saba Mahmood, "Feminist Theory, Embodiment, and the Docile Agent : Some Reflections on the Egyptian Islamic Revival," *Cultural Anthropology* 16 (2001): 202-236 ; Saba Mahmood, "Rehearsing Spontaneity and the Conventionality of Ritual : Disciplines of Salat", *American Anthropologist* 8 (2000 : 827-853); 以及 Al-Ali, *Secularism, Gender and the State in the Middle East. See also Sherifa Zuhur, Revealing Reveiling : Islamist Gender Ideology in Contemporary Egypt* (Albany : State University of New York Press, 1992); Elizabeth Fernea, *In Search of Islamic Feminism : One Woman's Global Journey* (New York : Doubleday, 1998); Arlene MacLeod, *Accommodating Protest : Working Women, the New Veiling, and Change in Cairo* (New York : Columbia University Press, 1991); 以及 Ghada Talhami, *The Mobilization of Muslim Women in Egypt* (Gainesville : University Press of Florida, 19961). Heba Raouf 的文章 ["The Silent Ayesha : An Egyptian Narrative", in *Globalization, Gender and Religion : The Politics of Women's Rights in Catholic and Muslim Contexts*, eds. Jane H. Bayes and Nayereh Tohidi (New York : Palgrave, 2001), 231-257] 以及 Karim El-Gawhary 的文章 ["An Interview with Heba Ra'uf Ezzat", in *Women and Power in the Middle East*, ed. Suad Joseph and Susan Slyomovics (Philadelphia : University of Pennsylvania Press 2001), 99-102] 也有助于澄清独立的伊斯兰女性主义的地位。

[42] Mahmood, "Feminist Theory, Embodiment, and the Docile Agent" 以及 "Rehearsing Spontaneity and the Conventionality of Ritual".

[43] Mahmud Fawzi, *`Umar Abd al-Kafi…wa fatawa sakhina…fi al-din wa al-siyasa wa al-fann*! [`Umar `Abd al-Kafi and hot fatwas on religion, politics, and art!] (Cairo : Al-jadawi li-l-nashr, 1993), 57. 感谢 Farha Ghannam 提供了该文。

[44] Ali,"Faulty Deployments,"388.
[45] Radwan,*Dawr al-drama al-tilifizyuniyya fi tashkil wa'i al-mar'a*［The role of television drama in forming women's consciousness/awareness］.
[46] 同上，第 241 页。
[47] 同上，第 163 页。
[48] 同上，第 253-256 页。
[49] 同上，第 322-327 页。

第五章

[1] 感谢Remm Saad与我分享表演录影带，参加者包括Khaled Montasser、Akmal Safwat以及Khaled Fahmy。
[2] Peter Brooks,*The Melodramatic Imagination：Balzac,Henry James,Melodrama,and the Mode of Excess*（New Haven,CT：Yale University Press,1976）.
[3] 同上，第 15 页。
[4] 同上，第 21 页。
[5] Das,"On Soap Opera"; Ranggasamy Karthigesu,"Television as a Tool for Nation-Building in the Third World",in *Television and Its Audience*, ed. Phillip Drummond and Richand Paterson（London：British Film Institute,1988）,306-326; Mankekar,"National Texts and Gendered Lives"; and Purnima Mankekar,"Television Tales and a Woman's Rage",*Public Culture*（1993）469-492 以及她后来的著作：*Screening Culture,Viewing Politics*.
[6] Russell Merritt,"Melodrama：Postmortem for a Phantom Genre", *Wide Angle* 5（1983）：5-31.另见：Christine Gledhill, ed. *Melodrama：Stage, Picture, Screen*（London：British Film Institute, 1994）.
[7] Allen,*To Be Continued*…,21.
[8] Ana Lopez在［ "Our Welcomed Guests：Telenovelas in Latin America", in *To Be Continued... Soap Operas around the World*, ed. Robert C. Allen（New York：Routledge, 1995）, 261］中指出，墨西哥肥皂剧一般

模式都是催泪的。很显然，埃及电视剧相比巴西肥皂剧没有那么复杂、光鲜以及太多的性场景，但它们仍有一些共性的东西。埃及、巴西的很多剧作者都是严肃的、激进的。对巴西电视剧的描述，参见：Alma Guillermoprieto, "Letter from Brazil : Obsessed in Rio", *New Yorker*, August 16, 1993, 44-55。就在本书出版快出版时，一篇对巴西电视剧的研究报道吸引了我，参见：Thais Machado-Borges, *Only for You! Brazilians and Telenovela Flow* (Stockholm : Stockholm Studies in Social Anthropology, 2003)。

[9] 阿萨德（Asad）在《宗教世系》（*Genealogies of Religion*）一书中讨论了一种观点，世俗主义及其蕴含的宗教观念，是西方基督教历史发展的一部分。他对世俗主义的研究，包括在埃及的工作，见：Talal Asad, *Formations of the Secular. Christianity, Islam, Modernity* (Stanford, CA : Stanford University Press, 2003)。

[10] Michel Foucault, "Technologies of the Self", in *Technologies of the Self*, ed. L. Martin, H. Gutman, and P. Hutton (Amherst : University of Massachusetts Press, 1988), 16-49，以及 "About the Beginning of the Hermeneutics of the Self ", *Political Theory* 21 (1993) 198-227。

[11] 见：Toby Miller, The Well-Tempered Self (Baltimore : Johns Hopkins University Press, 1993)。作者在文中分析了个体作为消费者以及作为市民是如何将现代主观性与大众调和的文化形式关联的。

[12] Veena Das, "The Making of Modernity : Gender and Time in Indian Cinema", in *Questions of Modernity*, ed. Timothy Mitchell (Minneapolis : University of Minnesota Press, 2000), 166-188.

[13] Sheila Petty, "Miseria : The Evolution of a Unique Melodramatic Form", *Passages : A Chronicle of the Humanities* 8 (1994)19-20 ; 以及 Paul Willemen, "Negotiating the Transition to Capitalism : The Case of Andaz", in *Melodrama and Asian Cinema*, ed. Wimal Dissanayake (Cambridge : Cambridge University Press, 1993), 179-188。

[14] 没有一部电视剧可以由编剧说了算，因为电视剧的创作涉及许多步骤和人员——从电视管理审查人员，到与生产电视剧直接相关人员，如导演、其他剧本作者、演员，在埃及著名的编剧都有保证

注释

剧本完整性的方法。当他们发现审查十分严格,会导致剧本大幅修改时,他们会公开抗议甚至直接撤回剧本。最受尊敬的作家,如乌卡沙('Ukasha),会参与到电视创作的每个方面;名气不大的编辑则会由导演或其他人做主。不过在许多情况下,只要主线条和风格得以保留,我在后面的讨论中,都将以剧本编辑作为电视剧的代表人物。在Guillermoprieto的"巴西来信"("Letter from Brazil",49)比较分析中,作者指出,在巴西,编剧被视为"电视剧的灵魂和本质",洛佩兹在"我们受欢迎的客人"("Our Welcomed Guests",60-61)中更把这一论断扩展到拉丁美洲。Esther Hamgurger对电视剧制作中剧本作者,尤其是左翼人士的重要性作了进一步论证。他同时也阐述了电视剧制作过程中剧作者与导演互动的必要,因为导演会根据对观众的调查研究来影响故事线索。不过,情况在埃及有所不同,因为电视是非商业化的,播出时间也不长,不会根据观众反响进行调整。参见:Esther Hamburger,"Politics and Intimacy in Brazilian Telenovelas"(Ph.D. diss., University of Chicago,1999)。

[15] 作者访谈,1993年6月25日。

[16] 见:Armbrust, *Mass Culture and Modernism in Egypt*.

[17] 作者访谈,1993年6月17日。该片虽然由埃及广播电视联盟制作,却不是在电视台播放,而在影院上映。它受到了未经历过纳赛尔时代青年人的欢迎。对纳赛尔时代的分析,参见:Joel Gordon,"Nasser 56/Cairo 96:Reimaging Egypt's Lost Community",in *Mass Mediations:New Approaches to the Middle East in Popular Culture and Beyond*, ed. Walter Armbrust(Berkeley and Los Angeles:University of California Press,2000),161-181。

[18] 差异也体现在戏剧美学与风格方面。乌卡沙('Ukasha)的作品,就像卡里或其他激进作家一样,努力追求现实主义,这种风格是与社会性或关注的社会问题紧密联系的。他们强调的道德观念深植于普通人生活中。阿巴扎的电视剧则以夸张的语气,缺少自然性而著称。

[19] 国家的世俗性是个复杂的问题。我指的是"矛盾的世俗性",因为伊斯兰和基督教仍然是个人生活和国家认同性的重要方面,对公共官员或更多人都如此。虽然在21世纪宗教与国家政策法规的关联已经最小化了,在纳赛尔时期尤其明显,但宗教影响力仍然存在,

而且还在上升，这点我在第七章会讲到。例如，宗教机构可以批准政府政策，甚至制造障碍；家庭法规继续伊斯兰化。关于西方化的世俗观念不适合其他地方，例如印度的论述参看：Partha Chatterjee, "Religious Minorities and the Secular State: Reflections on an Indian Impasse", *Public Culture* 8 (1995) 11-39。埃及电视排斥伊斯兰影响的论述，见：L. Abu-Lughod, "Finding a Place for Islam"以及"Dramatic Reversals", 后者刊登在：*Political Islam: Essays from Middle East Report*, ed. Joel Beinin and Joe Stork (Berkeley and Los Angeles: University of California Press, 1997), 269-282。

[20] Jane Feuer, "Melodrama, Serial Form and Television Today", *Screen* 25 (1984): 4-16.

[21] Brooks, *The Melodramatic Imagination*.

[22] Ien Ang, "Melodramatic Identifications: Television Fiction and Women's Fantasy", in *Television and Women's Culture: The Politics of the Popular*, ed. Mary Ellen Brown (London: Sage, 1990), 75-88；引述自第81页开始。

[23] 我有预感他们提供了另一种对类似于Awlad 'Ali社区的男女们能够理解的情感表达方式——尤其是悲伤或苦难，这些社区的人的公共情感是有文化限制的。见：L. Abu-Lughod, *Veiled Sentiments*。

[24] 女性主义评论家像布鲁克斯（Brooks）对待文学剧一样对待电视肥皂剧——通过评估抛弃无用的部分——同时通过严肃分析加入一些女性喜爱的观点。关于女性的文学肥皂剧范围广泛，很多具有较高质量。一些重要的文献包括：Robert C. Allen, *Speaking of Soap Opera* (Chapel Hill: University of North Carolina Press, 1985); Ien Ang, *Watching "Dallas": Soap Opera and the Melodramatic Imagination* (London: Methuen, 1985); Ang, "Melodramatic Identifications"; Charlotte Brunsdon, "The Role of Soap Opera in the Development of Feminist Television Scholarship", in *To Be Continued*, ed. Allen, 49-55; Charlotte Brunsdon, *Screen Tastes: Soap Opera to Satellite Dishes* (London: Routledge, 1997); Feuer, "Melodrama, Serial Form and Television Today"; Christine Geraghty, *Women and Soap Opera: Study of Prime-Time Soaps* (Cambridge: Polity Press, 1991); Lynne

注释

Joyrich, "All That Television Allows: TV Melodrama, Postmodernism, and Consumer Culture", in *Private Screenings: Television and the Female Consumer*, ed. Lynne Spigel and Denise Mann (Minneapolis: University of Minnesota Press, 1992), 227-251; Tanya Modleski, *Loving With a Vengeance: Mass Produced Fantasies for Women* (Hamden, CT: Archon Books, 1982); Laura Mulvey, "Melodrama in and out of the Home", in *High Theory/Low Culture*, ed. Colin McCabe (Manchester: Manchester University Press, 1986), 80-100; Laura Stempel Mumford, *Love and Ideology in the Afternoon* (Bloomington: Indiana University Press, 1995); 以及 Seiter et al., *Remote Control*。Allen主编的反映世界范围内对肥皂剧的接受程度的文集 *To Be Continued...* 也具有很高的参考价值。

[25] 见: Catherine Lutz, "Emotion, Thought, and Estrangement: Emotion as a Cultural Category", *Cultural Anthropology* 1 (1986): 405-436。

[26] Tanya Modleski, "The Rhythms of Reception: Daytime Television and Women's Work", in *Regarding Television*, ed. E. Ann Kaplan, American Film Institute Monograph (Frederick, MD: University Publications of America, 1983), 67-75.

[27] Raymond Williams, "Drama in a Dramatised Society", in *Raymond Williams and Television*, ed. A. O'Connor (London and New York: Routledge, 1989), 2-13.

[28] 对这些文字的评论，见: Lila Abu-Lughod, "Shifting Politics in Bedouin. Love Poetry", in *Language and the Politics of Emotion*, ed. Lila Abu-Lughod and Catherine Lutz (Cambridge: Cambridge University Press, 1990), 24-45; 以及 Lila Abu-Lughod and Catherine Lutz, "Introduction: Emotion, Discourse, and the Politics of Everyday Life", in *Language and the Politics of Emotion*, 1-23。

[29] Dipesh Chakrabarty在 "Witness to Suffering: Domestic Cruelty and the Birth of the Modern Subject in Bengal" [in *Questions of Modernity*, ed. Timothy Mitchell (Minneapolis: University of Minnesota Press, 2000), 49-86] 一文中，以Bengali小说中一个寡妇的形象为例，对妇女苦难做了精心刻画。

[30] Michel Foucault, *The History of Sexuality*, vol. 2, trans. R. Hurley (New York : Random House, 1985), "Technologies of the Self", 以及 "About the Beginning of the Hermeneutics of the Self"。

[31] L. Abu-Lughod, "Shifting Politics in Bedouin Love Poetry."

[32] Ann Cvetkovich, *Mixed Feelings : Feminism, Mass Culture, and Victorian Sensationalism* (New Brunswick, NJ : Rutgers University Press, 1992), 6.

[33] 以下作者的严谨论述让我们对埃及现代戏剧有了深刻理解,包括:Armbrust, *Mass Culture and Modernism in Egypt*; Gordon, *Revolutionary Melodrama*; 以及 Viola Shafik, *Arab Cinema : History and Cultural Identity* (Cairn American University in Cairo Press, 1998). Lizbeth Malkmus and Roy Armes 的文章 [in *Arab and, African Film Making* (London : Zed Books, 1991)] 也提供了一些背景。Muhammad Fadil 的 Egypt's preeminent television director, 其知识背景也多少提示了媒体对戏剧的态度。他被披露在大学里从事舞台表演,他不仅在亚历山大的国会图书馆,同时也在美国信息图书馆进行了大量阅读(作者访谈:1993年6月17日)。许多电视剧作者都有文学知识背景。关于埃及广播与电视的背景知识,见:CEDEJ, "Anciens et nouveaux médias en Egypte."

[34] Dwight Reynolds, *Heroic Poets, Poetic Heroes : The Ethnography of Performance in an Arabic Oral Epic Tradition* (Ithaca, NY : Cornell University Press, 1995); Susan Slyomovics, *The Merchant of Art* (Berkeley and Los Angeles : University of California Press, 1986)。按我实地考察的经验,许多六十岁以上的男女都能背诵史诗,至少在埃及西部沙漠的阿拉德阿里的贝都因部落是这样的。阿拉伯世界生长在城市的下一代人都有儿时的记忆,即在咖啡馆里听吟游诗人讲故事。

[35] Susan Slyomovics, "Praise of God, Praise of Self, Praise of the Islamic People : Arab Epic Narrative in Performance", in *Classical and Popular Medieval Arabic Literature : A Marriage of Convenience*, ed. Jareer Abu-Haidar and Farida Abu-Haidar (London : Curzon Press, 2004).

[36] Susan Slyomovics, "The Death-Song of `Amir Khafaji: Puns in an Oral and Printed Episode of Sirat Bani Hilal", *Journal of Arabic Literature* 18（1987）: 62-78。德怀特·雷诺兹认为埃及诗歌的叙事里很少有双关语（个人通信）。

[37] 见: Reynolds, Heroic Poets, Poetic Heroes, 180-183。

[38] 翻译自: Susan Slyomovics, "The Epic of the Bani Hilal: The Birth of Abu Zayd. II（Southern Egypt）", in *Oral Epics from Africa: Vibrant Voices from a Vast Continent*, ed. John William Johnson, Thomas A. Hale, and Stephen-Belcher（Bloomington: Indiana University Press, 1997）, 240-251。

[39] The Epic of the Bani Hilal, Dwight F. Reynolds翻译（即将出版）。

[40] 同上。

[41] 正如福柯所说:
　　规训标志着个性化的政治轴心（姑且以此称之）发生了逆转。在某个特定社会……，可以认为当君主权得到保证，处于权力顶层时，个性化能达到最大化。一个人拥有越多的权力和特权，就越被视为一个个体，在仪式上、传记中、视觉上得以再现。这个人的"姓氏"与宗谱将被安排到某个血缘关系的族群中，展示其非凡能力，在文学作品中传扬……，所有这些都体现出了个性化的"向上性"。另一方面，在制度化的政体中，个性化是"向下的": 因为权力越来越无声无息地发挥作用，那些权力作用下的人越被视为强烈个性化。Michel Foucault, *Discipline and Punish*, trans. Alan Sheridan（New York: Random House, 1978）, 192-193。

[42] 可以认为国内对肥皂剧的感觉的内在本质是围绕故事线索的对人们生活状况的隐喻。Thomas Elsaesser在其讨论电视剧的经典文章《声音与愤怒的故事: 家庭戏剧观察》（Tales of Sound and Fury: Observations on the Family Melodrama）中指出，"家庭空间"实际上关系到"人们的内在、情绪、无意识的内部空间"。引自: Laura Mulvey, "Melodrama in and out of the Home", 95。

[43] L. Abu-Lughod, *Veiled Sentiments*.

[44] 关于悲痛的文学，参看: Lila Abu-Lughod, "Islam and the Gendered

Discourses of Death", *International Journal of Middle East Studies* 25 (1993): 187-205。

[45] Wickett, "For Our Destinies", 166.

[46] Hilaic史诗在搬上荧屏前被灌制为录音带供大众消费,这得归功于上埃及作家'Abd al-Rahman al-Abnudi。在开罗或上埃及村庄里,人们在婚礼上听诗人的朗诵,这使得史诗焕发了青春,呈现出文化元素,可以被视为埃及"文化遗产"的标记,同时也是地区自豪感的源泉。同样,在西部沙漠地区,阿拉德阿里部族的"小曲"(Awlad 'Ali ghinnaawa)不再只是在婚礼上朗诵,或被灌制为磁带(不能由女性朗诵),它已经转变为一种怀旧的形式,一种对区域或民族认同感的标志,也是一种年轻人对老一辈表达叛逆的介质。见: L. Abu-Lughod, "Shifting Politics of Bedouin Love Poetry."

[47] Ruth Behar, "Rage and Redemption: Reading the Life Story of a Mexican Marketing Woman", *Feminist Studies* 16 (1990): 223-258; 以及 Laurel Kendall, *The Life and Hard Times of a Korean Shaman* (Honolulu: University of Hawaii Press, 1988)。本书即将出版时,一个有关戏剧和妇女生活的研究引起了我的注意。关于肥皂剧的有趣分析及韩国阶层流动性的论述,见: Nancy Abelmann, *The Melodrama of Mobility: Women, Talk, and Class in Contemporary South Korea* (Honolulu: University of Hawaii Press, 2003)。

[48] 人们也许会疑惑,这种不得要领的自我叙事方式的社会效应是什么——尤其是一个贫困的埃及妇女向一个富裕的外国人讲述自己的故事。显而易见的是,阿米拉(Amira)需要同情,也许她希望被证明自己是错的,并且获得一些帮助。这个故事,如我前面提到的,叙述很流畅,一听就知道是编排过的,就像许多其他人讲述自己的故事一样,在他们的文化传统里,讲述故事是非常重要的。也有人会质疑,对于处于社会边缘的阿米拉来说,以戏剧化的方式讲述自己的故事对个人的心理有什么作用,这种戏剧化的方式我认为很大程度上是由电视广播的明星光环决定的。在第四章,也有人从怜悯的角度质疑我们为什么不倾听抱怨的语言。

[49] 见: Dipesh Chakrabarty, "Witness to Suffering"以及 "The Difference-Deferral of a Colonial Modernity: Public Debates on

注释

Domesticity in British Bengal",后者见:*Subaltern Studies VIII*, ed. David Arnold and David Hardiman (Delhi : Oxford University Press, 1994), 50-88, 再版于: *Tensions of Empire : Colonial Cultures in a Bourgeois World*, ed. Frederick Cooper and Ann Laura Stoler (Berkeley and Los Angeles : University of California Press, 1997), 373-405。从另外角度思考现代化的其他途径,见:Appadurai, *Modernity at Large*. 对其他途径现代化理论的批判,见:Timothy Mitchell, "The Stage of Modernity", in *Questions of Modernity*, ed. Timothy Mitchell (Minneapolis : University of Minnesota Press, 2000), 1-34。

[50] Willy Jansen在阿尔及利亚对从事各种职业的单身妇女做的研究表明了这类妇女特有的脆弱性及自由性。Willy Jansen, Women without Men : Gender and Marginality in an Algerian Town (Leiden : E. J. Brill, 1987)。

[51] 关于电视与区域的对立性的论述,参看我的两篇文章("Dramatic Reversals"和"Finding a Place for Islam"),以及第七章。

[52] 妇女在经期不能祈祷或禁食,因为这时他们不纯洁。

[53] 关于埃及虔诚运动中的妇女自我修养的优秀分析,见:Mahmood, *Politics of Piety*.

[54] Slyomovics, "Praise of God, Praise of Self, Praise of the Islamic People"。

[55] James Peacock, *The Rites of Modernization* (Chicago : University of Chicago Press, 1966)。较之Levy Jr.的*Modernization and the Structure of Societies* (Princeton, NJ : Princeton University Press, 1966) 一书,最弱的一章是对ludruk(戏剧形式)的阐述。

[56] Muna Hilmi, "Al-jari'wa al-jamila: musalsal bi-dun `ugad dhukuriyya" [*The Bold and the Beautiful* : A serial without male complexes], *Sahah al-Khayr*, February 11, 1993, p. 59.

[57] 审查官赞同这部剧,他认为,"该剧承载了人们的共同价值,对它的争论不是地区特定的,在东方社会这些问题都是共同存在的"。"Dalal `Abd al-Fatah", "Hadhafna mashhad al-ightisab" [We cut the rape scene], *Ruz al-Yusuf* January 18, 1993, p.10.

第六章

[1] 很多研究证实了这种不断增长的贫富差距。要了解政治经济文献中的相关发现，参见：Janet Abu-Lughod, "Cairo: Too Many People, Not Enough Land, Too Few Resources", in *World Cities beyond the West*, ed. Josef Gugler (Cambridge: Cambridge University Press, 2004), 258-313; and Mitchell, Rule of Experts。

[2] 这一现象是大量学术文献和大众读物的主题。文献太多无法一一列举，但是我可以提几部由人类学家完成的重要的著作：Gregory Starrett, *Putting Islam to Work: Education, Politics and Religious Transformation in Egypt* (Berkeley and Lost Angeles: University of California Press, 1998) and "Political Economy of Religious Commodities in Cairo", *American Anthropologist* 91 (1995): 8-13; Charles Hirschkind, "Civic Virtue and Religious Reason: An Islamic Counter public", *Cultural Anthropology* 16 (2001): 3-34; and Mahmood, "Feminist Theory, Embodiment, and the Docile Agent" and "Rehearsing Spontaneity and the Conventionality of the Ritual."

[3] Appadurai, *Modernity at Large*, 14.

[4] 对于埃及电影（它和电视剧有联系也有差别）的精彩讨论，见：Armbrust, *Mass Culture and Modernism in Egypt*; Gordon, *Revolutionary Melodrama*; 以及Shafik, *Arab Cinema*。在《资产阶级休闲及埃及媒体幻想》["Bourgeois Leisure and Egyptian Media Fantasies", in *New Media in the Muslim World*, ed. Dale Eickelman and Jon Anderson (Bloomington: Indiana University Press, 1999), 106-132.]一文中，沃尔特·阿姆布鲁斯特（Walter Armbrust）揭示了印刷媒体和电影在处理这一议题（尤其在关于休闲和消费方面）时十分凸显的连续性。

[5] 其他符合语言习惯的等价的表述可以是"我不想过父亲那样的生活"（I won't live my father's way）或"我不想追随父亲的足迹"（I won't following my father's footsteps）。在本章先前发表的版本中，我使用了"我不想生活在父亲的阴影下"（I won't live in my father's shadow）

注释

的翻译。Lila Abu-Lughod, "Asserting the Local as National in the Face of the Global: The Ambivalence of Authenticity in Egyptian Soap Opera", in *Localizing Knowledge in a Globalizing World: Recasting the Area Studies Debate*, ed. Ali Mirsepassi, Amrita Basu, and Fred Weaver (Syracuse, NY: Syracuse University Press 2003), 101-127。

[6] 剧作者穆斯塔法·穆哈拉姆（Mustafa Muharram）说，虽然这个电视剧是基于作家Ihsan `Abd al-Quddus的一个短篇小说，由50年代 ruz al-yusuf 杂志中有影响的编辑以及小说作者改编成电影，但是关于阿卜杜勒·嘎夫（`Abd al-Ghafur）从流浪汉到富翁的整个故事则是由他创造的，并且是他请努尔·谢里夫（Nur al-Sharif）来演嘎夫这个角色。他仅仅在第21集中采纳了那个短篇的主题——一个年轻人娶了一个外国人，并且她皈依了伊斯兰教。1997年5月对作者的电话访问。关于Ihsan `Abdal-Quddus更多的论述，见戈登（Gordon）的《情节剧革命》（*Revolutionary Melodrama*）。

[7] 这是一个关于伊本·巴拉德（ibn al-balad）复杂主题的很好的作品。经典之作是梅西里（El-Messiri）的《伊本·巴拉德》（Ibn al-Balad）。沃尔特·阿姆布鲁斯特曾尝试在大众文化（尤其是电影）中使用这个形象，见：《埃及的大众文化及现代主义》（*Mass Culture and Modernism in Egypt*）。在马里兰·布斯（Marilyn Booth）和贝雷姆·阿-图尼斯（Bayram al-Tunisi）的《埃及：社会批评及其叙事策略》（*Egypt: Social Criticism and Narrative Strategies*, Oxford: Ithaca Press, 1990）一书中，也做了细致的讨论。

[8] 作者1997年5月访谈。

[9] 在《革命的情节剧》（*Revolutionary Melodrama*）一书中，戈登对1964年拍摄的电影《两宫间》（Palace Walk）（哈桑·伊玛目导演，经常在电视上播放）进行过讨论，并提供了一些研究纳吉布·马哈福兹与电影和电视的关系的文献（第81-82页，第93-94页）。索拉亚·阿托奇（Soraya Altorki）在"Patriarchy and Imperialism: Father-Son and British-Egyptian Relations in Najib Mahfuz's Trilogy", [in Intimate Selving in Arab Families, ed. Suad Joseph (Syracuse, NY: Syracuse University Press, 1999), 214-234]一文中对由阿-萨伊德·阿赫迈德（Al-Sayyid Ahmad）所代表的父权制进行了讨论。

[10] Naguib Mahfouz, Palace Walk, trans. William M. Hutchins and Olive E. Kenny(New York : Doubleday, 1989[1956]).
[11] 关于19世纪的埃及,参见:Judith Tucker,*Women in Nineteenth Century Egypt*(Cambridge : Cambridge University Press, 1985).
[12] 具体文章见:L. Abu-Lughod, ed., Remaking Women : Afsaneh Najmabadi, "Crafting an Educated Housewife in Iran",91–125 ; Omnia Shakry, "Schooled Mothers and Structured Play : Child Rearing in Turn-of-the-Century Egypt",126–170 ; Marilyn Booth, "The Egyptian Lives of Jeanne d'Arc",171–211; and Lila Abu-Lughod, "*The Marriage of Feminism and Islamism in Egypt : Selective Repudiation as a Dynamic of Postcolonial Cultural Politics*",243–269。也可参看:Baron, The Women's Awakening in Egypt ; and "The Making and Breaking of Marital Bonds in Modern Egypt", in *Women in Middle Eastern History*, ed. Nikki Keddie and Beth Baron, (New Haven, CT : Yale University Press, 1991), 275–291。
[13] Armbrust, *Mass Culture and Modernism in Egypt*.
[14] Diane Singerman, *Avenues of Participation : Family, Politics, and Networks in Urban Quarters of Cairo* (Princeton, NJ : Princeton University Press, 1995), 11.
[15] 同上,第14页。
[16] Julie Skursi在"The Ambiguities of Authenticity in Latin America : Dona Barbara and the Construction of National Identity", in Becoming National : A Reader, ed. Geoff Eley and Ronald Grigor Suny (New York : Oxford University Press, 1996, 371–402)一文中,对拉丁美洲(尤其是委内瑞拉)的民族主义小说中"人民"一词的歧义进行了探讨。
[17] Amal Bakir, "Hiwar ma` Salah al-Sa'dani al-shahir bi `Hasan al-Na'mani'"[Conversation with Salah al-Sa'dani famous as Hasan al-Na'mani], Al-Ahram, March 25, 1994, Friday Supplement, p.2.
[18] `Ali al-Sayyid, "Dunyat al-arabisk"[The World of Arabesque], Nusf al-Dunya, March 20, 1994, pp. 74–77.
[19] Mahmud al-Kardusi, "AI-`ashiq Hasan wa al-`ishq arabisk"[The lover

注释

is Hasan and the loved, Arabesque], Nusf al-Dunya, March 20, 1994, pp. 57-60.

[20] 同上，第58页。

[21] 与之相反，怀旧的《我不想过父亲那样的生活》则小心翼翼地避开政治（除了对伊斯兰激进分子的必要抨击之外；参见第七章）。其中最有趣的一个次要情节是，阿布杜突然好像对政治产生了兴趣——他非常关心发生在开罗机场的劫持大型喷气式客机的事件，这也是政府所希望的。他身边的人对这种与国家、国际政治没有太大关系的事情表示惊讶。但是，后来的结果表明他对大型喷气式飞机感兴趣因为这是一个难得的商业机会：他把那架飞机看做是他可以用来卖的有价值的金属残骸。当他因为购买了这架飞机而成为一个民族英雄时，他和他的妻子只关心用卖了这些残骸所得到的钱去麦加朝圣。

[22] Ahmad `Abd al-Mu'ati Hijazi, "Al-`A'ila wa arabisk" [The Family and Arabesque], Al-Ahram, April 13, 1994, p.18.

[23] 作为一种有着共同隐喻的讨论，参见：Gabriel Piterberg, "The Tropes of Stagnation and Awakening in Nationalist Historical Consciousness: The Egyptian Case", in *Rethinking Nationalism in the Arab Middle East*, ed. James Jankowski and Israel Gershoni (New York: Columbia University Press, 1997), 42-62。对于意识回归的形象的使用，作者一定也涉及了萨达特时代Tawfiq al-Hakim的Awdat al-wa'i [Return of consciousness], 1st English ed. (New York: New York University Press, 1985)这样杰出的著作，这本书解释了纳赛尔年代的埃及人及1952年革命时期的衰落。这样一本书在标题上也和他的早期著作相附和（Awdat al-ruh 的 [Return of the spirit], 1st English ed. (Washington, DC: Three Continents Press, 1990)），这本早期著作宣称埃及人对于法老的根深蒂固的认同。

[24] 在埃及，胡同是能够引起共鸣的社区及底层阶级生活的象征。为了解释他对阿卜杜勒·嘎夫的成功描写，《我不想过父亲那样的生活》的剧本作者讲到他自己是在毗邻开罗萨义达·扎纳布的胡同里长大的。

[25] Laila Shukry El-Hamamsy, "The Assertion of Egyptian Identity", in Ethnic Identity: Cultural Continuities and Change, ed. George DeVos

and Lola Romanucci-Ross, 2nd ed. (Chicago : University of Chicago Press, 1982), 276-306.

[26] El-Messiri, Ibn al-Balad, cited in Beth Baron, "Nationalist Iconography : Egypt as a Woman", in *Rethinking Nationalism in the Arab Middle East*, ed. James Jankowski and Israel Gershoni (New York : Columbia University Press, 1997), 105-124 ; quotation is from pp. 115-116。作为一个"先生"(effendi)意味着是受过教育的阶级，穿西装等等。

[27] 'Ismat Hamdi, "Awlad al-balad mazalim'ala al-shasha" [The sons of the country are wronged on screen], Al-Idha'a wa al-tiliftzyun, March 15, 1997, pp. 46-47.

[28] 对乌卡沙的采访, Akhir Sa'a, April 8, 1992, pp. 27-29 ; 引自第29页。纳古布·马哈福兹自己为电影写作很多剧本，也有很多小说被改编成电影。

[29] Al-Kardusi, "Al-`ashiq Hasan wa al-'ishq arabisk", 59.

[30] Colla, "The Stuff of Egypt".

[31] 作者1997年3月10日访谈。

[32] Al-Kardusi, "Al-'ashiq Hasan wa al-'ishq arabisk", 59.

[33] 同上，第6页。

[34] 作者1997年3月10日访谈。

[35] 'Ali Al-Sayyid, "Jamal `Abd al-Hamid : Hayati baqat arabisk khalis" [ lama ] `Abd al-Hamid : My life became completely Arabesque, Nusf al-Dunya, March 20, 1994, p. 69. 因拥抱堕落的、爱国的富裕阶级的生活方式而失去了自己的根的危险在埃及文学、电影以及现在的电视中是一个共同的修辞，更详尽的讨论见：Armbrust, Mass Culture and Modernism in Egypt.

[36] Akram al-Sa'dani, "Hasan Arabisk : sura'a'iliyya'an qurb" [Has an Arabesque : A close family portrait], Sabah al-Khayr, March 10, 1994, pp. 44-45.

[37] 我感谢沃尔特·阿姆布鲁斯特让我想起这是一种共同的图案。

[38] Al-Kardusi, "Al-'ashiq Hasan wa al-'ishq arabisk", 59.

[39] El-Hamamsy, "The Assertion of Egyptian Identity", 304.

注释

[40] 1997年5月27日对亚哈·阿-阿拉米（Yahya al-`Alami）的访谈。

[41] 1992年4月5日接受Akhir Sa'a的采访，第27–29页。

[42] Usama Anwar `Ukasha, "AI-tilifizyun yarfa` al-masahif"［Television raises Qur'ans］, Ruz-al-Yusuf December 27, 1993, p. 68.

[43] 作者1997年3月10日访谈。

[44] 关于政府在这场运动中用媒体去打击"极端主义"的态度，见第七章。

[45] Majdi Muhanna, "Fi al-mamnu"`［Out of line］, AI-Wafd, February 5, 1998, p.9.

[46] 见: Piterberg, "The Tropes of Stagnation and Awakening in Nationalist Historical Consciousness."

[47] 对于这部电影及其影响的不同凡响的讨论，见: Gordon, "Nasser 56/Cairo96", 161–181。

[48] 作者1993年6月17日访谈。

[49] 大家所熟知的一个国家的产品向全世界输出的例子是美国肥皂剧和好莱坞电影向世界其他国家的输出。然而，墨西哥的肥皂剧在俄罗斯、黎巴嫩、纽约也很流行，巴西"环球电视"（Globo Television）的肥皂剧也被世界上很多国家的人观看，包括喀麦隆。埃及在20世纪已经成为阿拉伯电影的主要生产者，并且在最近30多年也成了阿拉伯语电视剧的主要生产者，长期向阿拉伯世界输出电视节目，现在，则通过卫星向伦敦和美国输出。关于阿拉伯世界的卫星传播的讨论，见: Amin, "Egypt and the Arab World in the Satellite Age"; Boyd, Broadcasting in the Arab World, and Sakr, Satellite Realms。关于埃及当代媒体的很多文章（包括卫星传播），可以在《跨国卫星传播研究》（Transnational Broadcasting Studies）的在线刊物上找到，http://www.tbsjournal.com. 任何一个看重媒体的重要性的人都不得不评估这样一种交易对于当地媒体工业、地方政治、社会及文化动力、个人的主观性的影响。这与一般的关心媒体在去地域化、现代化以及跨国的公民社会过程中可能的角色不一样。对于这些争论的出色讨论，见: Sandra Braman and Annabelle Sreberny-Mohammadi, eds., *Globalization, Communication and Transnational Civil Society*（Cresskill, NJ: Hampton Press, 1996）; and Tomlinson, *Globalization and Culture*。

[50] 有一个关于认同和全球过程的很好文献,汉纳斯(Hannerz)和阿帕杜莱(Appadurai)在其他地方引用过,还可见:Jonathan Friedman, *Cultural Identity and Global Process* (London : Sage, 1994).
[51] Saskia Sassen, "Cracked Casings : Notes toward an Analytics for Studying Transnational Processes", in *Sociology for the Twenty-First Century*, ed. Janet Abu-Lughod (Chicago : University of Chicago Press, 1999), 134–145 ; quotation is from p. 136.
[52] 作为这个问题的一个例子,叙利亚那些赞美旧大马士革的电视节目"加重了地方和宗教的紧张关系,激化了不满和敌意,而不是亲情和友爱"。引自Salamandra,的 "Moustache Hairs Lost", 227。
[53] Hannerz, Transnational Connections, 89.
[54] 作者1997年3月10日访谈。
[55] 乔·戈登(Joel Gordon)做出了类似的辩解,他认为觉醒的不仅仅是纳赛尔,也包括电影中的那些在纳赛尔之前的贵族和王室成员,历史题材的电视剧也是反对伊斯兰主义策略的一个组成部分。见:Gordon, "Nasser 56/Cairo 96"。

第七章

[1] Armando Salvatore, *Islam and the Political Discourse of Modernity* (Reading, UK : Ithaca Press, 1999); Armando Salvatore, ed., *Muslim Traditions and Modern Techniques of Power*, Yearbook of the Sociology of Islam, ed. Helmut Buchholt and Georg Stauth (Munster : Lit, 2001), vol. 3 ; and Starrett, *Putting Islam to Work*.
[2] 阿萨德(Asad)的《宗教谱系》(Genealogies of Religion)与《世俗形成》(Formations of the Secular)对世俗主义提供了有益的思索和不同寻常的表现形式。在印度,关于世俗主义的较多讨论集中于Rajeev Bhargava 编辑的 *Secularism and Its Critics* (Delhi : Oxford University Press, 1998)。也可见:Chatterjee, "Religious Minorities and the Secular State"; Partha Chatterjee, "Secularism and 'Tolerance", in *Secularism and Its Critics*, ed. Rajeev Bhargava (Dehli : Oxford University Press,

1998), 345-79; Dipesh Chakrabarty, *Habitations of Modernity: Essays in the Wake of Subaltern Studies* (Chicago: University of Chicago Press, 2002); 以及Peter van der Veer, *Imperial Encounters: Religion and Modernity in India and Britain* (Princeton, NJ: Princeton University Press, 2001)。女性主义者关于统一民法典的写作使得对印度世俗主义的特殊意义及政治性描写十分清晰，有别于埃及与中东的情形。参见: Rajeswari Sunder Rajan, "Women Between Community and State: Some Implications of the Uniform Civil Code Debates in India", *Social Text* 65, vol. 18(4)(winter 2000): 55-82; Kumkum Sangari, "Politics of Diversity: Religious Communities and Multiple Patriarchies", *Economic and Political Weekly*, 30, nos.51 and 52, December 23 and 30, 1995。

[3] Dale Eickelman and Jon Anderson, eds., *New Media in the Muslim World: The Emerging Public Sphere* (Bloomington: Indiana University Press, 1999)。我不希望关注伊斯兰公共领域话题，也不希望引用穆斯林组织的打印材料或其他报道，虽然这也是重要的话题。

[4] Timothy Mitchell, "Mcjihad: Islam in the U.S. Global Order", *Social Text* 73(2002): 1-18.

[5] 多次的更多论述，见: L. Abu-Lughod, "Finding a Place for Islam", 后续几段引自该文。

[6] 关于这部电视剧的报纸评论，参见CEDEJ档案"Renseignements égyptiens: Le héros, la pécheresse et l'agent double", *Revue de la presse égyptienne* 32/33, zéme semestre (1988): 109-154.

[7] 沃尔特·阿姆布鲁斯特注意到，80年代盛行的伊斯兰主义活动直到90年代中期，随着阿迪勒·伊玛目(`Adil Imam)创作的《恐怖分子》(The Terrorist)的发行，才开始出现在电视上。之前，自60年代以来有零散的电影嘲弄伊斯兰主义者。Walter Armbrust, "Islamists in Egyptian Cinema", *American Anthropologist* 104, no.3(2002): 922-931。

[8] 对此另外的解释是，电视剧私人制片人如要把拷贝卖到沙特阿拉伯或其他富裕的海湾国家，就面临着这些国家严格的道德、政治审查。第八章将探讨这种活动的组成。

[9] 参见: L. Abu-Lughod, "Finding a Place for Islam"以及"Dramatic

Reversals".

[10] 'Imad `Abd al-Rahman, "Waga'i` muhawalat ightiyal musalsal al-'a'ila" [The facts about the attempt to assassinate the serial *The Family*] *Akhbar al-Adab*, March 20, 1994, pp. 1, 5-7.

[11] Sabir Shawkat, "Dajja fi kul bayt... wa al-sabab musalsal al-'a'ila" [Uproar in every home... and the reason is the serial *The Family*], *Aklibar al-Yawm*, 12 March 1994, p. 16.

[12] Salah Mursi, "Al-sinima wa gadiyat al-watan" [Cinema and the case of the nation], *Al-Musawwar*, March 18, 1994, pp. 46-47.

[13] Muhammad Ibrahim Mabruk, "Musalsal al-'a'ila... wa ish'al nar al-fitna bayn al-muslimin" [The serial *The Family*... and inflaming sedition among Muslims] *Al-Sha'b*, March 22, 1994, p. 9.

[14] Muhammad al-Qudusi, "Musalsalat `al-ajhiza'wa akhta' al-kitaba qabl itqan al-gira'a" [State serials and errors of writing before perfecting reading] *Al-Sha'b*, March 22, 1994, p. 9.

[15] `Imad `Abd al-Rahman, "Waga'i` muhawalat ightiyal musalsal al-'a'ila."

[16] Ashraf bin `Abd al-Magsud bin `Abd al-Rahim, *Musalsal al-Vila : Al-irhab al-fanni wa al-hujum `ala al-Islam* [The serial *The Family* : Artistic terrorism and the attack on Islam] (Cairo : Maktabat al-turath al-islami, 1994).

[17] Eberhard Kienle介绍了90年代伴随着电视参与到宗教事务中,伊斯兰主义者所受到的沉重打击:首先,1996年通过法律,要求人们参拜清真寺前必须得到宗教事务部的批准,接着,1998年爱资哈尔的校长(在通过社会事务部审核后)解散了一个由日益保守学者和伊斯兰主义者组成的委员会,该委员会名为"爱资哈尔前沿学者"(jabhat `ulama al-Azhar)。Kienle, *A Grand Delusion*, 104-105, 113-114.

[18] Kienle介绍了爱资哈尔伊斯兰研究院日益增长的权力,尤其是80年代。从1961年以来,该院就被授权对"伊斯兰及其遗产"进行研究。同上,第109-110页。

[19] "Al-Wila fi hiwar bayn wazir al-i'lam wa al-imam al-akbar" [*The Family* in a discussion between the Minister of Information and the

注释

Grand Imam〕, Al-Ahram, March 11, 1994, p. 22; "Hikayat al-musalsal alladhi haz misr"〔The story of the serial that shook Egypt〕, Akhbaral-Yawm, March 12, 1994, pp. 1-2.

[20] Armbrust, "Islamists in Egyptian Cinema."
[21] Steve Negus, "Militant Repents on TV: Soap or Sincere?" *Civil Society* 3, no. 29 (May 1994) 6-8.
[22] Jailan Halawi, "Repentance on the Air", *Ahram Weekly*, June 2-8, 1994, p. 2.
[23] `Abd al-Sattar al-Tawila and Jailan Jabr, "Interview with Safwat al-Sharif", *Ruz al-Yusuf*, June 13, 1994, pp. 12-13.
[24] Armbrust, "Islamists in Egyptian Cinema," 924-925.
[25] "Sherif Highlights Media Role in Confronting Terrorism", *Egyptian Mail*, May 22, 1993, p. 2.
[26] Kienle, *A Grand Delusion*, 110.
[27] Ibrahim `Isa, "Interview with Wahid Hamid", *Ruzal-Yusuf*, March 21, 1994, pp.16-20.
[28] Usama Anwar `Ukasha, "Wahid Hamid-huqul ilgham al-`a'ila"〔Wahid Hamid——The Minefield of *The Family*〕, *Ruz al-Yusuf*, March 21, 1994, p.19.
[29] Usama Anwar `Ukasha, "Al-tilifizun yarfa` al-masahif", 70.
[30] 作者采访,1993年7月17日。
[31] 参见: Ormando Salvatore, "Social Differentiation, Moral Authority and Public Islam in Egypt", *Anthropology Today* 16 (April 2000) 12-15.
[32] Hasan Bashir, "Al-irhabiyun yuridun tahqiq al-wahm bi-l-silah"〔Terrorists want to realize illusions by force〕, Sabah al-Khayr, July 20,1995, pp.48-49.从没有一部电视剧表现的无休止的恐怖情节及干坏事的恐怖分子的形象,像《家庭》一样引起这么多的争论。即使如此,争论仍在继续,就如爱资哈尔的校长就乌卡沙('Ukasha) 1999年拍摄的电视剧《恋爱中的妇女》(Imra`a fi awan al-hubb),该剧描写了一个堕落的宗教学者不断发难一样。
[33] 国家与宗教组织间的关系,不管是正式的爱资哈尔还是穆斯林兄弟会,又或是其他穆斯林组织,以及政府与更广泛意义上的

宗教崇拜活动间的关系，都是十分复杂的。这里不可能一一道明。对这个话题的讨论是一个庞大的学术工程，一个好的起点包括：Asad, *Formations of the Secular*; Mahmood, "Feminist Theory, Embodiment, and the Docile Agent" and "Rehearing Spontaneity and the Conventionality of Ritual"; Tamir Moustafa, "Conflict and Cooperation between the State and Religious Institutions in Contemporary Egypt", *International Journal of Middle East Studies* 32 (2000): 3-22; Salvatore, *Islam and the Political Discourse of Modernity*; Salvatore, ed., *Muslin Tradition and Modern Techniques of Power*; Jakob Skovgaard-Petersen, *Difining Islam for the Egyptian State* (Leiden: Brill, 1997); Starrett, Putting *Islam to Work*; and Malika Zeghal, *Gardiens de l'Islam: Les Oulémas d'Al Azhar dans l'Egypte Contemporaine* (Paris: Press de la Fondation Nationale des Sciences Politiques, 1996).

[34] 电视在伊斯兰媒体上受到批评体现在, Marwan Kashak收集整理的当地奇闻轶事以及欧美学者对于电视负面影响的研究文集; Muhyi al-Din 'Abd al-Halim博士关于埃及大学生对电视影响力的研究报告。这份报告显示，超过70%的大学生认为电视提供了负面价值引导，包括对宗教价值的削弱。Kashak, *Al-Usa al-muslima amam al-fidiyu wa al-tilifizyun*, 177-178。一篇发表于1987的大众传播专业硕士论文也背离了对宗教担忧的原则，转而感谢爱资哈尔大学的合作。Sabir Sulayman 'Asran Sulyaman, "Al-1iyam al-islamiyya allati yatadamanuha al-musalsal al-'arabi fi-; -tolifizyun" [Islamic values included in Arabic television serials] (master's thesis, Faculty of Mass Communication, Cairo University, 1987).

[35] "Al-Usbu`al-i`lami: al-i`lam fi muwajahat al-irhab" [The media week: Media in confronting terrorisim], *Al-Idha'a wa al-tilifizyun* [Radio and TV magazine], April 3, 1993.

[36] "Kayf yara aqbat al-amhjai musalsal awan al-ward?" [How to emigrant Copts see the serial *The Time of Roses*?]. *Akhbar al-Adab*, December 17, 2000, p.10.

[37] Muhammad Hani, "Qadiyya amam al-mahakim: Islam al-masihiyyat

注释

fi musalsalat al-tilifizyun"［A lawsuit : Female Christians' conversion to Islam in television serials］, *Ruz al-Yusuf*, March 4, 1996, pp.70-71. 'Ayda al-Azab Musa指出一种有趣的回应是，埃及年轻人对此难题的希望寄托在外国妇女身上，她们的形象是威武高大的，相比之下，她们的埃及同伴则是羸弱的、狭隘的、脾气暴躁的。Musa, "Fi hadhihi al-musalsalat ma huwa aswa'?"［In these serials what is worse?］, *Ruz al-Yusuf*, March 18, 1996, p.79.

[38] Fayiz Ghali, "La muharramat fi-l-drama"［No taboos in drama］, *Ruz al-Yusuf*, April 1, 1996, pp.68-69.

[39] Amira Howeidy, "This Rose Has Thorns", *Ahram Weekly*, December 14-20, 2000, p.1.

[40] 英文翻译参见：Bahaa'Taher, Aunt Safiyya and the Monastery, trans. Barbara Romaine (Berkeley and Los Angeles : University of California Press, 1996)。

[41] Wa'il 'Abd al-Fatah and Suhayr Jawda, "Ma lam tushahadahu wa ma la ta 'rafahu 'an 'khalti safiyya wa al-dayr'"［What you didn't see and don't know about Aunt Safiyya and the Monastery］, *Ruz al-Yusuf*, April 15, 1996, pp.60-62.

[42] 同上。

[43] 同上。

[44] 可将现在的表现形式与纳赛尔时期的民族主义策略作一有趣的比较，塔拉·阿萨德（Talal Asad）称，"在埃及国家统一的旗帜下，以世俗的观点否认基督徒与穆斯林间存在的典型差异"，塔拉·阿萨德进一步指出，推动这一观念的民族志学者"在50/60年代帮助形成了埃及的世俗大众'文化'，在这一理念框架下不断强化国家认同感"。Talal Asad, Formations of the Secular, 254n101。就像第六章讨论的吸引乌卡沙（'Ukasha）的"吞噬"（deegestive）理论一样，这些民族志学者努力揭示了遍布埃及各地区、涉及各种生活方式、各种宗教的埃及普遍文化现象。

[45] Dr. Nasar `Abd Allah, "Al-masih al-sa`idi"［The Upper Egyptian messiah］, *Ruz al-Yusuf*, April 15, 1996, p.63.

[46] Dr. Nasar 'Abd Allah, "Al-masih al-sa`idi...qatilan!"［The Upper

Egyptian messiah...A Murderer!〕,Ruz, al-Yusuf, April 22, 1996, p.63.

[47] 对区域文化轨迹转喻的理解,参见:Lila Abu-Lughod, "Zones of theory in the Anthropology of the Arab World", *Annual Review of Anthropology* 18(1989):267-306;以及Arjun Appadurai, "Is Homo Hierarchicus?" *American Ethnologist* 13(1986):745-761 和"Theory in Anthropology:Center and Periphery", *Comparative Studies in Society and History* 28(1986):356-361.

[48] 总结参见:Gordon, *Revolutionary Melodrama*, pp. 169-172。

[49] 我将之译为《山狼》(Mountain Wolves),但要注意,这个词在英文和阿拉伯文里含义是不同的,Mountain在上埃及语境中指的是沙漠中的不毛山丘,例如Theban Hills就是沿着卢克索河岸埋葬法老的墓地。在南部一些地方,耕地边缘的山丘不再是那么荒凉。同时,我们谈到的wolves应指豺狼而不是野狼。应此,更精准的翻译应是:《荒野豺狼》(Jackals of the Hill)或《沙漠豺狼》(Desert Jackals)。

[50] Mahmud Musa, "Al-sura al-namatiyya li-l-sa`idi"〔The modal image of the Upper Egyptian〕, Al-Ahram, February 18, 1996, p.7.

[51] 关于考古、旅游、暴力间的关联的细致讨论,以及对皇后山谷事件的分析,请参见:Meskell, "The Practice and Politics of Archaeology in Egypt"。

[52] 对上埃及伊斯兰背景的了解,请参见对该地区的研究,该研究基于作者70年代后期至80年代中期在Minva所作的田野调查,书名为:*The Prophet's Pulpit:Islamic Preaching the Contemporary Egypt* (Berkeley and Los Angeles:University of California Press, 1994).

[53] 参见:Rachida Chih, *Le Soufisme au Quotidien:Confréries d'Egypte au XXe Siècle* (Arles:Actes Sud-Sindbad, 2000);以及Valerie Hoffman, *Sufism, Mystics, and Saints in Modern Egypt* (Clumbia:University of South Carolina Press, 1995)。

[54] 我对基督徒村庄没有作田野调查,虽然我一篇文章中讲到了我与当地修道院的遭遇,以及当地妇女治疗不孕不育的方法,见:Lila Abu-Lughod, "A Tale of Two Pregnancies", in *Women Writing Culture*, ed. Ruth Behar and Deborah Gordon(Berkeley and Los Angeles:

University of California Press, 1995), 339-349。
- [55] 参见: Rechida Chih, *Le Soufisme au Quotidien : Confréries d'Egypte au XXe Siècle*(Arles : Actes Sud-Sindbad, 2000); 以及 Valerie Hoffman, *Sufism, Mystics, and Saint in Modern Egypt*(Columbia : University of South Carolina Press, 1995)。
- [56] Armando Salvatore, "After the State : Islamic Reform and the 'Implosion'of Shar`a", in *Muslim Tradition and Modern Techniques of Power*, ed. Salvatore, *Yearbook of the Sociology of Islam*, ed. Henmut Buchholt and Gorge Stauth(Munster : Lit, 2001): 3 : 123-140; Talal Asad, "Reconfigurations of Law and Ethnics in Colonial Egypt," in *Formations of the Secular*, 205-256.
- [57] Armando Salvatore, "Introduction : The problem of the Ingraining of Civilizing Traditions into Social Governance", in *Muslim Traditions and Modern Techniques of Power*, ed. Salvatore, 3 : 9-42; 引自第 19 页。

第八章

- [1] Schudson, *Advertising, the Uneasy Persuasion*, 218.
- [2] Vilmar E. Faria and Joseph Potter, "Television, telenovelas, and Fertility Change in Northeast Brazil", in *Dynamics of Value in Fertility Change*, ed. Richard Leete(Oxford : Oxford University Press, 1999), 252-272. 引文翻译自: A. H. Costa et al., *Umpais no Ar*(Sao Paulo : Brasilien/Funarte, 1986),103。正如 Caroline Tauxe 指出的，巴西像美国一样，电视从一开始就是商业运作，虽然也经历过政府的严格管制。见: Caroline Tauxe, "The Spirit of Christmas : Television and Commodity Hunger in a Brazilian Election",*Pubilc Culture* 5(1993): 593-604。
- [3] Leela Fernandez, "Nationalizing 'The Global' : Media Image, Cultural Politics and the Middle Class in India", *Media Culture and Society* 22(2000),611-628; 以及 "Rethinking Globalization : Gender and the Nation in India", in *Ferminist Locations : Global and Local, Theory*

注释

and Practice in the Twenty-First Century, ed. Marianne de Koven（New Brunswick, NJ：Rutgers University Press, 2001）, 147-167.

[4] Fernandez, "Rethinking Globalization", 154.

[5] 参见：Arvind Rajagopal, "Advertising, Politics and the Sentimental Education of the Indian Consumer", *Visual Ahropology Review* 14（fall-winter 1998）：1-18；以及 "Thinking Through Emerging Markets", *Social Text* 60（fall 1999）：131-49.

[6] Mankekar, *Screening Culture, Viewing Politics*, 346.

[7] Robert Foster, "The Commercial Construction of 'New Nation'", *Journal of Material Culture* 4（1999）：263-282.

[8] 同上，264。

[9] 更多关于Dream TV及其他私人电视台的文章、专访请参看《跨国卫星传播研究》（*Transnational Broadcasting Studies*），由开罗的美国大学Adham电视杂志中心出版的电子杂志。对El Mehwar的讨论参见：Naila Hamdy, "El Mehwar the Mercurial", *TBS9*（fall/winter 2002），http：//www.tbsjournal.com/Archives/Fall02/Mehwar.html. 对Dream TV，参见Naila Hamdy对Hala Sirhan的专访："A Dream TV Come Ture," *TBS8*（spring/summer 2002），http：//www.tbsjournal.com/Archives/Spring02/sirhan.html.

[10] Diase, "Egyptian Television Serials, Audiences, and *The Family House*", 87.

[11] 作者对Basim Mahfuz 'Abd al-Rahman的访谈，1997年5月6日。

[12] Sakr, Satellite Realms, 19；Sherin Moody, "Pay-TV in Egypt：Impediments and Developments", *TBS2*（spring 1999），http：//www.tbsjournal.com/Atchives/Spring99/Documents/Sherin/sherin.html.

[13] 埃及信息部长萨夫瓦特·谢里夫（Safwat al-Sharif）在1998年度开罗电视广播节的谈话中提出了协助计划，刊登于：Sakr, *Satellite Realms*, 64, 162。

[14] 一些经营好的广告公司利润的15%-20%来自电视广播联盟或平面媒体打广告支付的佣金；另一些广告公司通过市场调查、计算机软件实现商业计划，它们通常与新兴的、面向世界的、在欧洲培训过的市场人员合作提供咨询服务。这些专业人员的孩子玩具都是任天

注释

堂游戏机,自己拥有自行车;与之相比,大多数人家的孩子都只能观望,玩的也都是些在万圣节买的便宜的塑料玩具,拥有一只皮球对他们来说都是了不起的事。私人公司得到蓬勃发展,开始生产出高质量的商业广告片。这些公司通过为许多商品制作复杂的代言广告而蓬勃发展。我在此要感谢Abbas Fahmy,他是TEAM广告公司的高级顾问,自己拥有一家制片厂。他为我了解广告行业提供了很多信息帮助。另一有用的信息来源是:Aida Nasr, "Selling Time," *Cario Today*, November 1992, pp.99-100, 127。

[15] 在近期一份针对埃及以及阿拉伯电视广告的商业分析报告中,Jihad Fakhreddine指出了电视广告数量大量增长的现象,虽然他也感叹国家电视台垄断了大量广告收益。报告指出:

埃及电视产业总产值从1995年的7000万美元增长到了2001年的1.7亿美元。虽然六年间达到了142%的增长率,但远低于同期整个阿拉伯世界市场192%的增长速度。单从商业角度来看,不能解释为什么埃及电视产值会远低于整个地区的同行水平。但是,接近90%的埃及电视广告收益来自于埃及的第1、2电视频道的事实说明了症结所在,即电视广告从业者只能利用两个频道来覆盖7000万人口。Jihad Fakhreddins, "National versus Pan-Arab Reach: Which Way for Egypt's Private Commercial TV Channels?" TBS9(fall/winter 2002), http://www.tbsjournal.com/Archive/Fall02/Fakhreddine.html。

[16] 所有价格数据来自埃及广播电视联盟经济部门正式发布的1997年度电视广告行业价格指数。

[17] 例如,在转播埃及最好的两支球队Zamalek和Ahli之间的比赛时,就需要多付额外的150%的费用。

[18] Heba Kandil, "The Media Free Zone: An Egyptian Media Production City Finess." TBS5(fall 2000), http://www.tbsjournal.com/Archives/Falloo/Kandil.htm。

[19] Hala Sirhan-2002年时他的商业伙伴,从广告市场的角度说明了他对电视台的兴趣所在:

他拥有埃及最大的开发公司-Dreamland。他有28家工厂,生产家具、电视机、冰箱、大理石等。这意味着他每年要花费

4000万埃镑（1000千万美元）做广告。因此，他萌生了自己办电视台的想法，这样就可以自己做广告了。他可以把每年四分之三的广告预算投到自己的电视台上，这样可产生同时锁定目标客户的双重效益。用解码器观看Dream TV节目的人群就是其潜在的客户。

Hamdy, "A Dream TV Come True."

[20] Dream TV于2002年斋月期间制作的电视剧《无马的骑马人》引起了轰动。片中对锡安规约（Protocols of Zion）的引用，在美国和以色列激起了愤怒。参见：Al-Ahram Weekly Online, November 7-13, 2002, p. 611, http://www.ahram.org.eg/weekly/2002/611。

[21] 例如，Yahya al-Fakharani被要求支付35000埃镑外加10000埃镑预付金，以确保能在一部剧中担任角色，该剧分为三季，价格是一样的。据报道，肚皮舞娘Fifi 'Abdu和其他11位同样著名的舞娘共缴纳了相当于2.64亿美元的税，说明了他们收入之高。相关报道分别参见：*Ruz al-Yusuf*, December 29, 1997, p. 75；以及 *Middle East Times*, January 19-25, 1997, p. 3。关于明星体制的更多的讨论以及早期支持它的杂志，见：Walter Armbrust, *Mass Culture and Modernism in Egypt*；以及 "Manly Men on a National Stage (and the Women Who Make Them Stars)", in *Histories of the Modern Middle East : New Directions*, ed. Israel Gershoni, Hakan Erdem, and Ursula Wokock (Boulder, CO : Lynne Rienner Publishers, 2002), 247-275。

[22] Tarek Atia, "Sign and Salvation", *Al-Ahram Weekly*, January 6-12, 2000, Culture Page (http://www.Ahram.org.eg/weekly/2000/463)。这很像伴随美国超级杯赛的高利润的电视广告。关于斋月的商业化现象，参见：Walter Armbrust, "The Riddle of Ramadan : Media, Consumer Culture, and the 'Christmasization' of a Muslim Holiday", in *Everyday Life in the Muslim Middle East*, ed. Donna Lee Bowen and Evelyn A. Early (Bloomington : Indiana University Press 2000), 335-348。

[23] Ahmad Bahgat后来成为DreamTV的所有人，拥有DreamLand背后的开发公司。

[24] 参见：L. Abu-Lughod, "Finding a Place for Islam"; 以及Armbrust, *Mass Culture and Modernism in Egypt*。

注释

[25] 这符合政府倡导的沙漠开垦计划;也与中产阶级此时所热衷的周末建设家园、在新开垦土地上开辟农庄的消遣所吻合。

[26] Geir Sakseid, "Values in Conflict: A Study of the Values in the Egyptian Television Serial 'A Woman from the Time of Love'"(未发表的手稿,2000年1月)。

[27] 参见Salah Muntasir 专栏的系列文章"Mujarrad ra'i"[Just an opinion] inAl-Ahrarn, February 27, 1996; March 7, 1996; March 20,1996; April 17, 1996; and April 18, 1996.

[28] 作者对Muna Zaki 的采访,1997年3月14日。

[29] 1997年3月3日。

[30] 这类电视剧自我归类于强化主流意识。这部剧,与其他很多类似剧一样,都出现了社会中上层人物的身影,有时也是腐败家庭的成员,他们坚守道德底线及原则。在《逆流》中,这种角色包括安全官员、他的妻子(一位大学教授)。她对道德原则的坚守通过一个情节表现出来:她谴责一位同事放纵学生变懒,直接把讲义卖给学生,却不指导他们阅读及研究(同事辩解说,自己和牛津大学的教授是有区别的,埃及教授薪水低,自己这样做完全是不得已)。

[31] Atia, "Sins and Salvation."

[32] 关于国外电视剧对国产电视剧存在多种影响的精彩论述,参见:Mandel, "A Marshall Plan of the Mind", 211-228。

[33] 通过人们的争论,可以更加清楚地发现国家电视节目对传统道德原则的弱化。一些新播节目,如富有争议的《隐藏的照相机》(The hidden camera),就让普通人蒙羞。参见:Nader K. Uthman and LeahIda Harris, "Zii'!(Broadcast It!): Reading the Construction of Cultural Negotiation in the Egyptian TV Show 'Hidden Camera'"(paper presented at the Middle East Studies Association Meetings, Washington, DC, 2002)。

[34] 剧中,夫妇在一个周末去亚历山大度假的情节充分体现了主角对贞节和名誉的看重。当时已经是深夜,他们毫无睡意,女的说:"我知道你为什么不去欧洲旅游,如果你我没有结婚你是不能去的。现在我们在这里仍是各居一室,我们不能睡在一起。我们不断到阳台上去,好似对整个地中海说:'看,我们是看重名誉的,我们仍旧衣冠整齐'。"

[35] Mahmood, "Feminist Theory, Embodiment, and the Docile Agent" 以及 "Rehearsing Spontaneity and the Conventionality of Ritual." 亦可见: Mahmood, *Politics of Piety*。
[36] Linda Herrera, "Accommodating Disco and Quran: Lay Female Pedagogues and the Education of Metropolitan Muslims", in *Muslim Traditions and Modern Techniques of Power*, ed. Armando Salvatore, *Yearbook of the Sociology of Islam* (Munster: Lit, 2001), 3: 225-239.
[37] 有关结构调整政策的影响、市场意识形态、穷人经济实践方面的更广泛讨论,请参见: Mitchell, *Rule of Experts*。
[38] 我不是第一个发现人与牛的关系值得细致描写的城里人。这之前,既有 E. E. Evans-Pritchard 与 Francis Mading Deng 从传统人种学角度反映南苏丹努尔(Nuer)和丁卡(Dinka)人对牲畜唱歌的情景,也有 John Berger 在《猪的土地》(*Pig Earth*)中讲述的法国山区农民丢失了牛的令人难忘的故事,以及 Darius Mehrjui 于 1969 年拍摄的经典伊朗语黑白电影《牛》,片子以怪异手法记录了一个农民在牛丢失后的精神错乱的表现。参见: E. E. Evans-Pritchard, *The Nuer: A Description of the Modes of Livelihood and Political Institutions of a Nilotic People*, rev. ed. (New York: Oxford University Press, 1969); Francis Mading Deng, *The Dinka and Their Songs*, rev. ed. (Oxford: Clarendon Press, 1973); 以及 John Berger, *Pig Earth*, (New York: Vintage Books, 1992)。
[39] 参见: Daniel Miller, ed., *Acknowledging Consumption* (New York: Routledge, 1995); 以及 Daniel Miller, *The Dialectics of Shopping* (Chicago: University of Chicago Press, 2001).
[40] Daniel Miller, "Consumption as the Vanguard of History", in *Acknowledging Consumption*, 6.
[41] Pierre Bourdieu, Distinction: A Social Critique of the Judgment of Taste, trans. Richard Nice (Cambridge, MA: Harvard University Press, 1984).
[42] 关于政府和媒体如何视这些不规范的社区为伊斯兰武装分子的温床,Kuppinger 在《城市裂痕》一文中有精彩论述。文中观点在报刊媒体得到广泛认同,即使在一些政治论战中也可见其影响,例如,

注释

在结论中我们将看到的电视作者Fathiyya Al-'Assal的观点。

[43] Anderson, *Imagined Communities*.

[44] 关于北方农村地区消费习惯变化的精彩论述,请参见:Kirsten Haugaard Bach, "The Vision of a Better Life: New Patterns of Consumption and Changed Social Relations", in *Directions of Change in Rural Egypt*, eds. Kirsten Westergaard and Nicholas Hopkins (Cairo: American University in Cairo Press, 1998), 184-200。

[45] 关于价值制度及其传播的精彩论述,参见:Fred Myers, ed., *The Empire of Things* (Santa Fe: School of American Research Press, 2001)。

[46] 西尔弗斯通在《电视与日常生活》(*Television and Everyday Life*)第104页中论述到,广告激发人们消费愿望的要点在于,广告很少反映生产制作过程。

[47] 根据Dalia Wihdan对开罗一些专业人员的调查发现,最后一条广告确实产生了适得其反的效果。广告散发出的高贵典雅的气息使人们误以为这种砖很贵,虽然实际上它并不比其他名牌贵。

[48] 迪亚斯(Diase)在《埃及电视剧、观众以及家庭房屋》(*Egyptian Television Serials, Audiences, and The Family House*)第235页指出,观众缺少对剧中富丽堂皇服装、家居的批评是因为剧中这种风格随处可见。

结 论

[1] 我在《肥皂剧的对象》(The Objects of Soap Operas)一文中进行过讨论。

[2] 史蒂芬·辛纳曼(Stephen Hinerman)从观众的感受对娱乐明星进行了考察:通过他们的私人及公共生活,以及通过看他们扮演的各种角色,他们"认识"了这些明星。Stephen Hinerman, "Star Culture," in Culture in the Communication Age, ed. James Lull (London: Routledge, 2001), 193-211。

[3] 'Ali Al-Sawi, "Al-mar'a wa intikhabat majlis al-sha'b 1995; halat da'irat imbaba"[Women and the 1995 parliamentary elections: The situation of Imbabal District], in Al-mar'a wa intikhabat majlis al-sha'b

1995 [Women and the 1995 parliamentary elections], ed. Waduda Badran (Cairo: Friedrich Ebert Stiftung and Cairo University's Faculty of Economics and Political Science, 1996), 181-200.
[4] Ra'uf 'Tawfiq, "Al-kalima hiyya al-batal" [The word is the hero], Sabah al-Khayr, March 10, 1994, pp.40-43.
[5] 'A'isha Salih, "Harim al-Haj Mitwalli" [The word of Haj Mitwalli], Al-Musawwar, December 7, 2001, pp.40-42.
[6] 'Ala' Al-Shafi'i, "Thawrat al-nisa' `ala al-Haj Mitwalli" [The revolt of women against Haj Mitwalli], Al-Ahram al-'Arabi, December 8, 2001, pp.80-81.
[7] Ayman Al-Hakim, "Al-za'ima al-nisa'iyya allati tutalib bi ra's al-Haj Mitwalli" [The feminist leader who calls for the head of Haj Mitwalli], Al-Qahira, December 25, 2001, p.14.
[8] Usama Anwar `Ukasha, "Al-mutatarrif al-`azim" [The great extremist], Ruz al-Yusuf, January 19, 1998, pp. 78-79.
[9] 作者1990年4月1日访谈。
[10] Usama Anwar `Ukasha, "Lughuz najahmusalsalat al-saburl" [The puzzle of the success of soap operas], Ruz al-Yusuf, January 18,993, pp.8-10.
[11] 与法蒂的"南瓜子咀嚼"的食物隐喻不同，乌卡沙把《阿信》比作没有食物防腐剂或人工调味的自然剧，而把《勇士与美人》比作是"哈瓦士面包"（这种面包是一种肉饼，香味十足，以掩饰其劣质肉馅而闻名）。不是用容貌出众的女性来炫耀她们的身体，也没有男性时装模特微笑混杂其中，《阿信》讲述了一个普通的日本女性（她战胜了巨大的困难）意义深远的故事。见：Usama Anwar 'Ukasha "Intabahu ayuha al-sada: 'Oshin' tuwajah al-jari'wa al-jamila" [Pay attention gentlemen: "Oshin" confronts "The Bold and the Beautiful"], Ruz al-Yusuf, June 26, 1993, pp. 52-53。具有讽刺意味的是，屈从于公众的压力，《勇士与美人》最终缩减了夜间播出时间，《阿信》于1993年年底再度播出。然而，几个月后，《阿信》成为了媒体上强烈批评的话题，原因是它残酷的令人压抑的角色。《阿信》在中东的其他地方广受欢迎。沙拉·哈里（Shahla Haeri）报告了《阿信》在

注释

伊朗播出时的轶事：在先知的女儿法蒂玛（Fatima）的纪念日，当问那些妇女谁是她们心中偶像时，她们回答是"阿信"。见：Shahla Haeri, "Obedience versus Autonomy: Women and Fundamentalism in Iran and Pakistan," in *Fundamentalisms and Society: Reclaiming the Sciences, the Family, and Education*, eds. Martin E. Marty and R. Scott Appleby (Chicago: University of ChicagoPress, 1993), 181-213。

[12] 对埃及国家女性主义及其衰亡的论述，见：Hatem, "Economic and Political Libera(liza)tion in Egypt and the Demise of State Feminism"。

[13] 对于不可思议的《白旗》的更多讨论，见：L. Abu-Lughod, "Finding a Place for Islam" and Armbrust, *Mass Culture and Modernism in Egypt*。

[14] 很多研究已经证明了这一点，以索哈·阿卜杜尔·卡德尔（Soha Abdel Kader）的研究——"The Image of Women in Drama and Women's Programs in Egyptian Television"为例，它揭示了描绘城市上层阶级的一种偏见。在1980年为期6个月的14部电视剧以及12个短剧中，没有一个是在乡下拍摄的（未出版的报告，Population Council, 1985, p. 36）。也可见：Diase, "Egyptian Television Serials, Audiences, and *The Family House*, a Public Health Enter-Educate Serial"。

[15] L. Abu-Lughod, "The Objects of Soap Operas."

[16] 最明显的例子是她对黑公主（Draupadi）——电视剧《摩诃婆罗多》（Mahabharata）中的还俗的女英雄——等若干女性的占用的分析。Mankekar, Screening Culture, Viewing Politics。

[17] 基于对40年代及50年代好莱坞女影星的英国女影迷的研究，杰基·斯泰西（Jackie Stacey）已经发展出了一种复杂的类型学，即由此产生的关于"女性间的亲密形式"。我不想对埃及的女性和电影明星之间的关系进行详细讨论，但是我设想那些认同和渴望模式或许会有些许不同，因为这些影星更加突出的世界性的认同，以及他们被更加强烈的道德语言所包围。然而，在斯泰西的有趣的发现中，其中一个是，对于英国女性来说，50年代存在着一个历史的转型，伴随着英国消费者市场的不断增长以及更大程度的美国化，影星们似乎联系更为紧密，并且因此更加容易相互认同。人们怀疑这样一种进程不会在埃及出现。见：Jackie Stacey, *Star Gazing : Hollywood Cinema and Female Spectatorship*, (London: Routledge, 1994)。

[18] Geraghty, *Women and Soap Opera*, 15.

[19] 演员们如此执着地沉浸于他们所扮演的角色中,以至于在电视剧结束之后,他们中的很多人抱怨他们被《西米亚之夜》中的角色所困扰。如同在美国肥皂剧中,影星们剧情结束之前也要停止演出,并且强迫被替换,因此观众不得不去应对角色和演员的分离。
[20] 更多的对于埃及表演者的道德评价,见:Karin van Nieuwkerk, *A Trade Like Any Other: Female Singers and Dancers in Egypt* (Austin: University of Texas Press,1995); Kathryn E. Zirbel, "Playing It Both Ways: Local Egyptian Performers between Regional Identity and International Markets," *in Mass Mediations*, ed. Armbrust; Susan Slyomovics, *The Merchant of Art*; and Sherifa Zuhur, *Asmahan's Secrets: Woman, War, and Song* (Austin: University of Texas Press, 2001)。
[21] Jad al-Haq 'Ali Jad al-Haq, "Simat al-halal wa al-haram" [The characteristics of the permitted and forbidden], Majallat al-Azhar, August/September-July 1988-89, Free Supplement, p.10.
[22] 作者1997年3月14日访谈。2003年,她有了一个粉丝俱乐部和一个网站,见:http://monazaki.proboards17.com。
[23] 见我的"Movie Stars and Islamic Moralism in Egypt"。
[24] Armbrust, "Manly Men on a National Stage (and the Women Who Make Them Stars)," 247-275; and Danielson, *The Voice of Egypt*.
[25] Armbrust, "The Riddle of Ramadan", 335-348.
[26] Salvatore, "Introduction: The Problem of the Ingraining of Civilizing Traditions into Social Governance", 14.
[27] Magdi Kamil, Fannanat wara'al-hijab [Artists behind the veil] (Cairo: Markaz al-raya li-l-nasnr wa al-i'lam, MR, 1993).
[28] Fawzi, `Umar Abd al-Kafi, 57-58. 我要感谢法哈·甘纳姆(Farha Ghannam)带给我这本书,以及另一本关于沙克(Shaykh)的书。
[29] 更多关于胡达·苏坦(Huda Sultan)以及由那些粉丝杂志所建构的她和丈夫法雷德(Farid,自从和她结婚之后,他成了全国知名的人物和明星)的关系,见:Armbrust, "Manly men on a National Stage (and the Women Who Make Them Stars)"。
[30] "AI-sitt Huda Sultan ba'd an ta'atigat wa ihlawwit" [Madam Huda Sultan after she matured and got more beautiful], Nusf al-Dunya, March 20, 1994, pp. 64-65.

参考文献

'Abd al-Rahim, Ashraf bin 'Abd al-Maqsud bin. 1994. *Musalsal al-'a'ila: Al-irhab al-fanni wa al-hujum 'ala al-islam* [The serial *The Family:* Artistic terrorism and the attack on Islam]. Cairo: Maktabat al-turath al-islami.

Abdel Kader, Soha. 1985. The image of women in drama and women's programs in Egyptian television. Unpublished report, Population Council.

Abelmann, Nancy. 2003. *The melodramas of mobility: Women, talk, and class in contemporary South Korea.* Honolulu: Univ. of Hawaii Press.

Abu El-Haj, Nadia. 2002. *Facts on the ground: Archaeological practice and territorial self-fashioning in Israeli society.* Chicago: Univ. of Chicago Press.

Abu-Lughod, Ibrahim. 1963. The mass media and Egyptian village life. *Social Forces* 42:97–104.

Abu-Lughod, Janet. 2004. Cairo: Too many people, not enough land, too few resources. In *World cities beyond the West,* ed. Josef Gugler, 258–313. Cambridge: Cambridge Univ. Press.

Abu-Lughod, Lila. 1986/2000. *Veiled sentiments: Honor and poetry in a Bedouin society.* Berkeley and Los Angeles: Univ. of California Press.

———. 1989. Zones of theory in the anthropology of the Arab world. *Annual Review of Anthropology* 18:267–306.

———. 1990a. The romance of resistance: Tracing transformations of power through Bedouin women. *American Ethnologist* 17:41–55.

———. 1990b. Shifting politics in Bedouin love poetry. In Abu-Lughod and Lutz 1990a, 24–45.

———. 1991. Writing against culture. In Fox 1991, 137–62.

———. 1993a. Editorial comment: On screening politics in a world of nations. *Public Culture* 5:465–69.

———. 1993b. *Writing women's worlds: Bedouin stories.* Berkeley and Los Angeles: Univ. of California Press.

参考文献

———. 1993c. Finding a place for Islam: Egyptian television serials and the national interest. *Public Culture* 5:493–513.

———. 1993d. Islam and the gendered discourses of death. *International Journal of Middle East Studies* 25:187–205.

———. 1995a. The objects of soap operas. In *Worlds apart: Modernity through the prism of the local*, ed. Daniel Miller, 191–210. London: Routledge.

———. 1995b. Movie stars and Islamic moralism in Egypt. *Social Text* 42 (spring): 53–67.

———. 1995c. A tale of two pregnancies. In *Women writing culture*, ed. Ruth Behar and Deborah Gordon, 339–49. Berkeley and Los Angeles: Univ. of California Press.

———. 1997a. The interpretation of culture(s) after television. *Representations* 59:25–50.

———. 1997b. Dramatic reversals. In *Political Islam: Essays from* Middle East Report, ed. Joel Beinin and Joe Stork, 269–82. Berkeley and Los Angeles: Univ. of California Press.

———. 1998a. Introduction: Feminist longings and postcolonial conditions. In Abu-Lughod 1998c, 3–31.

———. 1998b. The marriage of feminism and Islamism in Egypt: Selective repudiation as a dynamic of postcolonial cultural politics. In Abu-Lughod 1998c, 243–69.

———, ed. 1998c. *Remaking women: Feminism and modernity in the Middle East*. Princeton, NJ: Princeton Univ. Press.

———. 1999. Comments on "Writing for Culture." *Current Anthropology* 40:S13–S15.

———. 2001. *Orientalism* and Middle East feminist studies. *Feminist Studies* 27 (spring): 101–13.

———. 2003. Asserting the local as national in the face of the global: The ambivalence of authenticity in Egyptian soap opera. In *Localizing knowledge in a globalizing world: Recasting the area studies debate*, ed. Ali Mirsepassi, Amrita Basu, and Frederick Weaver, 101–27. Syracuse, NY: Syracuse Univ. Press.

Abu-Lughod, Lila, and Catherine Lutz, eds. 1990a. *Language and the politics of emotion*. Cambridge: Cambridge Univ. Press.

———. 1990b. Introduction: Emotion, discourse, and the politics of everyday life. In Abu-Lughod and Lutz 1990a, 1–23.

Adorno, Theodor. 1991. *The culture industry: Selected essays on mass culture*. Ed. J. M. Bernstein. London: Routledge.

Ahmed, Leila. 1992. *Women and gender in Islam: Historical roots of a modern debate*. New Haven, Conn.: Yale Univ. Press.

Al-Ali, Nadje. 2000. *Secularism, gender and the state in the Middle East: The Egyptian women's movement*. Cambridge: Cambridge Univ. Press.

Al-Hakim, Tawfiq. 1985. *'Awdat al-wa'i* [Return of consciousness]. 1st English ed. New York: New York Univ. Press.

———. 1990. *'Awdat al-ruh* [Return of the spirit]. 1st English ed. Washington, DC: Three Continents Press.

Ali, Kamran Asdar. 2002a. *Planning the family in Egypt: New bodies, new selves*. Austin: Univ. of Texas Press.

———. 2002b. Faulty deployments: Persuading women and constructing choice in Egypt. *Comparative Studies in Society and History* 44 (2): 370–92.

Allen, Robert C. 1985. *Speaking of soap opera*. Chapel Hill: Univ. of North Carolina Press.

———, ed. 1995. *To be continued . . . : Soap operas around the world*. New York: Routledge.

Al-Sawi, 'Ali. 1996. Al-mar'a wa intikhabat majlis al-sha'b 1995: Halat da'irat imbaba [Women and the 1995 parliamentary elections: The situation of Imbaba District]. In *Al-mar'a wa intikhabat majlis al-sha'b 1995* [Women and the 1995 parliamentary elections], ed. Waduda Badran, 181–200. Cairo: Friedrich Ebert Stiftung and Cairo Univ. Faculty of Economics and Political Science.

Al-Sholkamy, Hania. 1999. Why is anthropology so hard in Egypt? Seteny Shami and Linda Herrera, eds., *Cairo Papers in Social Science* 22:119–38.

Altorki, Soraya. 1999. Patriarchy and imperialism: Father-son and British-Egyptian relations in Najib Mahfuz's trilogy. In *Intimate selving in Arab Families,* ed. Suad Joseph, 214–34. Syracuse, NY: Syracuse Univ. Press.

Amin, Hussein. 1996. Egypt and the Arab world in the satellite age. In *New patterns in global television: Peripheral vision,* ed. John Sinclair, Elizabeth Jacka, and Stuart Cunningham, 101–25. Oxford: Oxford Univ. Press.

Anderson, Benedict. 1991. *Imagined communities.* London: Verso.

Ang, Ien. 1985. *Watching "Dallas": Soap opera and the melodramatic imagination.* London: Methuen.

———. 1990. Melodramatic identifications: Television fiction and women's fantasy. In *Television and women's culture: The politics of the popular,* ed. Mary Ellen Brown, 75–88. London: Sage.

———. 1991. *Desperately seeking the audience.* London: Routledge.

———. 1996. *Living room wars: Rethinking media audiences for a postmodern world.* London: Routledge.

Appadurai, Arjun. 1986a. Is homo hierarchicus? *American Ethnologist* 13:745–61.

———. 1986b. Theory in anthropology: Center and periphery. *Comparative Studies in Society and History* 28:356–61.

———. 1988. Putting hierarchy in its place. *Cultural Anthropology* 3:36–49.

———. 1996a. Global ethnoscapes: Notes and queries for a transnational anthropology. In Appadurai 1996b.

———. 1996b. *Modernity at large: Cultural dimensions of globalization.* Minneapolis: Univ. of Minnesota Press.

Armbrust, Walter. 1996. *Mass culture and modernism in Egypt.* Cambridge: Cambridge Univ. Press.

———. 1998. Terrorism and kabab: A Capraesque view of modern Egypt. In *Images of enchantment: Visual and performing arts of the Middle East,* ed. Sherifa Zuhur, 283–99. Cairo: American Univ. in Cairo Press.

———. 1999. Bourgeois leisure and Egyptian media fantasies. In *New media in the Muslim world,* ed. Dale Eickelman and Jon Anderson, 106–32. Bloomington: Indiana Univ. Press.

———, ed. 2000a. *Mass mediations: New approaches to popular culture in the Middle East and beyond.* Berkeley and Los Angeles: Univ. of California Press.

———. 2000b. The riddle of Ramadan: Media, consumer culture, and the "Christmasization" of a Muslim holiday. In *Everyday life in the Muslim Middle East,* ed. Donna Lee Bowen and Evelyn A. Early, 335–48. Bloomington: Indiana Univ. Press.

———. 2002a. Islamists in Egyptian cinema. *American Anthropologist* 104 (3): 922–31.

———. 2002b. Manly men on a national stage (and the women who make them stars). In *Histories of the modern Middle East: New directions,* ed. Israel Gershoni, Hakan Erdem, and Ursula Wokock, 247–75. Boulder, CO: Lynne Rienner Publishers.

Asad, Talal. 1993. *Genealogies of religion.* Baltimore: Johns Hopkins Univ. Press.

参考文献

———. 2003a. *Formations of the secular: Christianity, Islam, modernity.* Stanford, CA: Stanford Univ. Press.

———. 2003b. Reconfigurations of law and ethics in colonial Egypt. In Asad 2003a, 205–56.

Bach, Kirsten Haugaard. 1998. The vision of a better life: New patterns of consumption and changed social relations. In *Directions of change in rural Egypt,* ed. Kirsten Westergaard and Nicholas Hopkins, 184–200. Cairo: American Univ. in Cairo Press.

Badran, Margot. 1993. Gender activism: Feminists and Islamists in Egypt. In *Identity politics and women: Cultural reassertions and feminism in international perspective,* ed. Valentine Moghadam, 202–27. Denver: Westview Press.

———. 1995. *Feminists, Islam, and nation: Gender and the making of modern Egypt.* Princeton, NJ: Princeton Univ. Press.

Bakr, Salwa. 1992. *Such a beautiful voice.* Trans. Hoda El-Sadda. Cairo: General Egyptian Book Organization.

———. 1997. *The wiles of men.* Trans. Denys Johnson-Davies. Cairo: American Univ. in Cairo Press.

Balibar, Etienne. 1991. *Race, nation, class: Ambiguous identities.* London: Verso.

Baron, Beth. 1991. The making and breaking of marital bonds in modern Egypt. In *Women in Middle Eastern history,* ed. Nikki Keddie and Beth Baron, 275–91. New Haven, Conn.: Yale Univ. Press.

———. 1994. *The women's awakening in Egypt: Culture, society, and the press.* New Haven, Conn.: Yale Univ. Press.

———. 1997. Nationalist iconography: Egypt as a woman. In *Rethinking nationalism in the Arab Middle East,* ed. James Jankowski and Israel Gershoni, 105–24. New York: Columbia Univ. Press.

Baudrillard, Jean. 1988. *Selected writings.* Ed. Mark Poster. Stanford, CA: Stanford Univ. Press.

Behar, Ruth. 1990. Rage and redemption: Reading the life story of a Mexican marketing woman. *Feminist Studies* 16:223–58.

Berger, John. 1992. *Pig earth.* Rev. ed. New York: Vintage Books.

Bhabha, Homi. 1990. DissemiNation: Time, narrative, and the margins of the modern nation. In *Nation and narration,* ed. Homi Bhabha, 297–99. London: Routledge.

———. 1994. *The location of culture.* London: Routledge.

Bhargava, Rajeev, ed. 1998. *Secularism and its critics.* Delhi: Oxford Univ. Press.

Booth, Marilyn. 1998. The Egyptian lives of Jeanne d'Arc. In Abu-Lughod 1998c, 171–211.

———. 1990. *Bayram al-Tunisi's Egypt: Social criticism and narrative strategies.* Oxford: Ithaca Press.

———. 2001. *May her likes be multiplied: Biography and gender politics in Egypt.* Berkeley and Los Angeles: Univ. of California Press.

Bourdieu, Pierre. 1977. *Outline of a theory of practice.* Trans. Richard Nice. Cambridge: Cambridge Univ. Press.

———. 1984. *Distinction: A social critique of the judgment of taste.* Trans. Richard Nice. Cambridge, MA: Harvard Univ. Press.

Boyd, Douglas. 1999. *Broadcasting in the Arab world.* Ames: Iowa State Univ. Press.

Braman, Sandra, and Annabelle Sreberny-Mohammadi, eds. 1996. *Globalization, communication and transnational civil society.* Cresskill, NJ: Hampton Press.

Brooks, Peter. 1976. *The melodramatic imagination: Balzac, Henry James, melodrama, and the mode of excess.* New Haven, Conn.: Yale Univ. Press.

Brown, Mary Ellen, ed. 1990. *Television and women's culture: The politics of the popular.* London: Sage.

Brown, Nathan. 1990. *Peasant politics in modern Egypt: The struggle against the state.* New Haven, Conn.: Yale Univ. Press.

Brumann, Christoph. 1999. Writing for culture. *Current Anthropology* 40:S1–S13.

Brunsdon, Charlotte. 1995. The role of soap opera in the development of feminist television scholarship. In Allen 1995, 49–55. New York: Routledge.

———. 1997. *Screen tastes: Soap opera to satellite dishes.* London: Routledge.

CEDEJ. 1987. Anciens et nouveaux médias en Egypte: Radio, télévision, cinéma, vidéo. *Bulletine de CEDEJ* 21: Premiere semestre.

———. 1988. Renseignements égyptiens: Le héros, la pécheresse et l'agent double. *Revue de la presse Ègyptienne* 32/33, 2ème semestre: 109–54.

Chakrabarty, Dipesh. 1994/1997. The difference-deferral of a colonial modernity: Public debates on domesticity in British Bengal. In *Subaltern studies VIII,* ed. David Arnold and David Hardiman, 50–88. Delhi: Oxford Univ. Press. Repr. in *Tensions of empire: Colonial cultures in a bourgeois world,* ed. Frederick Cooper and Ann Laura Stoler, 373–40. Berkeley and Los Angeles: Univ. of California Press, 1997.

———. 2000. Witness to suffering: Domestic cruelty and the birth of the modern subject in Bengal. In *Questions of modernity,* ed. Timothy Mitchell, 49–86. Minneapolis: Univ. of Minnesota Press.

———. 2002. *Habitations of modernity: Essays in the wake of subaltern studies.* Chicago: Univ. of Chicago Press.

Chatterjee, Partha. 1993. *The nation and its fragments.* Princeton, NJ: Princeton Univ. Press.

———. 1995. Religious minorities and the secular state: Reflections on an Indian impasse. *Public Culture* 8:11–39.

———. 1998. Secularism and tolerance. In Bhargava 1998, 345–79. Delhi: Oxford Univ. Press.

Chih, Rachida. 2000. *Le soufisme au quotidien: Confréries d'Egypte au XXe siècle.* Arles: Actes Sud-Sindbad.

Clifford, James. 1988. *The predicament of culture: Twentieth-Century ethnography, literature, and art.* Cambridge, MA: Harvard Univ. Press.

———. 1992. Travelling cultures. In *Cultural studies,* ed. Lawrence Grossberg, Cary Nelson, and Paula Treichler, 96–112. New York: Routledge.

Colla, Elliott. 2000. Shadi Abd al-Salam's *al-Mumiya:* Ambivalence and the Egyptian nation-state. In *Beyond colonialism and nationalism in the Maghreb,* ed. A. Ahmida, 109–43. New York: Palgrave.

———. 2001–2. The stuff of Egypt: The nation, the state and their proper objects. *New Formations* 45 (winter): 72–90.

Cooper, Frederick, and Ann Laura Stoler, eds. 1997. *Tensions of empire: Colonial cultures in a bourgeois world.* Berkeley and Los Angeles: Univ. of California Press.

Crehan, Kate. 2002. *Gramsci, culture and anthropology.* Berkeley and Los Angeles: Univ. of California Press.

Cvetkovich, Ann. 1992. *Mixed feelings: Feminism, mass cultures, and Victorian sensationalism.* New Brunswick, NJ: Rutgers Univ. Press.

Daniel, E. Valentine. 1996. *Charred lullabies: Chapters in an anthropography of violence.* Princeton, NJ: Princeton Univ. Press.

Danielson, Virginia. 1997. *The voice of Egypt: Umm Kulthum, Arabic song, and Egyptian society in the twentieth century.* Chicago: Univ. of Chicago Press.

Das, Veena. 1995. On soap opera: What kind of anthropological object is it? In *Worlds apart: Modernity through the prism of the local,* ed. Daniel Miller, 169–89. London: Routledge.

———. 2000. The making of modernity: Gender and time in Indian cinema. In *Questions of modernity,* ed. Timothy Mitchell, 166–88. Minneapolis: Univ. of Minnesota Press.

Davila, Arlene. 1999. El Kiosko Budweiser. *American Ethnologist* 25:452–70.

———. 2001. *Latino Inc.: The marketing and making of a people.* Berkeley and Los Angeles: Univ. of California Press.

Deng, Francis Mading. 1973. *The Dinka and their songs.* Oxford: Clarendon Press.

Diase, Martha. 1996. Egyptian television serials, audiences, and *The Family House,* a public health enter-educate serial. Ph.D. diss., Univ. of Texas at Austin.

Dirks, Nicholas, Sherry Ortner, and Geoffrey Eley, eds. 1993. *Culture/power/history: A reader in contemporary social theory.* Princeton, NJ: Princeton Univ. Press.

Early, Evelyn. 1993. *Baladi women of Cairo: Playing with an egg and a stone.* Boulder, CO: Lynne Reiner Publishers.

Eickelman, Dale, and Jon Anderson, eds. 1999. *New media in the Muslim world: The emerging public sphere.* Bloomington: Indiana Univ. Press.

El-Bakly, Sawsan, and Ronald Hess. 1994. Mass media makes a difference. *Integration* 41 (September):13–15.

El-Gawhary, Karim. 2001. An interview with Heba Ra'uf Ezzat. In *Women and power in the Middle East,* ed. Suad Joseph and Susan Slyomovics, 99–102. Philadelphia: Univ. of Pennsylvania Press.

El-Guindi, Fadwa. 1999. *Veil: Modesty, privacy, and resistance.* Oxford: Berg.

El-Hamamsy, Laila Shukry. 1982. The assertion of Egyptian identity. In *Ethnic identity: Cultural continuities and change,* ed. George DeVos and Lola Romanucci-Ross, 2nd ed., 276–306. Chicago: Univ. of Chicago Press.

El-Kholy, Heba Aziz. 2002. *Defiance and compliance: Negotiating gender in low-income Cairo.* New York: Berghahn Books.

El-Messiri, Sawsan. 1978. *Ibn al-Balad: A concept of Egyptian identity.* Leiden: Brill.

El Shakry, Omnia. 2002. The great social laboratory: Reformers and utopians in twentieth century Egypt. Ph.D. diss., Princeton Univ.

Elsheikh, Ibrahim Abdelwahab. 1977. *Mass media and ideological change in Egypt (1950–1973): An inquiry into the relation between media activities and the ideological change process as illustrated by the propagation of socialism.* Amsterdam: Univ. of Amsterdam.

Evans-Pritchard, E. E. 1969. *The Nuer: A description of the modes of livelihood and political institutions of a Nilotic people.* Rev. ed. New York: Oxford Univ. Press.

Fakhreddine, Jihad. 2002. National versus pan-Arab reach: Which way for Egypt's private commercial TV channels? *TBS* 9 (fall/winter), http://www.tbsjournal.com/Archive/Fall02/Fakhreddine.html.

Fallers, Lloyd A. 1974. *The social anthropology of the nation-state.* Chicago: Aldine Publishing Co.

Faria, Vilmar E., and Joseph E. Potter. 1999. Television, *telenovelas,* and fertility change in Northeast Brazil. In *Dynamics of value in fertility change,* ed. Richard Leete, 252–72. Oxford: Oxford Univ. Press.

Fawzi, Mahmud. 1993. *'Umar 'Abd al-Kafi . . . wa fatawa sakhina . . . fi-l-din wa al-siyasa wa al-fann!* ['Umar 'Abd al-Kafi and hot fatwas (legal opinions) . . . on religion, politics, and art!]. Cairo: Al-jadawi li-l-nashr.

Fernandez, Leela. 2000. Nationalizing "the global": Media images, cultural politics and the middle class in India. *Media Culture and Society* 22:611–28.

———. 2001. Rethinking globalization: Gender and the nation in India. In *Feminist locations: Global and local, theory and practice in the 21st century,* ed. Marianne de Koven, 147–67. New Brunswick, NJ: Rutgers Univ. Press.

Fernea, Elizabeth. 1998. *In search of Islamic feminism: One woman's global journey.* New York: Doubleday.

Feuer, Jane. 1984. Melodrama, serial form and television today. *Screen* 25:4–16.

Fiske, John. 1987. *Television culture.* London: Methuen.

Foster, Robert. 1991. Making national cultures in the global ecumene. *Annual Review of Anthropology* 20:235–60.

———. 1999. The commercial construction of "new nations." *Journal of Material Culture* 4:263–82.

———. 2002. *Materializing the nation: Commodities, consumption and media in Papua New Guinea.* Bloomington: Indiana Univ. Press.

Foucault, Michel. 1978. *Discipline and punish.* Trans. Alan Sheridan. New York: Random House.

———. 1982. Afterword: The subject and power. In *Michel Foucault: Beyond structuralism and hermeneutics,* ed. Hubert Dreyfus and Paul Rabinow, 208–26. Chicago: Univ. of Chicago Press.

———. 1985. *The history of sexuality.* Vol. 2, trans. Robert Hurley. New York: Random House.

———. 1988. Technologies of the self. In *Technologies of the self,* ed. L. Martin, H. Gutman, and P. Hutton, 16–49. Amherst: Univ. of Massachusetts Press.

———. 1993. About the beginning of the hermeneutics of the self. *Political Theory* 21:198–227.

Fox, Richard, ed. 1990. *Nationalist ideologies and the production of national cultures.* Washington, DC: American Anthropological Association.

———. 1991. *Recapturing anthropology: Working in the present.* Santa Fe: School of American Research Press.

Friedman, Jonathan. 1994. *Cultural identity and global process.* London: Sage.

Gaffney, Patrick. 1994. *The prophet's pulpit: Islamic preaching in contemporary Egypt.* Berkeley and Los Angeles: Univ. of California Press.

Gasper, Michael. 2001. 'Abdallah al-Nadim, Islamic reform, and "ignorant" peasants: State-Building in Egypt? In *Muslim traditions and modern techniques of power,* ed. Armando Salvatore, 75–92. *Yearbook of the Sociology of Islam,* vol. 3, ed. Helmut Buchholt and Georg Stant. Munster: Lit.

Geertz, Clifford. 1973a. Deep play: Notes on the Balinese cockfight. In *The interpretation of cultures,* 412–14. New York: Basic Books.

———. 1973b. Thick description: Toward an interpretive theory of culture. In Geertz 1973a, 3–30.

———. 1988. *Works and lives.* Stanford, Calif.: Stanford Univ. Press.

———. 1995. *After the fact: Two centuries, four decades, one anthropologist.* Cambridge, MA: Harvard Univ. Press.

Geraghty, Christine. 1991. *Women and soap opera: A study of prime-time soaps.* Cambridge:

参考文献

Polity Press.
Ghannam, Farha. 2002. *Remaking the modern: Space, relocation, and the politics of identity in a global Cairo*. Berkeley and Los Angeles: Univ. of California Press.
Ghazoul, Ferial. 1988. Balaghat al-ghalaba [The eloquence/rhetoric of the downtrodden]. Paper presented at "Women and Contemporary Arab Thought," Second International Conference of the Arab Women's Solidarity Association, November 3–5, Cairo.
Gillespie, Marie. 1995. *Television, ethnicity, and cultural change*. London: Routledge.
Ginsburg, Faye. 1994. Culture/media: A (mild) polemic. *Anthropology Today* 10:5–15.
Ginsburg, Faye, Lila Abu-Lughod, and Brian Larkin, eds. 2002. *Media worlds: Anthropology on new terrain*. Berkeley and Los Angeles: Univ. of California Press.
Gledhill, Christine, ed. 1994. *Melodrama: Stage, picture, screen*. London: British Film Institute.
Gordon, Joel. 1998. Becoming the image: Words of gold, talk television, and Ramadan nights on the little screen. *Visual Anthropology* 10:247–63.
———. 2000. Nasser 56/Cairo 96: Reimaging Egypt's lost community. In Armbrust 2000a, 161–81.
———. 2001. Golden boy turns bête noire: Crossing boundaries of unscripted television in Egypt. *Journal of Middle East and North African Intellectual and Cultural Studies* 1:1–18.
———. 2002. *Revolutionary melodrama: Popular film and civic identity in Nasser's Egypt*. Chicago: Chicago Studies on the Middle East, Center for Middle Eastern Studies, Univ. of Chicago.
Guillermoprieto, Alma. 1993. Letter from Brazil: Obsessed in Rio. *New Yorker*, August 16, 44–55.
Gupta, Akhil. 1998. *Postcolonial developments: Agriculture in the making of modern India*. Durham, NC: Duke Univ. Press.
Gupta, Akhil, and James Ferguson, eds. 1997. *Culture, power, place: Explorations in critical anthropology*. Durham, NC: Duke Univ. Press.
Haeri, Shahla. 1993. Obedience versus autonomy: Women and fundamentalism in Iran and Pakistan. In *Fundamentalisms and society: Reclaiming the sciences, the family, and education*, ed. Martin E. Marty and R. Scott Appleby, 181–213. Chicago: Univ. of Chicago Press.
Hamburger, Esther. 1999. Politics and intimacy in Brazilian telenovelas. Ph.D. diss., Univ. of Chicago.
Hamdan, Jamal. 1970. *Shakhsiyat misr: dirasa fi 'abqariyyat al-makan* [The character of Egypt: A study in the genius of place]. Cairo: Maktabat al-nahda al-misriyya.
Hamdy, Naila. 2002a. El Mehwar the mercurial. *TBS* 9 (fall/winter), http://www.tbsjournal.com/Archives/Fall02/Mehwar.html.
———. 2002b. A dream TV come true. *TBS* 8 (spring/summer), http://www.tbsjournal.com/Archives/Spring02/sirhan.html.
Handler, Richard. 1988. *Nationalism and the politics of culture in Québec*. Madison: Univ. of Wisconsin Press.
Hannerz, Ulf. 1992. *Cultural complexity*. New York: Columbia Univ. Press.
———. 1996. *Transnational connections*. New York: Routledge.
Hatem, Mervat. 1992. Economic and political libera(liza)tion in Egypt and the demise of state feminism. *International Journal of Middle East Studies* 24:231–51.
———. 1998. Secularist and Islamist discourses on modernity in Egypt and the evolution of the post-colonial nation-state. In *Islam, gender and social change*, ed. Yvonne Haddad and John Esposito, 85–99. New York: Oxford Univ. Press.

Heider, Karl G. 1991. *Indonesian cinema: National culture on screen.* Honolulu: Univ. of Hawaii Press.

Herrera, Linda. 2001. Accommodating disco and Quran: Lay female pedagogues and the education of metropolitan Muslims. In Salvatore 2001, 225–39.

Herzfeld, Michael. 1997. *Cultural intimacy: Social poetics in the nation-state.* New York: Routledge.

Himpele, Jeff. 2002. Arrival scenes: Complicity and media ethnography in the Bolivian public sphere. In Ginsburg, Abu-Lughod, and Larkin 2002, 301–16.

Hinerman, Stephen. 2001. Star culture. In *Culture in the communication age,* ed. James Lull, 193–211. London: Routledge.

Hirschkind, Charles. 2001. Civic virtue and religious reason: An Islamic counterpublic. *Cultural Anthropology* 16:3–34.

Hoffman, Valerie. 1995. *Sufism, mystics, and saints in modern Egypt.* Columbia: Univ. of South Carolina Press.

Hoodfar, Homa. 1997. *Between marriage and the market: Intimate politics and survival in Cairo.* Berkeley and Los Angeles: Univ. of California Press.

Illouz, Eva. 2003. *Oprah Winfrey and the glamour of misery: An essay on popular culture.* New York: Columbia Univ. Press.

Jansen, Willy. 1987. *Women without men: Gender and marginality in an Algerian town.* Leiden: E. J. Brill.

Joyrich, Lynne. 1992. All that television allows: TV melodrama, postmodernism, and consumer culture. In *Private screenings: Television and the female consumer,* ed. Lynne Spigel and Denise Mann, 227–51. Minneapolis: Univ. of Minnesota Press.

Kamel, Bouthayna. 1999. Night confessions: Social boundaries of talk radio. Paper presented at the Middle East Studies Association Annual Meeting, Washington, DC.

Kamil, Magdi. 1993. *Fannanat wara' al-hijab* [Artists behind the veil]. Cairo: Markaz al-raya li-l-nashr wa al-i'lam, MR.

Kandil, Heba. 2000. The media free zone: An Egyptian media production city finesse. *Transnational Broadcasting Journal* 5 (fall), http://www.tbsjournal.com/Archives/Falloo/Kandil.htm.

Karthigesu, Ranggasamy. 1988. Television as a tool for nation-building in the third world. In *Television and its audience,* ed. Phillip Drummond and Richard Paterson, 306–26. London: British Film Institute.

Kashak, Marwan. 1987. *Al-Usra al muslima amam al-fidiyu wa al-tilifizyun* [The Muslim family in front of video and television]. Cairo: Dar al-kalima al-tayyiba.

Kelly, John D., and Martha Kaplan. 2001. *Represented communities: Fiji and world decolonization.* Chicago: Univ. of Chicago Press.

Kendall, Laurel. 1988. *The life and hard times of a Korean shaman.* Honolulu: Univ. of Hawaii Press.

Khalifa, 'Abd al-Latif Muhammad, and Sha'ban Jaballah Radwan. 1998. *Al-shakhsiya al-misriyya: Al-malamih wa al-abad* [The Egyptian personality: Features and dimensions]. Cairo: Dar gharib.

Kienle, Eberhard. 2001. *A grand delusion: Democracy and economic reform in Egypt.* London: I. B. Tauris.

Kuppinger, Petra. 2001. Cracks in the cityscape: Traditional spatial practices and the official discourse on "informality" and *irhab* (Islamic terrorism). In Salvatore 2001, 185–207.

参考文献

Lane, Sandra. 1997. Television minidramas: Social marketing and evaluation in Egypt. *Medical Anthropology Quarterly* 11 (2): 164–82.

Larkin, Brian. 1996. The social space of media. Panel organized for the American Anthropological Association Annual Meeting, San Francisco.

Lerner, Daniel. 1958. *The passing of traditional society*. Glencoe, IL: Free Press.

Levy, Marion Jr. 1966. *Modernization and the structure of societies*. Princeton, NJ: Princeton Univ. Press.

Liebes, Tamar, and Elihu Katz. 1990. *The export of meaning: Cross-Cultural readings of "Dallas."* New York: Oxford Univ. Press.

Lomnitz-Adler, Claudio. 1992. *Exits from the labyrinth: Culture and ideology in the Mexican national space*. Stanford, CA: Stanford Univ. Press.

Lopez, Ana. 1995. Our welcomed guests: Telenovelas in Latin America. In Allen 1995, 256–75.

Lull, James. 1990. *Inside family viewing: Ethnographic research on television's audience*. London: Routledge.

———. 1995. *Media, communication, culture: A global approach*. New York: Columbia Univ. Press.

Lutz, Catherine. 1986. Emotion, thought, and estrangement: Emotion as a cultural category. *Cultural Anthropology* 1: 405–36.

———. 2001. *Homefront: A military city and the American twentieth century*. Boston: Beacon Books.

Machado-Borges, Thaïs. 2003. *Only for you! Brazilians and the telenovela flow*. Stockholm: Stockholm Studies in Social Anthropology.

MacLeod, Arlene. 1991. *Accommodating protest: Working women, the new veiling, and change in Cairo*. New York: Columbia Univ. Press.

Mahfouz, Naguib. 1989/1956. *Palace Walk*. Trans. William M. Hutchins and Olive E. Kenny. New York: Doubleday.

Mahmood, Saba. 1998. Women's piety and embodied discipline: The Islamic resurgence in contemporary Egypt. Ph.D. diss., Stanford Univ.

———. 2001a. Feminist theory, embodiment, and the docile agent: Some reflections on the Egyptian Islamic revival. *Cultural Anthropology* 16: 202–36.

———. 2001b. Rehearsing spontaneity and the conventionality of ritual: Disciplines of Salat. *American Anthropologist* 8: 827–53.

———. 2004. *Politics of piety: The Islamic revival and the feminist subject*. Princeton, NJ: Princeton Univ. Press.

Malkki, Liisa. 1995. *Purity and exile: Violence, memory, and national cosmology among Hutu refugees in Tanzania*. Chicago: Univ. of Chicago Press.

Malkmus, Lizbeth, and Roy Armes. 1991. *Arab and African film making*. London: Zed Books.

Mandel, Ruth. 2002. A Marshall Plan of the mind: The political economy of a Kazakh soap opera. In Ginsburg, Abu-Lughod, and Larkin 2002, 211–28.

Mankekar, Purnima. 1993a. National texts and gendered lives: An ethnography of television viewers in a north Indian city. *American Ethnologist* 20: 543–63.

———. 1993b. Television tales and a woman's rage. *Public Culture* 5: 469–92.

———. 1999. *Screening culture, viewing politics: An ethnography of television, womanhood, and nation in postcolonial India*. Durham, NC: Duke Univ. Press.

Marcus, George. 1998a. Ethnography in/of the world system: The emergence of multi-sited ethnography. In Marcus 1998b.

参考文献

―――. 1998b. *Ethnography through thick and thin.* Princeton, NJ: Princeton Univ. Press.

―――. 2003. On the unbearable slowness of being an anthropologist now: Notes on a contemporary anxiety in the making of ethnography. *Xcp: Cross-Cultural Poetics* 12 (April): 7–20.

Martin, Emily. 1994. *Flexible bodies: Tracking immunity in American culture from the days of polio to the age of AIDS.* Boston: Beacon Press.

Mead, Margaret, and Rhoda Metraux, eds. 2000. *The study of culture at a distance.* New York: Berghahn Books.

Merritt, Russell. 1983. Melodrama: Postmortem for a phantom genre. *Wide Angle* 5:25–31.

Meskell, Lynn. 2001. The practice and politics of archaeology in Egypt. In *Ethics and anthropology: Facing future issues in human biology, globalism, and cultural property*, ed. A.-M. Cantwell, E. Friedlander, and M. L. Tram, 146–69. New York: Annals of the New York Academy of Sciences.

Miller, Daniel. 1992. The young and the restless in Trinidad: A case of the local and the global in mass consumption. In *Consuming technologies: Media and information in domestic spaces*, ed. Roger Silverstone and Eric Hirsch, 163–82. London: Routledge.

―――, ed. 1995a. *Acknowledging consumption.* London: Routledge.

―――. 1995b. Consumption as the vanguard of history. In Miller 1995a, 1–57.

―――. 1995c. Consumption studies as the transformation of anthropology. In Miller 1995a, 264–95.

―――. 2001. *The dialectics of shopping.* Chicago: Univ. of Chicago Press.

Miller, Toby. 1993. *The well-tempered self.* Baltimore: Johns Hopkins Univ. Press.

Mitchell, Timothy. 1990. The invention and reinvention of the Egyptian peasant. *International Journal of Middle East Studies* 28:129–50.

―――. 1995. Worlds apart: An Egyptian village and the international tourism industry. *Middle East Report* 196 (September-October): 8–11, 23.

―――. 2000. The stage of modernity. In *Questions of modernity*, ed. Timothy Mitchell, 1–34. Minneapolis: Univ. of Minnesota Press.

―――. 2002a. *Rule of experts: Egypt, technopolitics, economy.* Berkeley and Los Angeles: Univ. of California Press.

―――. 2002b. Heritage and violence. In Mitchell 2002a, 179–205.

―――. 2002c. McJihad: Islam in the U.S. global order. *Social Text* 73:1–18.

Modleski, Tanya. 1982. *Loving with a vengeance: Mass produced fantasies for women.* Hamden, CT: Archon Books.

―――. 1983. The rhythms of reception: Daytime television and women's work. In *Regarding television*, ed. E. Ann Kaplan, 67–75. American Film Institute Monograph. Frederick, MD: Univ. Publications of America.

Moody, Sherin. 1999. Pay-TV in Egypt: Impediments and developments. *TBS* 2 (spring), http://www.tbsjournal.com/Archives/Spring99/Documents/Sherin/sherin.html.

Morley, David. 1986. *Family television.* London: Comedia.

Morley, David, and Charlotte Brunsdon. 1999. *The nationwide television studies.* London: Routledge.

Moustafa, Tamir. 2000. Conflict and cooperation between the state and religious institutions in contemporary Egypt. *International Journal of Middle East Studies* 32:3–22.

Mulvey, Laura. 1986. Melodrama in and out of the home. In *High theory/low culture*, ed. Colin McCabe, 80–100. Manchester: Manchester Univ. Press.

参考文献

Mumford, Laura Stempel. 1995. *Love and ideology in the afternoon.* Bloomington: Indiana Univ. Press.
Myers, Fred, ed. 2001. *The empire of things.* Santa Fe: School of American Research Press.
Najmabadi, Afsaneh. 1998. Crafting an educated housewife in Iran. In Abu-Lughod 1998c, 91–125. Princeton, NJ: Princeton Univ. Press.
Negus, Steve. 1994. Militant repents on TV: Soap or sincere? *Civil Society* 3 (29): 6–8. (May.)
Neiburg, Federico, and Marcio Goldman. 1998. Anthropology and politics in studies of national character. *Cultural Anthropology* 13:56–81.
Nelson, Cynthia. 1996. *Doria Shafik, Egyptian feminist: A woman apart.* Gainesville: Univ. Press of Florida.
Ortner, Sherry. 1995. Resistance and the problem of ethnographic refusal. *Comparative Studies in Society and History* 37:173–93.
Peacock, James. 1966. *The rites of modernization.* Chicago: Univ. of Chicago Press.
Petty, Sheila. 1994. Miseria: The evolution of a unique melodramatic form. *Passages: A Chronicle of the Humanities* 8:19–20.
Piterburg, Gabriel. 1997. The tropes of stagnation and awakening in nationalist historical consciousness: The Egyptian case. In *Rethinking nationalism in the Arab Middle East,* ed. James Jankowski and Israel Gershoni, 42–62. New York: Columbia Univ. Press.
Press, Andrea L., and Elizabeth R. Cole. 1999. *Speaking of abortion: Television and authority in the lives of women.* Chicago: Univ. of Chicago Press.
Public Information Agency Center for Media, Education and Communication. 1992. Muʿshirat sariʿa awwaliyya nahw musalsal 'wa ma zala al-nil yajri' [Quick initial findings about the serial *And the Nile Flows On*]. Unpublished report. Cairo: Al-Hay'a al-ʿamma li-l-istiʿlamat, markaz al-iʿlam wa al-taʿlim wa al-ittisal [The Public Information Agency Center for Media, Education and Communication].
Rabinow, Paul. 1986. Representations are social facts. In *Writing Culture,* ed. James Clifford and George Marcus, 234–61. Berkeley and Los Angeles: Univ. of California Press.
Radwan, Nadya. 1997. *Dawr al-drama al-tilifizyuniyya fi tashkil waʿi al-marʾa: dirasa ijtimaʿiyya maydaniyya* [The role of television drama in forming women's consciousness/awareness: A field-based social study]. Cairo: Al-hay'a al-misriyya al-ʿamma l-il-kitab [The Egyptian General Book Organization].
Radway, Janice. 1984. *Reading the romance: Women, patriarchy, and popular literature.* Chapel Hill: Univ. of North Carolina Press.
Rajagopal, Arvind. 1999a. Advertising, politics and the sentimental education of the Indian consumer. *Visual Anthropology Review* 14:1–18. (fall-winter.)
———. 1999b. Thinking through emerging markets. *Social Text* 60:131–49. (fall.)
———. 2001. *Politics after television: Hindu nationalism and the reshaping of the public in India.* Cambridge: Cambridge Univ. Press.
Rajan, Rajeswari Sunder. 2000. Women between community and state: Some implications of the uniform civil code debates in India. *Social Text* 65, vol. 18 (4): 55–82. (winter.)
Raouf, Heba. 2001. The silent Ayesha: An Egyptian narrative. In *Globalization, gender and religion: The politics of women's rights in Catholic and Muslim contexts,* ed. Jane H. Bayes and Nayereh Tohidi, 231–57. New York: Palgrave.
Rapp, Rayna. 1999. *Testing women, testing the fetus: The social impact of amniocentesis in America.* New York: Routledge.
Reiker, Martina. 1996. The Saʿid and the city: The politics of space in the making of modern

Egypt. Ph.D. diss., Temple Univ.

Reynolds, Dwight. 1995. *Heroic poets, poetic heroes: The ethnography of performance in an Arabic oral epic tradition.* Ithaca, NY: Cornell Univ. Press.

———, trans. Forthcoming. *The Epic of Bani Hilal.*

Robbins, Bruce. 1993. *Secular vocations: Intellectuals, professionalism, culture.* London: Verso.

Rofel, Lisa. 1994. Yearnings: Televisual love and melodramatic politics in contemporary China. *American Ethnologist* 21:700–22.

Roseberry, William. 1994. Hegemony and the language of contention. In *Everyday forms of state formation,* ed. Gilbert Joseph and Daniel Nugent, 170–209. Durham, NC: Duke Univ. Press.

Saad, Reem. 1998. Shame, reputation and Egypt's lovers: A controversy over the nation's image. *Visual Anthropology* 10:401–12.

———. 1999. State, landlord, parliament and peasant: The story of the 1992 tenancy law in Egypt. In *Agriculture in Egypt from Pharaonic to modern times,* ed. Alan Bowman and Eugene Rogan, 387–404. *Proceedings of the British Academy,* vol. 96. Oxford: Oxford Univ. Press.

Sahlins, Marshall. 1995. *How "natives" think: About Captain Cook, for example.* Chicago: Univ. of Chicago Press.

Said, Edward. 1978. *Orientalism.* New York: Pantheon Books.

Sakr, Naomi. 2001. *Satellite realms: Transnational television, globalization and the Middle East.* London: I. B. Tauris.

Sakseid, Geir. 2000. Values in conflict: A study of the values in the Egyptian television serial "A woman from the time of love." Unpublished paper.

Salamandra, Christa. 1999. Moustache hairs lost: Ramadan television serials and the construction of identity in Damascus, Syria. *Visual Anthropology* 10:227–46.

Salvatore, Armando. 1999. *Islam and the political discourse of modernity.* Reading, UK: Ithaca Press.

———. 2000. Social differentiation, moral authority and public Islam in Egypt. *Anthropology Today* 16:12–15. (April.)

———, ed. 2001a. *Muslim traditions and modern techniques of power. Yearbook of the sociology of Islam,* vol. 3, ed. Helmut Buchholt and Georg Stauth. Munster: Lit.

———. 2001b. Introduction: The problem of the ingraining of civilizing traditions into social governance. In Salvatore 2001a, 9–42.

———. 2001c. After the state: Islamic reform and the "implosion" of Shari'a. In Salvatore 2001a, 123–40.

Sangari, Kumkum. 1995. Politics of diversity: Religious communities and multiple patriarchies. *Economic and Political Weekly* 30, nos.(51, 52): 3287–310; 3381–89. (December 23 and 30.)

Sassen, Saskia. 1999. Cracked casings: Notes toward an analytics for studying transnational processes. In *Sociology for the twenty-first century,* ed. Janet Abu-Lughod, 134–45. Chicago: Univ. of Chicago Press.

Schudson, Michael. 1984. *Advertising, the uneasy persuasion: Its dubious impact on American society.* New York: Basic Books.

Seiter, Ellen, Hans Borchers, Gabrielle Kreutzner, and Eva-Maria Warth, eds. 1989. *Remote control: Television, audiences, and cultural power.* London: Routledge.

Seymour-Jorn, Caroline. 2002. A new language: Salwa Bakr on depicting Egyptian women's

worlds. *Critique: Critical Middle Eastern Studies* 12 (2): 151–76.
Shafik, Viola. 1998. *Arab cinema: History and cultural identity*. Cairo: American Univ. in Cairo Press.
Shakry, Omnia. 1998. Schooled mothers and structured play: Child rearing in turn-of-the-century Egypt. In Abu-Lughod 1998c, 126–70.
Silj, Alessandro, et al. 1988. *East of "Dallas": The European challenge to American television*. London: British Film Institute.
Silverstone, Roger. 1994. *Television and everyday life*. London: Routledge.
Singerman, Diane. 1995. *Avenues of participation: Family, politics, and networks in urban quarters of Cairo*. Princeton, NJ: Princeton Univ. Press.
Skovgaard-Petersen, Jakob. 1997. *Defining Islam for the Egyptian state*. Leiden: Brill.
Skursi, Julie. 1996. The ambiguities of authenticity in Latin America: Dona Barbara and the construction of national identity. In *Becoming national: A reader*, ed. Geoff Eley and Ronald Grigor Suny, 371–402. New York: Oxford Univ. Press.
Slyomovics, Susan. 1986. *The merchant of art*. Berkeley and Los Angeles: Univ. of California Press.
———. 1987. The death-song of 'Amir Khafaji: Puns in an oral and printed episode of Sirat Bani Hilal. *Journal of Arabic Literature* 18:62–78.
———. 1997. The epic of the Bani Hilal: The birth of Abu Zayd II (southern Egypt). In *Oral epics from Africa: Vibrant voices from a vast continent*, ed. John William Johnson, Thomas A. Hale, and Stephen Belcher, 240–51. Bloomington: Indiana Univ. Press.
———. 2004. Praise of God, praise of self, praise of the Islamic people: Arab epic narrative in performance. In *Classical and popular medieval Arabic literature: A marriage of convenience*, ed. Jareer Abu-Haidar and Farida Abu-Haidar. London: Curzon Press.
Sommer, Doris. 1991. *Foundational fictions: The national romances of Latin America*. Berkeley and Los Angeles: Univ. of California Press.
Spitulnik, Debra. 1993. Anthropology and mass media. *Annual Review of Anthropology* 22: 293–315.
———. 1999. *Producing national publics*. Durham, NC: Duke Univ. Press.
Spivak, Gayatri Chakravorty. 1998. Cultural talks in the hot peace: Revisiting the "global village." In *Cosmopolitics*, ed. Pheng Cheah and Bruce Robbins, 329–48. Minneapolis: Univ. of Minnesota Press.
Sreberny-Mohammadi, Annabelle, and Ali Mohammadi. 1994. *Small media, big revolution: Communication, culture, and the Iranian revolution*. Minneapolis: Univ. of Minnesota Press.
Stacey, Jackie. 1994. *Star gazing: Hollywood cinema and female spectatorship*. London: Routledge.
Starrett, Gregory. 1995. Political economy of religious commodities in Cairo. *American Anthropologist* 91:8–13.
———. 1998. *Putting Islam to work: Education, politics and religious transformation in Egypt*. Berkeley: Univ. of California Press.
Sulayman, Sabir Sulayman 'Asran. 1987. Al-qiyam al-islamiyya al-lati yatadammanuha al-musalsal al-'arabi fi-l-tilifizyun [Islamic values included in Arabic television serials]. M.A. thesis, Faculty of Mass Communication, Cairo Univ.
Taher, Bahaa'. 1996. *Aunt Safiyya and the monastery*. Trans. Barbara Romaine. Berkeley: Univ. of California Press.
Talaat, Shahinaz. 1987. *Mass media and rural development in Egypt*. Cairo: The Anglo-Egyptian Bookshop.

参考文献

Talhami, Ghada. 1996. *The mobilization of Muslim women in Egypt*. Gainesville: Univ. Press of Florida.
Tauxe, Caroline. 1993. The spirit of Christmas: Television and commodity hunger in a Brazilian election. *Public Culture* 5:593–604.
Thompson, John B. 1995. *The media and modernity*. Stanford, Calif.: Stanford Univ. Press.
Tomlinson, John. 1999. *Globalization and culture*. Chicago: Univ. of Chicago Press.
Tsing, Anna. 1993. *In the realm of the diamond queen: Marginality in an out-of-the-way place*. Princeton, NJ: Princeton Univ. Press.
Tucker, Judith. 1985. *Women in nineteenth century Egypt*. Cambridge: Cambridge Univ. Press.
Turner, Terence. 2002. Representation, politics, and cultural imagination in indigenous video: General points and Kayapo examples. In Ginsburg, Abu-Lughod, and Larkin 2002, 75–89.
Underwood, Carol, Louise F. Kemprecos, Bushra Jabre, and Muhamed Wafai. 1994. *"And the Nile Flows On"*: The impact of a serial drama in Egypt. Johns Hopkins Center for Communication Programs Project Report (May).
Uthman, Nader K. and Leah Ida Harris. 2002. Zii'! (Broadcast it!): Reading the construction of cultural negotiation in the Egyptian TV show "Hidden Camera." Paper presented at the Middle East Studies Association Meetings, Washington, DC.
van der Veer, Peter. 2001. *Imperial encounters: Religion and modernity in India and Britain*. Princeton, NJ: Princeton Univ. Press.
van Niewkerk, Karin. 1995. *A trade like any other: Female singers and dancers in Egypt*. Austin: Univ. of Texas Press.
Verdery, Katherine. 1991. *Nationalist ideology under socialism: Identity and cultural politics in Ceausescu's Romania*. Berkeley and Los Angeles: Univ. of California Press.
Vitalis, Robert. 2000. American ambassador in Technicolor and Cinemascope: Hollywood and revolution on the Nile. In Armbrust 2000a, 269–91.
Watson, Helen. 1992. *Women in the city of the dead*. London: Hurst & Company.
Weber, Max. 1949. Objectivity in social science and social policy. In *The methodology of the social sciences*. New York: Free Press.
Westergaard, Kirsten, and Nicholas Hopkins. 1998. *Directions of change in rural Egypt*. Cairo: American Univ. in Cairo Press.
Wickett, Elizabeth. 1993. "For our destinies": The funerary laments of Upper Egypt. Ph.D. diss., Univ. of Pennsylvania.
Wikan, Unni. 1980. *Life among the poor in Cairo*. London: Tavistock Publications.
———. 1996. *Tomorrow, God willing: Self-made destinies in Cairo*. Chicago: Univ. of Chicago Press.
Wilk, Richard. 1993. "It's destroying a whole generation": Television and moral discourse in Belize. *Visual Anthropology* 5:229–44.
———. 2002. Television, time, and the national imaginary in Belize. In Ginsburg, Abu-Lughod, and Larkin 2002, 171–186.
Willemen, Paul. 1993. Negotiating the transition to capitalism: The case of Andaz. In *Melodrama and Asian cinema*, ed. Wimal Dissanayake, 179–88. Cambridge: Cambridge Univ. Press.
Williams, Brackette. 1993. The impact of the precepts of nationalism on the concept of culture: Making grasshoppers of naked apes. *Cultural Critique* 24:143–91.
Williams, Raymond. 1975. *Television: Technology and cultural form*. New York: Schocken Books.
———. 1989. Drama in a dramatised society. In *Raymond Williams and Television*, ed. A.

431

参考文献

O'Connor, 3–13. London: Routledge.

Winegar, Jessica. 2003. *Claiming Egypt: The cultural politics of artistic practice in a postcolonial society.* Ph.D. diss., New York Univ.

Wolf, Eric. 1982. *Europe and the people without history.* Berkeley and Los Angeles: Univ. of California Press.

Yanagisako, Sylvia, and Carol Delaney, eds. 1995. *Naturalizing power: Essays in feminist cultural analysis.* New York: Routledge.

Yang, Mayfair. 2002. Mass media and transnational subjectivity in Shanghai: Notes on (re)cosmopolitanism in a Chinese metropolis. In Ginsburg, Abu-Lughod, and Larkin 2002, 189–210. Berkeley and Los Angeles: Univ. of California Press.

Zeghal, Malika. 1996. *Gardiens de l'Islam: Les Oulémas d'Al Azhar dans l'Egypte Contemporaine.* Paris: Presses de la Fondation Nationale des Sciences Politiques.

Zirbel, Kathryn E. 2000. Playing it both ways: Local Egyptian performers between regional identity and international markets. In Armbrust 2000a. Berkeley and Los Angeles: Univ. of California Press.

Zuhur, Sherifa. 1992. *Revealing reveiling: Islamist gender ideology in contemporary Egypt.* Albany: State Univ. of New York Press.

———, ed. 1998. *Images of enchantment: Visual and performing arts of the Middle East.* Cairo: American Univ. in Cairo Press.

———. 2001. *Asmahan's secrets: Woman, war, and song.* Austin: Univ. of Texas Press.

期刊（具体的文章见注释）

Akhbar al-Adab
Akhbar al-Yawm
Akhir Sa'a
Al-Ahali
Al-Ahram al-'Arabi
Al-Ahram al-Iqtisadi
Al-Ahram Weekly
Al-Hilal
Al-Idha'a wa al-tilifizyun
Al-Musawwar
Al-Qahira
Al-Sha'b
Al-Wafd
Cairo Today
Egyptian Gazette
Egyptian Mail
El-Wekalah
Guardian Weekly
Majallat al-Azhar
Middle East Times

索 引

本索引所标页码为英文版页码,参见中文版边码

Abaza,Tharwat 萨瓦特·阿巴扎,115-16,174,234

`Abd al-Bagi,'Adel 阿德尔·阿卜杜勒-巴吉,171

`Abd al-Hafiz,Isma'il 伊斯梅尔·阿卜杜勒-哈菲兹,208

`Abd al-Hamid,Gamal 贾迈勒·阿卜杜勒-哈米德,155

Abd al-Kafi,`Umar 乌玛尔·阿卜杜勒-卡菲,243

`Abd Allah,Nasar 纳萨尔·阿布杜拉,180

`Abd al-Salam,Shadi 沙堤·阿卜杜勒-萨拉姆,58

al-Abnudi,`Abd al-Rahman 阿布杜勒·拉赫曼·阿-阿布奴迪,72,270n46

Abu El-Haj,Nadia 纳迪亚·阿布·埃尔-哈吉,6

acting,and morality,行为,道德,236-240 actors 演员:~的责任,232;个体,138,144,150,167,169,174,199,201,208-209,211,229-232,240,242-245,272n6,285n29;另见 stars

'adida(lament)阿迪达(哀叹),124

Adorno,Theodor 西奥多·阿多诺,9,21

advertising 广告,46;~和资本主义现实主义,105,193,203;~和民俗化地方主义,202-203;不道德~,106;~和个体化,265n37;~和国家主题,202-203;~和电视,193-203

aesthetics(电视的)美学,24,81,112,193,268n18

affect 影响:~和社区,244;情节剧的~,113(对明星的)喜爱,230

afrangi 西式的,148

Against the Current《逆流》,208

Al-Ahali《人民报》,15

Ahalina《我们的家属》。参见 Our Folks

Ahmad,Samira 萨米拉·艾哈迈德,208

433

索引

Al-Ahram《金字塔报》,151,181,197
Al-'a'ila《家庭》。参见 The Family
A'ilat al-Haj Mitwalli《哈吉·米特沃里家庭》。参见 The Family of Haj Mitwalli
Al-Akhbar 阿-阿克巴,197
Akhbar al-Adab《文学新闻》,176
Akhir `awda。参见 The Final Return
Al-`Alami,Yahya 亚哈·阿拉米,207,274n40
`Ali,In'am Muhammad 因阿姆·穆哈迈德·阿里,83,92,93;另见 Nuna al-sha'nuna
Ali,Kamran 卡姆兰·阿里,63,107,264n23,265n37
`Allam,Tariq 塔里克·阿拉姆,94,265n29,265n32
alternative discourses,to developmentalism (发展主义的) 替代性话语,82,105-108;(消费的) ~,210-216;另见 Islamism; piety, movement; religious, revival
alternative modernities 现代化的其他途径,271n49
Althusser 阿尔都塞,12
ambivalence 矛盾:矛盾的世俗主义,116,268n19;关于商品和财富的~,215;对于消费的~,210-216;对于女性主义发展主义的~,82-83;相对于愉快而言,161;对于乡村农民的~,76;对于明星的~,233-242;对于埃及的真实性的电视建构的~,142,155,161;电视连续剧的~,137;观众的~,108,155,158,160-161,233-242
American 美国的 (故事片/电视剧/肥皂剧/脱口秀节目): ~剧情电影,18;~情节剧,116;~肥皂剧,7,46,91,209,228,237,275n49;~脱口秀,96

`Amir,Muhammad Safa' 穆哈迈德·萨发·阿米尔,58,62,73,181,182
Anderson,Benedict 本尼迪克特·安德森,8,9,220
Anderson,Jon 乔恩·安德森,164
And the Nile Flows On《尼罗河依然在流淌》,63-66,91,107,160
And Who Doesn't Love Fatima《谁不喜爱法蒂玛》,177
Ang,Ien 洪美恩,22,51,117,256n10,259n57,268n24
Anthropology 人类学,25,30,32;44-45,255nn56-58;批评介入的~,51-52;大众媒体的~,3-4,25,31-34,255n56;~和民族主义,8;~和国民性研究,8,252n12
antiheroes 反英雄主义者,105
antiquities 古董:旅游对~的冲击,77;作为国家遗产的~,58,77;~保护,77;贩卖~,77-79;作为世界遗产的~,77
antivalues 反价值观,105
anti-Western sentiments 反西方的态度,158
Appadurai,Arjun 阿尔君·阿帕杜莱,25,27,44,45,51,136,255n58,258n46,259n50,261n22,271n49,279n47
Arab countries 阿拉伯国家,~和埃及电视剧,6,7,21
Arabesque《阿拉伯图案》,137,150-161,243
The Arab League 阿拉伯联盟,165
Arab socialism 阿拉伯社会主义,18,135
Arab Television Festival 阿拉伯电视节,7,197
Arab unity 阿拉伯联盟,135
`Arafa,Sharif 谢里夫·阿拉法,201
Armbrust,Walter 沃尔特·阿姆布鲁斯特

434

71-72,105,139,149,172,201,241, 254n40,261n20,263n19,265n38, 268n16,269n33,272n4,272n7, 274n37,276n7,284n13,285n29
art discourse 艺术,235
Artists behind the Veil《面纱背后的艺术家》,243
Artistic Terrorism and the Attack on Islam《艺术的恐怖主义和对伊斯兰的抨击》,170
Asad,Talal 塔拉·阿萨德,164,190, 258n35,267n9
al-'Assal,Fathiyya 费斯雅·阿-阿索, 35-43,49,52,86,92.93,181,230, 232
assimilation 同化/接受,5,38
Association of Women and Film 妇女电影协会,261n18
Ata'allam wa atanawwar(I learn and become enlightened)《学习使我变得聪明》(识字课本),62-63
attachment 依恋/介入:~电视角色,7; ~电视世界,45
audiences 受众。参见consumers,of media; television audiences; television viewers
Aunt Safiyya and the Monastery《萨菲亚阿姨和修道院》,180-181
authenticity 真实,~的话语,19,60,73, 150-161,216
authority 权威,93-94;(在计划生育广告中)确认~,265n37;中产阶级~, 107;男权,58,108
authority figures 权威人士,91,92,96- 97;道德判断,100;信任~的美德, 103
authorship 作者,电视连续剧~,267n14
Awan al-ward《玫瑰时代》。见*Time of Roses*

awareness 见识/意识,~的话语,61-62, 108
Awlad `Ali 阿拉德-阿里,4-6,9,51, 123,251n1,268n23,269n34
Al-Azhar 艾资哈尔(清真寺大学),49, 69,157,170-71,173,187-88

Bachan,Amitav 阿米塔布·巴沙坎,221
backwardness 落后,~的话语,42-43,53, 57-60,72-73,76,85-86,108,111, 172,180,216,258n33
Badr,Sawsan 萨桑·巴德,243
Bahiya《巴希娅》,181
Bakir,Amal 阿马尔·贝克,150
Bakr,Salwa 萨尔瓦·巴克,84-87,93
baladi 巴拉迪,148;另见Ibn al-balad
Balibar,Etienne 艾蒂安·巴里巴,10
banality 平庸,31,34
Bani Hilal 巴尼·希拉尔,120
Bateson,Gregory,格里高利·贝特森 8
Baudrillard,Jean 波德里亚,31
Bayt al-'a'ila(*The Farnily House*)《家庭》,260n16
begging children 乞讨的孩子(作为埃及令人尴尬的形象),78
Behar,Ruth 露丝·比哈尔,127
belonging 归属,~感觉,244-245
Benedict,Ruth 露丝·本尼迪克特,8, 252n12
Bengal 孟加拉,129
Bhabha,Homi 霍米·巴巴,11,259n49
birth control 计划生育,91;另见family planning
blame 责怪,~的概念,101-102,104
blurring of boundaries between public and private production 模糊了公共产品和私人产品的界限,195-96
BMW 宝马,135

The Bold and the Beautiful（United States）《勇士和美人》（美国），46，132，209，228，284n11

born again stars 信仰重生的明星/"再生"，199，243-245；另见actors；stars

Bourdieu, Pierre 皮埃尔·布迪厄，217，258n35

bourgeois forms of consumption 资产阶级消费方式，87

bourgeoisie 资产阶级，~免责，89

brandname products 品牌产品，135，201-3，222-223

Brazilian telenovelas 巴西肥皂剧，267n8，267n14

bribery 行贿受贿，204

British Council, The 英国大使馆文化教育处，261n25

Brooks, Peter 彼得·布鲁克斯，112，114-17，268n24

Brown, Nathan 内森·布朗，76

Cairene culture 开罗文化，5-6

Cairo, 开罗 ~的制图法，217-220

Cairo Film Festival 开罗电影节，198

Cairo neighborhoods 开罗地区，217-220

Cairo Trilogy（Naguib Mahfouz）开罗三部曲（纳吉布·马哈福茨），140，147，153

Camp David Accords 戴维营协议，165

capitalism 资本主义，18，81；作为替代发展主义的~，108；资本家意图，67-68；资本主义者现实主义，81，105，193，200，203，223；全球资本，161；新资本主义者，89-90，203-210；~的新形式，105

Carioca, Tahiyya 泰雅·卡里奥克，229

cartography of Cairo 开罗的地图制作，217-220

cartoons 漫画，117，167，206

cassettes 磁带，106，135，270n46

cathexis 全神贯注，232

Catholic Film Festival 天主教电影节，240，244

celebrities 名流。见stars

censorship 审查，12，17，88，157，160，253n37，267n14，272n57

The Center for Development Communication 发展传播中心，64，94

Chahine, Youssef 尤瑟夫·查欣，181

Champollion, Jean-Francois 让-弗朗索瓦·商博良，77

charity 慈爱，97

Chatterjee, Partha 帕哈·查特吉，9，268n19，276n2

choice 选择，~的概念，96，107

Christianity 基督教徒，177；另见Coptic

circum-Mediterranean societies 环地中海社会，215

circulation 传播，电视节目的~，20

citizens 国民：作为观众的~，6，11；~相对于消费者，193-195；作为电视角色的普通国民，113

citizenship 公民：~和消费，194-95；~和教育，62-63，66；~和计划生育，107

civic consciousness 公民意识，108

class 阶级，85，89，93，101，107，143-150，217

Clifford, James 詹姆斯·克利福德，44，255n58，259n50，259n55

CNE 埃及有线电视网，（有线电视台），197

code-switching 代码转换，50

coding and decoding 编码和解码，12，195

Colla, Elliot 艾略特·科拉，76，259n3，

260n5，262n36，274n30
colonialism 殖民主义，45，77
commercial cinema 商业电影，105，265n38
commercialization 商业化：斋月的~，241；电视的~，11，193-203
commercials 广告。见advertising
common sense 常识，242
communal conflict 社会冲突，19，178；另见religion
community：belonging 团体归属，82，106；~的前国家概念，136
compartmentalization 划分，239-240
compassion 富有同情心，91；另见affect；emotion compassion spectacles，97，265n35
complaint 抱怨，~的语言，82，300，271n48；作为家长制/溺爱的另一个方面的~as the other side of paternalism/maternalism，101；~和人类学家的态度，265n36，271n48
confessions of repentant Islamists 悔改的伊斯兰主义者的忏悔，~的磁带，171
The Confrontation《对抗》，38，61，97
"Confronting Terrorism with Media" "媒体直面恐怖主义"（1993运动），59，161，167，172
The Conscience of Headmistress Hikmat《女校长希克马特的良心》，93，261n19
consciousness raising 增强自我意识：女性主义者看电视以便~，108；电视作为"产生人的意识"，62
consumption 消费，18，19；品牌产品，135，201-202；消费主义，87；消费者社会，96，消费者相对于公民（二分法），193-195；~的民主及包容的承诺，211；~和侵蚀发展主义霸权，203-225；~的思潮，199；~的罪恶，

106，203-220；女性消费者，135；~的不道德，203-210；~和国家认同，194-195；（消费者商品的大规模生产）所有权，217；自律作为~的一种替代，106；~和电视，193-225；参差不齐的~，210-217，224-225；村民与~的关系，212-226
content 内容，电视节目的~，20，24
contexts 语境：电视消费的~，21-22，32-34，43，45；电视生产的~，21，45
convenience foods 方便食物，222
"conversions" of actresses and dancers 女演员和舞女的"形象转变"，107
Coptic 埃及基督徒的：~艺术，以及埃及认同，153-154，156；在电视连续剧中的角色，176-177；极端主义和分离主义，176；穆斯林关系，176-179；埃及基督徒的表现，176
corruption 腐败，91，203-210；因金钱诱惑而腐化，207
cosmopolitanism 世界主义，46-51，71，223，258n46
counterhegemonic 反霸权，13，88，195
criticism 批评，~的语言，100
cultivation of virtuous selves 自身道德培养，107，211
cultural 文化的：~差异，9，36，38，43；~无知，11；~知识，50；宗教差异作为文化差异 179
cultural studies 文化研究，31，259n57
culture 文化：~的概念，25，44-45，50，255n58，258n35；有教养的~，48，57，59-60，73-75；培养，45；远距离的~，8，252n12；~杂糅，50-51；~工业，9，12，21，43；民族~，229；~生产者，82；作为电视文本的~，35，43-44；~在一个国家及跨国的世界中，137

437

custom 习惯, 60；另见tradition
Cvetkovitch, Ann 安·肖斯塔科维奇, 119

Dallas《达拉斯》, 209
Damir abla Hikmat《女校长希克马特的良心》。见The Conscience of Headmistress Hikmat
Daniel Valentine 丹尼尔·瓦伦丁, 14
Das, Veena 维纳·达斯, 114, 258n34, 265n32, 266n35
Al-daw'al-sharid《折光》。见Diffuse/ Refracted Light
defamation of character 诽谤, 73, 181
defeat of 1967/1967年战败, 158
democracy 民主, 108；消费的民主及包容的承诺, 211
dependence 依赖, 100
desert communities 沙漠社区, 67
deterritorialization 去地域化, 275n49
development 发展, 65-66, 68, 73, 87, 113；不均衡的~, 210-217, 224-225
developmentalism 发展主义：~和一只援助之手的期望, 105；~女性主义, 82-83, 93, 107-108；作为民族主义者的意识形态的~, 4；~的沉默效果, 66
development realism 发展现实主义：替代~, 105-108；明确的~, 81；~的效果, 112；侵蚀~霸权 82-83, 108, 200, 203-225；（作为类型的）~的特点, 112
Dhi'ab al-jabal《山狼》。见Mountain Wolves
dhikrs "迪克尔", 187
diacritics of group identity 族群认同的差别, 135
Diase, Martha 马哈·迪亚斯, 253n21, 62, 196, 237, 260n16, 260n29, 283n48, 284n14

Didd al-tayyar《逆流》; 见Against the Current
Diffuse/ Refracted Light《折光》, 181-183
disciplining of the self 自我道德约束：替代消费的~, 106；和宗教虔诚, 106
discrediting terrorists 反对恐怖主义, 165-173
discrepant cosmopolitanisms 差异的世界主义, 50-51, 259n50, 261n22
domestic servants in Cairo 在开罗的佣人, 12, 20, 24, 93-108；~和暴发户的腐败, 203-210；~和教育and education, 103-105；在~中做研究, 264n28
Donahue《唐纳休》, 96
doormen's wives in Cairo 开罗门卫的妻子, 93
Dotty Nuna《神情不定的努娜》, 83
downtrodden 被压制者, the 84-85
dramatization of consciousness 意识的戏剧化, 118
Dream of the Southerner《南方人的梦》, 57, 59-62, 68, 70-73, 75-79, 153, 174, 181, 183-84
Dream TV 梦想电视, 198
dream worlds 梦想, 223
drug addiction 毒品成瘾, 107, 205

economic liberalization 经济自由化, 10, 18, 19, 105, 135, 193
economies, different 不同的经济生活, 215-216
educated middle class 那种受过教育的中产阶级, 89-91；与道德和爱国主义相关, 90, 102；相对于欧洲化的上层阶级, 90；~和免于批评, 102；~的免罪, 89, 207；相信~的美德, 103；~和女性主义发展主义, 107
education 教育：作为促进国家发展的~,

107；对~的强烈愿望,47,68-69, 103-104；~和阶级,107；~的民主的许诺,224；相信~,68-70,71,103-104；~的女性主义概念,41,86-87, 107；~的荣耀 50,57-60,81,92；理想与~的现实的对立,79,224；作为妇女进步的关键的~,39,41,107；作为道德和爱国主义的标志的~,90；作为被解放的妇女的标志的~,13, 50；作为好公民的标志的~,13；大众教育,10,15,17-18,38-39,42,57, 62,68,76,86；作为个人成长和解放的手段的~,86-87,93；作为现代主义者的理想的~,47,88；~和国家现代化,78-79；乡村公民的~,60-66；以~的名义献身,68-70,104；~和学校,60-61,69-70；作为社会资本的~,70；~状况,69-70；教科书,62-63,66-71；~和世纪改革转向,39,257n30；~和城市佣人,103-105；另见illiteracy; literacy

effects of development realism 发展现实主义的效果,112

effects of mass media 大众传媒的效果, 26,66,71,93,255n60

Egypt 埃及：~和萨达特遇刺（1981）,165；~的变化,4,14,135-136；~和"对抗极端主义"媒体政策（1993）,59, 161；~和苏伊士运河国有化,154, 158；1952年革命,156；~和1967年战败,158；恢复法老时期遗产的政策,156；~和伊斯兰军事组织的暴力事件,165；

Egyptian character and personality 埃及的特征及个性,~的概念,8,154-155,252n13

Egyptian Radio and Television Union （ERTU）埃及广播电视联盟,167, 196,198,207,268n17,281n16

Egypt's Heroines《埃及女英雄》,261n25

Eickelman, Dale 戴尔·艾克曼,164

Elias, Norbert 诺伯特·埃利亚斯,44

elites 精英：对~的依赖,100；免于批评,89,102；~免罪,89,207；对~慷慨及正直的期望,102；相信~的美德,103

eloquence of the downtrodden 被压制者的雄辩,87

emancipation 解放,86-87,93

emigration 移民,~研究,104

emotionality, 富于感情 111,113,231, 268n23；另见affect; melodrama

emotionalization 情感化,231

empowerment 赋予权力,~的女性主义的语言,107

enlightenment 启蒙/文明,~的话语,42-43,87,93,172,180

enter-educate（entertainment-education）, "娱乐-教育"电视剧,62,233

entertainment 娱乐,30,60,234-235

envy 羡慕/嫉妒,213,215-216

epic 史诗/叙事诗,15,72,113；阿布扎德·希拉里的~,120-121,130-131, 185,270n46

equality 平等：教育作为性别~手段,107；婚姻~,38,41,92

erosion 侵蚀,发展现实主义霸权的~, 108,203-225

ERTU 埃及广播电视联盟；见Egyptian Radio and Television Union

ethnography 民族志：~及文化研究,31；格格不入,51；交叉世界的~,43；生活世界的~ 19-20；大众传媒的~,25, 31-34,255n55,257n16；流动的~, 43；多点~,11,20-21,24,43；国家机构的~,4-9；国家媒体的~,19,

25-27；国家电视的~，19-25；国家的~，3-27，43，194，242；跨国的~，26-27；开罗贫穷女工的~，264n28；电视的~，44；电视生产的~，33；电视文本和内容的~，20-21；观看语境的~，21；乡村民族志264n28

ethos of consumption 消费风气，199

Europeanized upper classes 欧化的上层阶级（与不道德有关），90

everyday lives of the poor 穷人的日常生活，（作为对大众消费的价值的挑战），211-216

evil eye 毒眼，213，215-216

excess 过度：情感的~，112，117，231；（电视的）意义的~，26

exchange value 交换价值，216

exclusion 拒绝/无法，212，224-225

exemption from criticism 避免了批判，89，102

exoneration 免责，好的中产阶级的~，89，207

expert knowledge 专门的知识，42-43，52，95，97

exploitation 剥削，65，85，87

exports, of television serials 出口电视剧，6，21，275n49，276n8

extratextual elements （电视的）文本之外的因素，227，242

Fadil, Muhammad 穆罕默德·法迪勒，11，63-66，115，158，173，203，269n33

faith 相信：~权威，82；~教育，67-71，86，103-104；~受过教育的中产阶级的美德，103

Faith and Science《信念和科学》，174，243

Al-Fakharani, Yahya 亚雅·阿-法卡仁尼，232，263n6，281n21

Falcon Crest《鹰冠庄园》，209

Fallers, Lloyd A. 劳埃德·富勒斯，19-20

family 家庭：65，87；相对于公民，107；法律，268n19；在广告中的表现，201-202

The Family《家庭》，167，169-173，175，189，231

The Family of Haj Mitwalli《哈吉·米特沃里家庭》，232

family planning 计划生育，47，63-65，91-92；~及公民，107；~及文盲，107；为~所做的电视广告，101，198，237，265n37

fans 爱好者（模式化见解），94

fanzines 影迷杂志，229，231

Farar min al-hubb《爱情逃亡者》，见 Fugitive from Love

Fathy, Hassan 哈斯·费斯，58，78

Fawazir《斋月猜谜节目》，174

female circumcision 女性割礼，108

feminism 女性主义，35-43，52；~及电视连续剧的批评，232；女性主义者觉醒，93；女性主义者发展主义，82-83，93，107-108，235；~及个体赋权（机会和权利）的语言107；~及宗教复兴和资本主义消费，108；~研究，262n3，263n5

Fernandez, Leela 里拉·费尔南德斯，194

feud 世仇，42，180-181；另见revenge；vendetta

Feuer, Jane 简·福耶尔，117

fieldwork 田野调查，4，20-25，29-30，245，279n54；另见ethnography；research methodology

Filching of a soul《一个失窃的灵魂》，87

film 电影，18，25n40；与电视相对，232

financial vulnerability of the poor 穷人的经济脆弱（作为对消费主义理想的

挑战），216
First World 第一世界，消费，217
flow（电视的）流通，49,233
focus groups 焦点组，24,255n53
folklorists 民俗学家，29,36,47,156
folklorized regionalism（广告中的）民间化的地方主义，202-203
folk tradition 民间传统，72
The Ford Foundation 福特基金，64
foreigners 外国人，30,36-37,74
Foster, Robert 罗伯特·福斯特，194,252n9,258n45
Foucault, Michel 米歇尔·福柯，34,119,123,132,267n10
Fox, Richard 理查德·福克斯，8
fragments of the nation 国家的组成部分，9,24
France 法国，217
Frankfurt School 法兰克福学派，195
freedom of choice 选择自由，96
"free" health care 免费卫生保健，66-67
free market 自由市场，161,196
French Revolution 法国大革命，112
Fugitive from love《爱情逃亡者》，181,183
funeral laments 葬礼悲伤，29,36,73,124,256n2

Gabir, Lamis 拉米斯·格布，83
Gamil, Sana' 萨纳·吉米，202,230
gap between rich and poor 贫富差距，135,272n1；~及不平等消费，210-17,224-25
Gasper, Michael 米歇尔·盖斯普，75,262n31
gays 同性恋，打压~（2001），105
Geertz, Clifford 克利福德·格尔兹，8,29-30,33-35,43,51,259n60

gender 性别，25,41,89
Ghali, Fayiz 法伊兹·加利，177
Ghanem, Fathi 法特希·加尼姆，58
Ghazoul, Ferial 费雷尔·嘎佐，84-85,87,89
Ghufran《古夫兰》，115
Gillespie, Marie，23 玛丽·吉莱斯皮
Ginsburg, Faye 菲·金斯伯格，32,257nq6,265n35
Globalization 全球化，4,14,19,21,26-27,135,158,193-203
global south 世界的南方，4
good and evil 善恶，~的概念，111,115
good Islam versus bad Islam 通情达理的伊斯兰教和变态的伊斯兰教，172-73,175
Gorer, Geoffrey 杰弗利·高尔，8
gossip 说闲话，100
government 政府：背叛~，104,219-220；~资助电视，88；~官员，102；另见authority figures
governmentality 行政运作方式，25
Gramsci, Antonio 安东尼奥·葛兰西，9,13,242
greed 贪婪，203,209
The Gulf 海湾地区，114,156,196,203,276n8
The Gulf War 海湾战争，115
Gurna 古纳，~及重新安置居民计划，77-79；另见antiquities；heritage；New Gurna；preservation；tourism；World Bank

habitus 惯习，26,45,258n45
al-Hakim, Tawfiq 陶菲克·哈基姆，76,274n23
Hall, Stuart 斯图亚特·霍尔，12,195
Hamama, Fatin 费亭·哈玛玛，231

El-Hamamsy, Laila 莱拉·埃尔-哈马姆西, 152, 156
Hamdan, Jamal 贾马尔·哈姆丹, 153-154
Hamid, Wahid 瓦希德·哈米德, 167, 170, 176-177
Hamuda, `Adil 阿迪尔·哈姆达, 189
Hannerz, Ulf 乌尔夫·汉纳斯, 27, 44, 160, 258n46
Harun al-Rashid 哈伦·拉希德, 174
Harvest of Love《爱的收获》, 42, 181
Hasad al-hubb《爱的收获》。见 *Harvest of Love*
Hatchepsut Temple 哈奇索神庙, 袭击~, 186-187, 260n4
Hawanim gardin siti《花园城中的女子》。见 *The Ladies of Garden City*
Al-Hawi《魔术师》, 见 *The Magician*
Hawwara 哈瓦拉, ~氏族, 181
heavy metal fans 重金属迷, 105
hegemony 霸权, 4, 9-14, 26, 88, 91, 108, 195, 245, 253n32
"helping hand, 援助之手" 期望并提供~, 105; ~及穆斯林平等的修辞学, 106
heritage 遗迹/遗产/传统, 3-4, 29, 58, 60, 77, 209, 270n46
Herrera, Linda 琳达·赫雷拉, 211
hijab (veil) 面纱, 49, 50, 187, 243-245, 259n48
Hijazi, Ahmad `Abd al-Mu'ati 艾哈迈德·阿卜杜勒-穆阿迪·赫加齐, 151
al-Hilali, Abu Zayd 阿布扎德·希拉里, ~的史诗, 120-121, 130-131
Hilm al janubi《南方人的梦》, 见 *Dream of the Southerner*
Hilmi, Muna 穆娜·西尔米, 132-133
Hilmiyya Nights《西米亚之夜》, 14-18, 114, 125, 138, 165, 167, 218, 235-236, 253n38, 263n19

The History of Sexuality《性经验史》, 119
Hollywood of the East 东方好莱坞, 198
Honey and Tears《宝贝和眼泪》, 125, 139, 224
honor 荣誉: ~的道德上的胜利, 207; ~及复仇, 107, 180-181
household products 家居产品（广告）, 201-202
Husayn, `Adil 阿迪勒·侯赛因, 15
hybridization 杂糅, 50-51, 259n49
hygiene and health 卫生和健康, 63

ibn al-balad 伊本·巴拉德: ~建筑物, 139-143; 界定~, 138; 关于~的电视剧, 218; ~研究, 272n7
Ibrahim, Aynas 埃纳斯·易卜拉欣, 254n39
Identification（通过电视）认同, 73-75, 100
identity 认同: 国家~, 150-161; 伊斯兰自我意识, 135; 另见 diacritics of group identity
ignorance 无知/愚昧, ~的表现, 76, 87; 另见 peasants; rural areas; Sa'idis
Al-Idha'a wa al-tilifizyun (Radio and Television Magazine)《广播与电视杂志》, 260n4
illiteracy 文盲, 11, 66, 71-72, 92; ~的概念, 107-8; ~及妇女, ~研究, 107
Illusion and Arms《幻想与武器》, 174
Al-'ilm wa al-iman《科学和信仰》, 见 *Dream of the Southerner*
I Love Lucy (United States)《我爱露西》（美国）, 18
'Ilwi, Layla 莱拉·艾维, 167, 231
imagination 想象: 想象的景观, 223; 想象力, 50; ~及大众传媒, 4, 8, 46;

国家想象,8,252n8;~的工作,51
imagined community(国家作为)想象的共同体,8-9
Imam,`Adil 阿迪勒·伊玛目,199
IMF 国际货币基金组织,见 International Monetary Fund
immodesty 不庄重的,185[1]
immorality 不道德,96,97;欧化的上埃及阶级的~,90;金钱和消费的~,203-210;暴发户的~,203-210;电视明星的~,199
impact(电视的)影响,93;另见 effects, of mass media
improving society 改善社会地位(的话语),91
inclusion 涉及(的许可),211-212
Indian 印度的:~广告,194;~电影情节剧,114;~电影 film,7;~第一部电视剧,265n32;~明星,221,228;~电视连续剧,21,25n18;~女性电视观众,32
individual 个人的(概念),107;~及亲属和家庭,113

individualization 个体化,上升及下降(福柯)270n41
industry(电视作为)工业/产业,195-199
inferiority 渺小(的概念),43,61,74;另见 backwardness, discourse of
Infitah(open door policy)开放政策,135,203,207
intelligentsia 知识界/知识分子,10,12-13,19,24,52,70-71,75,82,86
intentions(电视生产者的)愿望,26,62
intermarriage(埃及基督徒-穆斯林)异族联姻,178-179

International Development Research Center 国际发展研究中心,64
International Monetary Fund(IMF)国际货币基金组织,18,41
interpersonal dilemmas(作为电视剧主题的)人际关系的两难选择,207
interpretation of culture, after television 电视之后的文化的阐释,50
intersecting(话语)交叉/交织,242;~世界,43,45
intertextuality 互文性 93,230
Intifada 起义,115
intimacy 亲密,231
Islamic alternative 伊斯兰非正统派,105-108;~与消费,210-211
Islamic equality 伊斯兰平等,106-107
Islamic identity 伊斯兰认同(自我意识),135-136
Islamic militants 伊斯兰武装分子,42,77,228;~袭击游客,260n4
Islamic modes of address 伊斯兰的称呼方式,106
Islamic organizations 伊斯兰组织,136
Islamic paraphernalia 伊斯兰随身物品,135
Islamic piety movement 伊斯兰虔诚运动,105-108
Islamic reform movement 伊斯兰改革运动,76
Islamic salutations 伊斯兰问候礼仪,69
Islamic society 伊斯兰社会,107,210
Islamism,伊斯兰主义 14,15,17,19,59-60,76-77,92,106;作为替代的~,105-108,210-211;作为后国家时代的~,136-137;~和电视,268n19;~和妇女,105-108,218,266n41
Israel 以色列,115,156,165-166

索引

I'tirafat layhyya《午夜忏悔》，见Night Confessions
I Won't Live My Father's Life《我不想过父亲那样的生活》，138-50，174，177，218，273n21

Al-Jabal《山》，见The Mountain
Jeep Cherokee 切诺基吉普车，135
Johns Hopkins University, Population Communication Services 约翰·霍普金斯大学的人口信息服务部，64，92
The Journey of Abu `Ela al-Bishri《阿布·艾拉-比斯里的旅行》，165
judgment, of experts 评判/判断，95-97，100
Kalam min dhahab《金字》，见Words of Gold
Kamil, `Abla 阿布拉·卡米尔，138，144，174，230
Kandiyoti, Deniz 丹尼斯·坎蒂犹娣，143
al-Kardusi, Mahmud 马赫穆德·卡杜西，154，273nn19-20，274n29，274n32，274n38
Kazim, Safi Naz 萨菲·纳兹·卡齐姆，89
Kendall, Laurel 劳雷·肯德尔，127
Khalti Safiyya wa al-dayr (Aunt Safiyya and the Monastery)（小说）《萨菲亚阿姨和修道院》，178
Khayri, Wafiyya 瓦菲亚·卡里，92，114，115，203，264n26，268n18
kinship 亲属，25；另见family
Kulthum, Umm 乌姆·库勒苏姆，10，240，252n20
kuttab (Qur'anic teacher) 老师，187

The Ladies of Garden City《花园城中的女子》，218，234

Lan a'ish fi gilbab abi《我不想过父亲那样的生活》，见I Won't Live My Father's Life
Larkin, Brian 布莱恩·拉金，32，257n16，257n20
lawsuits 诉讼/官司，73，177，181
Layali al-Hilmiyya《西米亚之夜》，见Hilmiyya Nights
al-Laythi, Mamduh 玛姆杜·阿-莱希，11，83，197，200，207，253n38
liberal modernity 自由主义的现代性，92
lifestyle 生活方式，96，222；~广告ads，202
life-worlds 生活世界，19，20，45
literacy 识字/扫盲，40，47，49，62-63，66-72，86；~班，103；文盲，11，66，71-72，92，107-108；~课本，62-63，66-71
local culture 当地文化，72，76
local knowledge 地方性知识，72，76，87
Lofgren, Orvar 奥维·洛夫格伦，258n45
Lomnitz-Adler, Claudio 克劳迪奥·龙尼茨-阿德勒，9
Love in a Diplomatic Pouch《外交邮袋里的爱情》，234，238
Lucy 露西，236
Lull, James 詹姆斯·勒尔，22，254n41，254n49，257n17
lure 吸引力，戏剧和场面的~，100
Lutz, Catherine 凯瑟琳·露丝，6，269n25
Luxor 卢克索，77-78

Maalki, Liisa 丽莎·马基，7
Mabruk, Muhammad Ibrahim 穆哈迈德·易卜拉欣·马布鲁克，170
magic 魔力/戏法，9，11，85，227-245
The Magician《魔术师》，209-210

Mahfouz, Naguib 纳吉布·马哈福茨, 140, 142, 147, 153, 232, 273n9

Mahfuz, Basim 巴西姆·马哈福茨, 196-197

Mahmood, Saba 萨巴·马哈穆德, 107, 211, 266n41, 271n53, 272n2

Mahmud, Mustafa 穆斯塔法·迈哈穆德, 174

Al-Majdub, Ahmad 艾哈迈德·玛杰德布, 153

male dominance 男性专制, 108；另见 patriarchy

Malinowski, Bronislaw 马林诺斯基, 32

managing religion（以民族共同体的名义）管理宗教, 163-64, 175-176, 179-188, 225

Mankekar, Purnima 普尔尼马·曼克卡尔, 21, 32, 194, 238, 252n8, 258n34, 266n5

Marcus, George 乔治·马库斯, 20, 24, 35, 257n25

marital rape 家庭暴力, 65

marriage 婚姻, 35-38, 41-52；被安排的~, 36, 58, 183；资产阶级伙伴的~, 37-38, 41, 52, 65, 92；~兄弟姊妹, 107, 183；~平等, 38, 41, 92；女性主义者的~观念, 257n28；穆斯林-埃及基督徒联姻, 178；多配偶~, 108, 232；电视上的主题, 208；未到法定年龄的~, 65；~和工作, 92

Martin, Emily 埃米利·马丁, 24

Marx, Karl 卡尔·马克思, 87

masculinity 男性气质（的概念）, 142-143, 183

mashrabiyya versus arabesque "玛莎比亚"与"阿拉伯图案", 155-156

mass education 大众教育, 39, 57, 86；另见 Nasser, Jamal Abdel

mass media 大众传媒：~美学, 24, 81, 112, 268n18；~人类学, 3-4, 25, 31-34, 255n56；大众的媒介化生活, 30-34；大众的媒介化文本, 43；媒体景观, 25；~研究, 22, 24, 26, 30-31, 34, 51, 255n60

maternalism（女性主义的）溺爱, 91

McDonald's 麦当劳, 105, 135, 205

Mead, Margaret 玛格丽特·米德, 8, 14

media management of religion（以民族共同体的名义）媒体对宗教的管理, 163-64, 175-176, 179-188, 225

Media Production City 媒体生产城, 198

media studies 媒体研究, 22, 24, 26, 30-31, 34, 51, 255n60

Mediterranean 地中海沿岸居民, 154

melodrama 电视剧/情节剧：~的特征, 112-113；真实的情节剧, 82, 94, 97-99；戏剧性的情感, 116-120；观念的戏剧化处理, 112, 118；~和现代性, 112-114；~和现代公民及主体的生产, 112；另见 affect；emotion

The Melodramatic Imagination《情节剧的想象》, 112

memory（观众的）记忆, 230-231

men（作为电视观看者的）男性观众, 23

El-Messiri, Sawsan 索桑·埃尔-米西里, 152, 264n28, 272n7, 274n26

Mexican telenovelas 墨西哥肥皂剧, 267n8, 275n49

microcosm 微观世界, 19-20, 245n19

middle class 中产阶级, 12, 24, 38, 245；~偏见, 82-83, 86, 108；道德及爱国, 38, 89-90；~和面纱, 49；另见 bourgeosie；educated middle class

migration 人口迁移/移民, 45, 47, 114

Miller, Daniel 丹尼尔·米勒, 216-217

Min al-sabab?《谁之过？》, 见 Who Is to

445

Blame?
Miseria（Cameroon）《弥塞里亚》（喀麦隆），114
mobile ethnography 流动的民族志，43
modeling Coptic-Muslim unity 标榜（倡导）基督徒-穆斯林统一，176-179
moderate piety 适度的虔诚，244
modernity 现代化/现代性/现代，111-133；~话语，47，60，81，86；现代启蒙相对于伊斯兰主义者的落后，172；"现代风格"，147-148；现代感，112，242
modesty 合适/得体/温和，243-245；另见piety；respectability
Modleski, Tanya 谭雅·莫德里斯基，118-119，269n24
money 金钱，~的诱惑和不道德，203-210
morality 道德，49，60，73，82，90，91，93-94，96；受过教育的中产阶级的~，90，102；~和情节剧的想象，112；（由明星引出的）道德困境，233-241；道德戏剧，111-112；道德框架，36，100；道德英雄，74；道德准则，113，209；道德判断，100；道德课程，94；~的流行语，102；~的共同的语言，100；电视明星的~，199，228，233-241；~及荣誉胜利，207；妇女的~反抗，236-237；~和青年人，204-206.
Morley, David 戴维·莫利，22，257n17
mosque 清真寺：~课程，105-108，210；~文化课，103，106；~祷告，218；~和服务条款，103；布道，100
motherhood 母亲（的现代概念），142，273n12
Mothers in the House of Love《爱之屋中的母亲》，34-43,92；另见al-`Assal, Fathiyya

The Mountain《山》，58，76
Mountain Wolves《山狼》，58，73，181-83
Mubarak, Hosni 胡赛因·穆巴拉克，17，158，253n37
Mubarak, Suzanne（First Lady）苏珊·穆巴拉克（第一夫人），62
Muharram, Mustafa 穆斯塔法·穆哈拉姆，139，232，272n6
multinational corporations 跨国公司，18；另见transnational companies
multisited ethnography 多点民族志，11，20，21，24，35，43
Mursi, Mahmud 马哈穆德·穆西，169
Musa, Salama 萨拉马·穆萨，76
musalsalat 电视剧，5；另见television serials
museums 博物馆，78，155
Muslim Brotherhood 穆斯林兄弟会，15，167，170
Muslim equality 穆斯林平等（作为替代话语），106-107
Muslim sociality 穆斯林社会性，211
Al-inuwajaha《对抗》，见The Confrontation
Nadim, As'ad 阿斯艾德·纳迪姆，156
nakad（misery）苦难，117
naming 称呼，~及伊斯兰教，106
Nasser 56《纳赛尔56》，158，268n56
Nasser, Jamal Abdel 纳赛尔：~及大众教育政策，10，15，17-18，38，42，57，62，68，76，86；~及苏伊士运河国有化，154，158；~及国有化政策，135；~及1952年革命，274n23；~及世俗主义，106，173-174，268n19
national 国家的：~密切关系，227-245；~归属，220，244-245；~意识，150-153；~文化，8，14，229；~发展，113；~惯习，45，258n45；~遗产，58，60，

88；~认同,150-161；~幻象,8,180,251n8；~教化,10-11,61；~发展项目 107；~罗曼史,228；~主权,193-194；广告中的~主题,202-203

National Center for Sociological and Criminological Research 国家社会和犯罪研究中心,153

nationalism 民族主义,49,89,157-158

nation-state 国家-社会：从~中剥夺公民权,223；~及全球化,26-27,193-203；作为想象的共同体的~,8-9；国家和跨国,137；~的驯化,228-233；作为仅有的相关框架的~,225；~中的不均等参与,14,212,223

naturalized modes of personhood 人的自然化模式,231

naturalizing the nation 归顺于国家,228-233

Naziq Hanim 纳义克·哈尼姆,218

neighborhoods (in Cairo)（开罗的）社区,~的制图法,217-220

neocolonial travel 新殖民主义旅行,49

neoliberalism 新自由主义,10,18,75,208；另见 economic liberalization

New Gurna 新古纳,78；另见 antiquities; Gurna; heritage; preservation; tourism; World Bank

"new Islam in a national media world"，"在一个国家的媒体世界中的新伊斯兰教" 164

New Nations Project 新国家课题,8

newspapers 报纸,15-18,21,24,220,231

NGOs 非政府组织,233,237

Night Confessions《午夜忏悔》,97

Night of a Lifetime《生活之夜》,199

The Night of Counting the Years : The Mummy《木乃伊之夜》,58,76

Nile Boy《尼罗河男孩》,181

Nile TV 尼罗河电视台,57

Nile Valley 尼罗河谷,5

nigab 尼嘎布（一种更加严肃的新面纱），168,231；另见 hijab

nodes（电视剧中的社会生活的）节点,24,33

Noony the Loony《恍惚的狂人》,83

nouveaux riches 新富,75,91

Nur al-Din, Muna 穆纳·奴·阿丁,234,238

Nur al-Sharif 努尔·谢里夫,138

Nusf Rabi` al-akhar《拉比的另一半》，见 The Other Half of Rabi`

objectification 客观化,216

100 per cent《百分之百》,72

Open Door policy 开放政策,18,135,158

The Open Tribunal (Bolivia)《公开法庭》（玻利维亚）,265n32

Oprah《奥普拉》,96,265n31

Oshin (Japan)《阿信》（日本）,235,184n11

the other 另一部,237

The Other Half of Rabi`《拉比的另一半》,207-9

Our Folks《我们的家族》,203-204,218

overpopulation 人口过剩,65,108

ownership expectations（大量生产的消费者商品的）所有权期待,217

Palace Walk《两宫间》,272n9

Palestinians 巴勒斯坦人,156

Papua New Guinea 巴布亚新几内亚,194,252n9,258n45

partial truths 部分的真实,51

paternalism 家长作风,81,82

paternalism/maternalism 家长作风/溺爱,91,93;~怨言,101;作为替代~的姐妹关系/兄弟关系,107
patriarchy 家长式的/男权,58,108,143,183-184,273n9
patriotism 爱国主义,90
Peacock,James 詹姆斯·皮柯克,131,271n55
peasants 农民,~的表现,10,57-79,81
pedagogy 教育,10-11,61,92
performative subjects 表演的主体,11-13
personal status law 个人地位法,92
personhood 人,~的驯化方式,231
Petty,Sheila 希拉·佩蒂,114
piety 虔诚:作为消费的替代品的~,210-211;阿拉德-阿里和~,5;~及社区的概念,106;~及自律,106;适度的虔诚,244;~运动,105-108,271n53;城市贫困妇女及~,106-108,205,211
Pizza Hut 必胜客,135
Planning the Family in Egypt《埃及的计划生育》,63
pleasure 快感/喜爱,161,268n24
political parties 政治党派,~及电视,88
polygamy 一夫多妻,108,232
the poor and everyday life(作为挑战大众消费价值的)穷人及其日常生活,211-216
Pope Shanuda(Head of the Coptic Church)沙奴达教皇（埃及基督教会的头目）,179
popular culture 流行文化,30-31
popular Islam 流行的伊斯兰教,87
popular language of morality 道德流行语言,102
popular realism 通俗现实主义,84

popular symbolism 通俗的象征主义,84
population problem 人口问题,65,91-92;另见family planning;overpopulation
populism 民粹主义,96
postcolonial differences 后殖民的差别,128-133
postcolonial modernity 后殖民的现代性,34
postcolonial state 后殖民国家,47,91
"post-sacred" era "后神学时代",112
postviewing interviews 片子播出后的调查,91-92
power 权力,43-44,51-52;政治~,101
preservation 保护,58,60,77-79,88
press debates（在电视上进行的）媒体争论,15-18,21,24,164-191
private lessons 私下补课,70,204
privatization 私有化,18,105,161,196
Proctor and Gamble 宝洁,135,201
producers 生产者,见television producers
producing the cultural 生产着文化的,135
production 生产,见television production
progress 进步,~的表现,39,225;教育作为~的关键,76;~及女性主义,81
propaganda 宣传,31,62
pseudonyms 化名,~的使用,256n13,261n21
public affection for stars 公众对于明星的情感,228
Public Culture《公共文化》,8
The Public Information Agency Center for Media,Education and Communication 媒介、教育、通信公众情报信息中心,264nn21-22
public Muslim sociality 公共的穆斯林社会,211
public sphere 公共领域,24,164,189-190
public versus private production 公营和

私营，模糊~的界限，195-196
"pumpkin seed" serials "南瓜子电视剧"，234-235
purchasing power 购买力，缺乏~lack of，216

quotidian life 普通生活，4

radical contextualization 彻底的情景化，51
Radio and Television Magazine《广播与电视杂志》，60，152
radio shows 广播节目，4-6，64，97，98
Radwan，Nadya 纳德亚·拉德旺，255n60，107-108
Radway，Janice 贾尼斯·雷德威，31
Ra'fat al-Haggan《拉法特·哈根》，165，241
Rajagopal，Arvind 阿温德·雷贾戈帕，21，194，251n8
Ramadan，'Abd-al-`Azim《西米亚之夜》，253n36；另见*Hilmiyya Nights*
rap music 打击乐，135
Rapp，Rayna 雷纳·瑞普，24
Ratib，Jamil 杰米·拉提比，230
RCA 美国无线电公司，11
Reagan，Ronald 罗纳德·里根，230
real life melodrama 真实生活的情节剧，97-98，100
reason 理智，91
reception 接受，24，31-32，94，143，164，168
recuperating "traditional" rural cultural values 复原"传统"的乡村文化价值，180-188
reform 改革，39，42，76
reification 具体化，国家的~，8
reinforcement 强调，媒体信息的~，100

religion 宗教：~及所谓的撒旦崇拜者的案例，105；~作为文化，179；~的媒体管理，163-188；及道德，105-107；~及国家，106；~的对象化，179
religiosity 笃信宗教，15-17
religious 宗教的：~权威，91-92，111-112；~社区，176-180；~极端主义，19，106，163-188；~实践，106；~复兴，108，272n2；~暴力，59
repentant artists 后悔的艺术家，243-245
Repentant Artists and the Sex Stars《后悔的艺术家和性感明星》，243
reproduction of class 阶层的再生产，217
research methodology 研究方法，19-25，256n3，264n28，265n36
resistance 抵抗/反对/抵制/反抗，31，71-75，84，106，195
respectability 做法得体/尊严/安分守己，37，82，105，184-185，236
revenge 复仇，59，107，180-181，184
Revenge《复仇》，181
Reynolds，Dwight 德怀特·雷诺德，120-122
rhetoric of development 关于发展的华丽宣言，87
rights 权利：公民的~，57，66；~的语言，100；~相对于可能性，41；女性的~，38，39，41，235
rituals of mass consumption 大众消费仪式，201
Robbins，Bruce 布鲁斯·鲁宾斯，50
Rofel，Lisa 丽莎·洛夫，32，256n62
The Role of Television Drama in Building Women's Awareness《电视剧在建构妇女意识中的作用》，107，255n60
romance with consumption 浪漫消费，201

索引

rural areas 农村地区/乡村, 5-6, 10, 76, 107; 落后的~（与城市的现代化相对）, 111; ~公民, ~的想象, 57-79, 87, 259n2; ~消费, 212-216, 220-223; 愚昧的~, ~的概念, 76, 87; ~女性, 63, 65; 另见 peasants; Sa'idis; Upper Egypt

El-Saadawi, Nawal 纳瓦尔·埃尔-萨德维, 132

Saatchi and Saatchi 上奇广告公司, 197

Al-Sa'dani, Salah 萨拉·阿-萨丹尼, 138, 150

Sadat, Anwar 安瓦尔·萨达特, 15, 17, 18, 156, 158, 165, 274n23

Sahlins, Marshall 马歇尔·萨林斯, 44

Sa'idis (rural Upper Egyptians) 萨伊迪人（上埃及农村）, ~的表现, 57-79; 改变~, 180-188

saints 圣人/圣徒, 140, 187

Sakr, Naomi 纳奥米·萨克, 197, 251nn2-3

Sakseid, Geir 盖尔·萨克塞德, 206

Salim, Hisham 希沙姆·萨利姆, 91, 230

Salvatore, Armando 阿曼多·萨尔瓦多, 164, 189-190, 285n26

Sassen, Saskia 萨斯凯·萨森, 159

Satan worshippers 撒旦崇拜者/撒旦教徒, ~的所谓镇压（1997）, 105, 205-206, 228, 266n40

satellite 卫星, 10, 21, 57, 193, 196, 397, 206, 251n3, 275n49; 泛阿拉伯卫星市场, 206

satire 讽刺文学, 111-112

Saudi Arabia 沙特阿拉伯, 向~输出电视剧, 276n8

saving accounts 储蓄存款账户, 67-68

Sayyidati anisati (Mrs. and Misses《夫人和小姐》), 92

schools 学校, 60-61, 69-70; 另见 education; literacy

Science and Faith《科学和信仰》, 174, 243

Schudson, Michael 米歇尔·舒德森, 81, 193

"Scriptwriting for Development Film" Symposium "发展电影剧本写作"研讨会, 65

secret serials 秘密电视剧, 196

secularism 世俗主义, 18, 83; 矛盾的世俗主义, 116, 157, 268n19; 权力和机会的语言, 107; ~及大众传媒, 100; ~及"对抗极端主义"的媒体政策（1993）, 59, 161; 作为少数人的态度的~, 157; 纳赛尔统治下的~, 106, 157, 173-174, 190-191; ~与伊斯兰主义的对立, 161; ~及宗教, 267n9; ~研究 164; ~及电视剧, 113, 211

selective reading（观众的）选择性注意, 235-239

self conscious Islamic identity 自我意识的伊斯兰认同, 135-136

self cultivation 自我修养, 271n53

self disciplining 自我道德约束, 106

self fabrication 自我构造, 51

self fashioning 自我塑造, 216

selfhood 自我, ~建构, 19, 74, 82, 111-133

selling modernity 诉求着现代性, 222

sentimental education of consumers 消费者的情感教育, 194

serializing identity 连续剧化的认同, 137-139

sha'b (the people) 普通人, 149, 273n16

Al-shahd wa al-dumu《宝贝和眼泪》, 见 Honey and Tears

Shahin, Ilham 依哈姆·沙欣, 209

El Shakry, Omnia 奥姆尼·埃尔·沙克

450

利,10,76
al-Sha'rawi,Shaykh 谢赫·泰伊布,174
al-Sharif,Nur 努尔·谢里夫,138,144,174,231-232,272n6
Sharif Omar 奥玛·谢里夫,201
al-Sharif Safwat 萨夫瓦特·谢里夫,1.67
Shawqi,Khalil 哈利勒·沙乌奇,58
She and the Impossible《她所面对的不可能》,86,230
Shirihan 施林汉,199
silencing effects(电视连续剧的)沉默效果,66
Silverstone,Roger 罗杰·西尔弗斯通,22,33,256n9
simulacra 幻影,31
Singerman,Diane 黛安·辛格曼,149
SIS/IEC Center(State Information Service/Information, Education and Communication Center)国家信息服务以及信息、教育和传播中心,64,91
sisterhood/brotherhood 姐妹/兄弟,~的语言,107
sites(民族志的)点,24
situated knowledge and desires(观众的)固有的知识和欲望,13
Skovgaard-Petersen,Jakob 雅各布·斯克夫加德·佩特森,190
Slyomovics,Susan 苏珊·斯里默维克斯,120-121,131,270n35,270n38
"soap wars","香皂大战"201
soccer 足球,4,11
social 社会的:~资本,70,100;~区隔,19,48-51;~不平等,9,135,164,242,245,272n1;电视的~生活,33;观众的~生活,4,9;(观众的)~定位,38;~流动,70;电视的~空间32;~福利,4,81,82

socialism 社会主义,18,76,135,263n17,268n18;社会主义者现实主义,81
sociality(公共穆斯林)社会,211
South Asia 南亚,164,215
sovereignty 独立自主,193-194
spectacles of consumption 消费行为,207
Spitulnik,Debra 黛博拉·史宾托尼克,31-32,251n8,257n18
Spivak,Gayatri Chakravorty 加亚特里·卡卡弗蒂·斯皮瓦克,91
staging interiorities 实现内化,113;另见 melodrama
A Star in Your Home《明星在你家》,229
Starrett,Gregory 格雷高里·斯塔雷特,164,272n2
Stars 明星,22,135,199-203,221,227-245;另见 actors
the stars system 明星制,199-203
state culture 国家文化,60-62
strategies for treating religious extremism 处理宗教极端主义的策略:拒绝相信极端主义者,165-173;形塑埃及基督徒-穆斯林统一体,176-79;恢复"传统的"乡村文化价值,180-188
structural adjustment 结构调整,4,18,69,82,105,194
Struggle in the Valley《山谷之战》,181
subaltern 下层/下层阶级/附庸者,12,84,86,242
subcultures 亚文化,105
subjectivities 主体性/主体,120-124;128-133,242
The Suez Canal 苏伊士运河,154,158
Sufism 伊斯兰苏菲派,187
Sultan,Huda 胡达·苏坦,242-45
superstition 迷信,108,216
The Supreme Council for Antiquities 文

物保护最高议会, 77
suspension of judgment 评判的滞后, 241

taboos 禁忌, 177-178
Taher, Bahaa' 巴哈·塔赫, 178
tamsiliyyat 电视剧, 5；另见television serials
taste 品味, 48-51, 203, 217
al-Tayyib, Shaykh 谢赫·泰伊布, 187
teachers 教师, 62, 69；另见education; private lessons
technologies for the production of new forms of selves 生产新的自我形式的技术, 113
technologies of the nation-state 国家-社会的技术, 9, 113
telenovelas (Latin America) 电视肥皂剧（拉丁美洲）, 113, 267n8, 267n14
television 电视：~和广告, 10, 88, 193-203；~和意识, 61-62；作为平庸的~, 31, 34；作为召唤观众的~, 12；作为一个核心机构的~, 19；~许可证（1971）, 88；作为公民教育~, 10；~和阶级及其性别, 12；~及意识提升, 108；~及消费主义, 11, 87, 193-203；~及关于国家的交往, 225；使人败坏的~, 4, 203-210；~及反霸权, 88；~及文化, 52, 87；~的教育价值, 61；陷入其他社会领域网中的~, 32；作为娱乐的~, 30, 60, 234-235, 239；~和日常生活, 3-4, 23, 31-34, 51, 242；~和专家知识, 42-43, 52；作为错误信息的~, 101；~和计划生育, 101；~和故事片电影, 18, 254n40；节目的类型, 11；~及全球化, 4, 45, 193-199；不道德的~, 106；作为工业的~, 195-199；引入埃及, 10；~的低级趣味, 31；作为大众文化的~, 30；~及自我的现代形式, 19；~及中产阶级价值观, 108；~及国家遗产, 88；~及民族主义情绪, 10, 89；~及国家教化, 10；及民族-国家, 4, 7-8, 9, 10, 19-20, 34, 225；作为归顺国家的~, 228-233；~及新自由主义改革, 10；反对~, 87-88；~的普及, 6；作为现代公民及主体的生产的~s, 112；~现实主义, 81；~接收, 24, 31-32, 94, 143, 164, 168；作为被其他机构控制的~, 23；作为巩固国家的~, 225；~和学校, 60-61；作为一系列遭遇的~, 11, 45；作为知识和信息来源的~, 61-62, 107；~和国家, 10, 31；88；不可信的~, 30-31；~谈话, 22-23；作为文本的~, 21, 35, 43-44；作为文本和语境的~, 21, 32-33, 43；~及文本分析, 33；作为社会引擎的~, 12-13；~和城市中产阶级, 43
television audiences 电视观众, 11, 26, 30-34, 45, 52, 71, 88, 232, 235-239, 257n17
television characters 电视演员, 7, 35, 73-75, 89-91, 113, 237；另见stars
television melodrama 电视情节剧, 10, 111
television messages 电视信息, 33, 45, 71-75
television personnel 电视从业者/电视工作者, 24, 88, 107, 234
television producers 电视生产者, 10, 12-13, 26, 42, 62, 82, 91
television production 电视生产, 21, 24, 33；模糊了公共和私人的界限, 195-196
television programs 电视节目, 20, 33
television sets 电视机, 6, 10, 23, 30, 45, 47-48, 216, 220

television serials 电视连续剧：作为面对多元观众的~,6；作为真实可信的~,73；宣称逼真的~,58；~内容,20；作为教导的~,61；在~中的讨论及辩论,14,20-21,23；鼓励相信权威的~82；娱乐-教育~,62；作为娱乐的~,30,60,234-235；~及观众的日常生活世界,23；向阿拉伯国家输出的~,6,21,275n49；通过卫星向伦敦和美国输出的~,275n49；~及计划生育,64-65；作为虚构作品的~,74；~及知识分子的批评,72-73；~及知识界,82；~及伊斯兰主义和暴力,59；~诉讼,73；与教育、发展相关的~,72；与个人及国家需要相关的~,66；~及"对抗极端主义"的媒体政策（1993）,59；~及中产阶级偏见,82-83,86,108；~及现代主义的理想,47；~及道德真相,7；作为教化的~,9,81；作为对观众个人有意义的~,36-37；~的普及,6,21；~研究r,255n60；作为揭露并加剧社会分裂的~,164；~风格和内容的转变,18；作为"向人们展示某些东西"的~,61；作为国家自豪感来源的~,7；灌输教育的价值及献身国家,60-71；作为依附于政治辩论的~a,14；浪费时间的~,106；~中的转换,18；~影碟,21；作为作者的工作的~,267n14

television viewers 电视观众,11-14,22-23,30-43,45,47-48,61-62,71-75,82,91,93-94；~及演员的责任；232；~的矛盾,108,155,158,160-161,233-241；~及记忆,230-231；~及愉悦,161；~及明星,233-241；判断的限度及暂停,241

television viewing contexts 电视观看语境,22,23,32

television writers 电视作家,62,91,165；作为作者的~,267n14；女性作家,35-43,49,52,83-87,92-93,114-115,234,238,264n26,268n18；另见individual names

temptations of money 金钱的腐蚀,203-10

terrorism 恐怖主义,186-87

The Terrorist《恐怖主义者》,172

textbooks 教科书,62-63,66-71

texts and lives 课本和生活,66-71

textual analysis 文本分析,33；另见research methodology

thick description 深描,30-35,43,51-52

thinness（流行文化研究的）薄弱之处,33

Third World 第三世界（的消费）,217

Third World soap opera 第三世界肥皂剧,64

Time of Roses《玫瑰时代》,176-79

tolerance and suspension of judgment 宽容和评判的滞后,241

tomb robbing 盗墓,77-79

tourism 旅游,4,36,74-75,77；国内~,184-185；~及伊斯兰极端主义者袭击,108,165,186-187,260n4；~及电视的作用,108

Toynbee, Arnold 阿诺德·汤因比,153

tradition 传统（的表现）,25,53,58,92

tradition/modernity dichotomy 传统/现代的二分法,25

tragedy 悲剧,97

transnational 跨国的,26-27；~市民社会,275n49；~公司,135,201；电视的~流通,49；另见globalization

Transnational Broadcasting Studies《跨

国卫星传播研究》,275n49,280n9
Tsing, Anna 安娜·清,52
Turkey 土耳其人,143
TV Globo 环球电视台,193

Ukasha, Usama Anwar 乌萨玛·安瓦尔·乌卡沙,15-18,52,63-66,71,114-115,125,137-139,150-161,167,173,188,203,232,234-236,243,254n39,259n2,267n14,268n18,274n42
Al-`Umari, Safiyya 萨菲亚·乌玛里,230
urnma 社区,136
unemployment 未找到工作/失业,67,70,104
UNESCO 联合国教科文组织,45
Uniform Civil Code (India) 统一民法典（印度）,276n2
Unilever 联合利华,135,201
United States 美国,165,217,230；另见American
uplift 崛起/提升/发展,10,79,81；国家~计划,106
Upper Egypt 上埃及：袭击谢普苏特神庙（Hatchepsut temple）,186-187,260n4；（以国家统一的名义）恢复~的荣誉,180-188；~的典型代表,42-43,57-60,72-73,258n33；~及乡村世界主义,46-51,70-71；另见Gurna；Luxor；Sa'idis
urbanity 城市化,5-6,49；~的表现,259n2,111；城市现代化（与乡村落后相对）,111
USAID (US Agency for International Development) 美国国际开发署,64-66,233,237
use value 使用价值,216

Valorization（对地方性知识的）重视,72
values 价值观,108
veiling 面纱,49,259n48；明星得以再生的~,199,243-245；面纱（niqab）,168,231；作为完美的妥协的~,243-45；另见hijab
vendetta (tha'r) 家族世仇/族间的仇杀,59,180-81
Verdery, Katherine 凯瑟琳·福德里,6
vernacular architecture 当地建筑,262n35
Very Frank Talk《有话直说》,229
Videotapes（由后悔的伊斯兰主义者忏悔的）录像,171
viewers 观众,见television audiences；television viewers
village cosmopolitanism 乡村世界主义,46-51
villagers' relationship to consumption 村民的消费关系,212-216,220-223
violence 暴力,42,58,69-70
virtue 优点：善良的伊斯兰社会,107,210；善良的自我,107,211；另见piety

Wafd party 华夫脱党派,157-58
Wahbi, Sahar 萨哈·瓦比,181
Al-wahrn wa al-shah《谁不喜爱法蒂玛》,见Illusions and Arms Wa man alladhi la yuhibb Fatima, 也见And Who Doesn't Love Fatima
Wa ina zala al-Nil yajri《尼罗河依然在流淌》,见And the Nile Flows On
Weber, Max 马克斯·韦伯,51
Wedding of the Month《蜜月》,64
Welfare（社会）福利,4,81
The White Flag《白旗》,47,165,173,203,263n19
Who is to Blame?《谁之过?》,94-96,

98, 265n32
Wickett, Elizabeth 伊丽莎白·维克特, 124, 256n3
wifehood 妻子身份（的现代概念）, 142, 273n12
Willemen, Paul 保罗·威里门, 114
Williams, Raymond 雷蒙·威廉斯, 112, 118, 233
Wolf, Eric 艾里克·沃尔夫, 44, 255n58
Words of Gold《金字》, 94
World Trade Center attack (2001) 对世贸中心的袭击 (2001), 165
Woman from the Time of Love《来自爱的时代的妇女》, 206
women 女性/妇女：~导演, 83, 92, 93；~户主, 92；~及伊斯兰主义, ~研究, 266n41；~及清真寺课程, 106；作为社会改革及发展的目标的~, 10, 79, 81；~及虔诚运动, 105-108；~的权利, 35, 37-39, 41, 92, 232, 235；电视剧中的妇女议题, 35-43, 52, 65, 82, 92, 232, 235, 238；~及工作, 67-68, 92, 106, 141-142, 273n11；~作家, 35-43, 49, 52, 83-87, 92-93, 114-115, 234, 264n26, 268n18
workers 工人, 76
World Bank, 世界银行 78
world heritage 世界遗产, 77
worldliness 俗气, 259n57
The Writer's Union 作家联盟, 115
writing against culture 反文化的书写, 44, 258n40
writing against the grain 书写格格不入, 51-52
Writing Women's Worlds《女性世界的书写》, 51
Yassin, Sayyed 萨耶德·亚辛, 15, 253n34
Yawm an tuhsa al-sinin: Al-mumiya《木乃伊之夜》, 见 *The Night of Counting the Years: The Mummy*
youth 青年, 205-206

Zaki, Muna 穆纳·扎基, 240
Zayd, Ma'ali 玛·阿里·扎德, 211
Zizinya《西欣雅》, 154, 158, 161, 244

图书在版编目(CIP)数据

国家戏剧:埃及的电视政治/(美)卢赫德著;张静红,郭建斌译.—北京:商务印书馆,2016
(媒体人类学译丛)
ISBN 978-7-100-11509-4

Ⅰ.①国… Ⅱ.①卢… ②张… ③郭… Ⅲ.①电视—传播媒介—关系—政治—研究—埃及 Ⅳ.①C229.411 ②D741.1

中国版本图书馆 CIP 数据核字(2015)第 186562 号

所有权利保留。
未经许可,不得以任何方式使用。

媒体人类学译丛
国 家 戏 剧
——埃及的电视政治
〔美〕里拉·阿布-卢赫德 著
张静红 郭建斌 译

商 务 印 书 馆 出 版
(北京王府井大街36号 邮政编码 100710)
商 务 印 书 馆 发 行
北 京 冠 中 印 刷 厂 印 刷
ISBN 978-7-100-11509-4

2016 年 2 月第 1 版	开本 880×1230 1/32
2016 年 2 月北京第 1 次印刷	印张 14½

定价:38.00 元